인문학으로 풀어 쓴

통계교육 원론

이영하 지음

인문학으로 풀어 쓴 통계교육 원론

이화여자대학교출판부

| 머리말 |

통계 지식은 현대사회를 살아가는 데 꼭 필요한 도구이다. 며칠만 관심을 가지고 살펴보면 날씨 예보, 물가 동향의 파악, 선거 결과에 대한 예측을 비롯해 건강, 교육, 상품 성능, 각종 사고에 대한 정보 등 오늘날 우리가 접하게 되는 거의 모든 정보는 통계를 기반으로 하고 있다는 것을 알 수 있다.

그런데 이러한 통계 자료들의 상당수가 정확하지 못하다면 어떨까? 정확하지 않은 통계 정보는 사람들로 하여금 잘못된 판단을 내리도록 유도함으로써 사회적 혼란을 야기할 수 있다. 통계 분석 결과 고교 평준화로 인해 고등학교 졸업생들의 학력이 저하되었다고 하는 연구 발표가 있는가 하면 이와 반대되는 결과의 통계 자료를 제시하는 연구도 있다. 같은 조사에 대한 이렇듯 상반된 통계 결과는 사람들에게 혼란을 줄 수 있다.

이는 자료 분석법의 문제이기 전에 보다 근본적으로는 통계 윤리의 문제라고 할 수 있다. 통계 윤리가 정립되지 않으면 자신도 모르는 사이에 연구 윤리가 무너져버린다. 통계 윤리의 문제는 대개 잘못된 자료를 수집하거나 분석 결과를 잘못 해석해 발생한다. 연역적으로 잘못된 것은 오류가 곧 드러나지만, 자료가 잘못되거나 통계적 결과를 해석하는 표현이 미묘하게 잘못된 경우는 쉽게 드러나지 않는다. 초·중등학교의 통계 수업 시간에 고도의 통계 분석법을 가르칠 수도 없고 그럴 필요도 없지만, 통계 윤리를 바르게 세울 토대는 일찍부터 준비되고 마련되어야 한다.

초 · 중등학교에서 통계는 수학 교과의 일부로서 배우게 되는데, 많은 교사들이 통계에 대해 확실하게 이해하기 어렵다고 스스로도 인정하면서 학생들에게 통계를 가르치고 있다는 것이 공공연한 비밀이다. 통계를 어려워하는 사람들이 많은 것은 사실이나 그 이유는 잘 알려져 있지 않다. 필자는 통계학을 전공한 후 수학교육과 교수로 30여 년간 재직하면서 이 문제를 연구했고, 이제야 나름의 답을 찾았다고 생각해 이 책을 집필하게 되었다.

통계가 어려운 첫 번째 이유는, 수학은 연역적인데 통계는 귀납적이어서 수학 시간의 연역 논리에 익숙한 사람들에게는 통계적 논리 흐름에 적응하기 어렵고, 따라서 통계를 암기해서 해결하려는 경향이 있어서이다. 두 번째 이유는 통계학에서 사용되는 용어와 기호의 관행적 표현이 이를 전문적으로 다루지 않는 사람들에게는 매우 이해하기 어렵기 때문이다. 이해란 심리적 과정으로서 배우는 사람의 익숙함의 상태를 재고해야 한다. 이는 학습자의 인식론적 오류와 오개념에 대한 심리적 상태를 재점검할 것을 요구하는 것이며, 앞서 언급했던 통계 윤리, 귀납적 논리 등과 함께 통계를 인문학적 관점에서 조명해볼 필요가 있음을 깨닫게 한다. 통계학에 대한 인문학적 검토는 통계교육에 관심을 갖고 이 분야에서 교육학적 연구를 하려는 대학생이나 대학원생들에게 좋은 지침이 될 수 있을 것이다. 이 책은 통계를 단지 수학의 한 부분으로 수리적인 관점에서만 다루었던 기존의 연구 관습에서 벗어나 철학, 심리학, 윤리학 등 인문학적 관점에서 새롭게 고찰하고 있다는 점에서 의미가 있다.

이 책은 초 · 중등학교 수학 교사들을 염두에 두고 집필되었다. 초 · 중등학교 교사들이 통계를 쉽고 효과적으로 가르칠 수 있도록 주요 통계 이론과 교육 방법 등을 소개한 지침서로, 통계교육의 목표를 구체적으로 제시하고 통계의 핵심 개념 및 용어, 주요 원리, 이론 등을 다양한 예를 들어 설명함으로써 학생들을 지도하는 데 도움이 되도록 구성했다. 이 책을 읽고 이해하기만 하면 자신 있게 확률과 통계 단원 수업에 임할 수 있을 것이다.

총 9장으로 구성되어 있는 이 책의 1장에서는 초 · 중등 통계교육의 목표를 소개했으며, 2장부터 8장까지는 초 · 중등학교에서 교육되는 통계 단원의 내용을 기반으로 하여 학생들이 이를 배워야 하는 이유를 실용적 · 통계학적 관점에서 조명하고, 그 단원 내용과 연관된 여러 가지 통계학적 배경 지식, 지도 시 유의할 점, 발생 가능한 통계 관련 오개념 등에 대해 자세하게 설명했다. 가령 확률변수는 모든 확률론이나 통계학 교재에서 공통적으로 '표본공간에서 실수집합으로의 함수'라고 소개되고 있으나 이 책에서는 이를 포함한 적어도 세 가지의 관행적 의미가 암묵적으로 확률론이나 통계학 등에서 사용되고 있다는 것을 서술하고 이에 대한 상세한 설명을 추가했다. 마지막으로 9장에서는 기존의 통계학 교재에서 다루지 않았던 통계 윤리에 대해 설명했다.

이 책은 20여 년간 중등교사를 대상으로 확률통계에 관한 연수를 하는 중에 교사들로부터 받은 질문에 근거하고 있다. 이 자리를 빌려 필자에게 연수를 받았던 모든 교사들에게 먼저 감사의 마음을 전하고자 한다. 또한 이 책의 기틀을 잡아주고 독자의 입장에서 읽어보고 조언을 해준 남주현 박사, 이희승 박사에게도 감사의 말을 드린다. 끝으로 이 책의 집필이 이루어지도록 도움을 주고 책을 출간해준 이화여대출판부에도 감사드린다. 아무쪼록 이 책이 통계를 어떻게 가르쳐야 할지 방법을 고민하는 교사들뿐 아니라 통계를 복잡하고 어렵다고 생각하는 학생들, 그리고 업무상 통계 지식이 필요한 직장인들에게도 유용한 안내서의 역할을 하기를 기대한다.

2014년 12월

저자 이영하

| 차례 |

제7장 표집분포와 신뢰도 | 175

제8장 가설검정의 원리 | 219

제1장

초·중등 통계교육의 목표와 핵심 개념

1.1 수학교육에서 경험에 대한 인식론적 입장

1.1.1 결정론적 인식론과 합리주의

인식론은 철학의 핵심 분야이다. 방법론적 측면에서는 논리학을 앞세우고 지식의 참과 거짓을 어떻게 구분할 수 있는지 분명히 밝히고자 하는 분야인데, 철학자들은 수학 인식론이나 통계 인식론을 인정하려 하지 않는다. 왜냐하면 인식론은 지식의 진리성에 있어서의 형식적 문제를 생각하려는 것이기 때문에 인식론을 그런 특정 학문이나 교과 내용에 붙여 사용할 수 없다는 것이다. 그래서 형식적 진리와 실질적 진리의 문제에서 인식론의 대상은 형식적 진리라는 주장이다. 그러나 다음과 같은 예에서 명제의 진리성 문제를 어떻게 형식적으로 파악할 수 있을까?

"봄에 파는 사과가 맛있을 확률은 0.1이다"라는 명제는 참인가? 봄에 파는 사과가 맛있을 확률을 정밀하게 계산해 0.1인지 아닌지도 가려야 하고 그 계산 과정의 타당성도 따져보아야겠지만, 이 문장에는 "봄에 파는 사과는 대부분 맛이 없다"라는 개연적 주장이 함께 내포되어 있다. 즉 대개의 확률적 문장은 두 개 이상의 내포의 층을 가질 수 있다는 것이다.

수학교육의 목표에는 거의 빠짐없이 '합리적 사고 능력'이라는 말이 등장한다. 여기서 합리적 사고란 무엇을 말하는가? 또 대학입시 관련 각종 평가에서의 수학 과목에서는 거의 언제나 '수학적 사고력'이라는 말이 나온다. 여기서 수학적 사고력이란 합리적 사고 능력과 유사한 것이라는 짐작을 할 수 있는데, 구체적으로 수학적 사고력이 어떤 능력을 말하는지에 관한 많은 연구들도 있지만 곰곰이 생각해보면 '합리적'이란 '이성, 또는 이치, 또는 상식에 부합되는 것', 즉 합리주의적 인식론에 근거한 것인가 하는 의문이 생기게 된다. 그러나 다시 생각해보면, 수학은 철저하게 합리주의적 인식론을 바탕으로 하고 있다는 것을 알 수 있다. 기하 시간에 눈으로 보아 그렇게 느껴지거나 짐작 가는 것을 근거로 하는 추론은 철저히 배제되는데, 이는 회의론자들의 생각을 그대로 수용 답습한 것이라고 추측되며, 다시 생각해보면 수학 시간에 논리적 판단의 근거는 오로지 이성뿐임을 알 수 있다. 연립방정식의 근을 추측으로 맞추었다고 해도 교사들은 이를 인정해주지 않으려 하는데, 수학은 이성에 근거해 논리적으로 판단해야 하는 학문이기 때문이라는 것이다. 즉 답 자체가 중요한 것이 아니라 답인 이유가 중요하고, 어떻게 그런 답을 얻게 되었는지 그 답을 얻기까지의 논리적(연역적) 추론 과정이 중요하다는 것이다. 결국 수학에서의 연구 방법은 연역적 논리뿐이며, 철저하게 이성만으로 판단되는 합리주의적 인식론을 바탕으로 한다. 수학에서는 연역적으로 확인되지 않은 그 어떤 판단도 유보된다.

그런데 가령 상금이 같은 두 게임의 승률이 각각 1/10과 3/10일 때 어느 게임을 택할 것인가? 승률이 3/10인 게임을 택해야 하는 논리적 근거는 무엇인가? 3/10인 게임을 택하면 상금을 받고 그렇지 않으면 상금을 못 받는 것인가? 연역적 추론에서 더 논리적이고 덜 논리적인 것은 없다. 귀납논리학은 확률을 논증의 강도로 사용하며, 따라서 더 그럴듯한 논증과 덜 그럴듯한 논증이 있다. 이 문제에 관해서 철학자들은 논리학과 대립적 위치에 있는 귀납논리학 자체를 인정할 수 없다고 할지도 모른다. 아무튼 이렇게 되면 귀납논리학의 정당성 여부가 문제될 수 있으나, 우리는 그에 관한 어느 쪽 입장을 지지하려는 것은 아니므로 논리학과 귀납논리학 모두가 다 타당하다는 입장에서 우리의 관심 문제를 생각해 보고자 한다.

확률은 관념론자들의 주장처럼 선험적 직관에 의해 자명한가? 라플라스(P. S. Laplace)는 주사위의 각 면이 나올 확률은 모두 같아야 한다고 주장하면서 그 근거로 '이유 불충분의 원리—어느 주사위 면의 확률이 더 클 이유가 없다'라는 논거를 들었는데, 후일 경제학자 케인즈(J. M. Keynes)는 이를 '중립의 법칙'이라는 용어로 다시 사용했다. 이러한 주장은 결정론적 인식론을 바탕으로 이루어진 것이다. 결정론적 인식론이란 우연의 실재성(바쉬카R. Bashkar의 비판적 실재론에서 기제로서의 실재성)을 인정하는 현상의 발현 사건과 관련된 결정론적 관점을 뜻한다. 가령 동전을 세 번 던졌을 때 어느 순간 그 결과가 차례로 앞면, 앞면, 뒷면이 나왔다면 그런 결과를 얻은 것은 우리가 알지 못하는 어떤 이유에 의한 필연적인 것으로서 어떤 결정적인 법칙에 따라 그런 결과가 나왔음을 아직 알지 못했을 뿐이며, 장차 우리의 지식과 능력이 향상되면 그 원인을 잘 설명해낼 수 있을지도 모른다고 보는 것이다. 이런 견해에서 우연이란 우리의 무지의 산물일 뿐이며 본질적으로 사건의 발생 기제가 우연인 것은 존재하지 않게 된다.

필자는 주사위가 그런 법칙에 따라 작동하는 어떤 원인이 있다는 주장을 납득하기 어려우며 또 주사위를 한 번 던질 때 나오는 눈의 확률이 모두 같을 것이라는 선험적 직관이 있다는 주장에도 동의하지 않는다. 즉 결정론적 인식론을 인정하지 않는다는 뜻이다. 피셰바인(Fischbien) 역시 확률 직관을 주장하며 피아제(J. Piaget)의 여러 실험 방법들을 비판했지만 확률이 직관에 의해 습득되는지는 분명하지 않다.

우리가 우리의 지각 인식에 대해 회의적일 경우 우리의 경험은 진리 추구의 여정에서 한낱 허상에 불과하다. 그러나 우리에게 지각 인식 이상으로 더 다양하고 풍부한 지식과 정보를 제공해주는 것도 드물다. 간혹 지각 인식으로 얻은 정보가 부정확한 것일지라도 이를 전면 부인해버린다면 우리는 진리를 향해 단 한 발걸

음도 편히 옮길 수가 없을 것이다.

그러나 경험의 세계는 모든 것이 불확실해 보인다. 경험은 원인을 알지 못하는 부정확성(우연성)으로 인해 결정론적 인식론의 기초가 되기 어렵다. 진리를 향한 길목에서 우리의 이성은 일관성(consistency)이나 정합성(coherence)의 연단을 거치지만, 경험적 지식은 이런 연단을 견디어내기에는 너무 예외가 많아서 신뢰하기 어렵다. 그러나 경험은 다소 부족해 보일지라도 그것이 우리에게 하나의 지식이 되었을 때 큰 유용성(pragmatism)을 제공한다. 유용성을 진리 기준의 한 척도로 삼는 것이 얼마나 어리석은 일인지를 우리의 이성이 우리에게 아무리 논리적으로 잘 설명한다 해도 결국 유용성의 유혹은 지혜를 추구하는 사람들에게 거부하기 힘든 것이 사실이다.

결국 우리는 하나의 협상을 받아들이게 되는데, 귀납논리학적인 방법을 부분적으로 수용해 우리의 이성으로 하여금 경험의 우연속성을 인정하도록 하되 경험적 지식을 합리성의 엄격함이라는 연단을 거치는 비결정론적 인식론의 한 형태로 수용해보려는 것이다. 이는 거의 동일해 보이는 한 종류의 원인에 대해 서로 다른 두 개 이상의 결과가 나올 수 있다는 것을 수용하려는 입장으로서, 이성이 그동안 인정해오던 인과관계와는 전혀 다른 입장이다. 다만 한 원인으로부터 둘 이상의 결과 도출이 가능하다는 사실이 좀 더 유용한 지식이 되기 위해서는 여러 가지 가능한 인과관계의 결과 중에서 한두 가지의 특정한 결과에 대부분의 결과가 분포하는 경험적 지식을 우리는 특히 중요하게 생각하는 것이다.

여기에서 당연히 전제되어야 할 것은, 우리에게 닥치는 여러 가지 문제들에 대해 그 문제의 해결을 위해서는 어느 쪽의 인식론적 입장에 서야 하는지를 우리가 잘 판단할 능력이 있다고 보는 것이다. 즉 문제의 속성에 우연적 요소가 없다면 결정론적 인식론의 입장을 취하며 합리주의적 입장에서 문제 해결을 시도한다. 그러나 문제의 속성 중에 우연적 요소가 포함되어 있다면 비결정론적 인식론의 입장을 수용하며 우연에 관한 우리의 경험적 통찰을 이용하려 한다. 즉 경험주의적 입장에 서는 것이다. 삼각형의 내각의 합이 180도임을 주장하려는 상황에서는 합리주의적 입장을, 결혼은 한 남자와 한 여자가 함께하는 것이라는 주장을 하기 위해서는 경험주의적 입장을 갖는 것이 더 편리하다고 쉽게 판단할(반드시 그래야 하는지의 당위성에 대해서는 논쟁의 여지가 있을 수도 있음) 수 있음을 전제로 한다.

상황에 따라서는 이런 판단 자체가 쉽지 않을 수도 있는데, 어떤 현상이 우연에 의해 발생한 것인가의 여부를 판단하는 일이 심각한 논란을 불러올 수 있는 경우(우리의 지식이 문제의 본질에 관한 것조차도 일천한 경우 이런 일이 발생될 수 있다고 봄)에 대한 논의는 여기에서는 하지 않으려고 한다. 즉 그에 대한 논의는 우리가 이 책에서 심각하게 다루려는 주제는 아니라는 뜻이다. 인식론의 성격상 이런 이야기는 당연히 우스꽝스럽거나 전혀 인정할 수 없는 주장이라고 할 수 있으나, 인식론에 대해 정답이 정해지지 않은 상황에서 앞서의 현상적 방법 외에는 다른 선택이 없다. 두 인식론 중에 어느 쪽이 옳은지 가려지기까지 마냥 기다리고 있을 수는 없지 않은가?

1.1.2 수학적 방법과 통계적 방법

이와 같이 통계학을 합리주의적 인식론만을 인정하는 수학의 한 부분으로 생각하는 사람들이 많다. 그러나 통계적 방법은 귀납적 방법론이다. 자료를 근거로 해서 어떤 명제나 주장이 대체로 옳다고 할 수 있는지 개연적 타당성을 알고자 할 때 많은 경우 통계적 방법을 사용한다. 자료는 경험을 관찰해놓은 축적물이므로 통계적 방법은 이성보다는 경험에 의존하는 것이며 따라서 경험주의적 인식론을 근거로 하고 있다고 할 수 있다. 이렇게 통계적 방법과 수학적 방법은 인식론적 입장에 있어서 분명히 다른 입장에 있음을 알 수 있다.

확률 개념의 발달에 관한 가장 타당한 답은 경험론(J. Locke 등)적 인식론에 근거해야 한다. 어린아이들도 집 근처 놀이터에 나갔다가 친구를 만날 가능성(확률)이 호랑이를 만날 가능성보다 훨씬 크다는 것을 알고 있고, 또 동물원에 간다면 상황이 정반대가 될 수도 있다는 것을 알고 있다. 그것이 직관에 의해 형성되었다거나 어떤 이성적 판단에 근거했다고 할 수 있겠는가?

미국에서 발행된 *Chance Encounter*라는 책에는 다음과 같은 문제가 실려 있다. "어떤 동전을 5회 던졌는데, 5회 연속 앞면만 나왔다. 이제 6번째로 이 동전을 한 번 더 던지면 어떤 면이 나올 것이라고 추측되는가?"라는 문제에서 정답은 "앞면과 뒷면이 나올 확률은 1/2씩으로 서로 같다"라고 소개하면서 실험에 참가한 학생의 80%가 정답을 말했다고 적고 있다. 필자는 이 문제의 정답이 "앞면이 나올 것이다"라고 주장하려고 하는데, 적어도 이 문제를 5% 유의수준에서 통계적 가설검정법으로 풀면 필자의 주장이 옳다.

그렇다면 이러한 상반된 두 가지 답의 차이는 어디에서 비롯되었을까? 그것은 인식론의 차이이며, 전자는 "경험에 속아서는 안 된다"는 입장이고 필자는 "경험을 존중해야 한다"는 입장의 차이인 것이다. 즉 이성에 의해 동전의 각 면이 나올 확률이 1/2이라고 판단되었다면 경험으로 인해 이성적 판단이 혼란스러워질지라도 흔들려서는 안 된다는 합리주의적 입장에서 *Chance Encounter*의 저자는 정답이 앞면과 뒷면이 나올 확률이 같다는 것이고, 필자는 동전의 각 면이 나올 확률이 1/2일 것이라는 이성적 판단이나 확률 직관이 얼마나 신뢰할 수 있는지를 따져 물으면서, 그보다는 차라리 우리의 경험을 믿으라고 경험주의적 인식론을 주장하는 것이다. 그리고 이런 경험주의적 선택은 우리의 일상생활에서 대개 우연 상황에서의 지혜로운 자의 선택으로 불리는 것이다.

즉 기하 시간에 흔히 볼 수 있듯이 "그림을 보고 얻은 지각 인식에 속아서는 안 되고 연역 논증에 의해서만 진리에 이를 수 있다"는 수학 인식론과, 특별한 언급은 없지만 통계 시간에 암묵적인 동의하에서 "절대적 진리란 없고, 간혹 오류를 일으킨다 해도 경험과 자료에 근거한 판단이 중요한 실제적 문제 해결 방법이다"라고 가르치는 통계 인식론 사이의 갈등인 것이다. 그리고 인식론의 차이가 수학 문제의 답을 달리하게 했다면 우리는 인식론적 입장을 분명히 해야만 바른 문제 해결을 도모할 수 있지 않겠는가?

경험은 상황에 따른 사건의 범주와 그에 대한 빈도 개념을 형성하게 한다. 이때의 빈도는 상대도수나 비례 개념의 도움 없이도 형성될 수 있다고 추측되는데, 아이들은 앞서 언급했던 놀이터에서의 확률의 예에서 알 수 있듯이 분명히 그런 반응을 보인다. 이를 필자는 분포 개념이라고 부르고자 한다. 그리고 이 초기적 분포 개념은 이후 여러 가지 수학적 발달과 연합해 세련된 확률 개념으로 이어진다고 추측된다. 통계교육은 이 분포 개념을 이용해 귀납적 방법, 즉 통계적 방법을 구성할 수 있는 연역적(수학적) 사고법을 기르는 다소 독특한 사고 체계의 교육이다. 이 책의 주제이기도 한 이 문제는 다음 단원들에서 점점 더 구체화될 것이다.

이와 같은 통계교육의 목표가 분명하지 않으면 교육 과정의 구성, 교과 내용, 교수 학습 방법, 평가 등 전반적인 통계교육에 엄청난 혼란을 초래하게 된다. 특히 이 목표 추구의 과정에서 필수적으로 익히게 되는 통계적 방법은 사실상 분포라는 도구를 이용해 논리를 구성해간다는 점을 기억해둘 필요가 있다.

1.2 우연현상의 이해와 핵심적 통계 개념

앞서의 수학적 방법과 통계적 방법의 비교는 우리에게 다음과 같은 심각한 질문을 던져준다. "수학 교과의 여러 내용들은 상호 밀접한 관련을 갖고 있다. 일차함수를 배운 후에 이차함수를 배우고, 일차방정식을 배우고 난 후에 연립방정식을 배운다. 이것을 다시 두 일차함수의 교점으로 음미하며, 다시 일차함수는 직선의 방정식이 되고, 기하를 대수식으로 접근하기도 한다. 그런데 이와 비교할 때 통계 단원의 내용들은 어떠한가?"

모든 교과의 교육 과정은 항상 이런 식으로 구성되어 있어서 구슬이 실에 꿰어진 모습으로 비유되고, 항상 통합되고(integrated) 일관성 있는(coherent) 과정일 것을 요구한다. 그런데 통계교육의 과정을 다시 살펴보면 이런 구성과는 거리가 있다는 점에 누구나 동의할 것이다. 도수분포표와 확률밀도함수는 아무 관계가 없으며, 도수분포표에서 평균은 기댓값과 관련지어지지 않았고, 평균의 계산과 모평균의 추정은 계산 이상의 관련성을 알 수 없게 되어 있다. 교과 내용 하나하나가 파편처럼 흩어져 상호 연관성을 읽을 수 없으며, 통계와 확률이 연결되어 있다고 하는데 실제로 어떻게 연결되어 있다는 것인지 찾을 수가 없다.

바커(A. Bakker)나 럼지(D. J. Rumsey) 등 많은 통계교육학자들은 이 문제가 매우 심각하고 중요한 문제이며, 그 원인은 여러 통계교육의 내용들을 서로 꿰어 하나의 줄기로 이어줄 핵심적 개념, 생각, 내용이 없기 때문이라고 지적했다. 피아제도 그런 주장에 동의했음을 쉽게 확인할 수 있다. 수리적 개념 발달과 관련해 피아제가 제시한 6가지 논리 유형 가운데, 조합 논리, 확률 논리, 상관 논리 등의 세 개념은 확률통계와 관련된 개념이었으며, 이들 논리 개념의 발달에 초점을 맞추어 전 세계 확률통계교육 과정이 구성되어 있다고 볼 수 있다. 즉 피아제의 여러 연구와 실험들을 살펴보면 수학적 확률과 관련지어 조합 개념이 선행되어지고, 이어서 확률 개념, 나아가 분할표(crosstab, 상관표)에서의 상관적 직관이 발달되어가는 과정에 대한 많은 실험들을 찾아볼 수 있다.

그런데 이 과정에서 평균이나 표준편차의 계산 등에 관해서는 별다른 언급을 찾기 어려운데, 평균에 대한 중심경향값으로서의 측면을 피아제의 실험 중에서 찾을 수 없는 것은 아니나 더 이상의 특별한 언급이 없다. 피아제의 논문이나 저서들을 다시 찬찬히 살펴보면, 상관에 대한 그의 실험에서도 그의 최대 관심은 아동이 상관계수$\left(R = \dfrac{(a+d)-(b+c)}{a+d}\right)$를 산출할 만한 직관이 형성되었는지에 있었으며, 확률 역시 확률의 계산과 관련된 아동의 직관 발달 수준에 모든 관심을 두고 있었다는 것을 알 수 있다.

즉, 피아제의 확률 계산과 관련된 개념에 대한 수학교육학자들의 비판(예: J. F. Yates, E. Fischbien 등)과, 상관계수 계산에 관련된 비판(예: 이영하, C. Batanero 등) 등의 관점을 한 단계 더 근본적인 관점으로 변환시켜 생각하면, 실험 결과에 대한 피아제의 해석을 통해 확률과 통계에 대한 그의 생각을 엿볼 수 있다. 피아제는 확률과 통계의 핵심이 수학과 같은 맥락에서의 계산이라고 생각했으며 그에 따른 실용성 목표 차원에서 확률통계의 교육 목표를 이해하고 있었음을 간접적으로 확인할 수 있다. 여러 공식들을 암기하고 계산해 실생활에 필요한 결과들을 바르게 얻으면 되는 것이다.

그런데 이것은 결국 수학의 연역과 통계의 귀납 사이의 근본적 차이를 고려하지 않은 것이며, 피아제의 이런 생각은 오늘날 전 세계의 확률통계교육에 영향을 주고 있으며, 그 결과 계산 중심의 통계, 경우의 수 중심의 확률 계산이 확률통계 교육의 바탕을 이루고 있다. 따라서 필자 역시 앞에서 언급했던 바커나 럼지 등의 통계교육학자들과 같이 이런 인식론적 차이를 반영한 핵심적 통계 개념이 무엇인지부터 다시 분명히 할 필요가 있다고 생각한다. 이에 대한 답으로 분포 개념, 요약 개념, 표본 개념의 세 가지를 생각해볼 수 있는데, 이 개념들에 대해 논의하기 전에 먼저 우연이 무엇인지에 관해 좀 더 세밀한 이해가 필요하다.

1.2.1 우연현상의 특징과 이해

앞에서 결정론적 인식론을 설명하면서 우연에 대해 언급한 바가 있다. 피아제도 우연 개념을 언급했지만 이에 관한 상세한 논의는 하지 않았다. 그러나 이러한 언급들은 결국 확률통계에서 중심 단어는 '우연'일 수밖에 없음을 간접적으로 보여준다.

확률통계적 방법을 거치지 않고 산출된 인간의 의미 있는 모든 지식은 원인과 결과의 필연성에 대한 것이 대부분이다. 귀납과 관련된 일련의 개연 추론—흔히 가추(abduction)나 역행 추론(retroduction) 또는 유추(analogy) 등으로 불리는—에서도 인과관계에 대한 추론은 매우 자주 이루어진다. 의사나 자동차 수리공은 문제의 원인을 경험 지식에 근거해 개연적으로 추론하며 사실상 이 방법이 아니면 환자의 진단이나 차의 수리는 즉각적으로 이루어질 수 없다. 그렇지만 잠정적으로 얻은 원인에 대한 판단을 신뢰함에 있어 이들은 간혹 망설이기도 하는데, 동일한 관찰 정보에 대해 서로 다른 원인이 존재할 수 있음을 경험적으로 인식하고 있고 또 여기서의 잘못된 선택은 매우 치명적인 다른 결과로 이어질 수 있다는 것을 알기 때문이다.

즉 우연은 지식 창출과 관련된 우리의 판단에 있어서 가장 중요한 장애물임을 알 수 있는데, 그러면 우연의 어떤 속성이 그런 장애를 초래한다고 볼 수 있을까? 우연의 대표적 속성은 변이성과 대표성이다. 변이성은 말 그대로 이랬다저랬다 한다는 것이고, 대표성이란 어떤 우연현상의 다양한 결과들을 간단히 요약해 말할 때 대표적 표현으로 삼는 것들이 바로 그 우연현상의 여러 결과 중에서 가능성이 가장 높은 결과들과 일치하는 경향이 있다는 것을 뜻한다.

가령 각 면이 나올 확률이 같은 동전을 여러 번 던질 때 나올 수 있는 경우들은 다양하며 극단적으로는 모두 다 앞면만 나올 수도 있지만, 이 동전을 여러 번 던지는 상황에서 예상할 수 있는 가장 대표적인 결과는 각 면이 반반 정도 섞여 있는 것이다. 그리고 바로 그런 결과들의 확률이 '모두 앞면만 나옴'과 같이 극단적인 경우나 대표성이 약한 다른 경우들의 확률보다 크다는 뜻이다. 이것은 표본공간의 1024개의 원소들 중에서 H와 T가 반씩 섞여 있는 것은 ${}_{10}C_5=252$개인 데 비해 H만으로 이루어진 경우는 ${}_{10}C_0=1$개뿐인 것처럼, 대표성이 없는 다른 경우들은 항상 252개보다 작아서 결국 각 면이 반씩 섞여 있는 대표적 경우의 확률이 다른 경우들의 확률보다 항상 더 크다는 의미이다.

사람들의 이런 생각은 다소 직관적일 것이라는 추측을 불러일으키는데, 왜냐하면 "공평한 동전을 10회 던질 때 결과 A: HTHTH THTHT와 결과 B: HHHHH HHHHH 중에서 어느 쪽의 확률이 큰가?"라는 질문에서 학생들이 '같다'는 정답을 맞추지 못하는 오류(앞의 경우의 확률이 더 크다는 오류)가 자주 발생된다는 지적 때문이다. 사람들이 방금 소개한 두 가지 경우의 확률이 같다고 답하지 못하고 실수로 잘못 대답하는 이유는 바로 필자가 설명한 그런 대표성 직관(반반 섞인 경우가 더 나오기 쉽다는 직관)의 오류로 인해 초래되는 오류 때문이라고 추측된다.

반면에 이런 생각이 그렇게 직관적이 아니라는 주장도 있을 수 있다. 이 경우는 앞의 필자의 주장에 대한 반론이 수반될 수 있다. 가령 각 면이 절반 정도씩 섞여 나오는 경우가 그렇지 않은 경우보다 많다는 필자의 주장은 '절반 정도씩 섞여 나오지 않은 경우의 수'가 1024−252=772(가지)이므로 거짓(772가지 > 252가지이므로)이라고 할 수도 있고, 앞면이 더 많은 경우만 헤아린다 해도 772/2=386가지로서 252보다 많다는 의견이 가능하다. 이는 필자의 주장을 오해한 것인데, 우리가 '각 면이 절반 정도씩'이라고 표현하는 순간 우리의 사고는 이미 대표성의 문제를 '각 면의 출현 횟수에 관한 것'으로 제한하고 있으며, 이 경우 필자가 말하고자 하는 바는 앞면이 나올 횟수가 5인 경우가 앞면이 나올 횟수가 다른 어떤 특정 숫자인 경우보다 많다(확률이 더 크다)는 것이다. 즉 앞면의 횟수가 5인 ${}_{10}C_5$는 ${}_{10}C_0$부터 ${}_{10}C_{10}$까지의 어떤 ${}_{10}C_k$(단, $k=1, 2, \cdots, 10$)보다 크거나 같다는 것을 뜻한다고 할 수 있다. 그렇다면 이 문제 상황에서 "대표성 직관은 왜 우리를 앞면의 횟수에 주목하도록 하는 것이며, 그것은 과연 직관에 의한 것인가?"라고 질문할 수도 있다. 이 문제는 충분성의 원리(sufficiency principle)와 연관된 것으로 추측되는데 그런 연관이 직관으로부터 얻어진 것인지는 분명하게 설명하기 어렵다.

다만 이 문제가 충분성의 원리와 관련되어 있다는 것은, 이 경우 동전의 앞면이 나올 확률을 1/2이라고 단정하는 대신 모르는 값 θ라고 가정할 때 앞면의 횟수라는 표본 통계는 θ에 관한 충분통계량(sufficient statistic)이기 때문이라는 뜻이다. 충분통계량이란, 단 한 개의 숫자인 '표본 중의 앞면의 횟수'라는 통계가 여러 개의 관측 결과들로 이루어진 표본 전체가 가진 θ에 관한 모든 정보를 독차지하고 있는 통계량을 말한다. 다시 말해 어떤 동전을 한 번 던질 때 앞면이 나올 확률을 알기 원한다고 하면, 얻어진 표본 자료에서 무엇을 계산해볼까라고 물었을 때 직관적으로 얻어진 표본 자료에서 앞면이 나온 횟수나 비율(참고: 충분통계량의 1:1 함수도 모두 충분통계량이다)을 알아보는 것이 동전의 앞면이 나올 확률을 추측하는 데 중요하리라는 판단이 서는데, 이것이 충분성의 원리에 대한 직관이 아닌가 하는 것이다.

다시 우연속성의 특징을 자세히 살펴보면, 변이성은 이랬다저랬다 한다는 사실만으로도 우리의 판단을 어렵게 하기도 하려니와 그런 변이성에 대해 상황에 맞는 특정한 규칙성을 말할 수 없기 때문에 문제를 더욱 어렵게 만든다. 대개의 적절한 분석과 통찰은 어떤 사건들에 연관되는 원인을 찾아 적어도 일정 기간 동안은 거부하기 힘든 인과관계의 규칙성을 얻을 수 있게 한다. 가령 관찰된 횟수가 순서적으로 2, 4, 6, 8, 10회로 이어졌다면 특별한 원인 분석 없이 다음 관찰의 횟수는 12회를 예상해본다거나, 보름날이나 삭망 때에는 상현달이나 하현달이 뜰 때보다 바닷물의 수위가 높아진다는 규칙성을 얻어낼 수 있다. 그런데 이런 규칙성이 얻어지지 않고, 계속적으로 모든 가추, 유추, 역행 추론 등에 의한 개연 추론의 예측이 실제적 결과로 확인되지 않음으로 말미암아 신뢰할 만한 아무런 규칙성도 얻을 수 없게 되었다면, 우리는 사건이 불규칙적 특성을 갖고 있다고 말하게 된다. 이런 경우 한없이 기다리면 규칙성을 얻을 수 있다는 생각은 결정론적 인식론을 가진 사람의 생각이고, 그렇지 않다고 하면 이런 불규칙성이 계속될 것이므로 우리는 다른 대안을 모색하게 된다.

이 대안이 바로 축적된 자료의 빈도를 조사하는 것인데, 이는 빈도의 모음인 분포를 이용해 관측된 현상의 불규칙성 문제를 극복해보려는 것이다. 따라서 경험주의 인식론의 입장에서 가장 중요한 정보는 과거의 기록, 즉 자료에 대한 분포를 관찰하는 것이며 이것이 통계적 방법의 근간이 된다. 그리고 분포를 이용한 미래 예측에 있어서는 귀납논리학에서와 같이 결국 자연제일(自然齊一)의 원리를 받아들여 이용할 수밖에 없다.

분포를 이용한 이런 대안적 방법은 규칙성에 의한 판단에 비해 신뢰성이 떨어진다. 그러나 규칙성에 의한 판단 역시 완전한 신뢰를 획득하지는 못하는데, 그것은 규칙 자체의 신뢰성에 의문을 갖게 되는 경우가 생기기 때문이다. 그런 맥락에서 변이성이란 그 원인이 우연이거나 아니거나 관계없이 항상 우리에게 판단의 신뢰성에 대한 의구심을 갖게 한다. 특히 분포를 이용해 판단하고 추론할 때 그 의구심은 더욱 커지며, 따라서 우리는 그런 판단과 추론의 각 단계를 면밀히 분석, 검토해 얼마나 믿을 만한 것인지를 확률이라는 수치와 관련시켜 생각하게 된다. 이 신뢰성 검토의 단계에서는 역행의 연역적 추론 형태가 주요 검증 수단이 되므로 이것을 역행 추론이라고 할 수도 있는데, 형태만으로는 연역적 추론의 모습과 매우 닮은꼴이라고 할 수 있으며, 따라서 이 단계는 매우 신중하고 엄밀한 논리가 전개된다.

이상의 논의를 정리해보면 결국 우연속성이란 변이성, 불규칙성, 대표성을 지니고 있으며, 여기서 판단 장애의 중심적 원인인 불규칙성 문제를 분포를 이용해 극복하되 우연속성의 대표성의 특징을 이용해 우연속성이 드러내는 비밀스러운 면을 관찰한다. 그리고 그에 대한 신뢰수준을 엄밀한 논리로 검토함으로써 변덕스러운 우연현상에 대한 예측과 판단을 가능하게 해보려는 것이 통계적 방법의 목적이라고 할 수 있다.

1.2.2 분포 개념

분포를 이용해 우연현상에 관한 논리적 이론을 전개하기 위해서는 분포의 개념이 분명히 정리되어야 한다. 분포란 어떤 현상의 관심 범주들과 각 범주의 출현 빈도를 쌍으로 묶어서 생각하려는 개념이다. 가령 어떤 동전을 10번 던질 때, 동전 던지기의 결과로서 앞면과 뒷면만 나온다고 생각해도 관심사를 충족하기에 충분하다고 생각할 경우, 10회 던지기의 결과 앞면이 6회, 뒷면이 4회 나타났다고 하면 집합 {(앞, 6), (뒤, 4)}가 나타내는 개념이 바로 이 상황에서 동전 10회 던지기 결과의 분포이다. 일반적으로 집합 {(범주, 빈도)|모든 가능한 관심 범주}가 나타내는 개념을 분포 개념이라고 할 수 있다.

이 개념은 선험적이라고 볼 수 있는데, 그 이유는 예를 들어 먹이 분포와 같은 개념이 동물들에게서도 쉽게 관찰되기 때문이다. 먹이를 찾는 동물들의 경우 먹이 획득의 빈도가 높은 쪽으로의 이동이 본능적으로 이루어진다고 할 수 있다. 이런 행동은 결국 동물이 분포 개념을 갖고 있기 때문이라고 추측할 수밖에 없다는 가추적 추론에서 비롯된다.[1]

여기서 확률 개념을 간략히 생각해보고자 한다. 피아제는 확률 개념을 말하면서 자신이 생각하는 확률이 어떤 종류의 확률을 의미하는 것인지에 대해서 분명한 입장을 밝히지 않았다. 그러나 피아제의 글을 종합해서 살펴보면 그가 생각하는 확률에 대한 입장은 라플라스의 입장[2]과 같은 듯하다. 이것은 앞서 관념론자나 결정론자들의 입장과 철학적 맥락이 같다고 볼 수 있는데, 도박 등의 게임에 연관지어서 의미 있는 이론 전개를 펼쳤던 당시의 확률론, 즉 불확실성의 무지(無知)를 보상해줄 도구로서의 확률을 나타낸다고 볼 수 있다. 그리고 이런 확률의 의미

---

1 여기서의 가추는 "이 상자 안의 돌은 모두 하얗다. / 이 돌맹이는 하얗다. → 이 돌맹이는 아마 이 상자에서 나온 듯하다"나 "분포 개념을 가진 동물은 항상 먹이가 더 많은 쪽으로 이동한다. / 모든 동물은 먹이가 더 많은 쪽으로 이동한다. → 모든 동물은 아마 분포 개념을 갖고 있을 것이다"와 같은 표준적 가추 형식이다.

2 라플라스(P. S. Laplace)에게 있어서 확률이란 고전적 확률 또는 수학적 확률을 의미한다.

는 오늘날 전 세계 거의 모든 학교에서 공식적인 확률의 의미로 사용된다. 그러나 이 확률은 통계적 방법 등에서 가장 자주 사용되는 확률의 의미와 직접적 관련성을 찾기 어렵기 때문에 결국 통계에서 사용되는 여러 가지 확률과의 교묘한 연합을 모색하는 듯하나, 이 연결이 분명치 않음으로 말미암아 학생들에게는 매우 혼란스러운 상황이 초래되고 있다. 가령 어떤 동전의 모양만 보고 앞면이 나올 확률이 1/2일 것이라는 관념론자들의 직관(수학적 확률=경우의 수의 비)과 이 동전을 100번 던져서 56번 앞면이 나왔을 때 이 동전의 앞면이 나올 확률은 0.56 정도일 것 같다는 또 하나의 직관(통계적 확률=상대도수와 유사한 값) 사이에 어떤 직관적 연결도 찾기 어려우며, 그 이유를 큰 수의 법칙 등을 통해 아무리 잘 설명해도 이해하기 어렵다. 즉 학교에서 현재 어떤 시도가 이루어지고 있건 관계없이 두 확률의 의미를 연결 지으려는 모든 시도는 희망이 없어 보인다.

따라서 필자는 이렇게 무리한 시도를 하기보다는 첫 출발을 분포 개념으로부터 시작해 피아제의 비례 개념 등의 도움을 받아 상대도수 등을 거쳐 통계적 확률로 이행되는 것이 더 타당하다고 생각하며, 연역적 추론에 대한 교육이 강화되는(평면기하에서의 추론에 대한 내용이 소개되기 시작하는) 시기에 수학적 확률을 도입하되, 수학적 확률을 추론의 출발점 가정(동등 확률의 가정 등)처럼 생각하는 형태로 전개할 것을 제안하는 바이다. 왜냐하면 분포 개념은 수치화되지 않았을지라도 사실상 상대도수에 관한 개념으로서 선험적으로 갖고 태어나는 것이라고 추측되기 때문이다.

1.2.3 요약 개념

앞에서 우연현상은 대표성을 보이며 이를 통해 스스로 자신의 특징을 드러낸다고 설명했다. 통계학에서는 바로 우연현상의 그런 속성을 이용해 판단과 예측을 하는 데 도움을 얻고자 한다. 통계학에서 통계(statistic)란 자료로부터 계산된 어떤 숫자를 말한다. 즉 통계학이란 통계에 관한 학문이고, 통계란 자료의 숫자 요약이란 뜻이므로 결국 통계학에서는 자료의 숫자 요약이 핵심일 수밖에 없는데,

그것이 어떤 요약인지를 결정하는 것은 자료를 어떤 목적으로 수집했으며 그 목적에 맞도록 요약하려면 어떻게 할 것인가에 따라 정해진다고 할 수 있다.

요약 개념도 역시 기본적으로는 선천적일 것이라고 추측되지만, 우리에게 특별한 의미를 갖는 통계적 요약마저 선천적인지는 분명하지 않다. 요약은 언어적 추상화의 한 유형이라고 할 수 있으며 개념 형성의 출발점이라고 볼 수 있다. 개념 원형과의 유사성 확인 과정에서 결국 추상화 또는 요약과 같은 과정이 수반되지 않을까 하는 추측을 할 수 있다. 개념의 요약은 글의 줄거리의 언어적 요약 등으로 이어진다고 볼 수 있는데, 자료가 갖는 어떤 언어적 특징을 수량화된 요약으로 표현하려 할 때에는 수식 등이 지닌 특징을 이해해 수리적 측면에서의 통찰에 의존하는 요약이 필수적이므로 이런 수준의 통계적 요약이 선천적인 것이라고 하기는 어려울 것 같다는 생각 때문이다. 가령 양수인 두 숫자 a, b를 b/a로 요약한다고 할 경우, a가 커지면 요약값 b/a는 작아지고 b가 커지면 b/a는 커진다는 수식에 대한 이해와 통찰을 통해 언어적으로 주장하려는 사실이 요약값의 그런 변화와 일관성을 나타내는지 검토될 때, 그로부터 우리는 요약값 b/a의 정당성에 관한 논의를 할 수 있으며 따라서 이것은 선천적일 것 같지 않다는 뜻이다. 그보다는 오히려 교수학적 중재에 의한 여러 수학적 이해를 바탕으로 요약의 합목적성, 타당성을 검토하게 될 것이다.

요약의 합목적성이나 타당성을 검토한다는 말의 뜻은, 가령 어떤 윷에 대해 '개'가 얼마나 자주 나오는지 그 가능성을 알고자 할 때 이 윷을 던져서 나올 수 있는 가능한 경우의 수를 조사해서 그 역수로 가능성의 크기를 나타내는 방법과, 이 윷을 여러 번 반복해서 던져 나온 결과 중에서 '개'의 상대도수를 이용해 나타내는 방법 중에서 어느 쪽이 더 타당성이 있는지 생각해보면 그 의미가 분명해질 것이다. 3명의 사원을 뽑는 어느 회사에 지원했다가 떨어진 사람이 떨어진 이유를 알기 위해서는 '지원자들 중에 자신이 몇 등이었는지'를 물어보아야 할지, '각 항목에서 지원자들이 받은 평균 점수와 자신이 받은 점수'를 물어보아야 할지, 어떤 통계가 더 합목적적인지, 타당성이 있는지를 생각해보면 그 의미가 더욱 분명해질 것이다.

통계학에서 관심을 갖는 요약 중에서 대표적인 것으로는 숫자로 된 자료의 경우 자료값들의 크기와 변화 정도, 그리고 숫자가 아니라 두 종류 이상의 속성 범주로 이루어진 자료의 경우 한 종류 속성 범주에 속하는 것들의 비율 등이 있다. 주어진 자료값들의 크기를 한 개의 숫자로 요약할 때는 중심경향값(measure of central tendency, 우리 교육 과정에서는 대푯값)으로 요약한다고 하고, 주어진 자료값들의 크기의 변화 정도를 요약할 때는 산포도(measure of spread)로 요약한다고 하는데, 이들 요약의 목적을 잘 기억할 필요가 있다. 왜냐하면 자료에 따라서는 자료가 주는 느낌으로부터 자료에 대해 갖게 되는 언어적 서술 특징이 계산에 의해 얻은 특정 요약, 가령 중심경향값과 불일치를 보일 수 있으므로 얻어진 요약의 계산 결과를 평가할 때 중요한 기준이 되기 때문이다.

요약은 자료의 요약만이 중요한 것은 아니다. 통계학에서 우연의 불확실성에 대응하는 방법이 분포라고 했고, 따라서 분포의 요약 역시 중요하다. 자료를 요약한 것을 통계라고 하는 데 비해 모집단의 분포를 요약한 것은 '모집단의 수' 또는 모수라고 한다. 통계학에서 가장 중요한 것은 통계를 통해 모수를 추정하는 일이며, 이를 통계적 추론이라고 한다. 통계적 추론은 다음 절에서 더 분명하게 알 수 있겠지만, 그 자체로도 복잡하고 어려운 과정이다. 그러나 자료를 요약해 통계를 만드는 일, 분포를 요약해 모수를 정하는 일은 언어적으로 설정된 주장으로 이어지는 일련의 추론의 핵심적 과정으로서 그 스스로도 중요한 의미를 지니고 있다. 각각의 요약 절차가 타당성이 있어야 하고 통계와 모수 사이에 일관성 있는 합목적성과 그들이 빚어내는 통계적 추론의 구조를 바르게 알아야 하기 때문이다.

1.2.4 표본 개념

통계학은 우연현상을 연구 대상으로 하는 학문이다. 그리고 우연현상은 변이성과 대표성을 특징적 본질로 갖고 있다. 통계학의 방법적 특징은 표본의 자료를 이용해 모집단의 특성을 추론하려 한다는 것이다. 이 점이 바로 통계적 추론을 귀납추론이라고 하게 되는 이유이다. 통계학에서는 표본 중에서도 무작위표본을 사용하는데 무작위성은 자료의 반복적 추출(이 가능함)을 전제로 삼으며, 이는 우연의 맥락에 의존하는 것이므로 자연스럽게 대표성과 변이성을 갖는다. 이 경우 변이성은 다시 불규칙성과 독립성을 속성으로 갖는다.

다시 정리하면, 결국 무작위표본은 모집단과 유사한 표본일 확률이 가장 크며(대표성), 무작위로 얻은 표본은 매우 불규칙한 모습일 확률이 가장 크다. 그러나 독립성이라는 무작위성의 본질적 속성은 얻어진 무작위표본의 결과가 실제로 무작위표본인지 아닌지를 알 수 없게 만든다. 표본을 얻는 과정에서의 독립성은 표본이 얻어진 후에는 사라지며 어떤 흔적도 남기지 않기 때문이다. 간혹 추출된 표본의 불규칙성을 토대로 해서 얻어진 표본이 무작위표본인지의 여부를 검토할 수 있는데, 이로부터 무작위표본이 아님을 추론할 수는 있지만(규칙성으로 인해, 대표성이 없음으로 인해) 무작위표본임을 추론할 수는 없다(독립성 확인 불가).

그런데 이 통계적 추론에서 대표성이나 불규칙성의 확률과 관련된 추론은 전통적 논리학의 결정론적 추론과는 형식상 차이가 있다. 즉 어떤 일이 일어날 확률이 매우 낮다는 것만으로 그 일의 발생이 불가능해보임을 추론해야 하는 것이다. 이런 추론의 방법을 논리적으로 뒷받침해주는 원리가 바로 상식에 근거한 가능성 원리이다. 가능성 원리는 처음에는 상식처럼 느껴지지만, 점점 상식적이 아니라고 여길 만큼 복잡한 논리로 통계학도를 이끌게 된다. 따라서 필자는 이것을 상식이라고 부르기보다는 통계적 추론의 핵심적 원리라고 생각하는 것이다.

통계적 추론은 통계학의 꽃이라고 부를 만큼, 그리고 대부분의 사람들이 통계적 방법으로 생각하기를 원할 정도로 중요한 추론의 방법이라고 할 수 있는데, 여기에는 두 개의 중요한 함정이 있다. 하나는 통상적 추론의 형식과는 다르게 불규칙적으로 변화하는 표본에 근거해서 추론을 해야 한다는 점 때문에 우리의 추론에 대해 확신하지 못하게 만든다는 것이다. 즉 가정과 결론으로 이어지는 연역 추론과 비교하자면, 통계적 추론에서는 가정 부분이 안정되지 못해 신뢰할 만하지 않다는 점이 이 추론을 믿기 어렵게 만들고 있으며, 그럼에도 타당한 이해를 통해 믿을 수 있어야 한다는 점이 우리를 불안하게 한다는 것이다. 또 하나의 함정은 추론의 논리적 구조가 매우 복잡해서 이해하기 힘들 뿐 아니라, 구조를 아무리 잘

분석해도 전통적 논리와는 근본적으로 다른 한 부분(확률 관련 내용)이 항상 등장한다는 점이다. 이 확률은 전통적 논리학과는 다르게 논증의 신뢰성에 대해 '더 신뢰할 만한, 또는 덜 신뢰할 만한' 등의 전혀 생소한 표현을 수반한다.

통계적 추론의 신뢰성에 대해 의문을 갖게 하는 개념, 이 의문을 해소해주는 이해의 과정에서 필요한 여러 개념들을 표본 개념이라고 부르기로 한다. 표본 개념은 우연과 필연, 부분과 전체를 구분하거나 귀납과 연역을 구분하는 일 등을 통해 논리성이 발달해간다는 점, 또 무작위표본의 변이성을 이해한다거나 대표성을 이해하는 일처럼 무작위표본에 대한 직관적 이해가 자연적 성장에 따라 변화해간다는 점을 고려할 때, 기본적인 것은 선천적인 것처럼 보이지만 내버려두어도 저절로 충분히 성장하는 것 같지는 않다. 일정 수준 이상의 표본 개념은 적절한 교수학적 중재를 통해서 발달이 촉진되고 필요한 방향으로의 성장이 촉진될 것이라고 추측된다. 특히 대부분의 사람들이 치밀한 연역 논리를 어려워 한다는 점과 충분한 연역적 사고 능력이 통계적 추론의 이해에 필수 사항이라는 점을 생각할 때, 매우 치밀한 사전 준비만이 통계적 추론의 방법을 바르게 이해시킬 수 있을 것이다.

1.3 통계적 사고와 통계교육의 목표

1.3.1 통계적 방법론과 통계적 사고

통계적 방법론이란 무엇인가? 그런데 이 질문은 "모든 학문은 고유의 연구 대상과 방법을 갖고 있는데, 통계학은 어떤 방법적 특징을 갖고 있는가?"라는 질문과는 구분된다. 이 차이를 우선 분명히 해두어야 오해가 생기지 않는다.

통계학을 포함해 수학은 도구 과목이라는 말을 종종 들을 수 있다. 이는 수학의 실용성 측면에서, 수학이 다른 학문을 연구하는 데 필요한 도구를 얻는 것을 목표로 연구되며 수학적 연구의 결과물은 하나의 연구 도구라는 의미이다. 이를 근거로 수학은 형식 과학이라고 할 수 있는데, 그래서 필자는 수학을 본질적으로 증거학(science of evidence)이라고 본다. 이 말은 실용성의 측면에서 볼 때 어떤 문제를 해결하기 위해 수학 분야의 전문가에게 부탁해서 그 문제를 해결했다면, 그것은 수학적 방법으로 해결한 것이 아니라는 뜻이다. 수학 분야 전문가의 설명을 듣고 자신의 힘으로 그 문제를 해결하고 그 과정을 이해해서 스스로 논리적인 설명을 할 수 있으면, 그때에야 비로소 수학적으로 그 문제를 해결했다고 할 수 있다. 수학은 궁극적으로는 문제를 해결하기 위한 것이지만, 수학적 해결의 본질은 해결 자체에 있는 것이 아니라 그 논리성에 있다는 의미이다.

통계학도 이 점에 있어서는 마찬가지이다. 여기서 주의해야 할 것은 통계학의 연구 수단을 뜻하는 연구 방법으로서의 방법론과, 그 결과로서 얻게 되는 통계적 방법론, 즉 결과로서의 방법론에 대한 구분 문제이다. 통계적 방법은 연구의 결과로서 귀납적 방법을 얻게 되지만 그것을 얻기 위해 연구해나가는 과정은 연역적 방법, 수학적 방법을 사용한다. 그렇지 않다면 우리는 통계학을 신뢰하지 않았을 것이다. 모든 학문은 정도의 차이는 있을지라도 연역적 연단의 과정을 거치지 않고는 학문으로 인정받지 못한다. 바로 그런 이유로 통계적 방법은 귀납적 방법임에도 불구하고 과학적 귀납이라고 불릴 수 있게 된 것이다.

그런데 여기서 귀납적 방법이라는 말의 뜻을 이해함에 있어 철학 사전에 소개되는 귀납의 의미 정도로 생각하면 안 된다. 앞서 설명한 바와 같이 결과로서의 통계적 방법론은 그 방법론을 얻기까지의 과정이 연역적·수학적으로 빈틈없는 논리에 의해 이루어지며, 이 연역적 과정마저 충실히 이해할 수 있을 때 비로소 결과로서의 통계적 방법론을 충실하게 이해할 수 있다. 즉 앞에서 구분한 통계적 방법이라는 표현의 두 가지 의미에 있어서, 결국은 두 가지 의미 모두를 충실히 이해할 수 있을 때 통계적 추론에 대해 바르게 이해하고 이를 바르게 사용할 수 있을 것이라는 뜻이다.

통계적 방법론을 바르게 이해하려면, 결과적으로는 이 두 가지 형태의 추론 과정을 넘나드는 모든 논의에 대해 불편함이 없어야 한다. 필자는 이 문제를 통계학 연구 방법으로서의 방법론 측면에서는, 수학적인 기술적 기술(technical description)은 최소한으로 줄이고 그 대신 좀 더 섬세한 언어 표현의 연역 논리를 적용해 서술해보려고 한다. 그리하여 통계적 방법론의 '정당성'을 이해하게 하고, 이 과정에서 통계적 '사고법'을 습득하게 되기를 기대한다.[3] 또 이것이 통계학 연구 결과인 통계적 방법론에 사용 방법 측면에서 어떻게 영향을 주고 있으며, 어떻게 전개하는 통계적 추론이 타당한 추론인지를 스스로 깨닫게 되기를 바란다. 이 책을 통해 우리는 전문 통계학자를 길러내려 한다거나 또는 그에 관한 문제를 다루려는 것은 아니다. 따라서 이 책에서는 통계적 방법의 정당성을 이해해 통계적 귀납 추론을 바르게 할 수 있도록 그에 관한 연역 논리적 근거를 분명하게 해주는 설명에 대해서만 집중할 것이다.

통계적 방법은 우선 표본 자료를 사용한다는 점을 특징으로 한다. 표본 중에서도 특히, 거의 예외 없이 무작위표본을 사용한다는 점이 특징이다.[4] 우연현상을 다루는 통계학이 귀납적 추론을 위해 우연의 전형성을 갖고 있는 무작위표본 자료에 의존한다는 것은 당연한 일인지도 모른다. 결과적으로 무작위표본은 통계적 추론에 대표성과 변이성을 함께 제공하게 되고, 추론의 장애로서 작동하는 변이성을 축소하려는 노력이 통계적 방법의 또 하나의 특성이다. 통계학은 결국 표본 자료의 변이성 축소에 관한 이론이라고 할 정도로, 변이성에 관심을 갖는다. y라는 관측값(observation, observed value)에 근거한 통계적 추론을 생각할 때, 만약 y의 불규칙성 외에 아는 것이 없다면 좀 더 정확한 추론을 위해 다른 방법이 없을까? 통계적 방법론은 우리가 y에 대해 알고 있는 추가의 지식을 찾아서 그 지식의

---

3 필자가 다소 특이하게 이런 방법을 쓰는 이유는, '정당성'이나 '사고법' 등에 관한 표현은 복잡한 수식과 함께 뒤섞이게 되면 표현한다 해도 드러나 이해되지도 않고 결국 자신의 언어로 설명하기가 난감해지기 때문에 '정당성'이 이해된 것인지 '사고법'이 이해된 것인지 자신도 알기 어렵게 되기 때문이다.

4 무작위표본의 추출과 관련해 층별(stratified) 표집, 군집(cluster) 표집 등은 단순(simple) 표집과는 달리 무작위 추출이 아닌 것으로 착각하는 경우가 간혹 있으나 이들 모두는 무작위 추출의 다른 방법일 뿐이다. 다만 중등학교에서 소개하고 있는 난수표를 이용하는 단순무작위표집법(simple random sampling)은 무작위표본을 얻는 방법 중에서 하나만 소개하고 있는 것이며, 다만 방대한 크기의 모집단에서 단순무작위표집법을 써서 무작위표본을 얻는 것은 실제로는 매우 번거로운 과정이기 때문에 다른 추출 방법이 이용되는 경우가 더 많다. 예를 들어 전국적 표본을 얻기 위해 도별로 무작위표본을 얻어 합친다면 층별 표집을 하는 것이다.

도움을 얻고자 시도한다. 가령 필연적 관계는 없을지라도 어느 정도 깊은 상호관계가 있는 x라는 변량을 찾아 $y = f(x) + \varepsilon$[5]의 관계를 생각한다. 여기서 $f(x)$는 x의 함수로서 x의 값이 정해지면 확정되는 값이고, y의 우연속성은 ε에 의존한다.

통계적 방법론이 $f(x)$를 끌어들이는 이 방법을 사용하는 것은, ε에 의존함으로써 y에만 의존할 때에 비해 통계적 추론의 신뢰성을 높이려는 것이다. y가 지닌 변이성의 크기보다 ε이 지닌 변이성의 크기가 더 작다면, y에 의존하는 추론보다는 ε에 의존하는 것이 더 신뢰할 만하기 때문이다(단, $f(x)$가 x의 변화와 무관한 값, 즉 상수함수인 경우에는 y의 변이성과 ε의 변이성의 크기가 같기 때문에 $f(x)$를 끌어들이는 특별한 장점은 없게 된다. 따라서 이런 $f(x)$에 대해서는 변이성 축소 관점의 논의에서 제외하기로 한다). 이때 ε의 변이성이 y의 변이성보다 대개 더 작다는 것은 수리적으로 설명할 수도 있지만, 직관적 경험을 통해서도 쉽게 이해할 수 있다.

예를 들어 y는 20세 이상 30세 미만 남자들로 이루어진 어느 집단에서 각 사람의 몸무게이고, 평균 몸무게에 대한 통계적 추론을 한다고 생각해보자. 사람들의 몸무게는 아마 50kg에서 80kg 정도의 범위에 있을지 모른다. 그런데 여기에 각 사람의 키(x)에 관한 정보를 갖고 있어서 이것을 이용하기로 할 경우, 가령 (몸무게)$=$((키)-105)$+\varepsilon$이 성립한다고 가정하면($f(x)=x-105$), ε은 사람마다 차이가 있겠지만 -10에서 10 사이 정도의 값을 갖게 될 것이라고 경험적으로 추측할 수 있다. 즉 y는 30($80-50=30$) 정도의 차이를 보이지만 ε은 20($10-(-10)=20$) 정도의 차이를 보인다고 할 수 있다.

즉 y의 표준편차보다 ε의 표준편차가 더 작을 것임을 경험에 의존해서 어느 정

---

5 ε은 '엡실론'이라고 읽는다. 이외에 주요 희랍(그리스)문자 읽기는 아래의 표를 참고하라.

α	알파	β	베타	γ	감마	δ	델타	ε	엡실론
ζ	제타	η	에타	θ	쎄타	ι	아이오타	κ	캅파
λ	람다	μ	뮤	ν	뉴	ξ	크사이	o	오미크론
π	파(p)이	ρ	로	σ	씨그마	τ	타우	υ	업실론
ϕ	파(f)이	χ	카이	ψ	프사이	ω	오메가	Φ	파이
Ω	오메가	Γ	감마	Σ	씨그마	ψ	프사이	$\aleph$	알레프

도 예측해볼 수 있다. 만약 집단 전체의 평균 몸무게는 모르지만 평균 키는 아는 값이라고 가정하면 집단 전체의 평균 몸무게에 대한 95% 신뢰구간으로, y에만 의존할 경우는 (y의 표본평균)$\pm 1.96 \times$(y의 표준편차)$/\sqrt{n}$인데 ε에 의존할 경우는 ((집단 전체의 평균 키)-105)$\pm 1.96 \times$(ε의 표준편차)$/\sqrt{n}$이 되므로 신뢰구간의 길이($2 \times 1.96 \times$(ε의 표준편차)$/\sqrt{n}$)가 y에 의존하는 경우($2 \times 1.96 \times$(y의 표준편차)$/\sqrt{n}$)에 비해 짧아진다는 의미가 된다. 다시 말해 좀 더 정확한[6] 예측이 가능해지는 것이다.[7]

이 과정은 실제로는 $y = \widehat{f(x)} + r$의 형식으로 이루어지는데, 이때 $\widehat{f(x)}$는 $f(x)$를 정확히 알지 못해 추정하는 과정을 거쳐 그 대신 얻어진 값을 뜻하고, 따라서 정확한 ε도 알지 못하게 되므로 r이라는 다른 유사한 값으로 대신하게 된다. $y = f(x) + \varepsilon$에는, 가령 $f(x)$는 x의 일차함수라거나 또는 다른 형태의 조건으로 규정되는 가정이 있고 또 ε은 우연 변량이므로 "ε은 서로 독립적이고 정규분포를 한다"와 같이 자료값 y들의 확률분포 등에 대한 수학적 가정이 따르게 되는데, 이들 모두를 함께 묶어서 주어진 문제 상황에 대한 통계적 확률 모형(statistical probability model)이라고 한다.

다시 정리하면, 결국 관측값과 관련해 추론의 신뢰성을 높이기 위해서 추론에 사용된 변량들의 변이성을 축소하려는 방법과 그에 관련된 이론이 통계적 방법론이며, 바로 이런 목적을 갖고 통계적 연구 결과로서의 귀납적 방법(통계적 방법)을 정당화해주는 통계적 추론에 대해 연역적으로 추구되는 비판적 사고를 통계적 사고라고 할 수 있다. 그러나 이런 종류의 통계적 사고는 통계학을 연구하는 사람들에게는 필수적이고 타당한 것이지만 초·중등학교 통계 수업 시간에 목표로 삼기에는 너무 어렵고 전문적이다. 그 대신 단계마다 의심해보며 비판하는 연역적 사고 과정에서 일부 직관적으로 수용 가능한 것은 직관이나 암기에 의존해 통계적 사고법을 익히도록 하는 것이 좋다. 직관적 타당성이 훼손되지 않는 범위에서

6 50부터 80 사이라고 말하는 것보다는 60부터 70 사이라고 말하는 것이 더 정확하다.

7 이 설명에는 다소 비현실적인 가정들이 포함되어 있고, 따라서 표준 회귀분석의 결과와는 차이가 있으나 본질적 측면에서는 언급되지 않은 추가의 수학적 가정들이 충족될 경우 변함없이 성립된다.

통계적 귀납 추론의 방법을 정당화해줄 수 있는 (유사)연역적 추론의 과정을 익혀서 연역이 포함된 귀납의, 통합적으로 사고하는 통계적 사고법을 목표로 삼아야 한다.

이를테면 모집단의 평균을 알기 위해 표본의 평균을 구한다고 할 때, 왜 표본평균인가 하고 따져 묻는 것("그렇게 해서 변이성이 축소되겠는가?")이 원칙이고 통계학적 연구의 핵심이지만 그런 질문은 너무 전문적이며, 누구나 직관적으로 수긍 가능하다면 이 문제는 문제 삼지 않는다는 뜻이다. 이 점에 관해서는 현행 학교 수학의 방법도 정도 차이는 있지만 사실상 같은 수준이라고 생각할 수 있다. 수열 $1/n$이 점점 작아지는 양수라는 것은 직관적으로 사실 같지만 그것이 반드시 0으로 수렴한다는 것을 어떻게 보장하는지 설명하기 위해 수렴의 정의와 $\varepsilon - N$ 방법을 가르치기는 어려울 것이기 때문이다.

결국 학교 통계학에서의 통계적 사고란, 통계적 귀납 추론을 정당화시켜줄 수 있는 상식적이고 (유사)연역적인 논리와 사고를 뜻하는 것[8]이라고 정리해볼 수 있다. 가령 모집단의 평균에 대한 95% 신뢰구간에 대해 "그것이 왜 모평균에 대한 구간인지, 왜 95% 신뢰할 수 있는지?" 등에 대한 설명을 '공식이 그렇기 때문'이라거나 '책에 그렇게 적혀 있기 때문'이 아닌, 자료에 근거한 귀납 추론을 얻기 위한 과정으로서의 연역적 추론의 논리를 말할 수 있기를 바라는 것이다. 그리고 이 설명은 약간의 통계학적 지식 및 공식에 추가해 다소 연역적인 설명과 상식적인 보조 설명 등이 혼합되어 이루어질 것이기 때문이다. 실생활의 통계 관련 문제를 해결하기 위해 통계적 방법을 사용할 때, 문제를 변형하고 조작하는 수학화 과정에서 통계적 모형을 적용하거나 실험 설계를 하지는 못할지라도, 추론의 근

8 통계적 귀납 추론은 최종적인 결과로서의 외형은 귀납적이지만 연역적 성격을 어느 정도 포함할 수밖에 없다는 뜻이다. 그렇지만 이로 인해서 통계적 추론이 연역적 추론의 일종인 것처럼 오해해 본말이 바뀌는 일은 없어야 한다. 가령 학교에서의 통계 수업은 귀납적 방법의 교육을 목적으로 하고 있다는 점을 잊어서는 안 되며 따라서 통계는 수학의 다른 단원들과 매우 다르다는 점을 항상 인지할 필요가 있다. 왜냐하면 이렇게 본말이 바뀌게 되면, 통계적 방법 사용 자체를 가르치는 데 있어서조차 참과 거짓이 분명해질 정확한 계산 등에 매달리게 되어 핵심인 귀납적 추론은 수업에서 사라지거나 간과될 것이기 때문이다.

거가 되는 자료의 변이성을 축소시키는 과정을 이해하고 통계적 절차의 정당성을 설명할 수 있는 논리성을 확보하려는 노력, 즉 중등학교 수준에서의 통계적 사고를 하고자 하는 모습을 찾아볼 수 있기를 기대하는 것이다.

1.3.2 초·중등 확률통계교육의 목표

수학교육의 목표는 흔히 정신 도야 측면, 실용성 측면, 심미적·문화적 가치 측면 등 세 가지 측면에서 논의된다. 정신 도야 측면에서의 목표로는 대개 수학적 사고력 향상을 말하는데, 좀 더 구체적으로 말하자면 연역적 논리 추론 능력의 향상을 목표로 한다고 할 수 있다. 그러나 수학 교과의 확률과 통계 단원은 이와 달리 (과학적) 귀납 추론 능력 향상에 초점이 놓인 단원이라고 할 수 있다. 즉 문제 해결을 위해 적절한 자료를 수집하고 그 자료에 근거해 적절한 통계적 추론을 함으로써 문제를 해결할 수 있기를 기대한다. 이때 추론은 (과학적) 귀납 추론의 형식을 갖는다. 따라서 귀납논리학처럼 확률이 사용되며, 확률에 근거해 추론의 신뢰도를 말할 수 있어야 한다.

실용성 측면의 목표란 학습된 지식에 대한 실용적 가치를 인지하고 실용적으로 사용할 수 있게 하려는 목표를 말하는데, 확률과 통계 단원은 이 점에 있어서 해결할 문제 상황이 수학의 다른 단원들과는 달리 불확실한 상황, 우연현상 등에 대한 문제 해결을 목표로 한다는 특징이 있다. 그런데 이 부분에서 특히 강조할 점이 있다. 확률과 통계 단원에서 학습한 지식의 실용성에 대한 심각한 오해가 전 세계적으로 만연해 있다는 것이다. 누구나 통계가 실용적인 지식이라고 하는데 이 말의 뜻을 초등학교에서 암기한 원의 넓이를 구하는 공식이나 고등학교에서 암기한 수열의 공식을 필요한 실생활 상황에서 원의 넓이를 구하거나 모기지론에 대한 월 불입금을 알고자 할 때 사용할 수 있는 것처럼, 통계 공식 등을 암기해 실생활에서 필요할 때 쓸 수 있다고 오해하는 것이다.

오늘날 이렇게 통계적 소양(statistical literacy)이 부족한 사람들에 의해 사용되는 잘못된 통계가 오히려 사회를 혼탁하게 만드는 이유가 되기도 한다. 통계는 정확한 자료 수집과 결과에 대한 바른 해석이 매우 중요하다. 반면 정확한 공식의 사용과 분석은 분석 방법의 바른 선택 문제 등에 있어 여전히 중요한 문제이지만, 컴퓨터의 출현으로 인해 상대적으로 볼 때 큰 어려움은 줄어들었다고 할 수 있다.

자료 수집과 해석 방법은 공식이 없으며 따라서 관련된 분석처럼 공식대로 되는 것이 아니다. 그래서 통계는 예술(art)이라는 표현도 있다. 실제로 많은 경우 통계분석은 전문가의 도움이 반드시 필요하다. 그러나 초·중등학교에서 배우는 통계마저 전문가에게 의뢰하기에는 너무 번거로울 수 있으며, 특히 언론, 방송 등에 소개되는 내용을 이해하는 정도로 만족하기로 한다면 결과 해석에 대한 것이 가장 중요한데, 여기에는 공식 암기보다는 추론의 과정을 바르게 이해하고 추적 비판할 수 있는 능력이 더 중요하다. 다시 말해 통계적 귀납 추론 능력이 가장 중요하다고 할 수 있다.

이 부분은 확률과 통계 단원의 정신 도야 측면의 목표에도 영향을 준다. 확률과 통계 단원에서 과학적 귀납 추론 능력을 기르는 것이 정신 도야 측면의 목표라고 할 때, 앞서 1.3.1에서도 언급한 바와 같이 수학에서는 문제 해결의 결과보다는 과정을 바르게 이해해 자신이 그 정당성을 설명할 수 있어야 수학적으로 의미 있는 문제 해결이다. 통계적 방법을 써서 모집단의 평균에 대한 신뢰구간을 구했다고 했을 때, 그것이 왜 모집단의 평균에 대한 신뢰구간이며, 왜 95% 신뢰할 수 있는지를 설명할 수 없다면 아무리 바르게 공식을 적용해 구한 것이라 해도 의미 없는 결과일 뿐이다. 왜냐하면 수학은 증거학이기 때문이다.

심미적·문화적 가치 측면에서도 눈에 띄는 특징이 있다. 수학 교과에서의 미적 감각은 규칙성, 엄밀성, 명확성, 이분법적(참과 거짓) 아름다움이 강조된다. 그러나 대체로 그런 미적 감각이 강해질 무렵 학생들은 예기치 않은 혼란스러운 일을 경험하게 되는데, 가령 $\sqrt{2}$는 유리수가 아니라고 하면서 간혹은 1.414로 계산하라는 말을 듣게 되는 것이다. 물론 이 말을 듣고 혼란스러워하는 학생은 많지 않을 것이다. 근삿값을 알고 있으니 문제가 되지 않을 것이다. 그러나 앞서 수학의 미적 가치 기준을 적용할 때, 근삿값을 어떻게 받아들여야 할지 다소 혼란스러워지지 않는가? 적어도 이 경우 근삿값은 가급적 사용해서는 안 된다. 그렇지만 세상 속에는 특히 유용성과 관련해 중요한 가치를 지닌 것들이 많고, 이를 아름답다고 느끼는 사람들도 많다. 정확하게 규칙적인 것보다 다소 흐트러진 것이 더 아름답다고 느끼는 사람들도 많이 있다. 이런 아름다움에 대해 아리스토텔레스는 술의 신 디오니소스의 이름을 따서 디오니소스적인 아름다움이라고 했다. 이것은 태양과 같은 아폴로적인 아름다움에 대립되는 아름다움이며, 새로운 미학적 이해를 창출한다.

통계는 우연현상에서 규칙성을 찾기보다는 우연현상의 결과를 총체적으로 이해하고, 근삿값을 사용해도 충분히 만족스럽게 생각하거나, 오히려 어떤 일이 일어날 가능성이 11/18이라고 답하기보다는 약 61%라고 답하는 것을 더 선호한다. 결과를 참과 거짓으로 해석하기보다는 어느 쪽에 더 가까워 보이는지를 말할 때도 있다. 통일성과 조화, 실용적인 범위 내의 정확성을 지닌 오류에 대한 관대함, 다양한 응답 등이 스스로 가치를 갖고 수용되는 미적 감각은 통계 단원을 통해 길러야 하는 중요한 심미감이며 태도이고 가치이다. 지금까지의 설명을 정리해보면 아래 〈표 1.1〉과 같은 비교가 가능하다.

표 1.1

목표 관점	확률과 통계 단원	수학 전체
정신 도야	귀납 추론	연역 추론
실용성	불확실한 상황	명확한 상황
심미적 · 문화적 가치	디오니소스적	아폴로적

연습문제

1. 초·중·고등학교 수학 교과서의 확률과 통계 관련 단원을 분석해 분포 개념, 요약 개념, 표본 개념 중에 어느 내용이 그 단원의 중심 개념인지 논의하라. 여러 개념이 섞여 있을 경우에는 각 주제별로 관련 개념을 나누어 설명하라.

2. 직각을 낀 두 변의 길이가 각각 a, b이고 빗변의 길이가 c인 직각삼각형에서 $a^2 + b^2 = c^2$이 성립하는지를 알기 위해 1,000개의 직각삼각형을 그려서 이를 확인할 때, 이 방법의 타당성 여부를 논하고 이에 대한 이유를 설명하라.

3. 수리통계학 책을 조사해 충분통계량(sufficient statistic)의 정의를 알아보고, 왜 충분통계량이 표본 자료에 포함된 모수 θ에 관한 모든 정보를 갖고 있다고 하는지 설명하라.

4. '큰 수의 법칙(Law of Large Numbers)'을 확률론 책에서 찾아 그 의미를 살펴보고 '강한(Strong) 큰 수의 법칙'의 의미를 설명하라. 또 '약한(Weak) 큰 수의 법칙'을 증명하라.

5. 통계적 추론의 중요한 특징 중에는 비추이성이라는 특징이 있다. 이것은 연역 추론에서의 추이적 추론이 통계적 추론에서는 불가능함을 뜻한다. 가령 A와 B의 축구 시합에서는 A가 이길 확률이 더 크고 B와 C의 축구 시합에서는 B가 이길 확률이 더 클 때, C와 A의 축구 시합에서는, 연역적으로는 대소 관계의 추이 법칙에 따라 A가 이길 확률이 더 커야 하지만 실제 C가 이길 확률이 더 큰 상황이 있을 수 있다는 것이다. 축구 시합이 아니라 도박과 같은 게임에서 그런 상황이 만들어지는 예를 하나만 제시하라(259쪽 참고).

제2장

도수분포표와 통계 그래프

2.1 개념 및 범주와 분포의 뜻

2.1.1 대상집단과 모집단

어떤 통계적 주장을 할 때는 항상 그 주장에서 표현이 되는 대상이 있다. 시공간적으로 제한적일지라도, 일반화된 어떤 주장, 즉 정보나 지식이라고 할 만한 주장은 그 대상이 항상 적지 않은 개체들의 모임이다. 이와 같이 통계적 서술의 대상이 되는 개체들 전체의 모임을 모집단이라고 한다.

예를 들어 "이 주사위를 한 번 던질 때 1의 눈이 나올 확률은 1/6이다"라는 주장을 할 경우, 이 확률을 통계적 확률로 해석한다면 사실상 이 주사위를 무한히 던질 때 1의 눈이 나오는 경우의 상대도수가 1/6에 수렴함을 주장한다고 할 수 있으며, 여기서 이 주장은 서술 대상이 되는 '이 주사위를 무한히 던질 때의 결과'에 대해 이야기하고 있다는 것이다. 다시 말해 주사위 한 개에 대한 주장인 것 같지만 실제 그 말이 지시하는 대상 속에는 무한개의 개체, 즉 무한히 많이 던진 결과 나올 수 있는 주사위의 눈 2, 1, 6, 3, 2, 4, 1, 6, 5, 5, … 등이 그 주장의 서술 대상을 이루고 있다는 것이다. 이 모집단은 수학적 집합의 일종이 아님에 유의할 필요가 있다. 위에서 모집단은 무한히 많은 숫자로 이루어져 있지만, 이것은 결국 1, 2, 3, 4, 5, 6만으로 이루어져 있으므로 모집단을 집합으로 적는다면, 집합에서는 같은 원소를 반복해서 적지 않으므로 {1, 2, 3, 4, 5, 6}일 뿐이기 때문이다.[1]

만약 어떤 주장이 예외를 포함한 다수의 대답에 대한 서술이 아니라면, 그것은 통계적으로 의미 있는 주장이 아니다. 더구나 그 표현 대상의 주체가 매우 많은 개체들로 이루어져 있다 해도 어떤 필연적 법칙에 의해 그 주장에는 예외가 있을 수 없다면, 그 역시 통계적으로 의미 있는 주장은 아니다. 가령 "삼각형의 내각의 합은 180도이다"라는 주장을 할 때, 표현 대상의 주체[2]는 무한히 많은 삼각형들이지만, 이 주장은 삼각형의 내각의 합에 관한 것이므로 모집단은 그 많은 삼각형들 각각의 내각의 합들로 이루어지고 측정오차가 없었다면 그 값의 종류는 180 한 가지뿐일 것이다. 즉 모집단은 180, 180, 180, 180, …으로 이루어지는 무한개의 수들이다. 그리고 '대상집단'에 속하는 그 많은 삼각형들 중에 단 하나의 예외도 없이 모두가 내각의 합이 180이라면 우리는 이런 주장을 통계적으로는 고려하지 않는다. 다시 말해 모집단을 집합으로 적을 때 한 개의 원소로 된 집합이 될 경우, 즉 필연현상의 경우는 통계적 주장의 대상이 되지 않는다는 의미이다.

여기서 통계적 주장은 대상집단 전체에 대한 것일 뿐 대상집단에 속하는 각각의 개체에 대한 개별 속성의 주장이 아니라는 점을 강조하고자 한다. 통계적 추론의 결과에 대한 해석에 있어서 필연적 관계에 대한 추론에 익숙한 사람들은 "남자는 여자보다 키가 크다"와 같은 통계적 주장을 "사각형은 삼각형보다 변의 개수가 더 많다"와 같은 방법으로 해석하는 경향이 있다는 것이다. 이 문제는 통계윤리의 문제와도 관련되므로 책의 끝 부분에서 윤리적 문제와 함께 다시 논의하

---

1 이것을 주사위를 한 번 던질 때의 표본공간이라고 한다. 이 표본공간을 주사위를 두 번 던질 때의 표본공간과 비교해보고, 모집단과 표본공간의 관계를 정리해보기 바란다.

2 이들 전체의 모임을 '대상집단'이라고 한다. 즉 표현의 대상들은 삼각형의 내각의 합, 곧 숫자들이고, 표현 대상의 주체는 삼각형, 곧 도형들이다. 대상집단은 같아도 무엇에 관심을 가졌느냐에 따라 모집단은 다를 수 있다.

기로 한다. 또한 통계 윤리와도 관련이 있지만 통계적 주장의 정확성 자체만으로도 모집단과 관련해 가장 강조할 점은, 모집단은 어떤 통계적 주장에서든지 항상 분명히 인지되고 설정되어야 한다는 것이다. 선거 결과를 이야기하는데 투표권이 없는 어린이가 대상집단에 포함되어서도 안 되고, 투표권은 있는데 전화가 없는 사람들[3]이 대상집단에서 누락되어서도 안 된다. 무작위표본과 관련해 이런 종류의 예와 설명은 다소 고전적이지만 여전히 중요하다.

2.1.2 대상의 속성 표현과 관측 방법의 문제

앞서 언급한 모집단이 분명히 인지되어야 한다는 말의 뜻은 생각보다는 더 복잡하다. 모집단은 대상집단의 어떤 속성에 관한 서술을 포함하는 통계적 주장과 관련해, 집단 내 각각의 개체에 대한 관련 서술 결과들의 모임으로 이루어진다. 따라서 모집단을 명확히 인지하려면 대상집단 내 각각의 대상에 대한 속성 표현이 명확히 이루어져야 한다.

최근 늘고 있는 대형 할인점에 비해 재래시장의 물건값이 더 싸다는 주장을 하기 위해 재래시장의 물건값을 조사한다고 하자. 이 경우 모집단은 두 개가 될 수 있다. 할인점의 물건값들 모임과 재래시장의 물건값들 모임이다. 그런데 재래시장의 물건값 모집단만 생각한다고 할 경우, 여기서 모집단은 무엇인가? 어떤 물건들의 가격인가? 같은 물건에 대해 두 가게의 물건값이 다르다면 어느 값을 쓸 것인가? 정가표에 적힌 물건값인가 아니면 주인이 할인해준 물건값인가? 정가표를 사용하지 않는 가게는 어떻게 할 것인가? 할인이란 없고 포인트만 적립해주는 가게는 포인트를 물건값에 반영해야 하는가?

모집단이 명확하게 확정되려면 대상에 대한 물건값이라는 속성 표현이 분명히 정해져야 하는데, 물건값의 정의 하나만 생각해도 이렇게 복잡하다. 그렇지만 모집단은 명확히 인지되는 것이어야 하고, 또 상식적인 것이어야 한다. 가령 물건값

---

3 전화로 여론 조사를 할 경우를 생각해보라.

의 비교라고 할 때, 사람들은 무언가 상식적으로 생각하는 물건값에 대한 느낌이 있다. 대부분 자신이 자주 사는 물건들의 가격만을 떠올리며 생각한다. 따라서 할인점과 재래시장을 비교하는 데 있어 액자나 거울값, 수도꼭지(수전)값, 파이프값, 자물쇠값, 돗자리값, 이불값 등처럼 아주 가끔 찾는 물건들의 가격만 조사한다면, 그런 자료에 근거해 어느 쪽의 물건값이 싼지 비교한 결과는 상식과는 동떨어진 것일 수 있다. 다시 정리해보면, 물건값을 깎아 주는 일이나 포인트를 적립해주는 일처럼 시장 물가 조사와 관련된 예에서 알 수 있는 바와 같이, 관련 주장의 속성 표현과 연관된 문제의 현장 상황에 대해 모집단을 확정하기에 충분한 지식을 갖고 있어야 모집단을 분명히 인지할 수 있다는 것이다.

속성 표현을 위한 용어의 명확성과 함께 측정 방법상의 문제도 중요하다. 앞서 유권자에 대한 전화 조사에서 전화가 없는 사람이 누락되는 문제와는 별도로, 전혀 엉뚱한 것을 자신도 모르게 조사할 수가 있다. 일 인당 물 사용량을 조사하는 연구를 한다고 할 때, 대상집단 내 각 사람의 물 사용량을 어떻게 측정할 것인가가 문제가 된다. 이것을 고지된 수도요금에 근거해도 괜찮을까? 정확히 말하면 수도요금 고지서에 나온 물 사용량과 실제 물 사용량은 서로 전혀 다를 수 있다. 공익 관련 조사나 도덕성 조사에서는 거짓 응답이 문제가 될 수도 있다. 이유야 어찌 되었건 간에 잘못 설정된 모집단은 무작위표본을 얻기 어렵게 하고, 무작위표본이 아닌 자료에 근거한 통계적 추론은 잘못된 결론에 이를 가능성이 매우 크며, 이 문제를 해결할 방법은 자료를 다시 정확히 얻는 방법밖에는 없다는 것을 기억해야 한다.

측정 방법의 문제는 관측 결과 얻게 될 자료값의 형태에 영향을 주기도 한다. 자료값은 척도에 따라 크게 범주형 자료(attribute categorical data)와 수치형 자료(numerical data)로 나눌 수 있는데, 범주형 자료는 관측한 값이 숫자가 아닌 속성의 차를 반영하는 범주의 구분으로 된 경우로서 성별, 색깔, 평어 성적, 선호 표현(매우 좋음, … 매우 나쁨 등) 등을 말한다. 범주형 자료는 속성 범주 간 순서의 유무에 따라 순서가 있으면 순위척도 자료, 없으면 명목척도 자료라고 한다. 예를 들어 '수우미양가' 등의 평어 성적은 순서가 있으므로 순위척도 자료가 되고, 성별은 순서가 없으므로 명목척도 자료이다.

수치형 자료는 숫자로 된 자료를 말한다. 절대원점의 존재 유무에 따라, 없으면 등간척도(interval scale) 자료, 있으면 비율척도(ratio scale) 자료라고 하는데, 더 중요한 분류는 이산변량(discrete variables) 자료와 연속변량(continuous variables) 자료의 구분이다. 수치형 자료에서, 개수를 헤아릴 때처럼 다음 숫자를 말할 수 있으면[4] 이산변량이고, 몸무게나 키처럼 다음 숫자를 말할 수 없으면[5] 연속변량이라고 한다. 그런데 실제 연속변량은 그렇게 보이지 않을 수가 있다. 가령 사람들의 키를 조사할 때, 소수점 이하 첫째 자리까지 측정하기로 한다면 160.6cm의 다음 숫자는 160.7cm이다. 그러나 이것은 소수점 이하 첫째 자리까지 측정하기로 한 측정 수단의 한계에서 비롯된 문제이다. 이렇게 측정 수단의 한계로 인해 다음 숫자를 말할 수 있는 경우는 제외한다. 또 50,000명의 구성원이 있는 유한 모집단의 경우 50,000명의 키를 측정하는 방법과 무관하게 키가 작은 순서로 늘어 세우고 철수 다음 사람이 영수이므로 철수 다음으로 큰 키의 값은 영수의 키의 값이라는 형태의 방식도 배제된다. 모집단에 관계없이 키를 cm로 측정한다고 할 때 세상 사람들의 키의 값은 매우 다양해 연속적인 숫자라고 추측되면 이 경우의 변량은 연속변량인 것이다.

이와 같은 실제 상황에 대한 단순화를 수학적 이상화(mathematical idealization)라고 한다. 실생활 문제를 수학적·통계적으로 접근하려 할 때 우리는 항상 이 과정을 거치게 된다. 가령 동전 던지기를 할 때, 특별한 이유가 없다면 앞면과 뒷면만을 생각할 뿐 동전이 모로 서거나 동전이 없어지는 경우는 고려하지 않는다. 이렇게 중요하지 않고 무시해도 결과에 큰 영향이 없다는 것을 알면, 그 부분을 제거하고 단순화하는 것을 수학적 이상화라고 한다. 사람의 키를 조사하는 데 있어 모집단마다 다르게 생각하기보다는 모집단은 실수 전체라고 생각하는 것이 더 단

4 예를 들면, '3개'의 다음 크기 숫자는 '4개'이고 그 다음 크기 숫자는 '5개'이다.

5 몸무게 60kg의 다음 크기의 숫자는 60을 말한 후에 소수점을 찍고 0을 무한히 적은 후에 1을 적어야 하는데, 무한히 0을 적는다는 것은 1을 적어야 할 때가 오지 않는다는 것을 의미하기 때문에 60kg 다음의 숫자를 말할 수 없게 된다.

순하고 편리하다면, 그로 인해 실제적인 치명적 결함이 발생되지 않는 한 적절한 단순화, 이상화는 불가피한 선택이다. 그리고 그렇게 생각한 결과, 사람의 키를 측정할 때 얻는 변량은 연속변량이다.

2.1.3 분포와 요약

모집단이 확정되고 적절한 무작위 추출 방안이 세워지면, 필요한 비용과 시간을 들여서 목적에 합당한 자료를 얻을 수 있다. 얻은 자료가 목적에 합당하면, 주장하는 내용과 일관성 있는 타당한 준거에 의해 자료를 분류하거나 요약하게 된다.

관측 대상으로부터 얻은 자료는 대상마다 적어도 2가지가 있다. ① 대상의 주체, 즉 ID와, ② 그 대상으로부터 관측된 목적한 바의 속성값이 그것이다. 예를 들어 어떤 공장의 제품에 대해 불량 여부를 조사했다면 ① 제품 고유번호와 ② 합격 또는 불량 등의 조사 결과를 말한다. 이 중에서 ①은 기록으로 남기지 않을 수도 있고 필요에 따라 남기는 경우도 있는데, ②는 반드시 기록으로 남긴다. ②는 간혹 조사하려는 성질의 개수에 따라 벡터(vector)가 되기도 한다. 가령 키와 몸무게를 조사했다면 사람마다 (키, 몸무게)와 같은 벡터로 기록될 수 있다. 어떤 경우든간에 자료라고 부르는 것은 반드시 ②를 포함한다. 그 외에 참고 자료로서, 그 자료값을 얻은 시기나 순서, 장소, 특징 등 조사 목적과는 직접적인 관련이 없지만 추후 필요에 대비해서 적어두는 자료 내용이 추가될 수 있다. 또 자료 수집의 편리성 등으로 인해 ①과 ②가 분명히 구분되지 않게 되는 경우가 발생할 수 있지만, 조사의 목적에 비추어 ①과 ②의 구분이 드러나게 할 수 있다.

분포란 앞에서 범주와 빈도의 순서쌍이라고 했는데, 그 내용을 좀 더 구체적으로 생각해볼 필요가 있다. 우선 여기서 범주란 앞서 ②의 값들을 분류해 만들어지는 범주를 말한다. 제품의 품질 조사라면 합격품과 불량품을 구분해주는 것이 범주가 된다. 그리고 도수분포라면 각 범주의 빈도로서 도수가 사용된 것을 말한다. 즉 {(합격, 1988), (불량, 12)}가 품질 조사에서의 도수분포의 한 예가 될 것이다.

어느 중학교에서 전교생이 체험 학습을 가는데 반별로 결석한 학생 수를 조사했더니, 1학년 1반 0명, 1학년 2반 1명, 1학년 3반 0명, 1학년 4반 2명, …, 3학년 8반 2명 등이었다고 하자. 이때 이 조사를 기준으로 볼 때 {(1-1, 0), (1-2, 1), (1-3, 0), (1-4, 2), …, (3-8, 2)}는 도수분포가 아니다. 왜냐하면 각 반 이름은 위에서 ①에 해당하는 것이고 ②에 해당하는 것은 결석생 수이므로, 차례대로 나타내면 0, 1, 0, 2, …, 2명 등이고 이것을 분류하면 범주가 0, 1, 2, 3, 4 등의 결석생 수가 될 것이기 때문이다. 따라서 만약 이 중학교 전체 학급의 수가 20학급이고 결석생이 없는 학급이 여덟 반, 1명인 학급이 일곱 반, 2명인 학급이 세 반, 3명인 학급이 한 반, 5명인 반이 한 반이었다면, {(0, 8), (1, 7), (2, 3), (3, 1), (4, 0), (5, 1)}이 이 자료에 대한 도수분포라고 할 수 있다.

자료를 분포로 분류 정리하는 것도 요약의 한 형태라고 볼 수 있다. 일반적으로 요약은 합목적성을 지닌 것이어야 한다. 분포는 현상의 규칙성을 찾기 어려울 때 빈도의 총제적인 요약을 목적으로 한다. 통계적 방법론이 갖는 특징적 문제 해결 접근 방식이 분포를 사용한다는 것이기 때문에 필자는 이 요약에 대해 특별한 관심을 갖고 예외적으로 요약 개념에서 분리되어 별도로 발달하는 분포 개념이 있다고 생각했다. 앞서 결석생 수 조사 자료에서 '반별로 결석생 수를 나타낸 것'이 분포이건 아니건 간에, "어느 반이 결석생 수가 많은가?"를 알기 위한 목적으로는 타당한 요약이지만 분포를 얻으려는 목적의 요약은 아니라는 것이다. 다음에서는 이 요약의 목적을 구분해 생각해보고자 한다.

2.2 분포의 표현과 그래프

통계에서의 표나 그래프는 어떤 표현 목적을 가지고 그 표현하려는 바가 잘 드러나도록 간결하게 만든 표나 그림이다. 따라서 이런 표나 그림은 표현하려는 바가 잘 드러나도록 그려야 한다. 다만, 표현하려는 것이 사실에 대한 의도된 왜곡일 수 있다는 점 때문에 만드는 사람에게는 통계 윤리(statistical ethics)가, 보는 사람에게는 통계적 소양이 중요하다.

2.2.1 도수분포표와 확률분포

앞서 설명했듯이 분포를 나타내는 집합(범주와 빈도의 순서쌍들의 집합)을 표로 정리한 것을 분포표라고 하는데, 표의 좌측 열에는 범주를, 우측 열에는 빈도를 적는다. 만약 빈도가 도수이면 도수분포표, 상대도수이면 상대도수의 분포표, 확률이면 확률분포표가 된다.

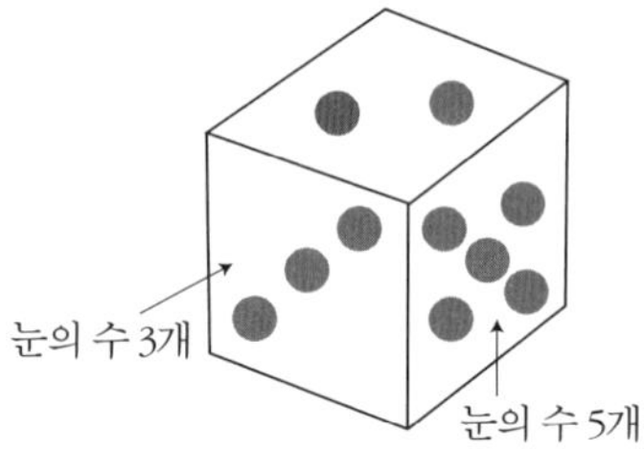

아래의 〈표 2.1〉, 〈표 2.2〉, 〈표 2.3〉은 차례로 주사위를 6,000번 던졌을 때 나온 눈의 수를 관찰해 각각의 눈의 수가 나온 횟수별로 만든 도수분포표와 그에 대한 상대도수의 분포표, 그리고 공평한 주사위를 가정할 때의 이론적 확률을 가지고 만든, 각각의 눈이 나올 확률분포표이다. 이 표들은 주사위의 눈의 수라는 이산변량을 범주로 갖는 경우의 분포를 정리해본 것인데, 명목척도나 순위척도의 자료에 대해서도 동일하게 적용할 수 있다.

〈표 2.4〉, 〈표 2.5〉는 어떤 사회적 이슈에 대한 남녀 각각 500명의 의견을 표본조사해 만든 것이다. 대상집단의 각각의 조사 대상에 대해 성별과 의견 두 가지 성질을 조사했으므로 자료는 벡터 형태로서 (남자, 찬성), (남자, 반대), (남자, 기타), (여자, 찬성), (여자, 반대), (여자, 기타) 등의 6가지가 있을 수 있는데, 이런 경우 이원분류표 형식으로 〈표 2.4〉, 〈표 2.5〉와 같이 나타낼 수 있다. 이때 (남자,

표 2.1

도수분포표	
눈의 수	도수
1	990
2	1023
3	1011
4	1008
5	973
6	995
합계	6000

표 2.2

상대도수의 분포표	
눈의 수	상대도수
1	0.1650
2	0.1705
3	0.1685
4	0.1680
5	0.1622
6	0.1658
합계	1

표 2.3

확률분포표	
눈의 수	확률
1	1/6
2	1/6
3	1/6
4	1/6
5	1/6
6	1/6
합계	1

표 2.4

도수분포표			
	남자	여자	합계
찬성	227	412	639
반대	238	84	322
기타	35	4	39
합계	500	500	1000

표 2.5

상대도수의 분포표			
	남자	여자	합계
찬성	0.227	0.412	0.639
반대	0.238	0.084	0.322
기타	0.035	0.004	0.039
합계	0.5	0.5	1.0

표 2.6

확률분포표			
	남자	여자	합계
찬성	0.2	0.3	0.5
반대	0.2	0.1	0.3
기타	0.1	0.1	0.2
합계	0.5	0.5	1.0

찬성) 등과 같이 범주에 해당하는 도수나 상대도수의 숫자를 적는 각각의 직사각형을 칸(cell)이라고 한다. 〈표 2.4〉는 전체 1,000명의 의견을 나타낸 도수분포표이고, 〈표 2.5〉은 그에 대한 상대도수의 분포표이다. 또 〈표 2.6〉은 이슈에 대해 투표권을 가진 사람 모두를 전수조사했을 때 각각에 대한 유권자의 비율(상대도수)을 나타낸 것인데, 이는 유권자 중에서 무작위로 한 명을 뽑았을 때 어느 특정 칸에 속하는 사람이 뽑힐 확률과 같을 것이므로 확률이라고 불러도 무방하며 따라서 확률분포표라고도 할 수 있다.[6]

〈표 2.1〉, 〈표 2.2〉, 〈표 2.3〉과는 달리 〈표 2.4〉, 〈표 2.5〉, 〈표 2.6〉은 이차원 도수분포표라고 한다. 이차원 분포표에서 상대도수나 확률을 나타내는 〈표 2.5〉나 〈표 2.6〉은 남자 전체의 합과 여자 전체의 합이 각각 0.5 대신 1이 되도록 해야 한다고 생각할 수도 있는데, 그렇다면 그것은 성별에 따른 구분을 조건변수로 한 조건부 분포라고 간주할 수도 있다. 이 분포는 이차원 분포인 것이 아니라 일차원(조건부) 분포 두 개를 나란히 적은 것이라고 생각해야 한다. 지금까지 생각한 분포표는 자료가 이산변량이나 범주형 자료인 경우에 사용할 수 있다.

2.2.2 막대그래프의 함수화와 확률함수

도수분포표나 상대도수의 분포표, 확률분포표 등은 집합 형식으로 적은 표현보다는 더 정리된 모습이지만, 어느 범주에 더 많은 자료값들이 있는지 등의 분포

6 전수조사의 결과에 대해서는 상대도수라고 하지 않고 확률이라고 부르는 것이 더 보편적이다. 즉 모집단의 상대도수는 확률이라고 부른다.

상태를 읽기에는 간단한 그림 모양의 그래프가 더 편리하다. 원칙적으로 도수나 상대도수, 확률 등의 분포를 그림으로 나타낼 때는 다른 특별한 이유가 없다면 막대그래프로 그리는 것이 원칙이다.

〈표 2.1〉, 〈표 2.2〉, 〈표 2.3〉을 막대그래프로 나타내면 아래와 같다. 그런데 아래의 막대그래프는 수학적으로는 xy-좌표평면에 나타낸 그래프처럼 해석할 수도 있다. 이 경우 x축에는 1, 2, 3, 4, 5, 6의 값들이 찍혀 있고, y축에는 〈그림 2.3〉의 경우를 예로 들면 0.017부터 0.183까지의 값이 찍혀 있고, 막대의 높이는 모두 $0.167 = \frac{1}{6}$이므로, 확률함수 $f(x) = \frac{1}{6}$ if $x = 1, 2, 3, 4, 5, 6$ and 0 elsewhere의 그래프인 〈그림 2.4〉와 같다고 해석할 수 있는 것[7]이다. 〈그림 2.1〉이나 〈그림 2.2〉의 경우도 수학적으로는 대부분의 함수의 값이 x축 위에 있고(=0), 그렇지 않은 값은 6개(〈그림 2.2〉의 경우라면, 0.1650, 0.1705, 0.1685, 0.1680, 0.1622, 0.1658 등의 6개의 값)만 평면 위에 점으로 찍히는 함수의 그래프처럼 생각할 수 있다. 특히 〈그림 2.2〉에서 각각의 막대는 상대도수를 나타내고 주사위를 6,000번 던졌을 때의 결과를 표시한 것이지만, 만약 이 주사위를 n번 던진다고 가정하고 얻어진 자료에서 구한 상대도수의 분포표와 그 상대도수의 막대그래프를 그 분포에 대응하는 수학적인 함수 $y = f_n(x)$의 그래프라 하면, 앞서 설명한 〈그림 2.2〉에 대응하는 그래프의 함수식은 $y = f_{6000}(x)$라고 할 수 있

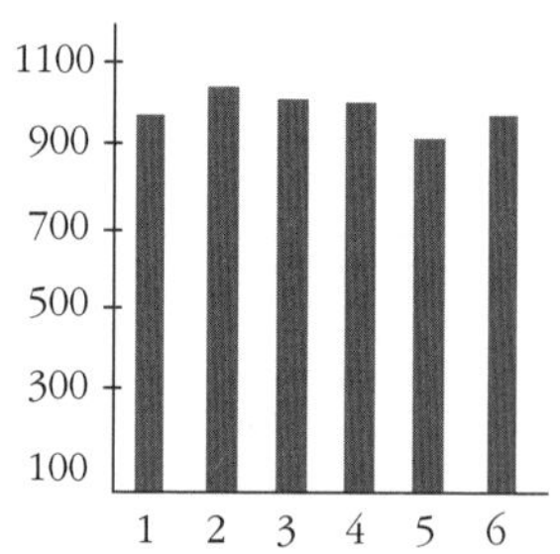

그림 2.1

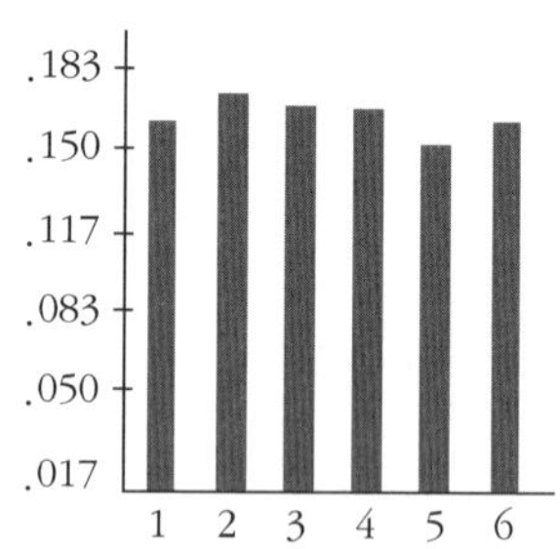

그림 2.2

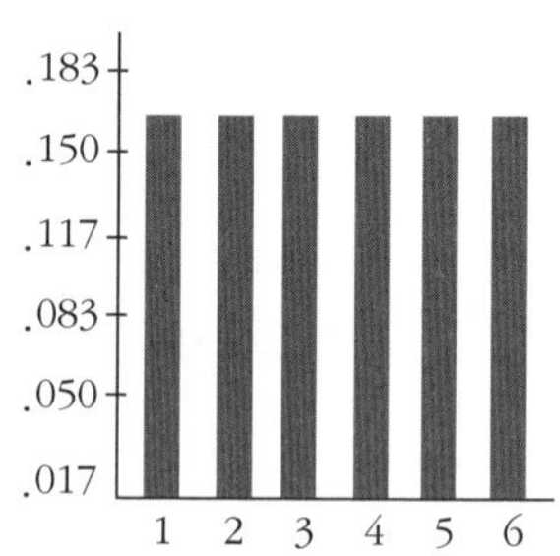

그림 2.3

7 실제로는 통계는 수학자가 아닌 일반인들도 보고 이해해야 하기 때문에 함수의 그래프처럼 그리게 되면 이상하고 보기에 불편해서 이를 자연스럽게 만들기 위해 막대 모양으로 나타낸 것뿐이다.

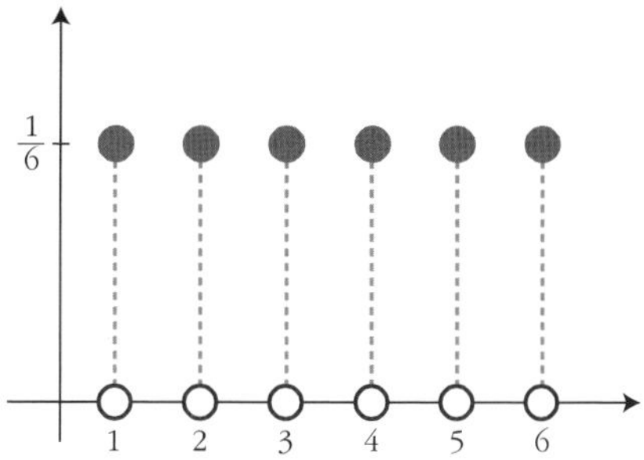

그림 2.4

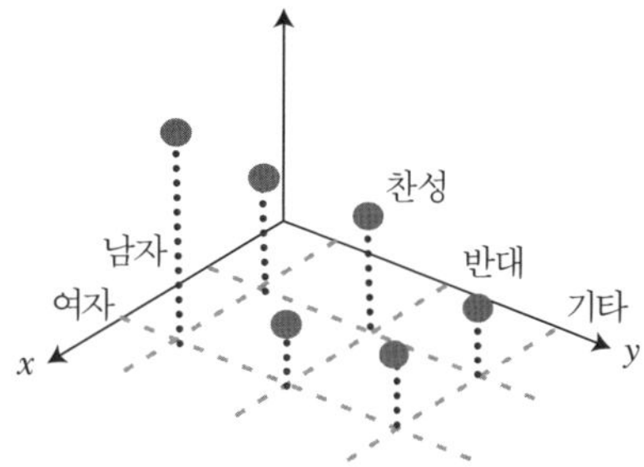

그림 2.5

을 것이다. 또 이때 n이 한없이 커진다면 $f_n(x)$는 위의 그래프에 나타난 함수 $y = f(x) = \frac{1}{6}$ if $x=0, 1, 2, 3, 4, 5, 6$로 수렴할 것이다. 왜냐하면 상대도수는 통계적 확률로 수렴할 것이기 때문이다.[8]

이차원 도수분포표의 경우에도 수학적 함수와 대응하며, 그 그래프는 삼차원 형태로 표현할 수 있다. 〈그림 2.5〉는 〈표 2.6〉에 대응하는 함수

$$f(x, y) = \begin{cases} 0.2 \text{ if } (x, y) = (\text{남자, 찬성}) \text{ or } (\text{남자, 반대}) \\ 0.3 \text{ if } (x, y) = (\text{여자, 찬성}) \\ 0.1 \text{ if } (x, y) = (\text{여자, 반대}) \ (\text{남자, 기타}) \ (\text{여자, 기타}) \end{cases}$$

의 그래프이다. 그림을 통해서 삼차원 막대그래프의 모양을 상상해볼 수 있을 것이다. 더욱 수학적인 함수로 만들기 위해 남자, 여자, 찬성, 반대, 기타 등을 숫자로 바꾸면 그때의 함수 $f(x, y)$를 이차원 확률함수(bivariate probability function)라고 한다. 따라서 앞서 주사위의 확률을 나타내는 사실상 막대그래프와 같은 〈그림 2.4〉에 대응하는 함수는 x축의 값이 이미 1, 2, 3, 4, 5, 6 등의 숫자이므로 확률함수(probability function)라고 할 수 있다.

8 이것을 '큰 수의 법칙'이라고 하는데 '큰 수의 법칙'에 관해서는 후에 관련 단원에서 구체적으로 증명하고자 한다.

2.3 다른 목적의 그래프 표현과 창의성

이제까지 분포를 표현하는 표와 막대그래프를 이용한 표현법에 대해 생각해보았다. 그런데 통계에서 자신의 주장을 뒷받침할 수 있는 근거로서 분포 외에도 다른 여러 가지 표현 방법을 사용할 수 있다. 여러 표현 방법 중에서 그림은 가장 효과적인 표현법으로 알려져 있다. 다음에 소개되는 여러 가지 그림을 이용한 표현법은 대개 분포의 표현이 아닌 것을 전제로 한 것이지만, 특별한 이유가 있다면 분포를 나타내는 표현법으로 사용할 수도 있다.

2.3.1 꺾은선그래프, 원그래프, 띠그래프, 겹막대그래프

꺾은선그래프는 대개 x축에는 시간을 나타내고, y축에는 숫자로 된 변량을 나타내어 시간의 흐름에 따라 변량의 변화 상태를 표현하는 데 사용하는 경우가 많다. 최근 3일간의 환자의 체온 변화를 그래프로 나타낸다면 꺾은선그래프가 가장 좋은 표현 방법일 것이다.

꺾은선그래프는 가끔 다른 용도로 사용되기도 하는데, 그래프가 선으로 이루어져 있으므로 여러 개의 꺾은선을 하나의 그래프 용지에 함께 나타내도 서로 가려지는 부분이 없어서 편리하기 때문이다. 예를 들어 꺾은선그래프는 국가별 수출액과 수입액을 한 개의 그래프로 그릴 때에도 편리하게 사용할 수 있다. 이때 국가별로 두 개씩의 막대를 사용해 수출액과 수입액을 각각 나타내는 겹막대그래프를 이용해 나타낼 수도 있다.

원그래프나 띠그래프는 각각의 범주가 전체에서 차지하는 비율을 나타낼 때 자주 사용하는 표현법이다. 그런 맥락에서 상대도수를 나타낼 때 역시 원그래프나 띠그래프를 사용할 수는 있으나 특별한 시각적 효과를 원하는 경우가 아니라면 상대도수는 막대그래프로 나타내는 것이 일반적이다. 국가 예산 중에서 각각의 주요 항목별 비율은 원그래프나 띠그래프로 나타내는 경우가 많다. 예산의 항목별 비율은 예산의 분포를 나타내는 것이 아니기 때문이다.

2.3.2 독창적 그래프와 표현의 합목적성

자료로부터 자신이 주장하고자 하는 것을 표현하려 할 때, 잘 알려진 몇 가지의 표현법으로는 마음에 들지 않을 수 있다. 이 경우 자신만의 표현법을 고안해 사용해도 된다. 이것은 작은 발명과도 같으므로 이러한 독창적인 방법을 고안하는 것은 적극 장려되어야 한다.

다음 페이지에 나와 있는 〈그림 2.6〉은 표라기보다는 그래프에 더 가까운데, 한국(K), 미국(A 또는 a), 영국(B 또는 b)의 확률통계교육 과정(우리나라 7차 교육과정과 그 시기의 외국 교육 과정)을 한눈에 비교할 수 있도록 만든 것이다. 좌측에는 확률통계의 주요 주제를 놓고 우측에는 각국이 이러한 주제에 대해 처음 배우는 시기를 나타내어 비교하도록 했다. 우측의 배우는 시기가 ∞로 표시된 것은 그 주제를 배우지 않는다는 뜻이다. 〈그림 2.6〉을 통해서 어떤 주제를 배우는지와 그 시기를 쉽게 비교할 수 있는데, 이것은 이미 잘 알려진 형식의 표나 그래프는 아니다.

신문이나 잡지 등에서도 이렇게 새롭게 만들어진 표나 그래프, 그림 등을 종종 볼 수 있다. 한 예로 『내셔널 지오그래픽(National Geographic)』에 나왔던 20세기 여러 나라에서 있었던 전란에 대한 정보를 표시한 그림표를 들 수 있다. 이 그림표에서는 가로 방향의 굵은 선분을 이용해 전란이 발생한 시기와 지속된 기간의 길이를 알 수 있도록 하면서 원의 크기를 이용해 전란 중에 사망한 사람의 총수를 나타냈다. 이러한 그림표를 응용해서 직사각형을 이용해 가로는 시기와 기간의 길이를, 세로는 전란으로 인한 연평균 사망자 수를, 넓이는 기간 중 사망한 전체 인원수를 나타내는 그림을 그릴 수도 있을 것이다.

이러한 활동은 미술 시간에 하는 활동과 유사하지만 미술과는 다른 목적을 추구하는 또 하나의 창의성 교육을 위한 수업이 될 것이다.

주제	학년												
	1	2	3	4	5	6	7	8	9	10	11	12	∞
표와 그래프	A	K					B						
막대그래프	A		K				B						
꺾은선그래프			A	K			B						
여러 가지 그래프		A		K,a	A								
원그래프				A		K							
경우의 수			A			K							
확률			A	A		K,a	K			B	B		
상대도수					A		K						
상관도와 상관관계					A		A		K	B	B		
통계적 · 수학적 확률, 합 · 곱 · 여사건, 독립 · 종속사건, 모집단과 표본						A	B	B	B		K	K	
줄기와 잎 그림표					K	A							
히스토그램과 누적도수							K						A
상관표									K				A
원, 중복순열											K	K	A,b
모평균의 추정											K	K	A
범위, 최빈값, 중앙값, 중심경향값		A	A	A	A	A	B	B					K
사분위수							A						K
산포도							B	B	B	K			
큰 수의 법칙							B	B	B		K	K	
사분위 범위										B	B		K
밀도										B	B		K
주기성, 경향성										B	B		K
자료처리 프로그램										B	B		K
순열, 조합, 이항정리, 조건부 확률, 독립시행, 확률변수, 확률분포, 확률밀도함수, 이항분포, 정규분포, 표본평균과 분포											K	K	B

그림 2.6

연습문제

1. 다음 중 통계적 방법을 사용하면 옳지 않은 문제를 말하고 그 이유를 설명하라. 또 통계적 방법을 사용하는 경우는 그 방법을 설명하라.
   ① 서울에서 부산까지 KTX를 타고 갈 때 실제 걸리는 시간
   ② 같은 크기의 정오각형들을 이어 붙여서 공 모양의 정다면체를 만들려고 할 때 사용되는 정오각형의 개수
   ③ 내년 봄에 가장 많이 팔리게 될 옷의 색깔
   ④ 조선의 네 번째 왕 이름

2. 다음 여러 조사에서 얻어질 자료의 변량들의 척도를 말해보라.
   ① 학기말고사 후 우리 반 학생들의 수학 평어(수우미양가) 성적
   ② 우리나라 유권자들이 지지하는 정당의 이름
   ③ 2014년 한 해 동안 우리나라를 방문한 외국인 관광객의 개인별 소비금액
   ④ 2014년 현재 우리나라 25세 이상 남자들의 cm 단위로 측정한 키

3. 도수분포, 상대도수의 분포, 확률분포 사이의 상호관계를 설명하라.

4. 학생들의 개인별 봉사활동 시간을 반별로 조사했다. 이 자료를 가지고 반별로 그 반 학생들의 평균 봉사활동 시간과 봉사활동 참가 학생 수를 동시에 나타내는 그림을 그리는 방법을 제안하라. 단 어느 반이 참여 학생 수가 더 많은지, 평균 봉사활동 시간이 더 긴지, 총 봉사활동량은 어느 반이 더 많은지 등을 한눈에 알 수 있도록 하라.

제3장

연속변량의 분포 표현

중학교 1학년 수학 교과의 통계 단원에는 도수분포표와 히스토그램이 나온다. 그런데 히스토그램이 막대그래프와 어떻게 다른지에 대한 설명이나 도수분포와 확률분포 간의 관계에 대한 설명 등을 찾을 수 없다. 이 장에서는 이 문제를 바르게 이해하기 위한 기초적 내용을 생각해보고 아울러 지적한 문제들에 대한 답을 찾아보고자 한다.

3.1 확률변수 및 변량과 자료

어떤 대상집단 내의 사람들의 키를 조사한다면 여러 숫자를 얻게 될 것인데 어떤 숫자가 나올지 미리 알 수는 없다. 조사나 실험을 통해 얻어진 숫자 등을 모아 자료(data)라고 부른다. 그러나 아직 자료를 얻지 않은 상태에서는 미지의 불확실한 숫자를 부르는 다른 이름이 필요한데 이것을 확률변수(random variable)라고 한다.

이렇듯 키를 조사하면 숫자가 얻어지는데 만약 성별을 조사한다면 남자거나 여자 중의 어느 한 가지 성별을 얻게 될 것이며, 반복 조사를 할 경우 여러 사람의 성별에서 규칙성을 찾을 수 없고 불규칙한 성별의 나열을 얻게 될 것이다. 이 경우에는 수학적으로 다루기 편리하도록 하기 위해 남자, 여자 대신 숫자 1, 2 등을 사용할 수 있다. 이렇게 숫자로 된 자료값 하나하나를 변량이라고 하는데, 따라서 자료가 수집되면 확률변수는 각각 모두 변량이 된다.

3.1.1 실험 및 조사와 표본공간, 그리고 확률

실험과 조사를 통해 자료를 얻을 때 가능한 표본들 전체의 집합을 표본공간(sample space)이라고 한다. 가령 주사위를 한 번만 던져서 나온 눈의 수를 관찰하려고 한다면, 앞에서 설명한 대로 모집단은 그 주사위를 무한히 던져서 나온 결과 전체(예: 1, 6, 4, 2, 5, 1, 2, 4, 2, …)를 모두 나열해 적은 것을 뜻하고, 이 안에 있는 값 중에서 서로 다른 값만을 적어서 집합으로 나타내면 {1, 2, 3, 4, 5, 6}이 표본공간이 된다. 그런데 이 주사위를 두 번 던져볼 생각이라면, 이 경우에도 모집단은 변함이 없지만 표본공간은 두 번 던진 결과를 순서대로 적은 순서쌍들로 이루어지며, {(1, 1), (1, 2), …, (1, 6), (2, 1), …, (6, 5), (6, 6)}의 36개의 원소로 된 집합이 표본공간이 된다.

어느 모집단에 5만 명의 사람들이 있는데 그중에서 임의로 한 명의 성별을 조사한다면, 모집단은 5만 명의 남자 또는 여자가 적힌 리스트가 될 것이고 표본공간은 {남자, 여자}가 될 것이다. 또 두 명을 조사한다면 {(남자, 남자), (남자, 여자), (여자, 남자), (여자, 여자)}가 표본공간이 될 것이다.

통계에서 실험과 조사의 차이는, 대상집단의 각 원소에 일정한 실험적 처치를 가한 후 그 결과를 측정하거나 특별한 측정 기구에 의존해 자료를 얻는 경우는 실험이라고 하고, 대상집단의 원소를 단순히 관찰하거나 물어보아 자료의 값을 얻는 경우는 조사라고 한다. 이를테면 어느 대상집단에서 사람들의 키를 조사하거나 지능검사를 해서 자료를 얻는 경우는 실험이라고 하고, 단순히 성별을 관찰하거나 상품의 선호도를 매우 좋음부터 매우 나쁨까지의 5지선다형으로 묻는 경우는 조사라고 한다. 그러나 이 구분이 모호한 경우도 있는데 그런 경우를 제외하면 대개 실험의 결과로부터는 수치형 자료를 얻는 경우가 많고, 조사를 통해서는 범주형 자료를 얻는 경우가 많다.

구분이 모호한 경우가 있음에도 불구하고 이렇게 실험과 조사를 굳이 구분한 이유는 자료를 통계적으로 분석할 때 두 종류의 자료는 대개 분석법이 전혀 달라지는 경우가 많기 때문이다. 따라서 여기서는 실험에 의해 얻은 자료를 실험실 자료, 조사를 통해 얻은 자료를 조사 자료라고 부르기로 한다. 실험실 자료는 변량으로 얻어지는 경우가 많지만, 조사 자료는 수치로 바꾸는 작업이 필요한 경우가 많다.

원래 확률 P(.)란 수학적으로는 표본공간 Ω의 (측도 가능한) 부분집합들 전체의 모임(σ-field of measurable subsets) $\mathscr{S}(\Omega)$으로부터 음이 아닌 실수집합으로 가는 함수(set function)로서 표본공간 자체의 확률은 1이고, 가산적으로 가법적인 (countably additive) 함수이다.[1] 이런 식으로 생각해보려는 특정 표본공간에 대해, 그의 부분집합들과 그 부분집합들 위에서 정의된 확률 P를 묶어서 (Ω, $\mathscr{S}(\Omega)$, P)를 Ω에서의 확률공간(probability space)이라고 한다. 즉 확률공간이란 확률 P를 생각할 수 있는 구조를 가진 Ω의 부분집합들 $\mathscr{S}(\Omega)$이라고 할 수 있다.

수학에서 이와 같이 측도(measure)의 한 종류로 정의하는 확률을 공리적 확률(axiomatic probability)이라고 한다. 공리적 확률은 함수이므로 실제적인 의미가 없는 추상적 대상일 뿐이다. 여기서 추상적이라는 단어의 의미는 '숫자 5가 의미가 없다'라는 것과 유사한 맥락으로 이해할 수 있다. 세상에 있는 모든 것 중에서 어

---

1 가산적으로 가법적이라 함은 표본공간 Ω의 부분집합들 중에서 측도 가능한 것들만을 모아 이루어진 σ-field $\mathscr{S}(\Omega)$ 내 임의의 가산개의 서로소인 부분집합들 $E_i(i=1,2,3,\cdots,\infty)$의 합집합 $\bigcup_{i=1}^{\infty}E_i$의 확률이 각각의 확률의 합이 됨, 즉 $\mathrm{P}\left(\bigcup_{i=1}^{\infty} E_i\right)=\sum_{i=1}^{\infty}\mathrm{P}(E_i)$이 성립한다는 것이다. 여기서 특이해 보이는 σ-field $\mathscr{S}(\Omega)$이 등장하는 이유는 Ω의 부분집합 $E_i(i=1,2,3,\cdots,\infty)$가 확률이라는 함수 P(.)의 정의역 $\mathscr{S}(\Omega)$에 속할 때 $\bigcup_{i=1}^{\infty}E_i$ 역시 $\mathscr{S}(\Omega)$에 속해야 $\mathrm{P}\left(\bigcup_{i=1}^{\infty} E_i\right)$의 값을 생각할 수 있으므로, $\bigcup_{i=1}^{\infty}E_i$ 역시 $\mathscr{S}(\Omega)$에 속함을 보장하기 위한 $\mathscr{S}(\Omega)$의 성질이 σ-field인 것이라고 이해하면 된다.

떤 이유로 손가락 5개와 일대일 대응이 성립하는 것이 숫자 5라고 본다면 공리적 확률이란 구체적 사물이나 개념이 없는 일대일 대응이라는 추상적 개념이다.

여기에 비해서 구체적 의미를 갖고 있는 확률이 수학적 확률(=고전적 확률), 통계적 확률(=경험적 확률), 주관적 확률, 논리적 확률 등이다. 수학적 확률은 '어떤 사건의 확률'을 '그 사건이 일어나는 경우의 수'의 '발생 가능한 모든 경우의 수'에 대한 비로 정의한다. 즉

$$\mathrm{P}(E)=\frac{(\text{사건 }E\text{가 발생하는 경우의 수})}{(\text{발생 가능한 모든 경우의 수})}$$

로 정의한다. 이 정의로부터 느껴지는 수학적 확률의 의미는 어떤 일이 일어날 가능성을 측정하는 것이고, 여기서 가능성이라 함은 그 일의 쉽고 어려움과 관련되어 있다. 수학적 확률과 개념적으로 매우 유사한 또 하나의 확률은 통계적 확률이다. 통계적 확률은 '어떤 사건의 확률'을 상대도수의 극한값으로 정의한다. 즉 '어떤 사건의 확률 $\mathrm{P}(E)$'는

$$\mathrm{P}(E)=\lim_{n\to\infty}\frac{(n\text{회 중에서 사건 }E\text{가 일어난 횟수})}{(\text{반복 시행의 총 횟수 }n)}$$

로 정의된다. 여기서 느껴지는 사건 E의 확률은 사건 E가 얼마나 자주 발생되는가와 관련 있어 보인다. 이는 "어려운 일은 자주 일어나지 않고, 쉬운 일은 자주 일어난다"라는 것으로 관련지으면 수학적 확률과 거의 같은 정의라고 할 수 있다. 특히 가능성이라는 단어의 의미가 "자주 일어나는 것은 가능성이 높고 쉬운 일이기도 하며, 반대로 드물게 일어나는 것은 가능성이 낮고 대개는 어려운 일이다"라고 생각해 가능성이라는 단어를 매개로 수학적 확률과 통계적 확률의 의미를 일치시킬 수도 있다. 그러나 두 정의는 분명히 다르며, 특히 통계적 확률은 경험적 확률이지만 수학적 확률은 주관적 확률, 논리적 확률과 함께 인식론적 확률이라고 불린다.

인식론적 확률은 상황을 논리적으로 분석해 사건의 확률의 크기를 정하려 한다. 정도의 차이는 있으나 관련된 일들의 인과관계로부터 확률을 얻으려는 것인

데, 결정론적인 것이다. 수학적 확률은 어떤 사건의 확률이 왜 그 값이어야 하는지 이성에 의해 분석하고, 부분적으로라도 인과관계를 찾아보려는 것이다. 확률을 이렇게 이해해보려는 태도는 피아제의 실험에서도 쉽게 볼 수 있다. 이는 사람의 키의 분포가 왜 정규분포인지 그 이유를 찾아보려는 태도와 같은 것으로서, 경험적으로 그러함을 그대로 인정하고 그 사실로부터 출발해 추가의 어떤 정보를 얻을 수 있는지를 추구하는 통계적 확률 신봉자들이 보이는 모습과는 다른 것이다.

어느 쪽이 더 바람직하다거나 옳다고 할 수는 없다. 확률과정(stochastic process)에서 다루는 많은 주제들은 경험으로부터 관찰된 사실 몇 가지를 토대로 어떤 일들이 일어날 확률이 어떻게 되어야 하는지를 수학적으로 분석해 답을 얻는 경우가 많다. 가령 푸아송(Poisson) 확률분포는 어떤 현상에 대해 경험적으로 참이라고 볼 수 있는 몇 가지 사실을 수학적 가정으로 삼아, 이를 토대로 한 미분방정식을 풀어서 특정 기간 동안에 발생하는 사건의 발생 횟수의 확률분포를 구한다. 반면 통계학에서는 어떤 사건의 발생 횟수의 분포가 푸아송 확률분포를 따른다고 가정하고 통계적 추론을 해나가려 한다.

논리적 확률은 귀납논리학에서 사용하는데, 여기서 확률이란 논증의 강도를 수치화한 것이다. 주관적 확률은 형식적으로 객관화하기 어려운 사실들을 확률에 근거한 통계적 추론에 투입하기 위한 방편이라고 할 수 있다. 예를 들면 경제 문제에 대해서는 경제학자의 의견이 비전문가의 의견보다 더 중요하게 고려되어야 하고, 이를 위해 확률에 대한 것부터 전문가의 의견을 고려해 수정하고 시작하려는 것이다. 논리적 확률이나 주관적 확률 모두에서 적절한 확률값 정하기 알고리즘을 통해 일관성을 얻기 위한 노력을 거친다. 인간은 생각만큼 이성적이지 못하기 때문이다. 그러나 어떤 동일한 사건에 대해, 동일한 알고리즘에 의해 정해진 두 사람의 확률값이 서로 다를 수 있다.

3.1.2 자료와 확률변수

앞에서 자료와 확률변수 간의 관계를 간단히 설명했는데, 수학적 정의

(mathematical definition)를 적는다면 확률변수는 표본공간으로부터 실수집합으로의 (측도 가능한) 함수이다. 즉 이 정의에 의하면 앞의 성별 조사에서 남자는 1, 여자는 2로 적는다고 할 때, 이와 같은 대응관계가 확률변수인 것이다. 왜냐하면 확률변수는 함수이기 때문이다.

확률과 통계 관련 문헌에서 저자들이 사용하는 확률변수의 개념에는 크게 3가지 종류가 있다. 첫째는 방금 소개한 정의역(domain of a mathematical function)이 표본공간인 함수로서의 모습인데, 대개 확률론의 기초 부분에서 함수의 한 종류로 사용된다. 함수적 개념 표상의 확률변수는 여러 가지 수학적인 사실들을 증명할 때 이용되는 형태이다.

둘째는 앞에서 소개한 사전 자료(priori data)를 구성하는 값들에 대한 이름이다. 여기서 사전(priori)이라 함은 자료를 얻는 행위가 있기 이전이라는 의미이다. 우리가 자료(data)라고 부르는 것은, 이 경우에는 특별히 확률변수와 구분하기 위해 사후 자료(posteriori data)라고 부르기도 한다. 이런 의미를 갖고 사용되는 확률변수는 자료처럼 취급되는 경우가 많다. 가령 확률변수 n개, $X_1, X_2, \cdots, X_n$을 적어놓고 이것이 어느 모집단에서 얻은 임의표본이라고 할 때가 있는데, 마치 자료를 얻은 것처럼 임의표본이라는 표현을 사용하고 있으나 사후 자료가 아닌 사전 자료라는 의미에서 그렇게 사용하는 것이다.

수학적 표현과 복잡한 수식이 등장하는 상황에서 동일한 개념에 대한 이렇게 다른 표상의 의미 설명은 기호 표현도 혼란스럽게 하므로 명확한 구분을 위해 확률변수는 영어의 대문자를 사용하고, 사후 자료를 의미하는 것은 영어의 소문자를 사용하는 것이 원칙이다. 가령 공평한 동전을 두 번 던지는 실험을 생각해보자. 이 경우 표본공간은 앞면을 H, 뒷면을 T로 적으면 $\Omega=\{(HH), (HT), (TH), (TT)\}$이고, 이 실험에서 앞면이 몇 번 나왔는지에 관심이 있다면 앞면의 횟수라는 이름의 확률변수 X를 정의해 사용할 수 있는데, 이 경우 $X((HH))=2$, $X((HT))=X((TH))=1$, $X((TT))=0$이라고 할 수 있다. X는 정의역이 Ω이고 공역이 실수집합 $\mathbb{R}$인 함수로서 $X(\omega)=x$에서 x는 $\omega(\in \Omega)$에 포함된 H의 개수라고 할 수 있다. 이 실험과 확률변수에서는 숫자 한 개로 되어 있는 자료를 얻게 되고, 이때 자료 수집 후에 실제 얻어지는 값은 소문자 x로 지칭하며, 장차 얻을 값을 지칭하는 경우에는 확률변수 X라고 한다.

주사위를 한 번 던져서 나오는 눈의 수를 관찰하는 실험과 같이 실험의 결과값이 숫자인 경우, 가장 자연스러운 확률변수는 항등함수이다. 즉 표본공간의 원소 ω에 대해 가장 자연스러운 확률변수 X의 값은 $X(\omega) = \omega$인 경우이다. 주사위 실험의 경우 $X(1)=1, X(2)=2, \cdots, X(6)=6$ 등이다. 만약 공평한 주사위라면 각각의 눈의 수가 관찰될 확률은 모두 $\frac{1}{6}$이므로, $\mathrm{P}(X = x) = \frac{1}{6}$ if $x=1, 2, 3, 4, 5, 6$과 같이 적을 수 있는데, 여기에서 $X = x$라는 표현을 보면 앞서 설명한 두 번째 의미의 사전 자료로서의 확률변수 X 및 그 값 x를 살펴볼 수 있을 것이다.

문헌상 자주 볼 수 있는 확률변수의 세 번째 모습은 확률변수 X의 가능한 사후 자료값 x들 전체를 총칭하는 의미로 사용되는 경우이다. 여기서 총칭이라는 표현의 의미를 주의해야 하는데, 이것은 한 개가 아니라 여러 개이어야 한다는 점이다. 가령 앞의 주사위 실험에서 확률변수 X의 가능한 값 x 전체는 X의 치역이고 그 치역은 $\{1, 2, 3, 4, 5, 6\}$인데, 확률변수 X의 의미로서는 1, 2, 3, 4, 5, 6을 뜻한다는 것이다. 이것은 6개(숫자)이고, 치역 $\{1, 2, 3, 4, 5, 6\}$은 한 개(집합)이므로 확률변수 X의 세 번째 개념 표상은 치역의 원소 전체, 그래서 치역처럼 보이지만 치역 자체(집합)는 아닌 것을 의미한다고 할 수 있다.

확률변수가 이렇게 사용되는 경우는 그 확률변수의 분포를 생각할 때 자주 나타난다. '확률변수의 분포'라고 할 때, 일반적으로 분포라는 것은 두 개 이상의 범주가 있어서 범주별로 도수나 확률 등이 비교되는 개념인데, 확률변수의 첫 번째 의미처럼 정의역에서 실수로 가는 함수라거나 두 번째 의미처럼 한 개의 자료값(실수의 변량)에 대해 분포를 생각한다는 것은 이해하기 어려운 말이기 때문이다.

앞의 주사위 던지기 실험에서 나온 눈의 수는 가능한 각각의 경우마다 $\frac{1}{6}$씩의 확률을 갖는 확률분포를 갖고 있다고 할 수 있는데, 이것을 확률과 통계에서는 확률변수 X의 확률분포라고 관습적으로 사용하고 있는 것이다. 그리고 이 표현 속에서 확률변수 X는 X의 치역의 모든 원소들을 총칭한다.

한 번 던질 때 앞면이 나올 확률이 p인 동전을 n번 던질 때 나올 수 있는 앞면의 횟수를 확률변수 X라고 적으면, 이때 X의 확률분포는 이항분포이고, $\mathrm{P}(X=x)={}_nC_x p^x(1-p)^{n-x}$ if $x=0,1,2,\cdots,n$이 성립한다고 할 수 있다. 이 표현 속에는 앞서 소개한 3가지 의미의 확률변수의 모습이 모두 포함되어 있다.

한편 주사위를 두 번 던지는 실험에서 나온 눈의 수의 합인 확률변수 X를 생각해보자. 이 경우 표본공간은 {(1, 1), (1, 2), ⋯, (6, 6)}인데 이 집합을 곱집합 $\Omega_1\times\Omega_2$(단, $\Omega_1=\Omega_2=\{1,\ 2,\ 3,\ 4,\ 5,\ 6\}$)라고 적을 수 있다. 그런데 이때 $\Omega_1(=\Omega_2)$는 주사위를 한 번 던질 때의 표본공간이고, Ω_1에서 정의된 자연스러운 확률변수를 X_1, Ω_2에서 정의된 그것을 X_2라고 적을 때 $X=X_1+X_2$라고 할 수 있다. 이런 이유로 표본공간을 두 개 이상의 표본공간의 곱집합으로 적을 수 있으면 각각으로 나누어 생각하고 각각에서 필요한 확률변수를 정의해 그들을 벡터 형식으로 묶어서 확률벡터(random vector)라고 한다. 앞에서 표본공간 $\Omega_1\times\Omega_2$에서 정의된 확률벡터 (X_1, X_2)를 생각해 이것을 이차원 확률벡터 $\underline{X}=(X_1, X_2)$로 적을 수 있다. (앞으로 확률벡터는 밑줄을 그어 확률변수와 구분하고, 달리 바꾸어야 할 이유가 없는 한 행벡터row vector로 적기로 한다.) 따라서 $\underline{X}(\omega)=\omega$이므로 확률벡터 $\underline{X}$ 역시 이차원 항등함수이며, 표본공간 $\Omega_1\times\Omega_2$에서 실수평면 $\mathbb{R}^2$로의 함수임을 알 수 있다. 이때 $X=X_1+X_2$와 같이 확률변수 $X=g(X_1, X_2)$인 경우 X는 (X_1, X_2)로부터 변환 생성된 확률변수(transformed random variable)라고 하고, 만약 변환식 $g(X_1, X_2)$에 다른 미지수가 포함되지 않아서 (X_1, X_2)만 확정된 숫자벡터(posteriori data)로 바뀌면 X의 값도 확정$(=x)$되는 경우에 X 또는 x를 통계(statistic)라고 한다. 따라서 통계 역시 확률변수이기도 하고 숫자이기도 하다. 특히 이 통계 중에 중요한 한 가지로서 표본평균

$$\left(g(X_1, X_2, X_3, \cdots, X_n)=\frac{\sum_{k=1}^{n} X_k}{n}\right)$$

이 있는데, 이 표본평균도 흔히 보듯이 숫자일 수도 있지만 확률변수일 수도 있다는 것은 매우 중요한 의미가 있다.

3.1.3 확률변수와 유도된 확률공간

대상집단으로부터 관측한 자료가 어떤 형태이든지 이를 수리적으로 분석하기 위해 확률벡터들로 바꾸어놓을 때, 각각의 구성 확률변수들은 모두 숫자이므로 확률변수는 이산형과 연속형의 두 가지만 있다. 확률변수의 가능한 값 전체, 즉 치역의 원소의 수가 유한개이거나 무한개일지라도 가산집합[2]인 경우에는 이산변수라고 한다.

이 표본공간에서 정의된 확률변수에 대해 자연스럽게 그 확률변수의 값(변량)이 실수집합의 특정 부분집합에 속할 확률은 앞서 표본공간에서 출발한 확률로부터 자연스럽게 도출되어야 하는데, 이 확률을 유도된 확률(induced probability)이라고 하고 유도된 확률은 확률변수에 의존하므로 $P_X(.)$로 적거나 문맥상 혼동의 여지가 없으면 그냥 P(.)로 적기도 한다.

예를 들어 앞에서 언급했던 공평한 동전 2회 던지기의 실험에서 앞면(H)의 횟수를 관찰한 경우의 확률을 생각해보자. 표본공간은 $\Omega=\{(HH), (HT), (TH), (TT)\}$이고, 여기서 Ω는 유한집합이므로 측도 가능한 부분집합의 σ-field는 Ω의 부분집합들 전체 $\mathcal{S}(\Omega)=\{\phi, \{(HH)\}, \{(HT)\}, \{(TH)\}, \{(TT)\}, \{(HH),(HT)\}, \{(HH),(TH)\}, \{(HH),(TT)\}, \{(HT),(TH)\}, \{(HT),(TT)\}, \{(TH),(TT)\}, \{(HH),(HT),(TH)\}, \{(HH),(HT),(TT)\}, \{(HH),(TH),(TT)\}, \{(HT),(TH),(TT)\}, \Omega\}$이다. 또한 확률 $P(.);\ \mathcal{S}(\Omega)\rightarrow\{0\}\cup\mathbb{R}^+$는 $P(E)=\dfrac{(E\text{의 원소의 수})}{4},\ \forall E\in\mathcal{S}(\Omega)$로 정의된다. 그리고 $(\Omega, \mathcal{S}(\Omega), P(.))$이 생각하는 확률공간이 된다. Ω에서 정의된 확률변수 X를 이 실험에서 나올 앞면의 횟수라고 한다면 $X((HH))=2$, $X((HT))=X((TH))=1$, $X((TT))=0$이 된다. 여기서 $P_X(\{2\})=P(\{(HH)\})=\frac{1}{4}$, 또 $P_X(\{1\})=P(\{(HT),(TH)\})=\frac{2}{4}=\frac{1}{2}$이라고 하는 것이 자연스러울 것이다. 실제로도 $P_X(.)$는 그렇게 정의된다. $P_X(.)$ 역시 확률이기 때문에 수학적으로는 어떤 정의역으로부터 음이 아닌 실수들의 집합으로 가는 함수이어야 하는데, 그에

---

2 자연수 집합과 원소의 수가 1:1 대응인 집합을 말한다.

대한 정의가 조금 복잡하다.[3]

확률변수를 생각할 때부터는 확률변수에 의해 생성되는 (Ω를 대신할) 표본공간을 생각하는데 이 집합은 확률변수의 공역(codomain)이어야 하므로 실수 전체의 집합, 즉 $\mathbb{R}$이다. 그러면 P_X의 정의역은 $\mathbb{R}$의 부분집합들로 이루어진 σ-field, $\mathcal{S}(\mathbb{R})$을 생각해야 하는데, $\mathbb{R}$의 부분집합들 전부를 생각하면 그 모임이 너무 크고 자꾸 모순이 발생한다. 그래서 문제의 부분집합들만을 제거하고, 모순을 발생시키지 않으면서도 거의 $\mathbb{R}$의 부분집합들 전부에 가까운 모임이 바로 σ-field, $\mathcal{S}(\mathbb{R})$이다. 실제 실수집합의 부분집합들 중에서 $(-\infty, x]$의 구간들 전체, 즉 $\mathscr{C} = \{(-\infty, x] \mid x \in \mathbb{R}\}$를 바탕으로 $\mathcal{S}$의 원소들의 모든 가산개의 합집합들, 교집합들, 여집합들과, 또 그로 인해 추가되는 것들에 대해서도 같은 집합연산을 통해 만들어진 것 전체를 포함하면 $\mathcal{S}(\mathbb{R})$이 만들어진다. 이 집합을 흔히 $\mathcal{B}$로 적고 Borel (σ-)field라고도 하는데, 실수집합의 부분집합 중에서 상식적으로 생각할 수 있는 모든 부분집합들을 다 포함하고 있다고 보아도 좋다.[4]

다시 앞에서 나왔던 예를 생각하면 $\{2\} \in \mathcal{B}$이고, 앞서 추측한 대로 $P_X(\{2\}) = \frac{1}{4}$이 성립한다. 왜냐하면 일반적으로 유도된 확률공간 $(\mathbb{R}, \mathcal{S}(\mathbb{R}) = \mathcal{B}, P_X(.))$에서의 확률 $P_X(.)$는 $P_X(G) = P(X^{-1}(G)), \forall G \in \mathcal{B}$, 단 $X^{-1}(G) = \{\omega \in \Omega \mid X(\omega) \in G\}$ $P_X(\{0,1\})$로 정의하기 때문이다. 그렇기 때문에 앞의 설명에서 두 가지의 예를 들면 $P_X((-\infty, 1.2]) = P_X(\{0,1\})$[5]$= P(\{(TT), (HT), (TH)\}) = \frac{3}{4}$, $P_X((1.5, 7]) = P(\{(HH)\}) = \frac{1}{4}$이다.

---

3 이 부분은 참고로 읽어만 두어도 된다.

4 $\mathcal{B}$에 속하지 않는 예를 하나만 만들고자 해도 매우 복잡한 수고를 해야 겨우 만들 수 있을 정도이다. 그렇지만 $\mathcal{B}$는 $\mathscr{C}$에 있는 것들을 모두 포함하는 σ-field들 중에서는 가장 작은 σ-field이다.

5 $P_X((-\infty, 1.2])$는 $P(X \le 1.2)$와 같이 적기도 한다. 이 표기법을 따른다면 $P_X((-\infty, 1.2]) = P_X(\{0,1\})$은 $P(X \le 1.2) = P(X = 0 \text{ or } X = 1)$와 같이 적을 수 있다. 이 식에서 생략된 것을 되살려 적으면 $P(\{\omega \in \Omega \mid X(\omega) \le 1.2\}) = P(\{\omega \in \Omega \mid X(\omega) = 0 \text{ or } X(\omega) = 1\})$이 정확한 표현이 되고, 이때 P는 P_X가 아닌 처음 확률공간에서의 P이다. 일반적으로 $P_X(G)$는 $P(X \in G)$와 같이 표현되고 $P(X \in G)$는 $P(\{\omega \in \Omega \mid X(\omega) \in G\})$를 줄여 적은 것이다.

3.1.4 누적확률분포함수와 표본분포함수

앞의 예에서처럼 $\mathcal{B}$에 속하는 모든 것들에 대한 확률을 생각할 수 있지만, 본질적인 출발은 $\mathcal{C}$에 있는 것에서 시작한 것이기 때문에 이런 종류의 사건들에 대해서만 확률 $\mathrm{P}_X(.)$의 값이 정해지면 $\mathcal{B}$에 속하는 모든 것들에 대해서도 확률이 다 정해질 수 있다. 그러므로 $\mathcal{C}$에 있는 것들에 대해 $\mathrm{F}_X(x) = \mathrm{P}_X((-\infty, x])$로 정의하고, 이것을 확률변수 X의 (누적)(확률)분포함수((cumulative) (probability) distribution function)라고 한다. 문맥상 혼란이 없으면 $\mathrm{F}_X(.)$ 대신 $\mathrm{F}(.)$로 적기도 한다. 이를 수학적으로 확장해, 일반적으로 정의역이 실수 전체의 집합인 어떤 함수 $\mathrm{F}_X(.)$가 증가함수로서 $\mathrm{F}_X(-\infty) = \lim_{x \to -\infty} \mathrm{F}_X(x) = 0$, $\mathrm{F}_X(+\infty) = \lim_{x \to \infty} \mathrm{F}_X(x) = 1$이고, 우방연속(right continuous)[6]인 함수이면 이를 분포함수(distribution function)라고 한다.

이 분포함수는 크게 세 종류로 구분되는데 첫 번째 종류는 $y = \mathrm{F}_X(x)$의 그래프가 계단 모양의 증가함수인 것이다(따라서 이 경우 모든 불연속점에서는 점프가 일어난다).

둘째는 $y = \mathrm{F}_X(x)$가 연속함수이고, 거의 모든 x에 대해서 미분 가능하며[7], 적당한 함수 $f_X(x)$에 대해 $\mathrm{F}_X(x) = \int_{-\infty}^{x} f_X(t)\,dt$ for all $x \in \mathbb{R}$을 만족하는 경우가 있다. 이런 경우 $\mathrm{F}_X(x)$를 절대연속분포함수(absolutely continuous distribution function)라고 한다. 그런 $f_X(x)$가 존재하면 $\frac{d\mathrm{F}_X(x)}{dx} = f_X(x)$라고 할 때, 이 $f_X(x)$는 $\mathrm{F}_X(x)$가 미분 가능한 x들에 대해서만 확정된다. 그러나 미적분학의 기본 정리에 따라 이 $f_X(x)$가 앞서의 적분식의 피적분함수로서의 자격이 있다. 앞서의 적분식을 만족하는 거의 같은 $f_X(x)$들이 여러 개 있을 수 있는데, 여기에서는 그런 $f_X(x)$들 중에서 가급적 연속에 가까운 것을 사용하기로 하되 필요에 따라서 편리한 것을 사용하기로 한다. 앞으로의 논의에 있어서 이것이 유일하지(unique) 않음으로 인한

6 $\mathrm{F}_X(a) = \lim_{x \to a_+} \mathrm{F}_X(x)\ \forall a \in \mathbb{R}$

7 집합 $\{a \mid \mathrm{F}_X{}'(a)$가 존재 않음$\}$의 길이가 0이다.

불편은 거의 느껴지지 않을 것이다. 이 $f_X(x)$를 확률변수 X의 확률밀도함수라고 한다.

세 번째는 다소 특이한 종류이다. 연속함수 $\mathrm{F}_X(x)$는 $\mathrm{F}_X(x)=0\ \forall\ x\in\mathbb{R}$은 아니고 거의 모든 x에 대해 미분이 가능해 $f_X(x)$가 존재하는데, 그렇지만 그런 x들에서 $f_X(x)$의 모든 값이 0인 경우가 있다. 이 경우 앞서 두 번째 분포함수 $y=F_X(x)$에 대한 적분식을 만족하는 함수 $f_X(x)$가 존재하지 않는데, 이런 분포함수 $F_X(x)$를 특이연속분포함수(singular continuous distribution function)라고 한다. 그렇지만 이런 종류의 함수는 매우 드물어서 특별한 노력을 기울여야 만들 수 있고 존재함을 느낄 수 있는데 생활 속에서 흔히 발견되는 것은 아니다.

이산변수의 누적분포함수는 모두 첫 번째 종류의 것이고, 일상생활과 관련지어 생각하는 연속변수의 누적분포함수는 모두 두 번째 종류의 것이다. 수학적으로 임의의 누적분포함수는 이들 세 종류가 혼합되어 나타날 수 있는데(단, 각각의 혼합 비율을 모두 더하면 1임), 실생활에서는 드물게 앞의 두 종류가 혼합되는 경우가 있지만 대개는 앞의 두 종류만 자주 관찰될 뿐이다. 따라서 우리가 생각하려는 분포함수는 앞의 두 종류뿐이다. 전자는 이산분포라고 하고, 후자는 연속분포라고 한다.

확률변수 X의 (누적확률)분포함수가 계단함수일 때, 즉 X가 이산변수일 때는

$$\begin{aligned} f_X(x) &= \mathrm{P}_X(\{x\}) = \mathrm{P}(X=x) = \mathrm{P}_X((-\infty, x]) - \mathrm{P}_X((-\infty, x)) \\ &= \mathrm{F}_X(x) - \mathrm{F}_X(x_-) = \mathrm{F}_X(x) - \lim_{t\to x_-} \mathrm{F}_X(t) \end{aligned}$$[8]

를 X의 확률함수(probability function)라고 한다. 즉 $f_X(x)=\mathrm{F}_X(x)-\mathrm{F}_X(x_-)$이 성립한다. 반대로 $\mathrm{F}_X(x)=\sum_{t\le x} f_X(t)$가 성립한다. 즉 (누적확률)분포함수로부터 확률함수, 확률함수로부터 (누적확률)분포함수를 구하는 방법은 특별히 기억할 만한 가치가 있다.

한편 어떤 실험을 n번 반복해서 얻어진 결과마다 확률변수 X가 정하는 규칙에

8 $\bigcup_{n=1}^{\infty}\left(-\infty, x-\frac{1}{n}\right] = (-\infty, x)$이다.

따라 얻어지는 결과를 처음부터 차례로 $X_1, X_2, X_3, \cdots, X_n$이라 할 때, 임의의 실수 x에 대해

$$\begin{aligned} \mathrm{F}_n(x) &= \frac{(n\text{회 중에서 } X \le x\text{인 경우의 횟수})}{n} \\ &= (n\text{회의 시행 중에 } X \le x\text{가 일어난 경우의 상대도수}) \\ &= \frac{\sum_{k=1}^{n} I_{(-\infty, x]}(X_k)}{n} \\ &\quad (\text{단, } I_{(-\infty, x]}(X_k) = 1 \text{ if } X_k \le x \text{ and 0 otherwise}) \end{aligned}$$

라고 하면 이것을 X의 표본분포함수(sample distribution function)라고 하는데 $\lim_{n \to \infty} \mathrm{F}_n(x) = \mathrm{F}_X(x), \forall x \in \mathbb{R}$ almost surely가 성립한다. 단, 여기서 'almost surely'의 수렴 개념은 '강한 큰 수의 법칙(SLLN: Strong Law of Large Numbers)'과 유사한 개념, 즉 무한 반복 시행의 결과가 수렴되지 않는 경우로 이어질 경우들 전체의 확률은 0이라는 뜻이다.[9]

표본분포함수를 더 확실히 이해하기 위해 표본분포함수의 그래프를 생각해보자. 이를 위해 얻어진 자료가 $X_1 = x_1, X_2 = x_2, X_3 = x_3, \cdots, X_n = x_n$이라고 할 때, $x_1, x_2, \cdots, x_n$을 크기가 작은 순서부터 $y_1, y_2, \cdots, y_n$이라 하면 $x_1, x_2, \cdots, x_n$과 $y_1, y_2, \cdots, y_n$은 순서만 서로 다른 것이 된다. 이것으로 좌표평면에서 $\mathrm{F}_n(x)$의 그래프를 그리면 〈그림 3.1〉과 같게 된다.

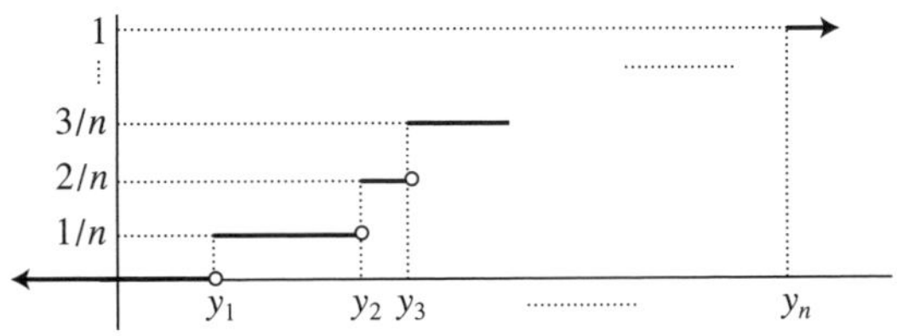

그림 3.1

---

9 $I_{(-\infty, x]}(X_k)$은 값이 1 또는 0이고, 서로(k의 변화) 독립인 확률변수로서 $n\mathrm{F}_n(x) = \sum_{k=1}^{n} I_{(-\infty, x]}(X_k)$는 $p = \mathrm{P}(X \le x)$인 이항분포를 하는 확률변수이다. 강한 큰 수의 법칙에 의해 $I_{(-\infty, x]}(X_k)(k = 1, 2, \cdots, n)$들의 평균인 $\mathrm{F}_n(x)$는 그것의 기댓값인 p로 수렴할 확률이 1이다.

이산변수의 (누적확률)분포함수의 그래프를 생각해보자. 확률변수 X의 관측 가능한 값이 $x_i(i=1, 2, 3, \cdots, n)$(편의상 $x_1 < x_2 < x_3 < \cdots < x_n$이라고 가정한다) 일 확률이 차례로 p_i라고 할 때, 즉 $\mathrm{P}(X=x_i)=p_i(i=1, 2, 3, \cdots, n)$일 때,

$$
\begin{aligned}
\mathrm{F}_X(x) &= \mathrm{P}_X((-\infty, x]) \\
&= \mathrm{P}(X \le x) = 0 \ \text{ if } \ x < x_1 \\
&\qquad\qquad = p_1 \ \text{ if } \ x_1 \le x < x_2 \\
&\qquad\qquad = p_1 + p_2 \ \text{ if } \ x_2 \le x < x_3 \\
&\qquad\qquad = p_1 + p_2 + p_3 \ \text{ if } \ x_3 \le x < x_4 \\
&\qquad\qquad\quad \cdots\cdots \\
&\qquad\qquad = p_1 + p_2 + \cdots p_{n-1} \ \text{ if } \ x_{n-1} \le x < x_n \\
&\qquad\qquad = 1 \ \text{ if } \ x \ge x_n
\end{aligned}
$$

이고 그 그래프는 〈그림 3.2〉와 같다.

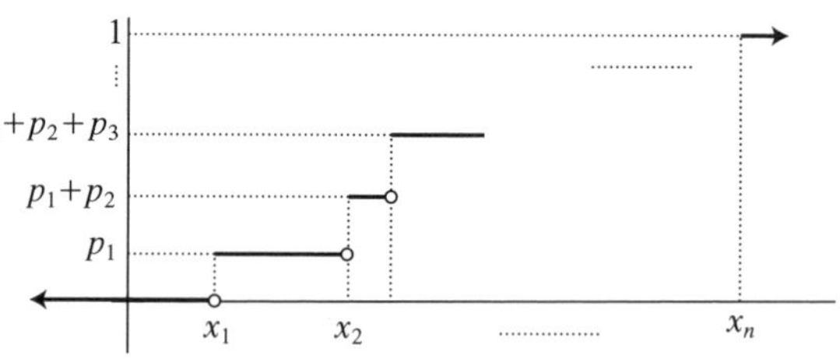

그림 3.2

그런데 이산변수 X의 확률함수는

$$
\begin{aligned}
f_X(x) &= F_X(x) - F_X(x_-) \\
&= \begin{cases} p_i & \text{if } \ x = x_i \\ 0 & \text{otherwise} \end{cases}
\end{aligned}
$$

임을 알 수 있고, $f_X(x)$의 그래프는 〈그림 3.3〉과 같은 점그래프가 수학적으로는 옳은 것이지만 앞의 2.2.2에서 소개한 바와 같이 〈그림 3.4〉의 막대그래프와 같이 표현할 수도 있다.

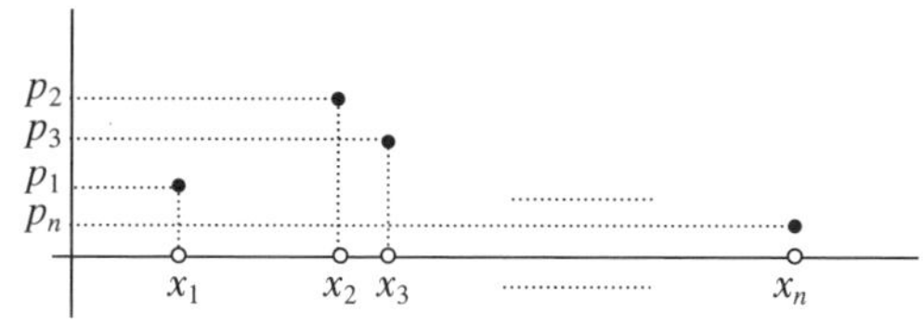

그림 3.3

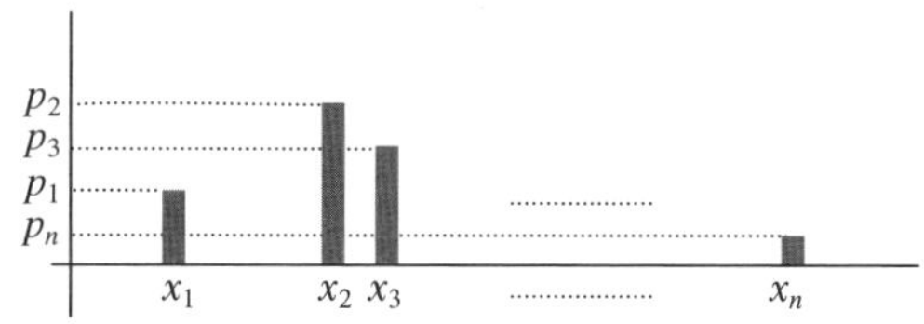

그림 3.4

3.2 연속변량의 도수분포표와 좋은 분포 표현

이산변수의 누적확률분포함수는 앞서 논의한 바와 같으나, 연속변수의 누적확률분포함수는 절대연속분포함수의 경우 확률밀도함수 $f_X(x)$와 다음과 같은 관계가 있다.

$$f_X(x) = \frac{d\mathrm{F}_X(x)}{dx}, \qquad \mathrm{F}_X(x) = \int_{-\infty}^{x} f_X(t)\,dt$$

표본분포함수 $\mathrm{F}_n(x)$가 표본의 크기 n이 증가함에 따라 $\mathrm{F}_X(x)$로 수렴하기 때문에 수학적으로는 $\mathrm{F}_n(x)$를 표본에 근거한 $\mathrm{F}_X(x)$의 추정값(estimate)[10]으로 사용하는 데 문제가 없다고 생각할 수도 있다. 그러나 n이 어느 정도 큰 값이 아니라면 연속함수 $\mathrm{F}_X(x)$의 추정값으로 계단함수인 $\mathrm{F}_n(x)$를 사용하는 것은 형태가 다르다는 이

10 사실상 추정함수(functional estimate)로서 고정된 x마다 $\mathrm{F}_n(x)$를 $\mathrm{F}_X(x)$의 추정량(estimator)으로 생각하는 것이다. 다만 모든 가능한 x에 대해 동시에 생각해야 한다는 점 때문에 문제의 공간을 함수공간(function space)으로 생각할 수도 있다는 어려움이 있다.

유로 불편한 느낌이 있다.

한 가지 대안은 확률밀도함수 $f_X(x)$에 대한 표본에 근거해 추정값 $g_n(x)$를 만들어 이것에서 $G_n(x) = \int_{-\infty}^{x} g_n(t)\,dt$를 이용해 $F_X(x)$의 표본에 근거한 새로운 추정값 $G_n(x)$를 만들어볼 수 있다. 이때 고려되는 한 가지 $g_n(x)$로서 히스토그램의 일종인 밀도도수의 히스토그램으로 생각하려는 것이다. 분포를 표현하는 가장 표준적인 방법은 분포표를 만드는 것이고, 따라서 밀도도수의 분포표를 먼저 만들어 그것을 히스토그램 모양으로 고쳐 그리면 밀도도수의 히스토그램을 얻을 수 있는데, 이를 위해서는 도수분포표와 히스토그램을 먼저 생각해야 한다.

3.2.1 인위적 범주와 계급의 수

자료가 연속변량으로 구성된 경우 이 자료로부터 도수분포표를 만드는 방법을 생각해보자. 연속변수 X의 값을 n번 반복 관찰하는 실험에서 반복 시행의 결과를 $X_1, X_2, X_3, \cdots, X_n$이라고 할 때, $X_1 = x_1, X_2 = x_2, \cdots, X_n = x_n$이 얻어졌다고 하면 주어진 자료 $x_1, x_2, x_3, \cdots, x_n$의 값을 인위적 범주인 '연속적인 몇 개의 서로소인 구간'별로 분류해 도수분포표를 만든다. 이때 서로소인 연속적인 구간 각각을 계급이라고 하는데, 대개의 도수분포표에서는 계급의 폭(구간의 길이)을 모든 계급에서 서로 같게 하는 것이 일반적이다. 자료값 $x_1, x_2, x_3, \cdots, x_n$ 중에서 각 계급에 속하는 것의 개수를 헤아려서 계급별로 도수를 정한다.

그런데 주어진 자료에서 계급의 수를 몇 개로 정할 것인가의 문제가 제기된다. 이를 위해서는 무엇 때문에 도수분포표나 밀도도수의 히스토그램을 만들기 원하는지에 대해 먼저 생각해보아야 한다. 우리가 이런 표나 히스토그램을 만드는 이유는 자료의 분포 상태를 파악하기 위함이다. 자료의 분포 상태를 파악한다는 말의 뜻은 자료 중에 어떤 값들이 상대적으로 더 많고, 어떤 값들이 상대적으로 더 적은지를 쉽게 알려고 한다는 뜻이다.

연속변량의 경우는 계급의 수를 계급을 만드는 사람이 자의적으로 정할 수 있기 때문에 어떤 선택이 자료의 분포 상태를 잘 나타나게 해줄지 고민스러울 수밖

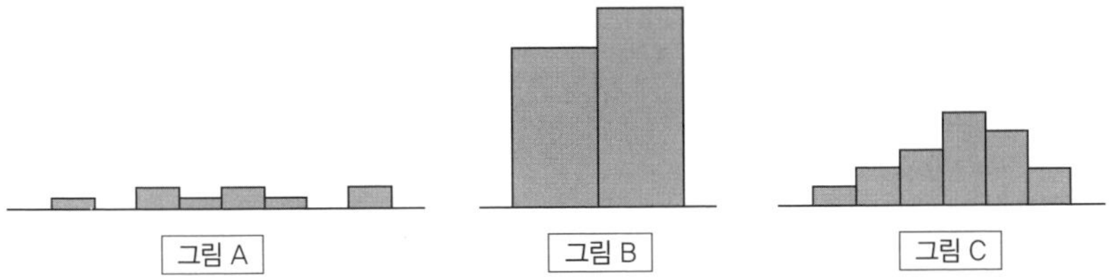

그림 3.5

에 없다. 특히 계급의 수가 너무 많으면 〈그림 3.5〉의 그림 A 와 같이 자료의 값들 중에 어느 값도 그 계급에 속하는 것이 없는 빈 계급이 많아서 전체적으로 분포 상태 파악이 어려울 것이고, 반대로 너무 적으면 그림 B 와 같이 어느 계급에 변량이 많고 적은지 잘 드러나 보이지 않을 수 있다.

따라서 계급의 수는 적당해야 하는데, 요즘은 컴퓨터를 이용해 계급의 수를 늘리거나 줄이면서 그린 여러 히스토그램들 중에서 분포 상태를 가장 잘 표현한 것을 골라 사용하면 된다. 그렇지만 맨 처음 그리게 되는 히스토그램에서 계급의 수를 몇 개로 할지를 정하기는 여전히 어렵다. 현재까지 경험적으로 잘 알려진 방법 중에 하나는 스터지(R. Sturges)에 의해 제안된, 변량의 개수가 n개인 자료에서 $1 + [\log_2 n]$개(단, $[x]$는 x를 넘지 않는 최대 정수)를 사용하는 것이다. 이 값은 2의 거듭제곱, $2^k (k = 1, 2, 3, \cdots)$ 중에서 그 값이 처음으로 변량의 개수 n을 초과(즉, $2^k > n$)하는 때의 k의 값과 일치하므로 log 함수를 모르고 거듭제곱만 아는 사람에게도 쉽게 설명해줄 수 있다. 즉 연속변량의 도수분포나 히스토그램을 가르칠 때 가장 강조되어야 하는 것은 분포 상태에 대한 좋은 표현이며, 따라서 계급(개수 포함)을 정하는 일이 가장 중요하게 다루어질 필요가 있다.

3.2.2 여러 가지 히스토그램과 함수 표현

도수분포표에서 각 계급의 도수를 전체 총 도수 n으로 나눈 값을 상대도수라고 하고, 상대도수가 나타난 도수분포표를 상대도수의 분포표라고 한다. 다시 각 계급의 상대도수를 그 계급의 폭(width)으로 나눈 것을 밀도도수[11]라고 한다. 또 밀도도수가 나타난 분포표를 밀도도수의 분포표라고 한다.

연속변량의 자료를 가지고 만든 도수분포표를 막대그래프와 유사한 그림으로 나타낸 것을 히스토그램(histogram)이라고 하고 밀도도수의 분포표를 그렇게 나타낸 것은 밀도도수의 히스토그램이라고 한다. 아래의 〈표 3.1〉은 어느 반 학생들의 몸무게를 조사한 분포표이고 〈그림 3.6〉은 그 표를 토대로 그린 히스토그램과 밀도도수의 히스토그램이다.

밀도도수의 히스토그램은 밀도도수의 정의로부터 각 직사각형의 넓이가 상대도수가 되며, 따라서 여러 사각형 전체의 넓이의 합은 1이다. 히스토그램이나 밀도도수의 히스토그램을 이용한 통계적 표현법은 수학적으로는 계단함수로 이해될 수 있다. 〈그림 3.7〉은 밀도도수의 히스토그램이 어떻게 계단함수로 이해되는지 그 과정을 설명하고 있다. 즉 계단함수의 수식은 다음과 같다.

$$
\begin{aligned}
g_n(x) &= 0 \quad \underline{\text{if } x < 40 \text{ or } x \geq 70} \\
&= 0.015 \quad \underline{\text{if } 40 \leq x < 45 \text{ or } 65 \leq x < 70} \\
&= 0.035 \quad \underline{\text{if } 45 \leq x < 50 \text{ or } 60 \leq x < 65} \\
&= 0.055 \quad \underline{\text{if } 50 \leq x < 55} \\
&= 0.045 \quad \underline{\text{if } 55 \leq x < 60}
\end{aligned}
$$

표 3.1

계급 (Kg)	도수	상대 도수	밀도 도수
40–45	3	.075	.015
45–50	7	.175	.035
50–55	11	.275	.055
55–60	9	.225	.045
60–65	7	.175	.035
65–70	3	.075	.015
합계	40	1	

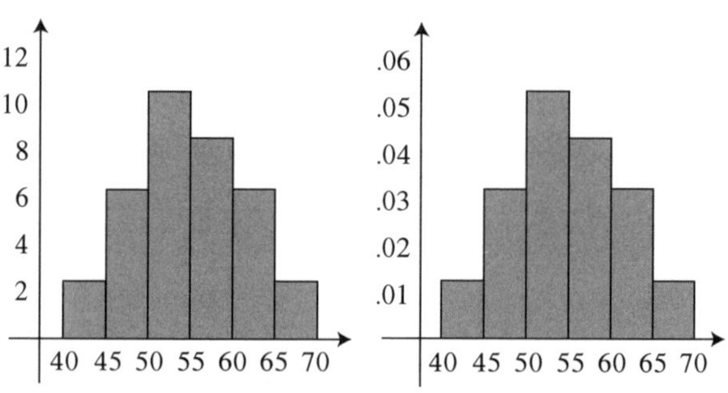

그림 3.6

11 $(\text{밀도도수}) = \dfrac{(\text{상대도수})}{(\text{계급의 크기})}$

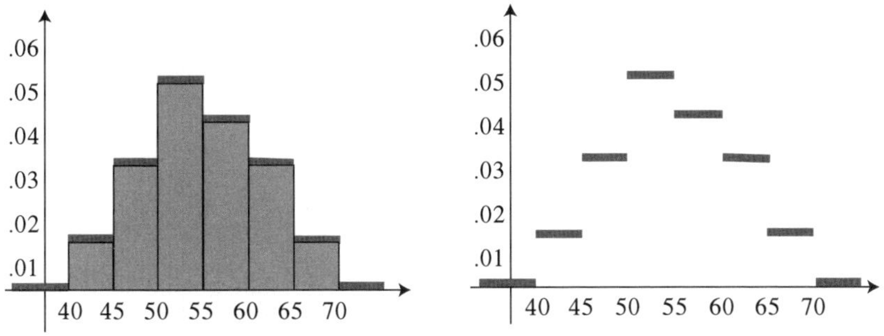

그림 3.7

3.2.3 밀도도수의 히스토그램과 확률밀도함수

밀도도수의 히스토그램은 직사각형의 넓이로써 상대도수를 나타낸다. 또 통계적 확률은 상대도수의 극한값이다. 실생활에서 경험적으로 사용되는 확률은 사실상 시행 횟수가 매우 큰 상대도수이다. 실제 무한 번의 시행은 불가능하기 때문이다. 우리가 이렇게 시행 횟수가 큰 상대도수를 통계적 확률을 대신해 사용할 수 있는 이유는 수렴하는 수열은 극한값 가까이 쉽게(n이 무한에 비해 매우 작은 경우에도 이미) 접근하고 그 후부터는 값의 변화가 크지 않기 때문이다.[12]

결국 밀도도수의 히스토그램에서나 확률밀도함수에서나 넓이가 확률을 대신하는 것이다. 실제 표준적인 계급의 수 $1 + [\log_2 n]$은, n이 한없이 커지면 함께 한없이 커진다. 그러나 관측하는 변량의 수 n이 매우 많아진다고 해도, 그중에 가장 큰 값이나 가장 작은 값은 한없이 커지거나 한없이 작아진다고 할 수 없다. 가령 사람들의 키를, 매우 많은 사람들을 관찰한다고 해서 괴물같이 크거나 작은 사람이 관찰되지는 않는 것이다. 따라서 제한된 범위(가장 작음부터 가장 큼까지)에서 계급의 수만 늘어나게 되기 때문에 계급의 폭이 점점 좁아지는 경우가 흔할 것이다. 그 결과 밀도도수의 히스토그램에서 직사각형들은 점점 가는 띠 모양이 되고, 윗 계단 부분 모양만 생각하면 결국 곡선 모양이 되는데, 이것을 확률밀도함수라고 한다(〈그림 3.8〉 참고).

---

12 수학의 해석학에서는 이것을 "수렴하는 수열은 코시 수열이다"라고 표현한다.

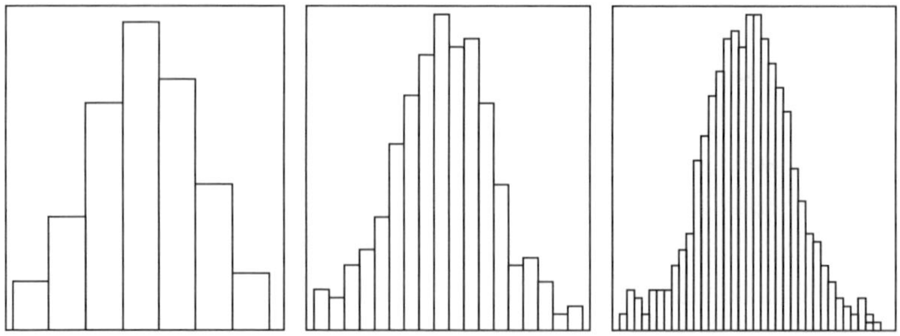

표본 크기가 작을 때　　표본 크기가 중간일 때　　표본 크기가 클 때

그림 3.8

표본의 크기 n과 계급의 수, 계급의 크기에 대한 앞의 설명을 그림으로 상상해 보면 〈그림 3.8〉과 같다. 즉 밀도도수의 히스토그램은 대개의 경우 확률밀도함수로 수렴한다(여기서의 수렴의 개념은 g_n과 f_X 간의 거리가 확률적으로 0으로 수렴한다는 의미이다).[13]

3.3 누적분포의 표현법

3.3.1 누적상대도수분포와 누적확률분포

앞에서 표본에 근거한 확률밀도함수 $f_X(x)$의 추정값으로서 밀도도수의 히스토그램 $g_n(x)$를 생각해보았다. 이 함수 $g_n(x)$를 적분해 얻는 $G_n(x) = \int_{-\infty}^{x} g_n(t)dt$의 결과는 $-\infty$로부터 x까지에서 x가 증가함에 따라 〈표 3.2〉와 같이 새 직사각형의 넓이가 추가되는

표 3.2

계급(kg)	도수	상대도수	누적상대도수
40–45	3	.075	.075
45–50	7	.175	.250
50–55	11	.275	.525
55–60	9	.225	.750
60–65	7	.175	.925
65–70	3	.075	1
합계	40	1	

13 즉 $\forall\varepsilon > 0$, $P_X(\|g_n - f_X\| > \varepsilon) \to 0$ as $n \to \infty$이다. 대개 g_n과 f_X는 square integrable function으로 보고 관련 L_2-space에서의 거리 $\|\,.\,\|$가 작아짐을 뜻한다.

방식이 될 것이다. 이와 같은 표를 누적상대도수의 분포표라고 한다. 또, 직사각형의 변을 따라 x값이 증가하는 동안에는 상수함수의 적분 결과인 일차함수 형태로 증가하되, $G_n(x)$는 전체적으로 연속함수이어야 하므로 결국 직사각형의 넓이가 더해진 점들을 서로 선분으로 이어놓은 〈그림 3.9〉가 $G_n(x)$의 그래프가 될 것이다.

여기서 $G_n(x)$의 함수식은

$$
\begin{aligned}
G_n(x) &= 0 && \underline{\text{if } x < 40,} \\
&= 0.015(x-40) && \underline{\text{if } 40 \le x < 45} \\
&= 0.075 + 0.035(x-45) && \underline{\text{if } 45 \le x < 50} \\
&= 0.250 + 0.055(x-50) && \underline{\text{if } 50 \le x < 55} \\
&= 0.525 + 0.045(x-55) && \underline{\text{if } 55 \le x < 60} \\
&= 0.750 + 0.035(x-60) && \underline{\text{if } 60 \le x < 65} \\
&= 0.925 + 0.015(x-65) && \underline{\text{if } 65 \le x < 70} \\
&= 1 \ \ \underline{\text{if } x \ge 70}
\end{aligned}
$$

이다. 이것을 누적상대도수의 함수식이라고 한다. $G_n(x)$는 $F_n(x)$를 대신할 $F_X(x)$에 대한 또 하나의 추정값으로서, 함수의 그래프가 $F_n(x)$와는 달리 $F_X(x)$와 같은

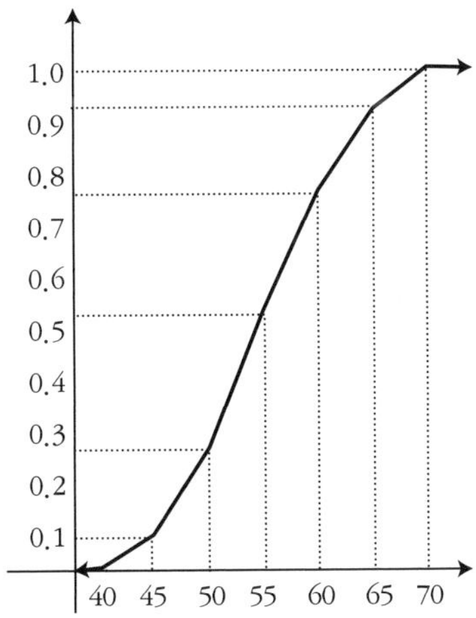

그림 3.9

표 3.3

눈의 수	도수	상대 도수	누적 상대도수
1	4	0.2	0.2
2	2	0.1	0.3
3	4	0.2	0.5
4	5	0.25	0.75
5	3	0.15	0.9
6	2	0.1	1.0
합계	20	1.0	

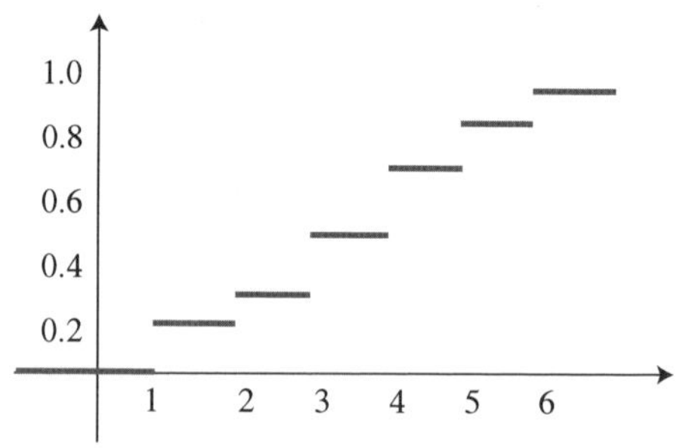

그림 3.10

연속함수라는 특징이 있다. 또 $g_n(x)$가 $f_X(x)$로 수렴하므로 $G_n(x)$도 $\mathrm{F}_X(x)$로 수렴한다고 할 수 있는데, 그것이 어떤 의미로서 수렴하는지 직접적으로 설명을 하기에는 다소 복잡하다.

이상의 설명에서 누적확률분포 $\mathrm{F}_X(x)$와 누적상대도수의 분포 $G_n(x)$ 사이의 관계가 매우 밀접하다는 것을 알 수 있었는데, 누적확률분포함수 $\mathrm{F}_X(x)$와 관련해 통계학에서는 표본분포함수 $\mathrm{F}_n(x)$가 표준적으로 사용되는 추정값이다. 그러나 연속변량의 경우 히스토그램 $g_n(x)$에서 $f_X(x)$의 추정을 생각할 때, 일관성 있는 전개는 $\mathrm{F}_X(x)$와 $G_n(x)$ 사이의 관계를 더 돈독하게 보여준다.

그런데 만약 연속변량이 아닌 경우에는 어떻게 할 것인가? 물론 이 경우에는 밀도도수를 생각할 수 없다. 또한 이 경우 $\mathrm{F}_X(x)$는 계단함수일 것이므로 $G_n(x)$는 적절한 모양이 아니다. 따라서 $\mathrm{F}_n(x)$를 사용하는 것이 더 적절한 대안이 될 것이다. 〈표 3.3〉과 〈그림 3.10〉은 주사위를 20회 던졌을 때 나온 눈의 수의 누적상대도수분포를 표와 그래프로 나타낸 것이다.

3.4 분포의 비교

지금까지 분포와 분포의 표현에 대해 알아보았다. 그 과정에서 미지의 확률분포인 $f_X(x)$나 $\mathrm{F}_X(x)$를 추측해볼 수 있는 표본에 근거한 그들의 추정값 $f_n(x)$,

$g_n(x)$ 또는 $F_n(x)$, $G_n(x)$ 등을 생각해보았다. 그런데 간혹, 혹은 더 자주 우리에게 유용한 것 중에 하나는 두 개 이상의 분포를 비교해보는 일이다. 이차원확률분포표인 〈표 3.4〉는 남자의 분포표와 여자의 분포표로 나누어 생각할 수 있다. 이 표에서 기타를 제외하고 찬성과 반대만을 비교해볼 때, 남녀 간에 견해차가 있음을 알 수 있다. 즉 전화를 걸어 의견을 물었을 때 그 사람이 남자라면 찬반 가능성은 반반이지만, 여자라면 찬성일 가능성이 훨씬 더 높다고 할 수 있을 것이다. 그리고 간혹 우리는 이러한 결과에 대해, 성별과 이 문제에 관한 의견은 서로 상관이 있어 보인다는 말을 하게 된다. 이때의 상관이라는 말이 무엇을 의미하는지는 후에 더 상세히 언급할 것이다. 피아제가 말한 상관은 바로 이 상관을 뜻하는 것이었다.

표 3.4

확률분포표			
	남자	여자	합계
찬성	0.2	0.3	0.5
반대	0.2	0.1	0.3
기타	0.1	0.1	0.2
합계	0.5	0.5	1.0

현재 우리의 관심은 상관을 포함해 두 개 이상의 분포를 비교하는 일이다. 통계학을 통해서 해결하려는 많은 문제들이 이렇게 두 개 이상의 분포를 비교해 현명한 판단을 해보려는 것이다. 이 문제가 어려운 이유는, 방금 우리가 보았던 것처럼 확률분포 자체를 놓고 두 분포 $f_{X_1}(x)$, $f_{X_2}(x)$를 비교하는 것이 아니라, $f_{X_1}(x)$, $f_{X_2}(x)$와 같은 확률분포 자체는 알 수 없고 그 대신 표본을 통해 얻어지는 도수분포나 밀도도수의 분포 $f_{1,n}(x)$나 $f_{2,n}(x)$를 가지고 $f_{X_1}(x)$, $f_{X_2}(x)$가 서로 얼마나 유사할지, 어떻게 다를지를 확률적으로 추측해보려는 것이기 때문이다. 즉 〈표 3.4〉 대신 〈표 3.5〉와 같은 도수분포표를 통해 실제로는 구할 수 없는 〈표 3.4〉의 정황을 읽어내려는 것이다. 그리고 〈표 3.5〉가 그런 정황을 잘 드러내어 대표성을 지니려면 무작위표본을 구해야 하는 것이다.[14] 〈표 3.5〉를 자세히 살펴보면 〈표 3.4〉를 통해서 판단할 수 있는 것과 유사한 상황을 느낄 수 있다. 이에 대해

표 3.5

도수분포표			
	남자	여자	합계
찬성	227	412	639
반대	238	84	322
기타	35	4	39
합계	500	500	1000

14 무작위표본이 반드시 그런 결과를 보장해주지는 않는다. 다만 그럴 확률이 높아질 뿐이다.

서는 관련 주제를 다룰 때 보다 상세하게 논의하고자 한다.

3.4.1 도수분포다각형과 누적상대도수의 분포

두 개 이상의 분포를 비교하는 방법은 여러 가지가 있다. 통계학에서 가장 자주 사용하는 방법은 비교하려는 분포를 그림으로 표현할 때 생긴 모양이 똑같다(합동이다)는 믿을 만한 추측이 있다면, 실수의 직선상에서 두 분포가 놓여 있는 위치만을 서로 비교하는 것이다. 그리고 이 경우 가장 대표적인 방법이 각각의 평균을 서로 비교하는 것이다. 그런데 두 분포를 직접 비교하려고 할 때는 두 분포의 그래프를 한 평면에 함께 그려놓고 비교하는 것이 편리한 경우가 많다. 두 (밀도도수의) 히스토그램을 비교한다면, 서로 겹치는 부분이 있을 경우 잘 나타나지 않는 부분이 있을 수 있다. 이 경우 좋은 대안은 히스토그램의 위쪽 중심 부분을 꺾은선그래프처럼 서로 이어서 그린 (밀도도수의) 분포다각형을 이용하는 것이다. (밀도도수의) 분포다각형은 모양이 꺾은선그래프와 유사해 보이지만 전혀 다른 것이어서 다각형 아랫부분과 x축 윗부분 사이의 넓이가 1이어야 하고, x축 아래로 내려가는 부분은 없어야 한다. 왜냐하면 도수분포다각형의 변들 중에서 x축을 제외한 변들은 확률밀도함수의 그래프와 본질적으로 같은 것이기 때문이다. 〈그림 3.11〉은 밀도도수의 분포다각형 하나를 히스토그램과 겹쳐서 그려본 것이다. 밀도도수의 히스토그램의 넓이가 1이 되도록 하기 위해, 다각형의 양 끝에서 x축과 닿게 그릴 때 닿는 점이 어떻게 되어야 하는지 생각해보자.

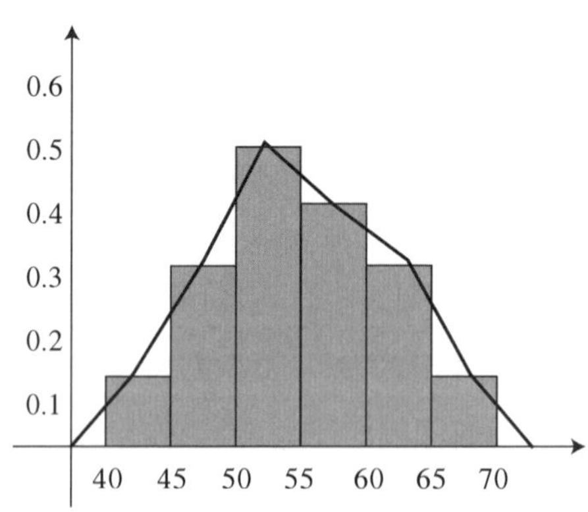

그림 3.11

두 자료가 모두 연속변량으로 이루어져 있을 때, 두 자료의 확률변수의 분포를 비교하는 것은 (밀도)도수분포다각형을 비교하면 되는데, 두 자료가 이산변량, 또는 범주형 관측값들로 이루어진 경우에는, (상대)도수의 분포를 비교해야 한다. 따라서 이런 경우에는 겹막대그래프를 이용하거나 꺾은선그래프를 이용할 수 있다.

두 분포를 비교하는 또 다른 방법은 누적상대도수의 분포 $G_n(x)$나 $F_n(x)$를 이용하는 것이다. 그런데 이 방법은 다소 경험이 필요한 방법이다. 가령 두 연속 누적상대도수의 분포 $G_{1,n}(x)$와 $G_{2,n}(x)$의 그래프에서 $G_{1,n}(x)$의 그래프가 $G_{2,n}(x)$의 그래프보다 왼쪽에 있다는 것은 함수적으로는 $G_{1,n}(x) \geq G_{2,n}(x)$, 즉 y축 방향으로 볼 때는 $G_{1,n}(x)$가 $G_{2,n}(x)$보다 위쪽에 있다는 뜻인데, 이는 $G_{1,n}(x)$를 생성한 자료의 평균이 $G_{2,n}(x)$를 생성한 자료의 평균보다 작음을 뜻한다.

이것은 두 누적확률분포함수 $F_1(x)$, $F_2(x)$ 사이에서도 성립되는 성질이다. 가령 확률변수 X_1, X_2의 누적확률분포함수가 각각 $F_1(x)$, $F_2(x)$라고 할 때, $F_1(x) \geq F_2(x)$ for all $x \in \mathbb{R}$, with $F_1(x) > F_2(x)$ at least one $x \in \mathbb{R}$이 성립하면 "X_1은 X_2보다 확률적(stochastically)으로 작거나 같다"라고 한다.[15] 따라서 두 집단의 분포를 누적(상대)도수의 그래프들로 비교하는 방법을 잘 이해하려면 누적상대도수의 그래프와 밀도도수의 히스토그램 사이의 관계를 잘 이해할 필요가 있다.

또 두 집단의 분포를 비교하려는 것이 아니라 표본 자료로부터 얻은 자료의 분포 상태가 가설적인 특정분포(가령 정규분포)와 흡사한지 궁금한 경우도 있다. 많은 경우 통계학에서 사용하는 통계적 자료 처리 절차는 모집단의 분포가 정규분포라고 추측하고 만들어진 것들이 많기 때문에 이 절차를 바르게 이용하려면 자료가 추출된 모집단의 분포가 실제로 그러한지 궁금할 수 있기 때문이다.

이 문제와 관련해, 전문적으로는 확률 단위(probit = probability unit)를 이용하는 경우가 많다. 이것은 누적분포함수 $\mathrm{F}_X(x)$의 역함수 $\mathrm{F}_X^{-1}(p) = Inf\{x \mid \mathrm{F}_X(x) \geq p\}$ 값을[16] 뜻하는데, 역함수와 유사한 이 함수를 분위수 함수(quantile function)라고도

---

15 이것은 $P(X_1 \leq X_2) = 1$, 즉 "X_1은 X_2보다 (확률 1로) 작거나 같다"보다는 약한 의미이다. 즉 확률 1로 작거나 같으면 확률적으로 작거나 같지만 역은 성립되지 않는다. $F_2(x) = P(X_2 \leq x) = P(X_1 \leq X_2 \leq x) + P(X_2 \leq x, X_1 > X_2) = P(X_1 \leq X_2 \leq x) + 0 \leq P(X_1 \leq x) = F_1(x)$, 즉 여자는 남자보다 확률적으로 키가 작지만, (확률 1로) 모든 여자가 모든 남자보다 키가 작은 것은 아니다. 여기서 사용된 확률변수 X_1, X_2의 문맥상 의미는 3.1.2에서 설명한 확률변수의 세 번째 모습이다.

16 $\mathrm{F}_X(x)$가 계단함수인 경우 역함수가 존재하지 않는데, 연속변수의 분포함수인 경우에는 대개 역함수가

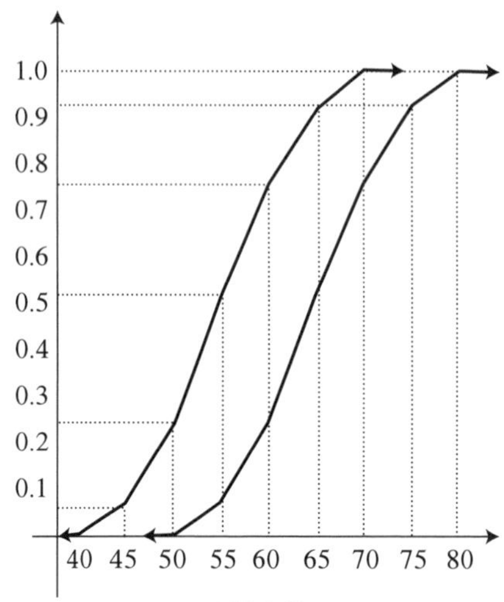

그림 3.12

한다. 분위수 중에서 가장 대표적인 것이 백분위수(percentile)인데 1을 100%로 하듯이 p를 그렇게 고쳐 사용하는 경우이다. 즉 95 백분위수란 앞의 $F_X^{-1}(0.95)$를 말한다. 이것을 고쳐서 표현하면 $\xi_{0.95}$를 95 백분위수라고 할 때, $P(X < \xi_{0.95}) \le 0.95$이고 동시에 $P(X \le \xi_{0.95}) \ge 0.95$를 만족하는 수이다. 그런데 X가 연속변수인 경우에는 $P(X < \xi_{0.95}) = P(X \le \xi_{0.95})$이므로 $P(X \le \xi_{0.95}) = F_X(\xi_{0.95}) = 0.95$가 성립한다. 즉 역함수가 존재한다면, $F_X^{-1}(0.95) = \xi_{0.95}$이다.

주어진 자료의 누적상대도수의 분포함수가 정규분포의 분포함수와 얼마나 유사한지 비교하는 전문적인 한 가지 방법은, 주어진 자료가 $X_1 = x_1, X_2 = x_2, X_3 = x_3, \cdots, X_n = x_n$일 때 이 자료를 작은 값부터 차례로 $y_1, y_2, y_3, \cdots, y_n$이라고 하면, 자료의 평균 $\bar{x} = \frac{\Sigma x_i}{n}$와 표준편차 $s = \sqrt{\frac{\Sigma(x_i - \bar{x})^2}{n-1}}$를 구해, 좌표평면 위에 순서쌍 $\left(\Phi^{-1}\left(\frac{i}{n+1}\right), \frac{y_i - \bar{x}}{s}\right)$(단, $i = 1, 2, 3, \cdots, n$)[17]을 점으로 찍어서 나타낼 수 있다. 이 점들이 직선 $y = x$에 매우 근접한다면, 자료는 정규분포에 가깝다고 할 수 있을 것이다. 이것은 일종의 QQ-plot(QQ는 quantile-quantile을 뜻함)을 이용한 방법인데, 여러 가지 다른 유형들이 있다. 다만 얻어진 점들의 그래프가 직선 $y = x$와는 다른 모습일 때, 결과를 해석하는 방법이 다소 전문적인 경험을 필요로 한다는 점에서 이 방법은 제약이 있다.

존재하는 경우가 많다. 그리고 그런 경우 이 정의는 역함수와 일치한다. 즉 $F_X(x)$가 단조증가(strictly increasing) 연속함수인 경우 역함수 $F_X^{-1}(x)$가 존재하는데 이 경우 $F_X^{-1}(p) = Inf\{x \mid F_X(x) \ge p\}$, $\forall p \in (0, 1)$가 성립한다는 뜻이다.

17 $\Phi(z)$는 표준정규분포의 누적분포함수, $\Phi^{-1}(p)$는 그 역함수를 뜻하며, 그 값은 표준정규분포표에서 찾을 수 있다. 가령 $\Phi^{-1}\left(\frac{3}{21}\right) = \Phi^{-1}(0.14) =$ 약 0.1557이다.

3.4.2 분포 비교와 분포 표현

두 개의 누적상대도수의 분포를 비교하는 것은, 두 개의 도수분포다각형을 함께 놓고 비교하는 것에 비해서 해석상 어려움이 따른다. 그래서 누적상대도수의 그래프와 (밀도도수의) 히스토그램 사이의 관계를 잘 이해하면 누적분포의 비교를 통한 결과를 해석하기가 한결 용이해질 수 있다. 두 누적상대도수의 분포를 비교하기 위해서는 도수분포다각형이나 겹막대그래프를 비교하면 되는데, 굳이 이 문제를 장황하게 소개하는 이유는 일반적으로 통계에서 결과의 해석이 자료의 분석 못지않게 얼마나 중요하고 어려운 작업인지를 느낄 수 있도록 하기 위함이다.

일반적으로 누적상대도수의 그래프 $G_n(x)$에서 그래프의 기울기가 급격하게 증가하는 것은 그 부분에서 히스토그램의 (밀도)도수가 크다는 뜻이다. x값의 작은 증가에도 누적상대도수, 즉 통계적 누적확률, 다시 말해 사각형의 넓이의 추가 증분이 많다는 것은 그 사각형의 높이가 높다는 뜻이기 때문이다. 이것은 적분에 대한 이해와 함께 상수함수 2의 적분, 상수함수 3의 적분이 각각 일차함수 $2x$, $3x$가 되기 때문에 $2x$보다 $3x$의 기울기가 더 가파를 수밖에 없다(〈그림 3.13〉 참고)는 수학적 사실을 생활 속의 상황에서 미리 느껴보는 것으로 생각할 수 있다. 이것은 누적상대도수의 그래프 모양과 밀도도수의 히스토그램 간의 관계를 이해하는 기초가 된다.

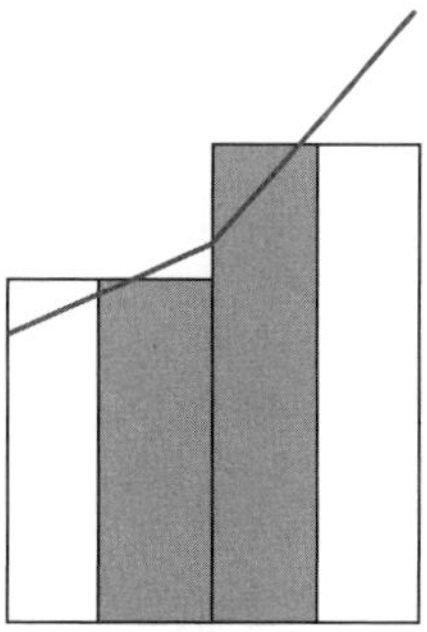

그림 3.13

이를 다시 정리해보면, 누적도수의 그래프의 기울기가 처음에는 완만하게, 다음에는 가파르게, 그리고 다시 완만하게 되었다면 그와 같은 도수분포표로 그린 히스토그램은 양쪽 끝에서는 직사각형의 높이가 낮고 가운데에서는 높은, 산 모양의 히스토그램이 될 것이다.

예제 다음 그래프는 누적도수의 그래프 두 개를 함께 나타낸 것이다. 다음에 답하라.

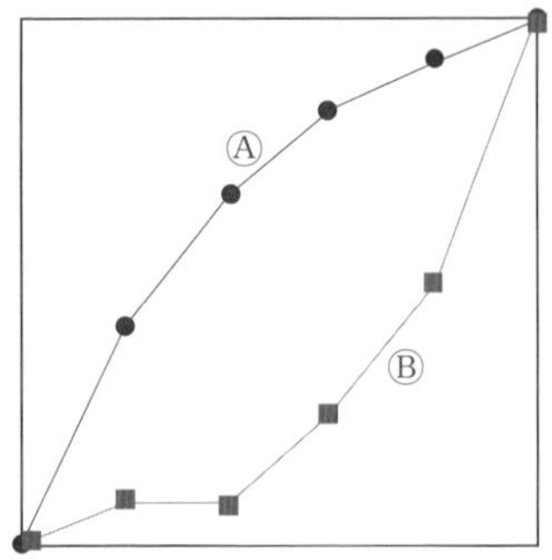

(1) 각 누적도수의 그래프를 얻은 두 자료에서 변량의 수는 서로 같은가?

(2) 각 자료의 도수분포표에서 계급의 수는 각각 몇 개인가?

(3) 히스토그램의 Ⓐ와 Ⓑ는 아래의 〈보기〉 중에서 각각 어느 것과 대응되는지 짝지어보라.

보기

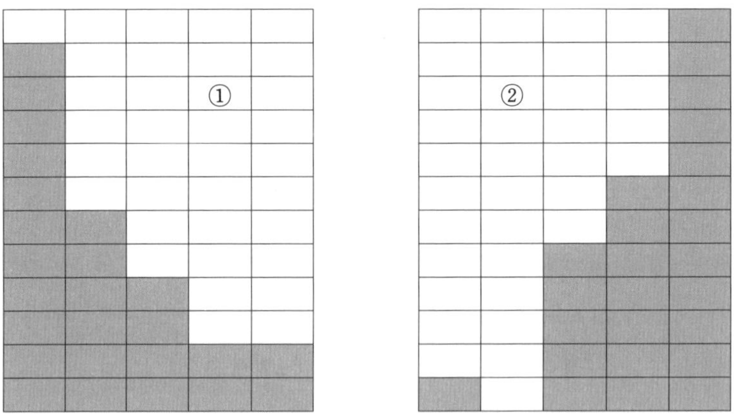

풀이

(1) 누적도수의 그래프에서 오른쪽 위 끝점의 높이가 같다면 끝 계급까지의 누적도수가 같다. 또 끝 계급의 누적도수는 전체 변량의 수와 같다.

(2) 누적도수분포표의 계급의 수는 그래프의 가로축에 나타나고 그래프에서 가로축의 계급의 수는 두 그래프 모두 5개씩이다.

(3) 그래프 Ⓐ는 처음에 급격히 증가하고 점점 완만해지므로 히스토그램은 분포의 왼쪽에서 가장 높고 점점 낮아져야 한다. 그래프 Ⓑ는 그와 반대이다. 따라서 Ⓐ와 ①이, 또 Ⓑ와 ②가 같은 자료로 그린 것이다.

연습문제

1. 공리적 확률이란 확률공간 $(\Omega, \mathcal{S}(\Omega), \mathrm{P})$에서 ① $\forall \mathrm{E} \in \mathcal{S}(\Omega)$, $0 \le \mathrm{P}(E) \le 1$, ② $\mathrm{P}(\Omega) = 1$, ③ $\mathrm{P}\left(\bigcup_{i=1}^{\infty} E_i\right) = \sum_{i=1}^{\infty} \mathrm{P}(E_i)$(단, $E_i \in \mathcal{S}(\Omega)$, $i = 1, 2, \cdots, n$이고 $E_i \cap E_j = \phi$ if $i \neq j$)의 세 가지를 만족하는 $\mathcal{S}(\Omega)$에서 실수로의 함수 P를 뜻한다. 확률변수 $X; \Omega \to \mathbb{R}$에 대해 $\mathcal{B} = X(\mathcal{S}(\Omega))$일 때, 즉 $\forall B \in \mathcal{B}, X^{-1}(B) \in \mathcal{S}(\Omega)$일 때 유도된 확률공간 $(\mathbb{R}, \mathcal{B}, P_X)$ 위에서 $P_X(\bullet)$는 위의 ①, ②, ③의 P와 같은 성질을 가지고 있음을 증명하라.

2. 앞면이 나올 확률이 p인 동전을 n번 던질 때 나오는 앞면의 횟수를 X라 하면 X의 확률분포는 $\mathrm{P}(X = x) = {}_n\mathrm{C}_x p^x (1-p)^{n-x} I_{\{0, 1, 2, \cdots, n\}}(x)$이다. 이 문장에서 사용된 확률변수 X 각각에 대해 3.1.2에서 설명한 바에 따라 그 의미를 설명하라.

3. '강한 큰 수의 법칙(Strong Law of Large Numbers)'과 '약한 큰 수의 법칙(Weak Law of Large Numbers)'에 대해 조사해서 비교하고, 이 두 법칙을 이용해 n회의 독립적 관찰에서 사건 A의 발생에 관한 상대도수가 사건 A의 수학적 확률 p로 강한 의미에서 또는 약한 의미에서 수렴함을 설명하라. (힌트: k번째 관찰에서 사건 A가 일어나면 확률변수 X_k의 값을 1, 일어나지 않으면 X_k의 값을 0으로 적을 때, 상대도수는 $\dfrac{\sum_{k=1}^{n} X_k}{n}$임을 이용한다.)

4. 밀도도수의 히스토그램에서 직사각형 한 개의 넓이는 무엇을 나타내는가? 또 밀도도수의 히스토그램을 함수화한 계단함수 $g_n(x)$에 대해 이것 자체를 확률밀도함수라고 생각할 수 있음을 설명하라. 또한 모집단의 확률밀도함수 $f_X(x)$와 $g_n(x)$의 차이는 통계적 확률과 상대도수 간의 차이와 유사함을 적절한 비교를 통해 설명하라.

5. 밀도도수의 분포다각형의 넓이가 1이 되도록 하기 위해 분포다각형의 양 끝이 x축과 만나는 점은 어떤 점이어야 하는지 설명하라.

6. 아래의 그래프는 누적도수의 그래프와 도수분포다각형의 그래프를 각각 네 개씩 함께 그린 것이다. 각각에서 하나씩 골라 같은 분포를 나타내는 것끼리 짝지어보라.

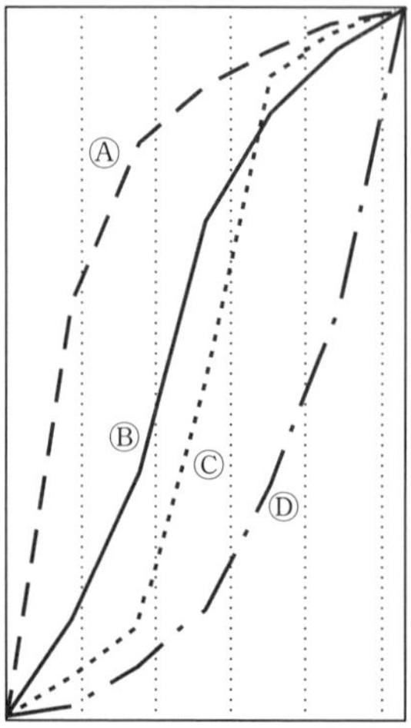

누적도수의 그래프

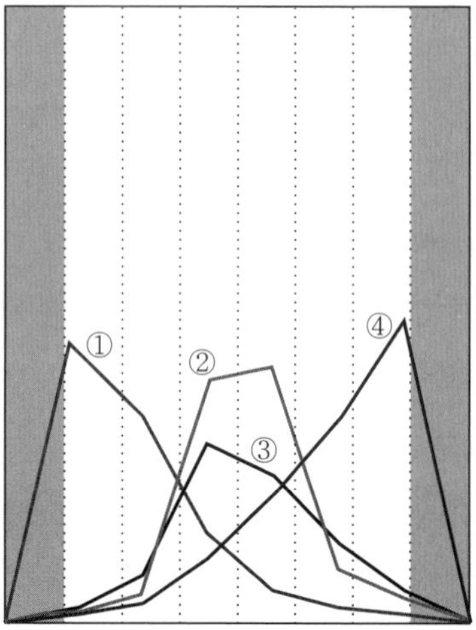

도수분포다각형의 그래프

제4장

확률과 확률적 상관

4.1 확률 측도에 대한 감각과 예측

앞에서 우리는 확률을 수학적으로 정의하고 여러 가지 측면에서 그 의미를 생각해보았는데 이 모든 것의 중심에는 확률에 대한 감각의 문제가 있다. 확률이란 거리, 넓이, 부피, 무게 등과 같은 일종의 측도로서 그 양을 말하면 누구나 그 분량에 대응하는 느낌을 갖기 때문이다. 그런데 예상과 실제 분량 간의 차이가 크면 문제가 있다고 할 수 있다. 따라서 확률교육에서는 이 문제에 대한 특별한 훈련이 필요하다는 점을 고려해야 한다.

4.1.1 수학적 확률의 문제

미국에서 어느 대학 교수가 특강 중에 1학년 학생들을 대상으로 실험을 했다. 교수는 강의를 듣는 학생들에게 "지금 이 교실의 천정이 무너질 확률이 얼마나 되겠는가?"라고 물었다. 여기서 학생들에게 익숙한 '경우의 수'의 관점은 '무너지거나 아니거나 둘 중의 하나'라는 것이었고 따라서 수학적 확률은 1/2이라는 생각이 힘을 얻었다. 그래서 교수는 그 확률이 1/2라는 생각에 동의하는지를 물었는데, 이 질문에 대해 '그렇다', '모르겠다', '아니다'라고 응답한 비율은 약 1:1:1이었다. 그는 '그렇다'라고 응답한 전체 학생의 1/3 중에서 교실 밖으로 급히 피신한 학생은 한 명도 없었다고 익살을 떨었다. 자신이 앉아 있는 강의실 건물의 붕괴 확률 1/2이 얼마나 무시무시한 것인지 느낌이 없다는 뜻이었다.

전 세계적으로 확률을 배울 때 처음 소개되는 것이 경우의 수와 수학적 확률, 그리고 동등 확률(equally likely)의 가정과 그로 인한 경우의 수의 역수를 확률로 정하는 것이다. 그런데 이 방법은 우선 경우의 수를 헤아리기 어렵고, 도박을 제외하면 대개의 경우 실생활에서 동등 확률의 가정이 충족되는지 분명치 않으며, 자료를 사용하지 않기 때문에 통계와의 관련성을 찾기가 어렵다. 또 도박 등 게임과도 관련이 있어 학생들의 흥미를 끌 수 있을 듯하지만, 실제 게임을 하면서 복잡한 확률 계산을 하는 일이 거의 없기 때문에 그런 식의 수학적 확률 구하기가 사실상 학생들의 흥미를 끌지 못한다.

이와 같은 확률교육의 실상은 확률의 크기에 대한 무감각에 닿아 있고, 결국 일기예보에서 "내일 비가 올 확률이 30%입니다"라고 할 때, 30%라는 숫자가 주는 느낌이 만들어지지 않게 되는 것이다. 따라서 이 모든 문제의 원천이 수학적 확률을 통해 확률을 이해하려는 시도에서 비롯되고 있으므로 확률의 의미 이해를 돕는 확률의 정의를 통계적 확률로 변화시킬 필요가 있다. 상대도수는 확률이 아니기 때문에 상대도수를 통해 확률을 정확히 알 수는 없다. 그러나 충분한 시행 횟수가 확보된다면 상대도수만으로 통계적 확률의 크기를 가늠해볼 수가 있다.

4.1.2 분포 개념과 경험적 확률

확률을 가르칠 때 만약 통계적 확률을 사용하려 한다면 상대도수를 통계적 확률 대신에 사용하는 것을 이상하게 생각하지 말아야 한다. 왜냐하면 분포 개념은 명확히 상대도수를 근거로 발달된다고 할 수는 없으나, 경험의 누적과 함께 묵시적으로 상대도수와 유사한 개념 속에서 작동, 성장해온 것이라고 추측되기 때문이다. 또 실제 보험회사 등에서 사용하는 확률 역시 통계적 확률 대신 누적된 경험에 근거한 상대도수를 사용하는 경우가 많다. 즉 어떤 일이 얼마나 자주 일어나는지를 통해서 그 사건의 확률의 크기에 대한 느낌이 먼저 형성되고 그에 대한 확률을 수치화하게 되며, 결국 통계적 확률의 출발점은 분포 개념이어야 한다고 생각할 수 있다. 이 방법의 장점은 수치화된 어떤 확률이든지 그 숫자만을 보고 그것이 얼마나 자주 일어나는 일인지에 관한 느낌이 항상 수반될 수 있다는 점이다.

통계적 확률을 사용하는 경우, 분포로부터 필요한 범주들의 통합을 생각해야 할 수도 있다. 가령 주사위를 던질 때 나올 눈의 수의 분포를 토대로 짝수의 눈이 나올 확률이나 5 이상의 눈이 나올 확률 등을 생각할 때 몇 가지 경우가 합사건으로 묶어지는 경우를 생각한다. 즉 확률에 대한 직관이 먼저가 아니라 분포에 대한 직관 또는 경험이 먼저이고, 그런 맥락에서 확률은 이차적이라는 뜻이다. 이 맥락은 확률을 지도함에 있어서 분포가 왜 그런 분포를, 또는 확률이 왜 그런 확률을 갖게 되었는지에 관한 논리적·연역적 생각(동등 확률의 가정 등)이 중요한 것이 아닐 수 있음을 드러내려는 것이다. 그보다는 분포나 확률을 경험에 비추어볼 때 타당하다고 믿을 수 있는지와, 또 그런 추측에 근거한 생각은 우리의 관심사에 대해 어떤 판단을 가능하게 하는지 등에 관한 것이 확률교육이나 통계교육의 중심이 되어야 함을 의미한다.

논의를 분명히 하기 위해 피아제의 한 실험을 예로 들어 설명하고자 한다. 피아제는 청소년기 아동의 상관 개념 발달에 관한 실험에서, 못이 많이 박혀 있는 상자의 윗부분 중앙에서 구슬을 떨어뜨려 구슬이 못에 부딪히며 내려와 상자 아랫부분에 쌓이게 하는 실험을 했다. 이 실험에서 구슬은 상자 아랫부분에 정규분포 모양으로 쌓이게 되었는데, 피아제는 아동들에게 구슬이 왜 정규분포 모양으로 쌓이게 되었는지를 물었다. 만약 여러분이 이런 질문을 받는다면 어떻게 답하겠는가? 이에 관한 필자의 생각은, 피아제가 중요하지 않은 문제에 아동들의 주의를 끌고 있었으며, 그런 질문보다는 새로 구슬 하나를 떨어뜨린다면 이 구슬은 어느 곳에 떨어질 것 같은지를 묻는 것이 더 의미 있는 질문이었을 것이다.

이런 생각의 차이가 바로 수학적 확률 중심인지 통계적 확률 중심인지 그 지도 방식의 차이를 잘 드러낸다고 필자는 주장하는 것이다. 왜 정규분포이어야 하는지, 왜 각 면의 확률이 같아야 하는지 등의 연역적 패러다임 속에서 수학적 확률 지도의 한계를 우리는 이미 충분히 경험했으며, 필자가 주장하는 새로운 변화란 이런 경험 중심으로의 변화를 의미하는 것이다.

4.2 확률분포와 예측

인과관계가 분명한 일들에 대해서는 원인 기제의 발생 여부만으로 결과의 발생을 정확히 예측할 수 있다. 인과관계가 있어 보이지만 분명하지 않은 경우, 즉 동일한 원인 기제의 발생에도 불구하고 결과가 발생되기도 하고 그렇지 않을 때도 있는, 우연 상황이 다소 포함되어 있는 경우 분포를 사용한다. 여기서 우리에게 필요한 것은 확률분포이지만, 대개 확률분포를 직접 얻기는 어렵고 그 대신 도수분포 등을 활용해 확률분포를 짐작해볼 수 있다. 그러나 일단 여기서는 확률분포 자체를 가지고 있다고 생각하고, 도수분포 등을 이용해 확률분포를 간접적으로 대신하는 문제는 잠시 미루어두기로 한다.

4.2.1 예측의 정확성과 조건

일반적으로 우연 상황에서의 예측은 그와 관련된 추가의 정보가 도움이 되는 경우가 많다. 오른쪽 〈표 4.1〉에서 임의로 택한 한 사람이 찬성 의견을 말할 확률은 0.5라고 할 수 있지만, 그 사람에 대한 추가의 정보가 있어서 모호하게 답하거나 '모르겠다'와 같은 기타의 답을 말할 가능성은 없다고 한다

표 4.1

확률분포표			
	남자	여자	합계
찬성	0.2	0.3	0.5
반대	0.2	0.1	0.3
기타	0.1	0.1	0.2
합계	0.5	0.5	1.0

면, 이 사람이 찬성 의견을 말할 확률은 $\frac{0.5}{0.5+0.3}=\frac{5}{8}=0.675$가 된다. 추가로 그 사람의 성별이 여자임을 안다면 $\frac{0.3}{0.3+0.1}=\frac{3}{4}=0.75$가 된다. 물론 그 사람의 성별이 남자임을 안다면 찬성일 확률은 0.5가 되어 오히려 예측이 더 어려워질 수도 있지만, 실은 더 정확한 판단[1]을 할 수 있는 방향으로 이동한 것이다.

지금까지 여러 상황에서 찬성일 확률을 구해보았는데, 이것을 조건부 확률이라고 한다. 또 남자일 경우의 의견의 분포는 찬성, 반대, 기타 의견의 확률이 차례로 0.2/0.5, 0.2/0.5, 0.1/0.5, 즉 0.4, 0.4, 0.2이고 이것을 남자일 경우의 조건부 분포라고 한다. 마찬가지로 여자일 경우의 조건부 분포는 차례로 0.6, 0.2, 0.2이다.

일반적으로 주어진 조건(성별)에 따라 범주(의견)의 분포에 변화가 있으면 조건과 범주 사이에 상관관계(correlation/심리학, 교육학 등), 연합관계(association/사회학 등), 종속관계(dependency/통계학 등) 등이 있다고 한다. 여기서는 이 관계를 상관관계로 부르고자 한다. 후에 상관관계를 다시 정의할 때까지는 임시로 이 용어를 사용하기로 한다.

일반적으로 통계학에서 상관을 고려하는 것은 불확실한 상황에서 부분적인 정보를 이용해 의사 결정이나 판단을 하려는 경우이다. 〈표 4.1〉의 예에서 어떤 사람의 의견을 예측함에 있어 그 사람의 성별을 아는 것이 부족하나마 도움이 될지 안 될지의 여부를 판단하려 할 때 상관관계를 생각한다. 학교에서의 내신 성적만으로 수능 성적을 예상하고자 할 때도 내신과 수능 성적 간의 상관관계가 있는지를 조사한다. 이에 관한 내용은 4.3에서 상세하게 논의할 것이다. 여기서는 우리가 상관을 생각하는 이유가 예측의 정확성을 높이기 위해서라는 점만 강조해두고자 한다.

---

1 여기서 '더 정확한 판단'이란 피조사자의 응답을 예측함에 있어서 반복적으로 조사를 계속할 때, 응답과 예측의 결과 차이의 발생 비율을 기준으로 정확성을 생각하는 것이다. 응답자 중 실제 찬성이 50%인데 75%일 것이라고 잘못 판단한 예측은 반복적 예측과 결과의 차이에서 75%의 비율과 실제 찬성자의 상대도수(비율)의 차이가 75−50=25(%)로 수렴하게 된다.

4.2.2 고전 통계학과 모수 모형

조건부 분포이건 아니건 간에 통계학에서 취급되는 모집단의 분포는 여러 가지가 있다. 일반적으로 실생활의 불확실성 문제를 해결하기 위해 통계학적 접근법으로 분포를 사용함에 있어서 먼저 우리가 동의해두어야 할 부분이 있다.

통계학은 표본 자료를 분석해 모집단의 어떤 특성을 알고자 하는 것이다. 이를 위해 모집단의 확률분포를 알 필요가 있는데, 만약 모집단의 확률분포를 완전히 안다면 표본 자료조차 필요없게 된다. 그러나 실제 상황에서는 모집단의 확률분포에 대해서 아는 것이 거의 없다고 할 수 있다. 따라서 표본 자료를 구해 모집단의 확률분포가 어떤지를 추측해보려는 것인데, 표본 자료가 있다고 해도 모집단의 확률분포를 완전히 알기는 어렵다. 따라서 표본 자료만으로는 도저히 알 수 없는 일부 내용은 경험에 의존해 "모집단의 확률분포는 대략 이러이러하다"와 같이 가정해서 사실인 것처럼 간주하게 된다. 이것을 모집단의 확률분포에 대한 수학적 가정이라고 한다.

전통적인 고전 통계학에서는 "모집단의 확률분포는 정규분포이다"라는 가정을 사용한다. 정규분포는 연속변수의 확률분포로서 확률밀도함수의 식이 $f_X(x) = \frac{1}{\sigma\sqrt{2\pi}} e^{-\frac{(x-\mu)^2}{2\sigma^2}}$ 로 표시되는데, 이때 μ는 임의의 실수이고 σ는 임의의 양수이다. 여기서 μ나 σ의 값이 얼마인지는 잘 모르지만, 모집단의 확률분포의 종류가 정규분포라는 것은 측정하는 대상들의 분포에 대한 과거의 경험으로부터 이번에도 여전히 같은 종류일 것이라고 가정하는 것이고, 이 가정이 해결하기를 원하는 문제 상황에서도 사실일 것이라고 믿을 수 있는 경우에만 도움이 된다. 즉 그 정규분포가 실수 직선상의 어느 곳(μ)에 위치하는지, 얼마나 뾰쪽한지(σ) 등은 가정하지 않지만, 분포의 종류는 정규분포라고 가정한 것이다. 그리고 모든 방법을 다 이용해 자신이 해결할 문제 상황의 모집단이 정규분포라고 믿을 수 있는지를 생각해보고 그럴 것이라고 추측되면 이 방법을 사용하되, 자료를 통해서 μ나 σ의 값이 얼마인지 등에 대해서만 추측해보자는 것이다. 이런 방법을 모수적 방법(parametric method)이라고 하는데, μ나 σ의 값이 정규분포를 확정 짓는 두 개의 모수(parameter)이기 때문이다. 고전 통계학은 이렇게 분포의 종류는 한 종류 분포의 집단(family of distribution)으로 미리 정하고 그 분포를 가정한 종류 중에 특정한 한 개(specific one)의 것(μ와 σ까지 정해진 것)으로 확정짓는 모수적 방법을 사용한다.

정규분포는 확률밀도함수이기 때문에 두 실수 $a, b(>a)$에 대해 $P(a<X<b)$를 구하려면 $P(a<X<b)=\int_a^b \frac{1}{\sigma\sqrt{2}}e^{-\frac{(x-\mu)^2}{2\sigma^2}}dx$의 적분을 통해 구해야 하는데, 이 적분이 쉽지 않다. 적분식에서 $\frac{x-\mu}{\sigma}=z$의 치환적분을 하면 $\frac{1}{\sigma}dx=dz$이므로, $P(a<X<b)=\int_{\frac{a-\mu}{\sigma}}^{\frac{b-\mu}{\sigma}} \frac{1}{\sqrt{2\pi}}e^{-\frac{z^2}{2}}dz$가 된다. 그런데 이 적분에 필요한 부정적분 $\int \frac{1}{\sqrt{2\pi}}e^{-\frac{z^2}{2}}dz$를 간단한 수식을 이용해 적을 수 없다. 그래서 $\mu=0$, $\sigma=1$인 정규분포를 하는 확률변수 Z가 $\frac{a-\mu}{\sigma}$와 $\frac{b-\mu}{\sigma}$ 사이에 있을 확률,

$$P\left(\frac{a-\mu}{\sigma}<Z\leq\frac{b-\mu}{\sigma}\right)=\int_{\frac{a-\mu}{\sigma}}^{\frac{b-\mu}{\sigma}} \frac{1}{\sqrt{2\pi}}e^{-\frac{z^2}{2}}dz=P(a<X<b)$$

를 통해 μ나 σ의 값을 안다면 주어진 μ와 σ에서 $P(a<X<b)$를 구하되, 다양한 $p=\frac{a-\mu}{\sigma}$와 $q=\frac{b-\mu}{\sigma}$에 대해 $\int_{-\infty}^{q} \frac{1}{\sqrt{2\pi}}e^{-\frac{z^2}{2}}dz$의 근삿값을 이용해서 구할 수 있도록 표를 만들어두고 사용하고 있다.[2] 이 표를 표준정규분포표라고 하는데 이 책의 부록 1에는 여러 가지 q값인 z에 대한 $\int_{-\infty}^{q} \frac{1}{\sqrt{2\pi}}e^{-\frac{z^2}{2}}dz$의 근삿값 $P(z)$가 〈표 4.2〉와 같이 제시되어 있다.

적분과 〈표 4.2〉의 관계를 그림으로 설명하면 〈그림 4.1〉과 같다. 그림에서 곡선의 식 $f(z)$는 $f(z)=\frac{1}{\sqrt{2\pi}}e^{-\frac{z^2}{2}}$이고 따라서 $f(z)=f(-z)$이다. 즉 좌우 대칭인 함수이다. 그러므로 $z=0.00$일 때 $P(z)$의 값은 표에서 확인할 수 있는 바

2 $\int_p^q \frac{1}{\sqrt{2\pi}}e^{-\frac{z^2}{2}}dz=\int_{-\infty}^{q} \frac{1}{\sqrt{2\pi}}e^{-\frac{z^2}{2}}dz-\int_{-\infty}^{p} \frac{1}{\sqrt{2\pi}}e^{-\frac{z^2}{2}}dz$로 구할 수 있다.

표 4.2

z	$P(z)$
.00	0.5000
.01	0.5399
⋮	⋮
1.64	0.9495
1.65	0.9505
·	·
3.00	0.9998

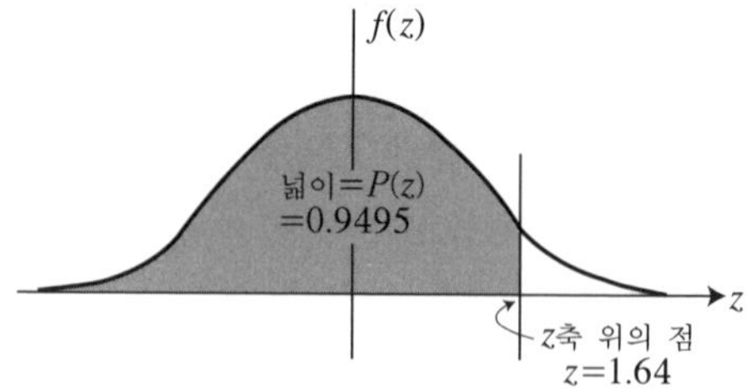

그림 4.1

와 같이 0.5000이다. 만약 z값이 음수일 때는, 그림에서 곡선 아래의 전체 넓이가 1.0000이므로 $P(-z)=1.0000-P(z)$임을 알 수 있다. 가령 $z=-1.64$일 때 왼쪽 무한대(마이너스 무한대)부터 -1.64까지 곡선 아래의 넓이 $P(-1.64)=\int_{-\infty}^{-1.64}\frac{1}{\sqrt{2\pi}}e^{-\frac{z^2}{2}}dz$는 -1.64부터 오른쪽 무한대(플러스 무한대)까지의 넓이 $\int_{-1.64}^{+\infty}\frac{1}{\sqrt{2\pi}}e^{-\frac{z^2}{2}}dz$를 1에서 뺀 것이다. 그런데 -1.64부터 오른쪽 무한대까지의 넓이 $\int_{-1.64}^{+\infty}\frac{1}{\sqrt{2\pi}}e^{-\frac{z^2}{2}}dz$는 왼쪽 무한대부터 1.64까지의 넓이 $\int_{-\infty}^{1.64}\frac{1}{\sqrt{2\pi}}e^{-\frac{z^2}{2}}dz$와 직관적으로 같음을 알 수 있다.[3] 따라서 $P(-1.64)=1-P(1.64)$가 성립한다. 일반적으로 모든 z값에 대해 $P(-z)=1-P(z)$가 성립함을 알 수 있다.

간혹 $P(z)=0.95$인 점 z는 얼마인지 알고자 할 때가 있다. 0.9495와 0.9505의 딱 중간인 값이 0.95이므로 점 z의 값은 1.64와 1.65의 딱 중간인 1.645라고 추측해볼 수 있다. 이렇게 $P(z)$의 비례배분대로 z값을 구하는 것을 보간법이라고 한다.

한편 일반적으로 $P(z)=1-\alpha$일 때의 z값을 특별히 z_α로 적는 통계적 관습이 있다. 이 관습에 의하면 1.645는 $z_{0.05}$라고 적을 수 있다. 왜냐하면 $0.95=1-0.05$이기 때문이다. 같은 이유로 $z_{0.025}=1.96$이고 $z_{0.01}=2.38$, $z_{0.005}=2.58$ 등임을 알 수 있다. 대개 이런 값들은 유용하므로 외워두는 것이 좋다.

중등학교에서 배우는 통계적 방법은 연속변수의 경우 모두 분포의 종류가 정규

---

3 수학적으로 증명할 수도 있다.

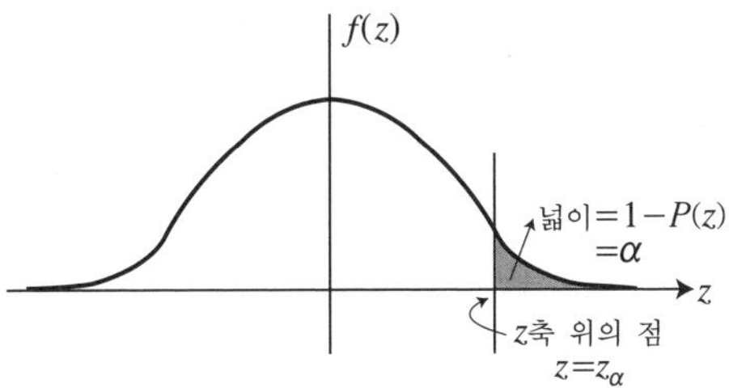

그림 4.2

분포인 모수적 방법을 쓴다. 이것은 모집단의 확률분포에 대해 수학적으로 거의 아무것도 가정하지 않는 비모수통계학(Non-parametric Statistics)의 방법과 대조되는 방법이라고 할 수 있다. 만약 모집단의 분포를 어느 한 종류로 가정하는 것이 경험으로부터 정하기가 어렵거나 마음에 들지 않는다면 비모수통계학적 방법을 대안으로 생각할 수 있다. 그러나 각 방법은 장단점이 있어서 어떤 방법을 사용할지는 자료 분석을 하는 사람이 신중하게 판단할 문제이다. 최근에는 컴퓨터의 발달로 인해 가능해 보이는 여러 가지 방법들을 모두 써서 분석해보고, 그중에서 더 그럴듯한 방법을 택하는 경우도 많다.

한편 초 · 중등학교에서 다루는 자료들은 범주형 자료인 경우가 많다. 그중에서도 범주가 단 두 개인 경우가 많은데 세상에는 이원적(dichotomous)인 현상들, 가령 선과 악, 찬성과 반대, 합격과 불합격, 남자와 여자, 색맹과 정상 등이 많기 때문이다. 그리고 많은 문제들에서 우리는 이 두 가지 중 어느 한 가지의 비율 또는 확률을 알고자 할 때가 많다.

통계학적 용어로 이 두 가지 범주 중에서 관심이 있는 쪽을 성공(success)이라고 하고 반대쪽을 실패(fail)라고 하는데, 성공의 비율을 p(단, $0 < p < 1$)라고 하면 반대쪽은 $1-p$가 된다. 성공에 숫자 1을, 실패에 숫자 0을 대응시키는 확률변수 X를 베르누이 확률변수라고 하고, 확률함수 $f_X(x) = p^x(1-p)^{1-x}$ if $x = 0$ or 1, and $f_X(x) = 0$ otherwise인 분포를 베르누이 분포라고 한다. 또 이때 p를 베르누이 분포의 모수라고 한다.

이런 상황에서 통계적 추론은 대개 p의 값을 추측하는 일이다. 이 경우는 분포의 종류가 한 가지로 정해졌으므로 비록 모수적 방법을 쓰고는 있으나 불확실한 것을 가정으로 삼은 것이라고 하기보다는 주어진 상황을 그대로 확률적으로 적은 것에 불과해, 비모수적 방법에서도 자주 사용되는 방식이라고 할 수 있다.

예를 들어 어떤 선거에서 A 후보자가 자신을 지지하는 사람의 비율 p를 알고자 한다고 하면, 유권자는 자신을 지지하는 사람과 그렇지 않은 사람(다른 후보를 지지하는 사람, 기권할 사람 등 모두 포함)의 두 가지로 분류할 수 있고, 자신을 지지하는 사람을 1, 그렇지 않은 사람을 0, 지지하는 사람의 비율을 p로 적을 때 위의 베르누이 확률변수와 베르누이 분포 상황이 된다.

이 상황에서 모든 유권자를 모두 조사할 수 없어 n명만을 뽑아 표본조사를 해서 얻은 자료가 $X_1 = x_1, X_2 = x_2, X_3 = x_3, \cdots, X_n = x_n$(단, $x_i(i = 1, 2, 3, \cdots, n)$는 모두 1 또는 0)이라고 할 때, $\sum_{i=1}^{n} x_i$는 n명 중에서 A 후보를 지지한 사람의 숫자이다. 즉 n명 중에서 A 후보를 지지한 사람의 수에 대한 사전 자료(priori data)는 $T = \sum_{i=1}^{n} X_i$이다. 이때 T의 확률분포는 $f_T(t) = {}_n\mathrm{C}_t p^t (1-p)^{n-t}$ if $t = 0, 1, 2, 3, \cdots, n$ and $f_T(t) = 0$ otherwise이고, 이 분포를 이항분포(binomial distribution)라고 한다. $T = t$일 때 p의 손쉬운 추정값으로서 $\hat{p} = \frac{t}{n}$를 생각할 수가 있는데, 이 값이 다름 아닌 A 후보를 지지하는 사건의 상대도수이고, 동시에 공식의 모양으로는 자료 $X_1 = x_1, X_2 = x_2, X_3 = x_3, \cdots, X_n = x_n$의 표본평균(sample mean)이라고도 할 수 있다. 이때 n이 큰 숫자이면, $\hat{p} = p$처럼 사용하기도 하고, n이 큰 숫자가 아닐 때는 $\hat{p}$를 이용해 p의 값에 대한 통계적 추정이나 가설검정 등을 할 수 있게 되는 것이다.

중등학교에서 사용되는 일변량 모집단의 확률분포는 대개 정규분포와 베르누이 분포의 두 가지 정도로 충분하다고 할 수 있다.[4] 베르누이 분포와 관련해 사용되는 가장 중요한 표집분포는 이항분포인데 모집단이 성공과 실패의 두 속성으로 이루어져 성공을 1로 표기할 때, 크기 n인 표본의 표본합의 표집분포가 모집단의

4 이항분포는 중등학교에서 필요한 중요한 분포지만 모집단의 분포는 아니다. 이항분포에 대해서는 후에 표집분포를 논의할 때 다시 설명하기로 한다.

	k	.05	.10	.20	.30	.40	.50	…	.90	.95
n=20	0	.358	.122	.012	.001	.000	.000		.000	.000
	1	.736	.392	.069	.008	.001	.000		.000	.000
	2	.925	.677	.206	.035	.004	.000		…	…
	3	.984	…	…	…	…	…		…	…
	4	.997	…	…	…	…	…		…	…
	5	1.000	…	…	…	… →	.021		…	…
	.	…	…	…	…	…	…		…	…
	.	…	…	…	…	…	…		…	…

그림 4.3

성공확률 p를 모수로 하는 이항분포이다.

가령 앞면이 나올 확률이 0.5인 동전을 20회 던졌을 때 앞면의 횟수 X가 5회 이하일 확률은 $P(X \leq 5) = \sum_{x=0}^{5} \binom{20}{x}\left(\frac{1}{2}\right)^{20}$(단, $\binom{20}{x} = {}_{20}C_x$이다)인데 이 값을 구하려면 매우 번거로운 계산이 필요하다. 따라서 여러 가지 표본의 크기 n과 모집단의 비율 p에 대해 표를 만들어두고 사용하면 편리하다. 이 표를 이항분포표라고 하는데 위 계산의 경우 $n = 20$, $p = 0.5$, $k = 5$로 하여 부록 2에 있는 이항분포표를 〈그림 4.3〉처럼 찾아 읽으면, 그 근삿값이 0.021임을 곧 알 수 있다. 〈그림 4.3〉은 그 값을 어떻게 읽었는지를 설명하고 있다.

4.3 사건의 독립성과 조건부 분포

피아제는 청소년기 아동의 상관 개념 발달에 관한 연구에서 눈동자 색깔(eye-color)과 머리카락 색깔(hair-color) 간의 상관관계를 실험했는데 다양한 상황에서 아동들의 응답을 조사했다. 이것은 〈표 2.4〉, 〈표 2.5〉, 〈표 2.6〉과 같이 2×2 형식의 표로 제시될 수 있다. 〈표 2.6〉과 유사하게 적어본다면 〈표 4.3〉과 같을 것이다.

이 문제에 대응하는 모집단의 확률분포의 모형은 일변량이 아니라 이변량이어야 한다. 왜냐하면 우리가 자료를 얻을 때 각 대상으로부터 머리카락 색깔과 눈동자 색깔을 조사해야 하므로 두 개의 관측치가 얻어지기 때문이다. 이제 눈동자와

표 4.3

확률분포표			
눈 \ 머리	Blonde	Brown	합계
Blue	0.3	0.1	0.4
Brown	0.2	0.4	0.6
합계	0.5	0.5	1.0

표 4.4

확률분포표			
X_1 \ X_2	0	1	합계
0	p_{00}	p_{01}	p_{0*}
1	p_{10}	p_{11}	p_{1*}
합계	p_{*0}	p_{*1}	1.0

머리카락의 색깔을 확률변수로 바꿔야 하는데, 눈동자의 색깔을 정하는 확률변수는 X_1이라 하고, 그 값이 0인 것은 Blue eye(파란 눈)를, 1인 것은 Brown eye(갈색 눈)를 나타낸다고 하자. 또 머리카락 색깔을 정하는 확률변수는 X_2라 하고, 그 값이 0인 것은 Blonde hair(금발)를, 1인 것은 Brown hair(갈색 머리)를 나타낸다고 하자. 그러면 $\underline{X} = (X_1, X_2)$의 조합은 (0, 0) (0, 1) (1, 0) (1, 1)의 네 경우가 있고, 위의 표에서 $P(\underline{X} = (0, 0)) = 0.3$ 등임을 알 수 있다. 이것을 더 일반화해 적으면 〈표 4.4〉와 같은 확률분포표를 생각할 수 있다.

어느 모집단에 속하는 사람들은 모두 이 네 종류 중 어느 하나에 속한다고 가정하면, $\underline{X} = (X_1, X_2)$의 (결합) 확률함수는 $f_{\underline{X}}(x_1, x_2) = p_{00}$ if $\underline{x} = (0, 0)$, $f_{\underline{X}}(x_1, x_2) = p_{01}$ if $\underline{x} = (0, 1)$, $f_{\underline{X}}(x_1, x_2) = p_{10}$ if $\underline{x} = (1, 0)$, $f_{\underline{X}}(x_1, x_2) = p_{11}$ if $\underline{x} = (1, 1)$, and $f_{\underline{X}}(x_1, x_2) = 0$ otherwise라고 할 수 있다. 즉 이 경우는 베르누이 분포와 유사하지만 범주의 종류가 2개가 아니라 4개인 경우이다. 그리고 전체 확률은 1이므로, $p_{11} = 1 - p_{00} - p_{01} - p_{10}$이라고 할 수 있다. 또 $p_{i*} = p_{i0} + p_{i1}$(단, $i=0, 1$)이므로 $p_{1*} = 1 - p_{0*}$이고, 비슷한 이유로 $p_{*1} = 1 - p_{*0}$이라고 할 수 있다. 이 경우 X_2를 무시하고 X_1만의 확률분포를 생각할 수 있는데, 값이 0또는 1이고 각각의 확률은 p_{0*}, p_{1*}라고 할 수 있으므로 결국 X_1만의 확률분포는 베르누이 분포이고, 확률함수를 적으면 $f_{X_1}(x_1) = p_{0*}^{x_1}(1 - p_{0*})^{1-x_1}$ if $x_1 = 0$ or 1, and $f_{X_1}(x_1) = 0$ otherwise라고 할 수 있다.[5] 이것을 X_1의 주변 확률함수(marginal probability function)라고 하고, 같은 방법으로 X_2의 주변 확률함수를 적으면 $f_{X_2}(x_2) = p_{*0}^{x_2}(1 - p_{*0})^{1-x_2}$ if $x_2 = 0$

5 〈표 4.4〉와 비교해볼 것.

or 1, and $f_{X_2}(x_2)=0$ otherwise라고 할 수 있다. 두 주변 확률함수는 결합 확률함수로부터 합산해 얻어지지만, 두 주변 확률함수를 알아도 일반적으로 결합 확률함수를 얻을 수는 없다. 이 문제는 우리가 표본을 얻을 때 반드시 무작위표본을 얻어야 하는 이유와 일맥상통하는 문제이다.

4.3.1 피아제의 상관 개념과 사건의 종속성

피아제는 실험에서 아동들에게 아래와 같은 세 가지 분할표(contingency table)를 비교해 머리카락 색깔과 눈동자 색깔 사이에 상관관계가 더 강한 것을 찾아 살피도록 했다. 여러분은, 직관에 의해, 그 강도가 강한 것부터 차례대로 말할 수 있겠는가? 피아제는 표의 관찰을 통해 상관관계를 나타내는 정량화된 표현 공식[6]을 아동 스스로 발견할 수 있는지 알아보는 실험을 반복했고, 아동들이 공식을 도출하는 데 실패하자 이를 근거로 이 시기의 아동들은 상관관계를 이해할 수 없다는 주장을 했다.

그러나 그의 실험에 나타난 아동들의 반응을 자세히 읽어보면, 아동들은 상관계수의 공식을 도출하지는 못했으나 직관적으로 상관관계의 강도를 감지해 옳은 답을 하는 학생들이 많았고, 그 이유를 설명함에 있어서 그들은 머리카락 색깔이 Blonde인 경우와 Brown인 경우의 각각에서 눈동자의 색깔이 Blue인 경우의 비율

표 4.5

분할표			
머리 / 눈	Blonde	Brown	합계
Blue	19	6	25
Brown	1	74	75
합계	20	80	100

표 4.6

분할표			
머리 / 눈	Blonde	Brown	합계
Blue	10	15	25
Brown	10	65	75
합계	20	80	100

표 4.7

분할표			
머리 / 눈	Blonde	Brown	합계
Blue	10	40	50
Brown	10	40	50
합계	20	80	100

6 $R=\dfrac{(\text{Blue: Blonde}+\text{Brown: Brown})-(\text{Blue: Brown}+\text{Brown: Blonde})}{\text{Blue: Blonde}+\text{Brown: Brown}}$의 값이 1이면 양의 상관관계의 최댓값, -1이면 음의 상관관계의 최댓값이라는 용어를 사용했다.

에 주목하는 경향을 나타냈다.[7]

그런데 이것은 머리카락 색깔이 Blonde인 경우와 Brown인 경우에 있어서, 각각 눈동자의 색깔이 Blue인 경우의 조건부 분포에 주목하려는 것임을 피아제는 알아차렸어야 했다. 피아제는 아동들의 공식 도출에만 집착하면서 "아동들이 전체를 보지 못하고 표의 일부에만 관심을 갖는다"는 주장을 했다. 그러나 필자의 견해로는 아동들이 표의 일부에만 관심을 갖게 된 이유는 조건부 분포에 관심을 갖게 되었기 때문이며, 피아제가 말하는 상관관계(stochastic correlation)란 사실상 '조건부 분포의 변화 관계'를 뜻하는 것이라고 할 수 있다. 즉 "아동들의 직관에 의존하려는 태도가 피아제의 관점보다는 상관 개념에 있어서 더 정확한 것 아닌가?" 하는 문제를 제기하는 것이다. 이것은 표준적인 통계학에서 말하는 상관관계(Pearson's correlation)와는 다른 것인데 상세한 것은 잠시 후에 설명하기로 한다.

필자의 경험으로는 "상관관계란 무엇인가?"라고 질문할 때 대부분의 사람들이 당황해하는 것을 종종 볼 수 있다. 지금 우리가 생각하는 피아제의 상관관계란 조건부 분포의 변화관계이다. 즉 〈표 4.3〉의 경우 Blue Eye의 조건부 분포는 조건이 Blonde인 경우는 0.3/0.5이고, 조건이 Brown인 경우는 0.1/0.5이다. 그리고 그 차이 0.6−0.2=0.4를 피아제의 관점과 유사한 상관계수로 볼 수도 있다.[8] 조건부 분포를 좀 더 일반적으로 공식화하기 위해 〈표 4.4〉에서 $X_2=0$일 때와 $X_2=1$일 때 각각에 대해 X_1의 조건부 분포, 즉 $X_1|_{X_2=0}$과 $X_1|_{X_2=1}$의 조건부 분포를 생각하면,[9] $\mathrm{P}(X_1=1|x_2=0)=f_{\{X_1|X_2\}}(1|0)=\dfrac{p_{10}}{p_{*0}}$이고, $\mathrm{P}(X_1=0|x_2=0)=f_{\{X_1|X_2\}}(0|0)=\dfrac{p_{00}}{p_{*0}}$이다. 이것을 더 간단히 $f_{X_1|X_2}(x_1|0)=\dfrac{p_{10}^{x_1}(1-p_{10})^{1-x_1}}{p_{*0}}$ if $x_1=0$ or 1, and $f_{X_1|X_2}(x_1|0)=0$ otherwise와 같이 $X_1|_{X_2=0}$의 조건부 분포 $f_{X_1|X_2}(x_1|0)$로

---

7 이렇게 두 경우 모두에서 Blue eye의 비율을 설명해보려는 아동은 한 명에 불과했고, 대개는 두 경우 중에서 한 경우의 Blue eye의 비율에 관해 설명하려는 아동들이 많았다.

8 이 경우 양수(최대 1)와 음수(최소 -1)가 가능해 양의 상관, 음의 상관을 말할 수 있지만, 주어진 머리카락 색이나 눈동자 색에서 무엇이 양의 방향이고 무엇이 음의 방향인가를 설명하기에 적절치 않으므로, 이 상황에서 아직도 이 공식을 타당한 상관계수로 보기는 어려울 듯하다.

9 앞의 표현은 확률론이나 통계학에서 자주 사용하는 표준적인 표현 방식이다.

나타낼 수도 있다. 이 조건부 분포 역시 베르누이 분포임에 유의해야 한다. 같은 방법으로 $f_{X_1|X_2}(x_1|1)$을 생각할 수도 있고, 조건변수가 바뀌어 $f_{X_2|X_1}(x_2|0)$, $f_{X_2|X_1}(x_2|1)$ 등도 생각할 수 있다.

엄밀히 생각하면 두 변수 X_1과 X_2 사이에 피아제가 말한 의미에서의 '상관관계가 있다' 함은 $f_{X_1|X_2}(x_1|0)$과 $f_{X_1|X_2}(x_1|1)$이 서로 다르다는 뜻이며, 이것은 $f_{X_2|X_1}(x_2|0)$과 $f_{X_2|X_1}(x_2|1)$이 서로 다르다는 뜻과 동치이다. 그러나 통계학에서의 표현법을 따르기로 한다면, 이 경우 "두 변수 X_1과 X_2 사이에 서로 종속관계(dependency)가 있다"라고 표현한다. 다음 절에서 이에 대해 더 상세히 알아보자.

4.3.2 확률변수의 독립과 무작위표본의 정의

일반적으로 X_1의 X_2에 대한 조건부 확률(밀도)함수 $f_{X_1|X_2}(x_1|x_2)$는 $f_{X_1|X_2}(x_1|x_2) = \dfrac{f_{\underline{X}}(x_1, x_2)}{f_{X_2}(x_2)}$로 정의하는데, 이때 $f_{X_2}(x_2) \neq 0$ in a neighborhood of x_2인 경우, 즉 $X_2 = x_2$가 실질적으로 가능한 경우(확률이 0이 아님)에 한해서 조건부 분포가 정의된다. 같은 방법으로, X_2의 X_1에 대한 조건부 분포 $f_{X_2|X_1}(x_2|x_1)$도 정의할 수 있다. 그리고 X_1과 X_2가 서로 독립적(independent)이라는 것은 $f_{\underline{X}}(x_1, x_2) = f_{X_1}(x_1)f_{X_2}(x_2)$이 성립함을 뜻한다. 즉 $f_{X_1|X_2}(x_1|x_2) = f_{X_1}(x_1)$이나 또는 같은 의미로 $f_{X_2|X_1}(x_2|x_1) = f_{X_2}(x_2)$가 성립함을 뜻한다.[10]

만약 X_1과 X_2가 서로 독립적이 아니면, 두 변수는 서로 종속적(dependent)이라고 하는데, 통계학에서 이렇게 '종속'이라는 표현으로 정의한 것을 심리학이나 교육학 등에서는 '상관관계(correlation)가 있다'라고 하기도 한다. 즉 피아제가 말한 상관관계는 통계학에서는 종속적 관계가 있음을 뜻한다. 사회학에서는 이를 연합적(associative) 관계라고 하기도 한다.

이것을 좀 더 확장해 n개의 확률변수 $X_1, X_2, X_3, \cdots, X_n$이 서로 독립적이라는 것은 확률벡터 $\underline{X} = (X_1, X_2, X_3, \cdots, X_n)$의 결합 확률(밀도)함수 $f_{\underline{X}}(x_1, x_2, x_3, \cdots, x_n)$

10 앞서의 조건부 확률(밀도)함수를 정의한 공식을 변형해보면 분명해진다.

이 각각의 주변 확률(밀도)함수 $f_{X_i}(x_i)$들의 곱, 즉 $f_{\underline{X}}(x_1, x_2, x_3, \cdots, x_n) = \prod_{i=1}^{n} f_{X_i}(x_i)$ 이 성립함을 뜻한다. 특히 $f_{X_i}(x_i) = f(x_i)$ for all $i = 1, 2, 3, \cdots, n$이 동시에 성립하는 경우, 다시 말해 각각의 확률분포가 모두 같을 경우에는 $X_1, X_2, X_3, \cdots, X_n$을 임의표본(random sample) 또는 무작위표본이라고 한다. 물론 여기서 표본의 일종(무작위표본)이라고 한 확률변수의 의미는 3.1.2에서 언급했던 확률변수의 두 번째 모습, 사전 자료(priori data)를 염두에 둔 것이다. 또 '각각의 확률분포'라고 할 때 '각각'이라는 확률변수의 의미는 세 번째 모습을 염두에 둔 것이다. 즉, 각각의 확률분포가 모두 같다고 할 수 있는 이유는 동일한 모집단에서 복원 추출을 한다고 가정할 때 매번 동일한 확률분포를 가진 상태에서 추출하는 것이기 때문이다. 가령 1부터 10까지의 숫자가 1개씩 적힌 대상집단(모집단)에서 n개의 표본을 얻을 때 n개의 숫자 자료에 대한 확률변수 $X_1, X_2, X_3, \cdots, X_n$에서 각각의 확률분포 $f_{X_i}(x)$, $(i = 1, 2, \cdots, n)$는 $f(x) = \frac{1}{10}$ if $x = 1, 2, \cdots, 10$ and $f(x) = 0$ otherwise로 모든 $i = 1, 2, \cdots, n$에 대해 항상 같다.

다시 말해 우리가 무작위표본을 얻는다는 것은 이런 수학적 성질이 성립하도록 표본을 얻는다는 것이며, 따라서 복원 추출을 가정할 때 모집단의 각 원소가 추출될 확률이 항상 같도록 뽑으려는 것이다. 다만 실제 무작위표본 추출에서는 복원 추출이 아니라 비복원 추출을 사용하는 경우가 많은데, 엄밀한 의미에서 이것은 무작위표본을 제공하지 못한다고 할 수 있다. 그럼에도 이 방법에 정당성을 부여할 수 있는 것은, 앞의 공 꺼내기의 예처럼 공이 10개 들어 있는 상자가 아니라 대개의 실제 상황에서는 몇백만 개 이상의 공이 들어 있는 데에서 표본을 꺼내는 것과 마찬가지인 경우가 많으며, 이 차이가 크지 않기 때문에 근사적으로 무작위표본으로 간주할 수 있기 때문이다. 즉 이 경우 복원 추출이냐 비복원 추출이냐의 차이란 1/(100만)이냐 1/(999999)이냐의 근소한 차이만을 나타낸다. 그리고 이 차이는 모집단이 클수록 더 작아진다.

이것은 유한 모집단을 생각한 것이지만, 통계학에서 많은 경우 모집단의 분포를 정규분포로 간주하고 전개된 이론이 많고 실생활에서는 그렇게 개발된 방법을 사용하게 되는데, 모집단이 정규분포라고 가정할 때는 모집단을 이미 무한 모집단으로 간주하고 있는 것이며, 이 경우 복원 추출이냐 비복원 추출이냐 하는 차이는 의미가 없다.

결국 무작위표본이란 무작위표본에 포함된 '확률변수들의 결합분포를 규정'해주는 데 핵심적 역할이 있으며, 각각의 주변 확률(밀도)함수들의 곱으로 결합 확률(밀도)함수가 표현될 것(독립성, independence)을 요구하고 동시에 각각의 주변 확률(밀도)함수가 모두 같을 것(분포적 동일성, identical distribution)도 요구하는 것이다. 즉 무작위성(randomness)의 본질은 독립성과 분포적 동일성인데, 그중에 독립성의 확인은 표본 추출 상황에서는 해당 표본을 단 한 개씩밖에 얻을 수 없어 서로 다른 조건(변숫값)하에서 다른 변숫값들의 분포의 변화 여부를 간접적으로라도 확인할 방법이 없으므로, 표본들이 상호 독립적으로 얻어졌는지를 사후에 확인할 방법이 전혀 없다는 것이다. 다시 말해 무작위표본은 그런 표본이 얻어질 수밖에 없는 여러 통제 안에서 시도될 뿐 일단 자료 추출이 이루어지는 상황이 되면 확인할 방법이 없다는 것이며, 따라서 무작위표본을 얻기 위해서는 준비가 철저해야 하고, 반드시 철저한 준비를 통해 얻어져야 할 뿐 결과에 대한 확인 방법은 없다는 점을 강조해두고자 한다.

4.3.3 독립성 검정과 확률적 상관

무작위표본의 독립성 문제와는 다르게 사건의 독립성은 반복되는 관찰에 의해 사후 검증이 가능하다. 즉 A라는 사건의 발생 여부에 대한 확률분포가 B라는 사건의 발생 여부에 따라 달라지는지를 반복적으로 관찰해 두 사건이 서로 독립적인지 그 여부를 살펴볼 수 있다. 다만, 여기서 발생되는 어려운 문제는 확률분포를 직접 얻지는 못하고 그와 유사한 상대도수의 분포만을 얻을 수 있기 때문에 우연속성이 있는 상대도수를 통해 우연속성이 없는 확률분포를 간접적으로 추측해야 한다는 것이다.

가령 앞서 나왔던 〈표 4.3〉의 확률분포를 가진 어느 모집단에서 100명의 구성

표 4.3

확률분포표			
눈 \ 머리	Blonde	Brown	합계
Blue	0.3	0.1	0.4
Brown	0.2	0.4	0.6
합계	0.5	0.5	1.0

표 4.8

도수분포표 2			
눈 \ 머리	Blonde	Brown	합계
Blue	31	8	39
Brown	18	43	61
합계	49	51	100

표 4.9

도수분포표 1			
눈 \ 머리	Blonde	Brown	합계
Blue	10	29	39
Brown	39	22	61
합계	20	51	100

원을 관찰한 결과를 예상해서 생각할 경우 〈표 4.8〉은 우연속성의 대표성을 고려해볼 때 그럴듯해 보이지만, 〈표 4.9〉는 그런 결과를 얻기 어려울 것이라는 추측이 든다. 이런 이유로, 두 사건 A와 B가 서로 독립적이려면 $\mathrm{P}(A \cap B) = \mathrm{P}(A)\mathrm{P}(B)$이어야 하지만, 각각의 정확한 확률을 알 수 없을 때 $\mathrm{Rf}(A \cap B) \fallingdotseq \mathrm{Rf}(A)\mathrm{Rf}(B)$(단, Rf는 상대도수relative frequency를 뜻함)에 의존할 수밖에 없다. 다만 이 등식은 엄격히 성립하지는 않는데, 왜냐하면 Rf는 우연속성이 있어서 표본 자료를 얻을 때마다 변할 것이기 때문이다.

예를 들어 〈표 4.10〉과 같은 자료를 얻었다고 하자. 만약 머리카락 색깔과 눈동자 색깔이 서로 독립적이라면 위의 상대도수 기준 독립성 공식이 성립될 것이다. 따라서 머리카락 색깔이 Blonde이고 눈동자 색깔이 Blue, 즉 Rf(Blonde ∩ Blue)의 값은 대략 $\mathrm{Rf(Blonde)Rf(Blue)} = \frac{40}{100} \times \frac{50}{100} = \frac{20}{100}$ 정도가 기대되고, 100명을 관찰한다면 Blonde라는 사건과 Blue라는 사건이 서로 독립적일 경우 약 20명 정도가 관찰될 것이 예상된다. 그런데 실제는 머리카락 색깔이 Blonde, 눈동자 색깔이 Blue인 사람들이 34명이 관찰된 이유에 대해 두 가지 가능성을 생각할 수 있다.

한 가지 이유는 Blonde라는 사건과 Blue라는 사건이 서로 독립적이 아니기 때문일 수 있고, 그렇지 않고 서로 독립적이기는 하지만 도수나 상대도수의 우연속성 때문에 순전히 우연에 의한 차이일 수도 있다. 만약 전자의 이유라면 우리는 상관 유무에 대한 판단이 서게 된 것이고, 후자의 이유라면 모든 우연속성의 발현은 그런 일이 일어날 확률에 따르기 때문에 우리는 그 확률을 생각하게 된다. 그리고 만약 그 확률이 매우 낮다면 우리는 그런 일이 우연히 발생되었다는 것을 의

표 4.10

도수분포표			
눈 \ 머리	Blonde	Brown	합계
Blue	34	16	50
Brown	6	44	50
합계	40	60	100

표 4.11

기대도수의 분포표			
눈 \ 머리	Blonde	Brown	합계
Blue	20	30	50
Brown	20	30	50
합계	40	60	100

심하게 된다. 대표성 속성은 대표적인 것의 확률이 가장 높고 그렇지 않은 쪽으로 갈수록 확률이 낮아지기 때문에 대표적 상황과 더 차이가 날수록 우연이 아닐 것이라는 추측을 하게 되고, 그렇다면 Blonde라는 사건과 Blue라는 사건이 서로 독립적이 아닐 것이라는 추측이 더 강해지게 된다.

이제 Blonde라는 사건과 Blue라는 사건뿐 아니라 다른 사건들의 조합에 대해서, 즉 Blonde ∩ Blue뿐 아니라 Blonde ∩ Brown, …, Brown ∩ Brown 등에서의 독립성 여부도 모두 조사해야 한다. 왜냐하면 우리의 질문은 머리카락 색깔과 눈동자 색깔 사이의 독립성 여부에 관한 문제였기 때문이다. 앞의 Blonde ∩ Blue에서와 같은 방법으로 생각하면, 만약 머리카락 색깔과 눈동자 색깔 사이에 독립성이 있다고 가정할 때 각 조합의 기대도수는 〈표 4.11〉과 같이 정리해볼 수 있다.

이제 앞서 논의한 대로, 이 기대도수의 분포표와 실제 도수분포표 간에 차이가 클수록 머리카락 색깔과 눈동자 색깔 사이에 독립성이 없다(종속성 또는 상관이 있다)라는 추측에 점점 확신이 더해진다. 두 표 간의 차이를 나타내는 가장 대표적인 값이, 기대도수의 분포표의 네 조합의 숫자가 모두 5 이상인 경우

$$\begin{aligned}\chi^2 &= \sum \frac{(O-E)^2}{E} \\ &= \frac{(34-20)^2}{20} + \frac{(16-30)^2}{30} + \frac{(6-20)^2}{20} + \frac{(44-30)^2}{30} \\ &= 32.67\end{aligned}$$

인데, 더 간편하게 계산하는 방법은

$$\chi^2 = \sum \frac{O^2}{E} - N = \frac{34^2}{20} + \frac{16^2}{30} + \frac{6^2}{20} + \frac{44^2}{30} - 100 = 32.67$$

또는

$$\chi^2 = \frac{N(ad-bc)^2}{(a+b)(c+d)(a+c)(b+d)} = \frac{100\times(34\times44-6\times16)^2}{40\times60\times50\times50} = 32.67$$

이 있다. 특히 맨 나중의 공식에서

$$\phi = \sqrt{\frac{\chi^2}{N}} = \sqrt{\frac{(ad-bc)^2}{(a+b)(c+d)(a+c)(b+d)}} = \sqrt{0.3267} = 0.57$$

은 최대 1, 최소 0 사이의 값으로서 종속성의 강도를 나타내는 파이분할계수(Newton's phi)라고 부르는 값이다.

또 이 값이 진실은 0임에도 불구하고(즉 독립적인데도 불구하고) 순전히 우연에 의해 이런 값이 나오게 된 것인지의 여부는, 스스로 생각하는 희박한 확률값(대개 5%)을 정해 그 반값(대개 2.5%)에 해당하는 표준정규분포표의 값(대개 1.96)의 제곱(대개 3.84)과 위의 χ^2값(위의 예에서는 32.67)을 비교해 χ^2이 그 값(대개 3.84)보다 크면 우연이 아닌 것, 즉 독립성이 없기 때문인 것으로 판단하고, 그 판단에 따를 때 종속의 강도를 앞의 ϕ값으로 정한다. 즉 이 예에서는 피아제의 표현에 따른다면 머리카락 색깔과 눈동자 색깔 사이에는 (유의수준 5%에서) 상관이 있고, 그 상관 강도는 약 0.57 정도라고 할 수 있다. 이 경우 물론 음의 상관은 생각하지 않아도 된다. 의미가 없기 때문이다. 여기서 피아제가 말한 상관이란 확률적 상관을 의미하며 표준적인 선형상관(일차함수적 상관)이 아님을 알아야 한다.

연습문제

1. 〈표 4.5〉부터 〈표 4.7〉에서 피아제가 말한 파이분할계수가 큰 표부터 차례로 적어 보라. 그리고 그 결과가 상관관계에 대한 직관적 판단의 결과와 일치하는지 설명하라.

2. 〈표 4.4〉에서 두 확률변수는 $\mathrm{E}(X_1) = 0 \cdot p_{0*} + 1 \cdot p_{1*} = p_{1*} = \mu_1$, $\mathrm{E}(X_2) = \mu_2 = p_{*1}$임을 알 수 있다. $\sigma_1^2 = \mathrm{E}((X_1 - \mu_1)^2)$, $\sigma_2^2 = \mathrm{E}((X_2 - \mu_2)^2)$ 및 $\sigma_{12} = \mathrm{E}((X_1 - \mu_1)(X_2 - \mu_2)) = \mathrm{E}(X_1 X_2) - \mu_1\mu_2$를 각각 계산해, X_1과 X_2의 피어슨(Pearson) 상관계수가 $\rho = \dfrac{\sigma_{12}}{\sigma_1\sigma_2} = \dfrac{p_{11}p_{00} - p_{10}p_{01}}{\sqrt{p_{*0}p_{*1}p_{1*}p_{0*}}}$임을 확인하라. 또 이것을 106쪽의 파이분할계수(ϕ)와 상대도수의 관점에서 비교해 설명하라.

3. 위의 문제 2의 결과는 피아제가 말한 상관관계가 X_1 및 X_2 사이의 선형적 관계를 나타내는 피어슨 상관관계와 같은 것처럼 보이게 한다. 그러나 〈표 4.4〉에서 $X_1 = 0$이 Blue eye, $X_1 = 1$이 Brown eye를 나타낸 것으로 할 경우이고, 이것을 $X_1 = 0$이 Brown eye, $X_1 = 1$이 Blue eye를 나타낸다고 하면 아래의 표와 같이 될 것이다. 그리고 이 경우의 피어슨 상관계수는 $\rho_A = \dfrac{p_{10}p_{01} - p_{00}p_{11}}{\sqrt{p_{*0}p_{*1}p_{0*}p_{1*}}} = -\rho$가 된다. 이 결과를 근거로 해서 피아제가 말한 상관관계는 수리적 계산 결과와는 무관하게 선형적 관계와 전혀 다른 것이라고 해석해야 하는 이유를 설명하라. 나아가 현재와 같은 2×2 형식의 표가 아니라 $r \times c(r, c \geq 3)$ 형식의 표에서 이 문제와 관련된 어려움을 설명해보라.

확률분포표			
X_1 \ X_2	0	1	합계
0	p_{10}	p_{11}	p_{1*}
1	p_{00}	p_{01}	p_{0*}
합계	p_{*0}	p_{*1}	1.0

제5장

대푯값과 산포도

5.1 분포의 서술적 표현과 대푯값

통계학에서는 우연의 문제를 다루어야 하므로 항상 다양한 우연의 (가능한) 결과(자료)들, 즉 분포를 사용한다. 이때 분포의 특징을 요약하거나 비교하기 위해서는 관심 있는 특징의 언어적 표현에 상응하는 수학적 요약이 유용할 것이다. 그런 수학적 요약의 숫자가 알지 못하는 값인 경우에는 모수라고 하고, 아는 값인 경우에는 통계라고 한다. 그중에서 분포를 구성하는 숫자들의 '크기'를 알려주는 수학적 요약을 대푯값이라고 한다.

5.1.1 대푯값과 중심경향값

분포에 대해 가장 관심 있는 특징의 언어적 표현은 "우연의 (가능성 있는) 결과(자료)들은 대개 그 값의 크기가 어떠한가?"이다. 즉 분포를 구성하는 값들이 숫자인 경우 "그 값들은 어느 정도 크기의 값들인가?"하는 것이다. 그리고 우리는 그 분포를 구성하는 값들의 '크기'라는 특성을 한 개의 숫자로 요약하기를 원하는데 이 값을 대푯값이라고 한다. 대개 분포를 구성하는 많은 값들 중에서 중간 정도 크기의 값, 즉 중심경향값(measure of central tendency)을 알기 원하는 경우가 많은데 이때는 중심경향값이 대푯값이 된다.

중심경향값은 여러 가지 종류의 값이 가능하다. 그중에서 가장 대표적인 것이 평균 또는 기댓값이라고 부르는 것이다. 이 경우 대개 통계는 평균(mean), 모수는 기댓값(expectation, expected value)이라고 부르지만, 통계인 평균을 표본평균, 모수인 기댓값을 모평균이라고 부르기도 한다.

모집단의 (누적확률)분포함수가 $F(x)$일 때, 이 모집단으로부터 얻는 한 개의 확률변수 X의 기댓값 $\mathrm{E}(X)$는 $\mathrm{E}(X)=\int_{-\infty}^{\infty} xdF(x)$를 뜻하고 흔히 희랍문자 μ로 표기하는 경우가 많다.[1] 만약 분포함수 $F(x)$ 대신 표본분포함수 $F_n(x)$를 사용한다면 이때는 기댓값이라고 표현하지 않고 표본평균이라고 하며, $\overline{X}=\int_{-\infty}^{\infty} xdF_n(x)=\frac{\sum_{i=1}^{n} X_i}{n}$이다. $\overline{X}$ 표현에서, 리만-스틸체스(Riemann-Stieltjes) 적분 결과는 표본분포함수가

$$F_n(x)=\frac{\sum_{k=1}^{n} I_{(-\infty,x]}(X_k)}{n}=\frac{\text{크기가 } x \text{ 이하인 } X_k\text{의 개수}}{n}$$

이므로, 그리고 계단함수의 리만-스틸체스 적분은 적분 결과가 $\sum$ {(점프가 일어난 x값) × (그때의 점프량)}이므로 $\overline{X}=\sum\left\{(X_i)\left(\frac{1}{n}\right)\right\}$이기 때문이다.[2]

앞서 표본분포함수는 (누적확률)분포함수로 (어떤 의미에서) 수렴한다고 했으므로 어떤 의미에서 표본평균 $\overline{X}$는 모평균 μ로 수렴한다고 할 수 있는데, 결국 유

---

1 일반적으로 모수는 베르누이 분포나 이항분포와 같이 예외적인 경우를 제외하면 항상 희랍문자를 사용하는 경향이 있다.

2 이렇게 알지 못하는 모집단의 분포함수 $F(x)$를 대신해, 표본분포함수 $F_n(x)$를 이용해서 모수를 대신할 (추정) 통계를 얻는 경우 이 통계를 폰 미제스(Von-Mises)의 이름을 빌려 V-통계량(V-statistic)이라고 하는데, 지금 소개한 경우처럼 추정하려는 모수가 모집단의 적률(moment)인 경우는 적률법(method of moments) 추정량과 일치한다.

한한 자료에서의 표본평균과 무한한 모집단에서의 모평균은 의미론적으로는 같은 것이라고 할 수 있다. 계산되는 분포의 환경에만 차이가 있을 뿐이다. 결국 기댓값은 평균이며 기댓값에 관한 수리적 추론에서 이것을 평균과 동일하게 취급하는 것이 유용한 경우가 많다. 특히 기댓값은 기대하는 값(the value that is hoped or expected)이 아니라는 것을 기억해야 한다. 가령 공평한 주사위를 한 번 던질 때 나오는 눈의 개수의 기댓값은 3.5이다. 그리고 공평한 주사위를 한 번 던질 때 나오는 눈의 개수의 누적분포함수는 아래와 같다.

$$F(x) = \frac{1}{6}\sum_{i=1}^{6} I_{(-\infty,\, x]}(i) = \frac{(1,\,2,\,3,\,4,\,5,\,6\text{ 중 }x\text{ 이하인 것의 수})}{6}$$
$$= \frac{[x]}{6} I_{(0,\,6]}(x) + I_{(6,\,\infty)}(x)^{3}$$

이때 기댓값 3.5가 의미하는 것은 이 주사위를 한 번 던질 때 나올 눈의 개수의 기대하는 값은 물론 아니고(주사위에는 3.5라는 눈이 없다), 주사위의 눈 중에서 3이나 4가 나올 것이라고 기대하는 것도 아니다. 공평한 주사위이므로 다른 눈에 비해 3이나 4의 눈이 나올 것이라고 특별히 따로 기대할 만한 아무런 이유가 없기 때문이다. 기댓값 3.5의 의미는 이 주사위를 무한 번 던질 때 나올 눈의 수의 평균값이다. 유한 번 던져 얻어진 결과는 평균이라고 하지만 무한 번 던져 얻어진 결과는 기댓값이라고 부르는 것일 뿐, 평균과 기댓값의 의미는 같다. 결국 표본 자료의 중심경향값 요약의 하나로서 평균은, 모집단이나 모집단의 분포의 경우에는 기댓값 또는 모평균이 되는 것이다.

5.1.2 대푯값의 종류와 특이값

대푯값으로서 중심경향값 이외의 값을 사용하는 경우는 없다. 중심경향값은 여러 가지가 있는데 이미 잘 알려진 평균 외에 대표적인 것으로서 중앙값(median)

---

3 단, $[x]$는 x를 넘지 않는 최대 정수이므로, $\mathrm{E}(X) = \int_{-\infty}^{\infty} x dF(x) = \frac{1}{6}\sum_{k=1}^{6} k = \frac{7}{2}$이다.

표 5.1

눈의 수	도수	상대 도수	누적 상대도수
1	4	0.2	0.2
2	2	0.1	0.3
3	4	0.2	0.5
4	5	0.25	0.75
5	3	0.15	0.9
6	2	0.1	1.0
합계	20	1.0	

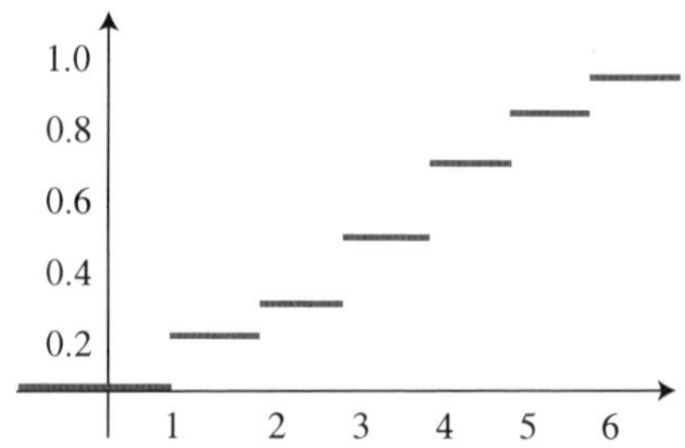

그림 5.1

과 최빈값(mode)이 있다. 중앙값은 50 백분위수를 말하는데, 공평한 주사위를 던질 때 나오는 눈의 수 X의 분포에서 중앙값을 생각해보자. 중앙값을 $\xi_{0.5}$라고 하면 $\mathrm{P}(X < \xi_{0.5}) \le 0.5$이고 동시에 $\mathrm{P}(X \le \xi_{0.5}) \ge 0.5$이어야 한다. 〈표 5.1〉과 〈그림 5.1〉에 주어진 X의 누적분포함수의 그래프를 보면서 $\xi_{0.5}$의 값으로 타당한 것을 모두 찾아보자.

폐구간 [3, 4]의 모든 값이 $\xi_{0.5}$의 값으로서 타당함을 알 수 있다. 따라서 이 경우 중앙값은 무한히 많고 [3, 4]의 모든 값이 중앙값이 된다. 그런데 단 한 개의 중앙값을 요구한다면, 흔히 관습적으로 3과 4의 중간값(midrange), 즉 $\frac{3+4}{2} = 3.5$를 중앙값으로 정하기도 한다. 만약 분포함수의 그래프가 연속함수인 연속변량의 경우는 저절로 단 한 개의 중앙값이 정해질 것이다. 즉 연속분포에서의 중앙값은 $\xi_{0.5} = F^{-1}(0.5)$이다. 가령 평균이 10인 정규분포의 중앙값은 10이 된다.

표본 자료의 경우 변량 $X_1, X_2, \cdots, X_n$들을 작은 것부터 크기 순서대로 $X_{(1)} < X_{(2)} < \cdots < X_{(n)}$과 같이 배열해두고, 그들의 표본분포함수

$$F_n(x) = \frac{(X_{(1)}, X_{(2)}, \cdots, X_{(n)} \text{ 중 } x \text{ 이하인 것의 수})}{n}$$

의 그래프를 생각해보면 중앙값 m은 n이 홀수인 경우 $m = X_{\left(\frac{n+1}{2}\right)}$이고, n이 짝수인 경우 폐구간 $\left[X_{\left(\frac{n}{2}\right)}, X_{\left(\frac{n+1}{2}\right)}\right]$의 모든 값이 중앙값이 되지만, 관습적으로 $m = \frac{X_{\left(\frac{n}{2}\right)} + X_{\left(\frac{n+1}{2}\right)}}{2}$을 유일한 중앙값으로 사용한다. 예를 들어 자료가 {3, 1, 2, 4}

인 경우는 2.5가 중앙값이고, {3, 5, 1, 2, 4}인 경우는 3이 중앙값이 된다.

최빈값은 확률함수 또는 확률밀도함수에서 확률 또는 확률밀도가 가장 큰 변량을 말한다. 즉 확률함수나 확률밀도함수의 그래프에서 높이가 가장 높은 곳에서의 x값을 최빈값이라고 하는데, 이 경우에도 최빈값은 여러 개 있을 수 있다. 만약 단 한 개의 최빈값을 원한다면 그중에서도 크기 순서상 가장 중앙에 있는 값을 최빈값으로 한다.

표본 자료에서 최빈값을 생각할 때, 만약 변량이 이산변량이라면 앞서 분포의 최빈값과 동일하게 생각할 수 있다. 즉 자료가 3, 2, 5, 1, 3, 4, 6이면 최빈값은 3이 된다. 그렇지만 연속변량인 경우에는 다르게 생각해야 한다. 연속변량의 표본 자료에서 최빈값은 자료로부터 직접 구하는 것이 아니고, 먼저 자료를 계급으로 나누어 도수분포표를 작성한다. 이때 계급의 도수가 가장 큰 계급을 최빈계급(modal class)이라고 하는데, 이 계급의 계급값(계급의 중간값)을 최빈값이라고 한다. 그렇기 때문에 같은 자료인 경우에도 계급을 어떻게 정했는가에 따라 최빈계급도 다르고 따라서 최빈값도 달라질 수 있지만 대개 큰 차이는 없다.

중앙값의 경우 중심경향이 분명하도록 정의되어 있지만, 최빈값과 같이 중심경향과는 무관하게 정의된 경우 중심경향을 나타내지 않을 수 있다. 가령 1, 1, 1, 2, 2, 3, 4, 5의 자료에서 최빈값은 1이지만 중심경향을 나타내지는 못한다. 평균 역시 그런 문제가 생길 수 있다. 가령 1, 2, 3, 4, 90의 평균은 20인데 이 값이 주어진 자료의 중간 정도의 크기를 나타낸다고 보기는 어렵다. 대푯값은 중심경향값이어야 하는데, 그렇지만 계산된 어떤 통계가 목적한 바를 나타내지 못하는 경우 통계학에서는 억지로 그것을 대푯값으로 인정해주지는 않는다. 이런 맥락에서 볼 때 중앙값은 정의로부터 분명히 중심경향을 나타내지만, 평균이나 최빈값 등은 그렇지 못하다.

일반적으로 통계는 어떤 궁극적인 목적을 가지고 계산된다. 그런데 그 통계가 소기의 목적을 달성하지 못한 경우, 다시 처음부터 자료를 음미해보고 검토해보아야 한다. 앞의 예에서 "1, 1, 1, 2, 2, 3, 4, 5의 자료 중 어떤 값이 가장 자주 관찰되었는가?"가 통계 계산의 목적이라면 최빈값을 구해야 하고 최빈값 1은 그 목적에 적합하다. 그런데 같은 자료에서 “자료 중에 중간 정도 크기의 값은 얼마인가?”라는 질문에 답하기 위해서는 여러 가지 중심경향값을 생각해볼 수 있는데, 어떤 사람이 만약 “최빈값도 중심경향값이고 계산이 간편하니 최빈값을 구해야겠다”라고 생각해 최빈값을 구한 후 중심경향값이 1이라고 했다면, 이 경우는 옳지 않은 답을 한 것이라고 볼 수 있다. 최빈값이 중심경향값일 수 있지만, 이 자료의 경우에는 최빈값이 중심경향을 나타내지 못하기 때문이다.

자료의 변량을 하나의 점으로 생각해 수직선 위에, 또는 좌표평면 위에 나타냈을 때 대부분의 변량들이 한데 모여 있는데, 그렇지 않은 몇 개의 변량이 있을 때 이 변량을 특이값(outlier)이라고 한다. 앞의 예에서 1, 2, 3, 4, 90의 자료 중에 90은 다른 변량들과는 크기가 심하게 달라 따로 놓여 있다는 생각이 든다. 따라서 이 자료에서 90은 특이값이라고 할 수 있다.

특이값은 자료 중에서 이상해 보이는 값이기 때문에 실제는 자주 발생되지 않을 것이라는 생각이 들지만 그렇지 않다. 오히려 실생활에서 자료를 얻어보면 거의 항상 특이값이 포함되어 있음을 경험하게 된다. 그중에 가장 간단하고 자주 발생되는 것은 오류에 의한 것이다. 가령 앞의 예에서 정확한 값은 9인데 입력 오류로 인해 90이라고 잘못 적은 경우와 같은 것이다. 그래서 자료를 분석하려면 먼저 자료 청소(data screening)를 해야 한다. 이를 좀 더 확장해서 간단한 청소 외에 자료의 전반적 상태를 살피는 것을 탐색적 자료 분석(EDA: exploratory data analysis로 적음)이라고 한다. 이것은 자료에 대한 본 분석(main analysis)에 앞서 간단히 해보는 분석으로서 대개는 컴퓨터를 쓰지 않고 손으로 한다. 가령 히스토그램을 그리기 전에 줄기와 잎 그림표(stem and leaf plot) 같은 것을 그려보는 것이다. 탐색적 자료 분석의 이런 목적을 바르게 이해해야 한다. 줄기와 잎 그림표를 그릴 때, 현재 초등학교 교과서에서와 같이 줄기에 달린 잎이 작은 값부터 크기 순서대로 되어 있어야 하는지, 아니면 대학 교재 등에서와 같이 그렇지 않아도 상관이 없는지에 대한 답은 이런 이해를 바탕으로 생각해보면 자명하기 때문이다. 줄기와 잎 그림표는 먼저 줄기를 그리고 자료의 변량들이 적혀 있는 순서에 따라 잎을 달아가기 때문에, 잎의 값들이 크기 순서로 정리될 수가 없다.

탐색적 자료 분석은 우선 자료를 깨끗이 하고, 자료와 표본분포의 개략적 특성을 파악해 특이값을 파악하고, 장차 본 분석에서 특별히 따로 고려할 만한 사항들을 파악해두는 것, 특히 본 분석에서 전제로 삼는 수학적 가정이 어느 정도 충족 가능한 것인지 등을 개략적으로 미리 살피는 것을 목표로 한다. 이 목적을 염두에 두고 필요한 탐색적 자료 분석의 절차를 이해하는 것이 필요하다.

특이값 90이 평균값 20의 중심경향값 역할에서 문제를 일으켰던 115쪽의 예에서처럼 항상 문제가 되는 것은 아니다. 특이값이 문제가 되는지에 대한 것은 자료를 어떤 목적으로 사용하는지와 관련이 있다. 가령 115쪽의 예에서 90이 특이값이기는 하지만, 5명의 사람들이 어느 하루 동안에 만든 장난감의 개수가 각각 1, 2, 3, 4, 90개라고 할 때, 어떤 한 명이 이 모든 장난감을 5일 동안에 만든다면 하루에 평균 몇 개씩 만들어야 하는지 알고자 할 경우에는 평균 20개라는 답이 아무런 문제가 없다. 이때 평균을 구한 것은 고르게 만드는(make even) 숫자를 원한 것이었기 때문이다. 즉 이 경우 평균을 구한 목적이 '각각의 값이 같으면서 원래 자료의 합계와 같은 합계를 갖는 자료'를 구하기 위한 것이지, 중심경향값을 구하는 것이 아니었기 때문이다. 반면에 중심경향값으로서의 20은 중심 또는 대부분의 변량과는 거리가 있기 때문에, 그리고 그 원인이 90이라는 특이값 때문에 발생했으므로 이 경우에 특이값은 문제를 일으킨 것이 된다.

특이값이 문제를 일으키는 경우 대처 방법은 다양하다. 우선 오류임이 밝혀진 경우는 오류를 바로잡으면 되는데, 바로잡을 수 없거나 오류는 아닌 것으로 판명된 경우에는 특이값을 신중하게 처리해야 한다. 대개 처음 한두 개의 특이값은 자료에서 제외하는 방법을 쓴다. 이 경우에 전제되는 자료 분석의 원칙은 '한두 개의 변량에 의해 자료 분석의 결과가 심하게 달라지는 것은 수용할 수 없다'는 것이다. 대개 자료 분석에서 이 전제는 매우 중요하게 여겨진다. 앞에서 90이라는 값을 제외하고 평균을 구하면 2.5인데, 90이라는 값 때문에 평균이 20이 된 것이고 이는 분석 결과인 평균이 90이라는 변량 하나에 의해서 심하게 변화된 것으로 볼 수 있다.

그런데 이런 경우 가장 큰 값 하나를 제외하는 것은 인위적으로 평균을 작게 만드는 효과를 발생시키므로, 그 대신 90과 함께 가장 작은 값인 1도 함께 제거해 평균을 구할 수 있는데, 이렇게 구해진 평균을 절단평균(trimmed mean, truncated mean)이라고 한다. 그리고 이 경우 절단평균은 3이 된다.

좀 더 정확히 말하자면 이 평균은 20% 절단평균이 된다. 왜냐하면 5개의 숫자 중에서 1개씩을 양 끝에서 절단해버렸기 때문에 각각 20%씩을 절단해버리고 평균을 구한 것이다. 설명을 위해 절단평균을 무리하게 구했으나, 실제로 이렇게 40%씩이나 되는 많은 양의 자료를 버리는 것은 매우 부담스러운 일이다. 자료의 일부를 삭제했을 때 삭제한 이유를 정당화할 수 있어야 하기 때문이다. 가장 큰 변량 5%와 가장 작은 변량 5%를 버린다면 실제 절단된 변량의 개수는 전체 개수의 10%나 된다. 이 정도도 이미 많은 자료를 버린 것이기 때문에 절단평균을 구할 때는 더 신중한 선택이 요구된다(사분위평균interquartile mean은 25% 절단평균을 의미하지만 자주 쓰이는 것은 아니다). 표본의 절단평균은 특이값의 영향을 받지 않는 장점이 있지만, 모집단의 분포의 중심경향값을 추측하려는 문제 상황에서는 만약 모집단의 분포가 좌우 대칭형이 아닐 경우 인위적으로 대칭적 처리를 한 것이므로 적절하지 않을 수 있다.

특히 한두 개의 변량을 특이값이라고 하여 제거하고 나서 다시 보면, 남은 변량 중에서 전에는 특이값으로 보이지 않았던 것이 특이값처럼 부상하는 경우가 있다. 그래서 이 변량들을 제거하면 다시 새로 등장하는 것들이 있을 수 있고 이렇게 되면 더 이상 무리하게 제거할 수 없는 상황이 발생되기도 한다. 그래서 자료분석은 많은 경험을 요구하는 어려운 과정이다. 만약 표본의 절단평균을 구할 때, 변량 한 개를 추가로 절단하는 경우 원하는 것보다 너무 많은 양이 절단되게 되어 고민스럽다면 보간법(interpolation)을 사용할 수 있다. 예를 들어 변량이 10개인데, 15% 절단평균을 원한다고 가정하자. 이 경우 양 끝에서 15%씩을 제거해야 하는데 불가능하므로, 10% 절단평균과 20% 절단평균을 구한 후에 이들을 비례배분해 원하는 %의 절단평균을 구할 수 있다.

절단평균의 맥락에서 보면 중앙값은 매우 많은 자료를 절단한 절단평균이다. 앞의 예에서 중앙값 3은 40% 절단평균과 의미상으로 같다. 중앙값은 극단적인 값의 영향을 받지 않는다. 가령 앞의 자료에서 90이 아니라 그 값이 900일지라도, 또는 얼마인지 정확히 모르지만 5 이상이라는 것만 알아도 중앙값은 변함없이 3이다.

중앙값은 중심경향값으로서는 가장 분명한 정의를 갖고 있다. 왜냐하면 크기순서로 늘어놓았을 때 가운데 크기의 값이므로 바로 중심경향값의 의미와 가장 가깝게 정의된 것이라고 볼 수 있기 때문이다. 그럼에도 불구하고 이 값이 평균과의 중심경향값 경쟁에서 밀리기도 하는(중앙값보다 평균을 선호하는 경우가 더 많다는 뜻) 이유는 무엇일까? 그 이유는 표본의 중심경향값으로부터 모집단의 중심경향값을 추측해보려는 의도가 있을 때부터 발생된다. 즉, 구하는 값이 중심경향값이어야 하지만 동시에 모집단의 참값에 대해 더 정확한 추측이어야 한다는 요구 사항이 추가되기 때문이다. 그리고 유명한 정규분포를 모집단으로 갖는 경우(이 경우 모집단의 평균은 모집단의 중앙값과 같다)에는 중앙값보다 평균이 더 정확한 추측을 제공할 가능성이 높다는 이유에서이다. 사실상 모집단의 분포가 정규분포가 아니라 라플라스 분포(double exponential distribution)인 경우에는 표본의 중앙값이 표본평균보다 모집단의 중앙값(=평균)을 추측하는 데 더 효과적임을 증명할 수 있다(최소분산불편추정량minimum variance unbiased estimator이 더 효과적인 것이라고 생각할 경우). 그러나 대개 모집단의 분포가 라플라스 분포라고 가정하지 않고 정규분포라고 가정하기 때문에 평균이 중앙값보다 모집단의 중심경향값을 더 잘 예측해준다고 믿게 된다.

이 외에 중심경향값으로서 최댓값과 최솟값의 중간값($=\frac{\text{최댓값}+\text{최솟값}}{2}$)이 있지만, 이 값은 자료의 대부분의 값이 무시되고 극단적인 두 개의 값에 의해 전적으로 정해진다는 점 때문에 자주 사용되지는 않는다.

그 밖에 윈저평균(Winsorized mean)도 있는데 이것은 절단평균과 유사하지만 절단해서 버리지 않고, 버릴 값을 버리지 않는 값 중에 가장 가까운 크기의 값으로 대체하는 방법이다. 예를 들어 크기순으로 정리된 1, 3, 12, 16, 17, 20, 24, 25, 100, 821의 자료인 10개의 변량에 대해 20% 윈저평균은 양 끝의 2개씩의 값을 그 바로 이웃한 크기의 값, 즉 1, 3 대신 12, 12를, 821과 100 대신 25, 25

를 사용하는 것이다. 즉 12, 12, 12, 16, 17, 20, 24, 25, 25, 25의 평균을 구하면 이 값이 바로 처음 자료의 20% 윈저평균이 된다. 만약 25% 윈저평균을 원한다면 20%와 30% 윈저평균을 보간법으로 통합시켜 구할 수 있다. 윈저평균 역시 자료 중에 극단적인 특이값의 영향을 줄이기 위한 것이다. 이 방법도 모집단의 중심경향값을 추정하는 경우에는 모집단의 분포가 대칭형 분포일 때에만 정당성이 있다.

윈저평균을 더 일반화시키면 가중평균(weighted mean)이 된다. 일반적인 평균은 각각의 변량 x_i에 $\frac{1}{n}$을 곱해 모두 더한 것이라고 할 수 있는데, 이때 모두 $\frac{1}{n}$씩 동일하게 곱해 더하지 않고 각각의 x_i에 w_i씩을 곱해 더하는 것(가중평균 $= \sum_{i=1}^{n} w_i x_i$)을 말한다(단, $\sum_{i=1}^{n} w_i = 1,\ w_i \geq 0$이다. 위에서 윈저평균이 바로 이런 경우에 해당됨을 확인해볼 수 있다). 특이값의 영향을 이렇게 줄여볼 수 있지만, 각각의 가중치 w_i를 문제 상황에 맞게 어떻게 정당화할 것인지는 어려운 숙제이다.

대푯값은 중심경향값으로 이해되는 것이 옳다. 중심경향값에 대한 강력한 경쟁 대상으로서 '평등값(even value)'이 있다. 가령 철수가 30일간의 방학 중에 봉사활동을 한 시간이 모두 120시간인데, 매일 같은 시간씩 봉사활동을 하기로 한다면 하루에 몇 시간씩 해야 하는지 알고자 할 때 평균을 구하면 된다. 즉 자료의 각각의 값을 모두 더해 더한 값들의 개수로 나눈 이 평균을 산술평균이라고 한다. 그런데 지난 3년 동안 물가가 해마다 각각 3%, 4%, 5% 올랐다고 할 때, 매년 똑같이 올랐다면 몇 %씩 오른 것인지에 대한 답은 3, 4, 5의 평균 4%가 아니다. 이 4%는 3, 4, 5의 중심경향값이고, 지금 묻는 것은 3, 4, 5의 평등값이다. 이 경우에는 물가 상승률의 정의에 따라 $(1+0.03)(1+0.04)(1+0.05) = (1+x)^3$을 풀어서 구해야 하는데, 결국 $\{(1+0.03)(1+0.04)(1+0.05)\}^{\frac{1}{3}} - 1 = 0.03997$, 즉 약 3.997%가 답이 된다. 여기서 1.03997을 1.03, 1.04, 1.05의 기하평균(geometric mean)이라고 한다. 일반적으로 자료 $x_1, x_2, x_3, \cdots, x_n$의 기하평균은 $g = (x_1 x_2 x_3, \cdots, x_n)^{\frac{1}{n}}$로 정의한다. 즉 $x_1 x_2 x_3 \cdots x_n = g^n$이 성립하는 숫자를 말한다. 다시 말해 주어진 자료의 모든 값을 한 개의 통일된 숫자로 바꾸어 적는다면 같은 의미를 갖는 그 한 개의 숫자를 평등값이라고 할 때, 평등값은 상황에 따라 달리 계산된다.

예를 들어 강의 상류에 있는 A에서 하류에 있는 B까지, 갈 때는 시속 16km로 가고 올 때는 시속 12km로 돌아왔다고 하자. 만약 갈 때와 올 때 똑같은 속력으로 움직인다고 하면, 시속 몇 km로 움직여야 할까? 이 경우도 평등값을 묻는 것이다. 그런데 이 문제에 답하려면 속력에 관한 물리에서의 정의에 따라 속력 $=\frac{\text{이동 거리}}{\text{걸린 시간}}$이므로 답은 두 지점 간의 거리를 S라 할 때,

$$h = \frac{2S}{\frac{S}{16}+\frac{S}{12}} = \frac{2}{\frac{1}{16}+\frac{1}{12}} = 13.7143$$

이 된다. 이때 13.7143을 12와 16의 조화평균(harmonic mean)이라고 하는데, 이 경우의 평등값은 기하평균이 아니라 조화평균이 된다. 일반적으로 자료 $x_1, x_2, x_3, \cdots, x_n$의 조화평균은 $h = \dfrac{n}{\frac{1}{x_1}+\frac{1}{x_2}+\frac{1}{x_3}+\cdots+\frac{1}{x_n}}$으로 정의한다. 즉 $\frac{n}{h}=\frac{1}{x_1}+\frac{1}{x_2}+\frac{1}{x_3}+\cdots+\frac{1}{x_n}$이 성립하는 숫자를 말한다. 이렇게 평등값은 문제 상황에 따라 다른 종류의 평균이 될 수 있다.

우리는 대푯값을 중심경향값으로 정했고, 따라서 특정한 자료에서 구한 값이 대푯값으로서 적절한가를 판단하는 것은 그 값이 중심경향값으로서의 모양새를 갖추고 있는지 확인하는 일임을 기억해야 한다. 특히 이에 관해 문제가 되는 경우는 대개 특이값 때문에 발생된다.

5.1.3 대푯값의 타당성 분석

어떤 자료에서 구한 대푯값이 특이값 때문이 아니라 대푯값을 산출하는 공식 자체가 중심경향값을 산출하기에 적절하지 않을 수도 있다. 그런 경우 무슨 근거로 그 공식이 적절하지 못함을 주장할 수 있을까? 자료 $x_1, x_2, x_3, \cdots, x_n$으로부터 계산된 어떤 통계량을 $u(x_1, x_2, \cdots, x_n)$이라고 할 때, 임의의 실수 b에 대해서 $x_1+b, x_2+b, \cdots, x_n+b$로부터 구한 통계량 $u(x_1+b, x_2+b, \cdots, x_n+b)$와 $x_1, x_2, x_3, \cdots, x_n$으로부터 구한 통계량 $u(x_1, x_2, \cdots, x_n)$ 사이에 $u(x_1+b, x_2+b, \cdots, x_n+b)=u(x_1, x_2, \cdots, x_n)+b$의 관계가 성립하면 이와 같은 통계량 $u(x_1, x_2,$

$\cdots, x_n$)을 위치보존(location preserving) 통계량이라고 하고, $u(x_1+b, x_2+b, \cdots, x_n+b) = u(x_1, x_2, \cdots, x_n)$의 관계가 성립하면 위치불변(location invariant) 통계량이라고 한다.

자료 $x_1+b, x_2+b, \cdots, x_n+b$는 자료 $x_1, x_2, x_3, \cdots, x_n$의 값들이 모두 b만큼씩 커진 것이다. 만약 통계량 $u(x_1, x_2, \cdots, x_n)$이 중심경향값에 속하는 어떤 통계량이라고 한다면, 자료의 모든 변량들이 b만큼씩 커졌을 때 그 통계량도 b만큼 커져야 할 것이다. 중심경향 통계량은 자료 중에 중간 정도 크기를 나타내는 값이므로 b만큼씩 커진 새 자료에서는 그 통계량도 b만큼 커져야 중심경향을 유지할 수 있을 것이기 때문이다. 즉 $u(x_1, x_2, \cdots, x_n)$이 중심경향값이라면, $u(x_1+b, x_2+b, \cdots, x_n+b) = u(x_1, x_2, \cdots, x_n) + b$의 관계가 성립되어야 할 것이라는 뜻이다. 결국 중심경향값은 위치보존 통계량이어야 한다. 그리고 어떤 대푯값 공식이 중심경향값을 구해주는 공식이 되려면 적어도 위치보존성이 있어야 한다. 만약 어떤 통계량의 공식이 위치보존성이 없는 공식이라면, 그러한 공식으로 얻은 통계량은 대푯값이 될 수 없다고 할 수 있다. 평균이나 중앙값, 최빈값, 절단평균, 윈저평균, 중간값 모두가 위치보존 통계량임을 확인해보자.

수학적으로는 다소 복잡해 보이는 설명이지만, 가령 어느 반 학생들의 중간고사 점수가 너무 낮아서 모든 학생들에게 10점씩의 보너스 점수를 주기로 한다면 반 평균도 10점 올라갈 것이다. 이것은 직관적으로 당연한 것이지만 사실은 평균이 위치보존 통계량이기 때문이다. 평균이 위치보존 통계량임을 다음과 같이 증명할 수 있다.

$$u(x_1+b, x_2+b, \cdots, x_n+b) = \frac{\sum_{i=1}^{n}(x_i+b)}{n} = \frac{\sum_{i=1}^{n}x_i + nb}{n} = \frac{\sum_{i=1}^{n}x_i}{n} + b$$
$$= u(x_1, x_2, \cdots, x_n) + b$$

한편 모든 통계량이 위치보존성이 있어야 한다고 생각하는 사람들도 있다. 그러나 이것은 옳지 않은 생각이다. 두 변량 x_1, x_2로 이루어진 자료에서 통계량 $u(x_1, x_2)$는 두 변량 x_1, x_2 사이의 거리와 유사한 어떤 것이라고 가정하자. 가령

$u(x_1, x_2) = |x_1 - x_2|$, $u(x_1, x_2) = (x_1 - x_2)^2$ 등을 생각할 수 있다. 이때 두 변량의 값이 b만큼씩 늘어난 $x_1 + b$, $x_2 + b$ 사이의 거리를 생각할 때, 이 거리가 x_1, x_2 사이의 거리와 달라졌을 이유가 없다. 그렇다면 $u(x_1, x_2)$와 $u(x_1 + b, x_2 + b)$가 서로 다를 이유가 없는 것이다. 즉 $u(x_1 + b, x_2 + b) = u(x_1, x_2)$가 성립해야 옳다고 할 수 있다. 다시 말해 이 경우는 통계량이 위치보존성이 있기보다는 위치불변성이 있는 것이 타당하다고 할 수 있다. 다시 정리해보면, 자료를 통해 무엇을 알기를 원했는가에 따라 통계량이 정해지는데, 알기를 원한 것이 직관적으로 당연히 갖추어야 할 성질을 정해진 통계량이 만족하는가의 여부에 따라 그 통계량의 적절성을 판단할 수 있다.

중심경향값이 당연히 갖추어야 할 또 하나의 성질이 있다. 우리가 측정하는 자료는 거의 항상 측정 단위가 있다. 이를테면 사람의 키는 'cm'나, 'inch', '척'으로 잰다. 그런데 'cm'로 잴 때와 'm'로 잴 때 100배의 값 차이가 생긴다. 만약 어떤 사람들의 키를 철수는 m 단위로 측정해 평균을 구하고 영희는 cm 단위로 측정해 평균을 구했다면, 측정오차가 없다고 가정할 때 같은 사람들을 측정한 자료에서 두 사람의 평균 사이에는 어떤 관계가 성립해야 할까? (영희의 평균값) $= 100 \times$ (철수의 평균값)이 성립해야 할 것이다.

일반적으로 자료 $x_1, x_2, x_3, \cdots, x_n$으로부터 계산된 어떤 통계량을 $v(x_1, x_2, \cdots, x_n)$이라고 할 때, 임의의 양수 c에 대해서 $cx_1, cx_2, \cdots, cx_n$으로부터 구한 통계량 $v(cx_1, cx_2, \cdots, cx_n)$과 $x_1, x_2, x_3, \cdots, x_n$으로부터 구한 통계량 $v(x_1, x_2, \cdots, x_n)$ 사이에 $v(cx_1, cx_2, \cdots, cx_n) = cv(x_1, x_2, \cdots, x_n)$의 관계가 성립하면 이와 같은 통계량 $v(x_1, x_2, \cdots, x_n)$을 단위보존(scale preserving) 통계량이라고 하고, $v(cx_1, cx_2, \cdots, cx_n) = v(x_1, x_2, \cdots, x_n)$의 관계가 성립하면 단위불변(scale invariant) 통계량이라고 한다.

자료 $cx_1, cx_2, \cdots, cx_n$은 자료 $x_1, x_2, x_3, \cdots, x_n$의 값들을 모두 c배 한 것이다. 만약 통계량 $v(x_1, x_2, \cdots, x_n)$이 중심경향값에 속하는 어떤 통계량이라고 한다면, 자료의 모든 변량들이 c배가 되었을 때 그 통계량도 c배가 되어야 할 것이다. 중심경향 통계량은 자료 중에서 중간 정도 크기를 나타내는 값이므로 c배가 된 새 자료에서는 그 통계량도 c배가 되어야 중심경향을 유지할 수 있을 것이기 때문이다. 다시 말해 $v(x_1, x_2, \cdots, x_n)$이 중심경향값이라면, $v(cx_1, cx_2, \cdots, cx_n) = cv(x_1, x_2, \cdots, x_n)$의 관계가 성립되어야 할 것이라는 의미이다. 결국 중심경향값은 단위보존 통계량이어야 한다. 그리고 어떤 대푯값이 중심경향값을 구해주는 공식이 되려면 적어도 단위보존성이 있어야 한다. 어떤 통계량의 공식이 단위보존성이 없는 공식이라면, 그 통계량은 대푯값이 될 수 없다. 평균이나, 중앙값, 최빈값, 절단평균, 윈저평균, 중간값 모두가 단위보존 통계량임을 확인해보자.

일반적으로 위치보존성도 있고 단위보존성도 있는 통계량을 위치단위보존 통계량이라고 하고, 위치불변성과 단위불변성을 모두 갖춘 통계량을 위치단위불변 통계량이라고 한다. 위치단위 보존성이나 불변성을 수학적으로 확인할 때는, 임의의 실수 b와 임의의 양수 c에 대해 $w(cx_1 + b, cx_2 + b, \cdots, cx_n + b) = cw(x_1, x_2, \cdots, x_n) + b$가 성립하면 통계량 w는 위치단위 보존성이 있고, $w(cx_1 + b, cx_2 + b, \cdots, cx_n + b) = w(x_1, x_2, \cdots, x_n)$이 성립하면 통계량 w는 위치단위 불변성이 있는 것이다.

예를 들어 자료의 중앙값은 위치단위 보존성이 있음을 변량의 개수가 홀수일 때 다음과 같이 증명할 수 있다. 짝수일 때도 비슷한 방법으로 증명할 수 있다.

증명

주어진 자료 $x_1, x_2, x_3, \cdots, x_n$(단, n은 홀수)을 작은 값부터 크기 순서로 정리한 것을 $x_{(1)} < x_{(2)} < \cdots < x_{(n)}$이라 하면, 중앙값은 정의에 의해 $x_{\left(\frac{n+1}{2}\right)}$이다. 그러면 임의의 양수 c와 실수 b에 대해, $[x_{(i)} < x_{(i+1)}$이면 $cx_{(i)} + b < cx_{(i+1)} + b$이다(단$i = 1, 2, 3, \cdots, n-1)]$가 성립한다. 따라서 자료 $cx_1 + b, cx_2 + b, \cdots, cx_n + b$를 작은 값부터 크기 순서로 적은 것은 $cx_{(1)} + b < cx_{(2)} + b < \cdots < cx_{(n)} + b$가 될 것이다. 그러므로 자료 $cx_1 + b, cx_2 + b, \cdots, cx_n + b$의 중앙값은 $cx_{\left(\frac{n+1}{2}\right)} + b$이다. 즉 n이 홀수일 때 자료 $x_1, x_2, x_3, \cdots, x_n$의 중앙값을 $w(x_1, x_2, \cdots, x_n) = x_{\left(\frac{n+1}{2}\right)}$이라 하면 자료 $cx_1 + b, cx_2 + b, \cdots, cx_n + b$의 중앙값은 $w(cx_1 + b, cx_2 + b, \cdots, cx_n + b) = cx_{\left(\frac{n+1}{2}\right)} + b = cw(x_1, x_2, \cdots, x_n) + b$이다. 따라서 n이 홀수일 때 중앙값은 위치단위보존 통계량이다.

중심경향값에 속하는 모든 통계량은 위치단위 보존성이 있음을 확인해보자. 또 기하평균이나 조화평균에 대해서 이들이 평등값임을 근거로 직관적으로 위치보존성과 단위보존성이 성립해야 할지를 생각해보자. 아울러 수학적으로 성립되는지도 확인해보도록 하자.

5.2 산포도

산포도(Measure of Variability)는 자료 중에 변량들이 모두 같은 값인지, 다르다면 서로 얼마나 다른지를 생각하는 개념이다. 중심경향값의 경우처럼 자료의 값들은 모두 숫자, 즉 변량인 경우에 대해서만 산포도를 생각할 수 있다. 물론 더 일반적으로 범주형 자료에서 자료의 값들이 얼마나 서로 다른지를 생각할 수도 있다. 그러나 이런 경우에 산포도를 정량화하기는 어렵다. 따라서 여기서는 산포도를 구하려는 자료의 값이 모두 숫자인 경우만 생각하고자 한다. 모든 변량이 같으면 산포도는 0이고, 다를수록 산포도는 커지는 것이 원칙이다. 따라서 산포도를 나타내는 숫자는 음이 아닌 실수를 사용한다.

5.2.1 산포도와 예측

우연현상의 관찰에서 산포도는 특별한 의미가 있다. 앞에서 소개한 대로 우연현상의 불규칙한 변이성의 상황을 극복하며 이루어지는 예측의 신뢰성은 변이성의 폭, 산포도가 적을수록 더 신뢰할 만하기 때문이다.

상황을 좀 더 구체화해보자. 모집단의 중심경향값을 알기 위해 표본 자료를 얻어서 표본의 중심경향값을 통해 이를 추측하려 한다고 하자. 예를 들어 모집단이 정규분포를 하는데, 이 모집단 분포의 중심, 즉 이 분포의 기댓값이라고 하기도 하고 모평균이라고 하기도 하는 분포의 중심은 표본의 평균으로 추측할 때가 상대적으로 가장 좋다(신뢰할 만하다)고 했다. 사실 이 분포의 중심은 모집단의 중앙값이기도 하다. 따라서 직관적으로 볼 때 표본의 중앙값을 구해도 좋을 것 같다는 생각이 들게 된다.

그런데 이 추측에 있어서 표본의 평균이 표본의 중앙값보다 더 신뢰할 만한 이유는 무엇인가? 모평균을 추정하는 문제이므로 "둘 중에 어느 쪽이 더 정확히 맞출까?"라는 질문을 해보자. 표본의 중앙값이건 평균이건 간에 모집단 분포의 중심을 정확히 예측할 수 없으리라는 것은 자명하다. 왜냐하면 모집단의 일부만 가지고 아무리 정확한 계산을 한다고 한들 그 값이 정확히 모평균을 맞출 수는 없지 않겠는가? 더구나 표본을 통해 구한 값은 표본 자료 모둠을 얻을 때마다 다른 모둠이 얻어질 것이고 그때마다 다른 표본평균이 구해질 것이므로, 표본평균을 가지고 모평균을 말한다는 것 자체가 불가능한 일을 가능하다고 말하겠다는 것이라고 할 수 있다.

이 상황에서 우리는 현실을 인정하고 그 안에서 최선책을 찾아보아야 할 것이다. 다시 상황을 점검해보면, 가령 어떤 표본 자료로부터 표본평균과 표본중앙값을 각각 구했을 때 어떤 값이 더 믿을 만할지, 어떤 값이 모평균에 더 가까울지 생각해보자. 즉, 한 모둠의 표본을 얻어서 평균과 중앙값을 구한 이 자료는, 사실은 무한히 많은 가능한 표본(모둠)들 중에 우연히 얻은 하나(한 모둠)일 뿐이다. 그런데 그 상상 속의 많은 표본 모둠 하나하나마다 평균과 중앙값을 구한다고 생각해보자. 그러면 많은 표본평균들과 표본중앙값들을 얻게 될 것이다. 만약 평균들의 분포(히스토그램)가, 모평균의 정확한 값은 알지 못하지만, (수학적 이론에 근거해) 모평균 주변에 밀집해 있으며 평균적('표본평균들 전체의 평균')으로는 모평균과 일치하며, 또 중앙값들의 분포(히스토그램) 역시 모평균 주변에 밀집해 있어 '표본중앙값들 전체의 평균' 역시 모평균(=모집단의 중앙값)과 일치한다고 하자. 만약 '(표본평균들 전체의 산포도)<(표본중앙값들 전체의 산포도)'가 성립한다면 표본평균들은 모평균 주변에 밀집해 분포하되 표본의 중앙값들이 그렇게 밀집해 분포하는 것보다 더 조밀하게 밀집되지 않겠는가?

수직선 위에 모평균을 표시하고 또 무수히 많은 표본평균들은 회색 점으로, 표본중앙값들은 검은색 점으로 표시해 모평균 주변에 밀집되게 했을 때, 이제 방금 구한 표본평균 하나와 표본중앙값 하나는 그 회색 점들과 검은색 점들 중에 각각 하나일 뿐이며 그려놓은 점들 중에 어느 것인지는 알 수 없다(이 두 숫자값은 알지만

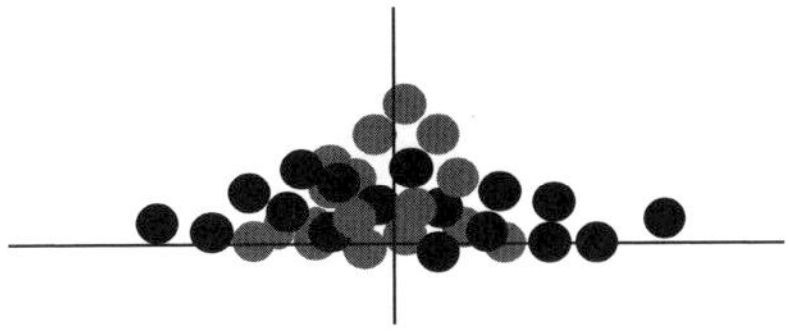

모평균의 숫자값을 모르므로 모평균에 대한 상대적 위치를 알 수 없기 때문이다. 즉 오른쪽 그림의 수직선상에서의 정확한 위치를 모른다). 이 상황에서 방금 구한 두 숫자인 평균과 중앙값(회색 점과 검은색 점 하나씩) 중에 어느 것이 모평균에 가까울 것인지를 묻는다면, 순전히 추측으로만 답해야 하는 현재 상황에서 어느 쪽이라고 답할 것인가? 상식이 있는 사람이라면 위의 그림을 보고는 당연히 회색 점, 즉 표본평균이 표본중앙값보다 모평균에 더 가까울 것이라고 추측한다는 것이다. 직관적으로 당연해 보이는 것이지만 분석을 해보면 여기에는 표본평균과 표본중앙값의 표집분포라는 수리통계학적 이론이 들어 있으며, 그것을 토대로 직관적인 확률 이론이 관련되어 있는데(회색 점 중 임의의 하나와 검은색 점 중 임의의 하나 가운데, 어느 색 점이 모평균 위치, 곧 수직선에 더 가까이 놓여 있을지 그 확률을 비교해 생각해보자), 가능성 원리가 적용되는 상황이다. 그러나 이 모든 분석에 앞서 분명히 느낄 수 있는 것은 위 회색 점의 값들과 검은색 점의 값들의 산포도를 생각할 때 검은색 점들의 산포도가 더 크다는 것, 즉 표본중앙값의 산포도가 표본평균의 산포도보다 더 크다는 것 때문에 우리는 표본평균을 더 (모평균에 가까울 것이라고) 신뢰하게 되었다는 점이다.

이런 이유로 인해 통계학에서 산포도에 관한 분석은 매우 중요하다. 통계학의 거의 모든 문제에 대한 통계분석에서 분산분석(analysis of variance, 분산은 산포도의 한 종류이다)을 한다. 산포도 자체를 알고 싶을 때도 있지만 대개 산포도를 알기 원하는 이유는 중심경향값에 대한 신뢰성 문제에서 비롯되는 경우가 더 많다. 즉 앞의 예와 같이 모집단이 정규분포를 하는 경우 표본중앙값보다는 표본평균이 모평균을 추정하는 데 더 신뢰할 만하다는 수리통계 이론은, 관련 표집분포의 산포도에 근거한 것이라는 의미이다. 그리고 직관적으로 당연한 것이지만, 이 두 개의 표집분포의 산포도는 모두 모집단 자체의 산포도와 밀접한 관련이 있다. 이때

이런 목적으로 모집단의 산포도를 생각한다면, 직접적으로 알고자 했던 모수는 모집단의 중심경향값이기는 하지만 어쩔 수 없이 궁금해지는 모수이므로, 모집단의 산포도를 이 문제에서의 장애모수(nuisance parameter)라고 한다.

고전 통계학에서 모집단의 평균을 비교하는 문제는 두 개 이상의 분포를 생각해야 한다. 가령 피타고라스 정리를 가르치는데 전통적인 교과서 중심의 수업 방법과 컴퓨터 그래픽을 활용한 방법을 비교한다고 하자. 대개 이 경우 실험은 본질적으로 동일한 능력을 가진 학생들을 두 집단으로 나누고 한 집단은 전통적 방법으로, 다른 집단은 컴퓨터를 이용해 수업을 한다. 그리고 수업의 끝 부분에서 두 집단에게 동일한 문제로 공평한 평가를 실시하고 그 평가 점수의 평균을 비교하려 할 것이다.

여기에 사용하는 수학적 가정이 있는데, 이 두 가지 수업을 모두 받을 가능성이 있는 모든 아이들이 가상적으로 두 수업을 모두 받았다고 했을 때, 평가 점수의 분포는 모두 정규분포를 한다고 가정한다. (같은 학생이 동일한 시험 문제를 두 번 풀게 될 때 생기는 기억효과memory effect는 실제 실험에서 신중한 고려를 통해 제거할 수 있다면, 모집단에서는 가상적인 상황이므로 고려하지 않아도 무방하다.) 또 각 분포의 중심경향값도 모르고 산포도도 모르지만, 두 분포의 산포도는 같을 것이라고 가정한다.

만약 이 산포도가 서로 다를지도 모른다고 가정하면 문제는 매우 복잡해진다. 이것이 바로 유명한 베렌스-피셔(Behrens-Fischer) 문제이다. 〈그림 5.2〉에서 A와 B의 두 분포가 가상적으로 위의 두 교수법에 대한 점수 분포라고 할 때, 어느 방법이 더 효과적이라고 할 수 있겠는가?

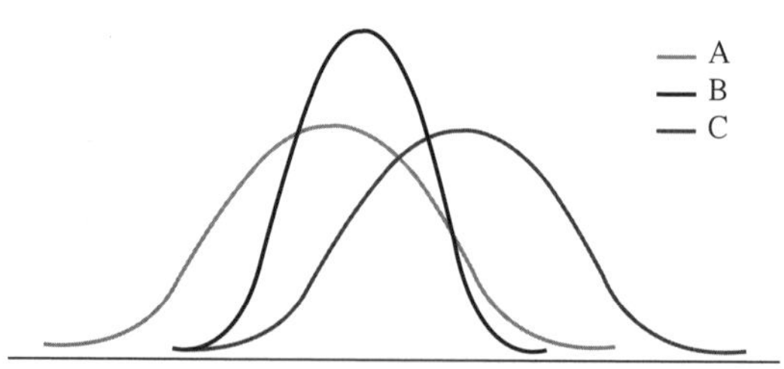

그림 5.2

분포의 평균을 생각할 때, 평균적으로는 B의 분포가 더 좋은 결과를 얻었다고 할 수 있다. 그렇지만 최상위권에 속하는 점수들은 A의 분포가 더 많다(확률분포지만 도수분포다각형과 같은 도수분포와 유사하게 생각해도 무방하다)고 할 수 있다. 그런가 하면, 하위권에서의 점수 분포는 B의 분포가 더 고무적이라고 할 수 있을 것이다. 따라서 관심을 갖고 있는 것이 어떤 문제인가에 따라 답이 다르다고 하겠다.

그러나 A와 C의 분포처럼 분산은 같고 중심경향값만 다른 경우, 평균적으로나 하위권 중심으로나 상위권 중심으로나 사실상 같은 해석을 하게 될 것이다. 즉 C의 분포에서는 A의 분포에 비해 하위권은 줄고 상위권은 늘었으며, 결국 평균적으로 또는 전체적으로 좋아졌다고 할 수 있기 때문이다. 그러면 실제 상황에서도 두 모집단 분포의 산포도가 같을까? 많은 경우 그렇다고 볼 수 있으며, 그렇지 않다면 통계적 분석 결과에 대한 단순한 해석은 매우 위험하다(모르는 것보다 잘못된 정보misleading information를 갖게 되는 것이 더 위험하다는 의미)는 점을 이해해야 한다.

5.2.2 산포도의 종류

자료 또는 분포의 산포도를 나타내는 통계나 모수는 여러 가지가 있다. 그중에서 가장 대표적인 것이 분산(variance)이다. 누적분포함수가 $F(x)$인 분포의 산포도 모수로서 분산은 $\sigma^2 = \mathrm{E}[(X-\mu)^2] = \int_{-\infty}^{\infty}(x-\mu)^2 dF(x)$(단, $\mu = \mathrm{E}(X) = \int_{-\infty}^{\infty} x\, dF(x)$)로 정의된다. 그리고 $\sigma = \sqrt{\sigma^2}$, 즉 분산의 음이 아닌 제곱근을 이 분포의 표준편차(standard deviation)라고 한다.

자료 $x_1, x_2, \cdots, x_n$의 분산과 표준편차를 정의하는 한 가지는 자료의 표본분포함수 $F_n(x)$를 자료를 얻은 모집단의 분포함수 $F(x)$를 대신해 사용한 것으로서,

$$\hat{\sigma}^2 = \int_{-\infty}^{\infty}(x-\bar{x})^2 dF_n(x) = \frac{\sum_{i=1}^{n}(x_i-\bar{x})^2}{n} \quad (\text{단, } \bar{x} = \int_{-\infty}^{\infty} x\, dF_n(x) = \frac{\sum_{i=1}^{n} x_i}{n})$$

로 정의할 수 있다. 이것은 정의 형식으로부터 잘 드러나듯이 V-statistic[4]이며 동시에 가능성 원리를 적용한 최우추정량(Maximum Likelihood Estimator)이기도 하다. 또 $\hat{\sigma} = \sqrt{\hat{\sigma}^2}$는 이 자료의 표준편차라고 한다.

그런데 자료 $x_1, x_2, \cdots, x_n$의 분산을 생각할 경우 $\hat{\sigma}^2$의 공식을 자세히 살펴보면 σ^2의 정의와 비교해볼 때,

$$\tilde{\sigma}^2 = \int_{-\infty}^{\infty} (x-\mu)^2\, dF_n(x) = \frac{\sum_{i=1}^{n}(x_i-\mu)^2}{n}$$

이 더 적절한 표현이라고 할 수 있다. 그런데 이것은 모평균 μ의 값을 모른다면 통계가 아니다. 즉 μ의 값을 모르기 때문에 자료로부터 계산해 한 개의 숫자를 얻을 수 있는 공식이 아닌 것이다. 그래서 대안적으로 등장한 것이 $\hat{\sigma}^2$의 공식이다. 그런데 대안적이라고는 하지만 $\hat{\sigma}^2$의 공식은 $\tilde{\sigma}^2$의 공식과는 본질적으로 다른 점이 하나 있다. 방향을 생각한 자료벡터 $(x_1, x_2, \cdots, x_n)$과 상수벡터 $(\mu, \mu, \mu, \cdots, \mu)$ 사이의 방향 거리 $\int_{-\infty}^{\infty} (x-\mu)\, dF_n(x) = \frac{\sum_{i=1}^{n}(x_i-\mu)}{n}$의 경우와는 달리 $\int_{-\infty}^{\infty} (x-\bar{x})\, dF_n(x) = \frac{\sum_{i=1}^{n}(x_i-\bar{x})}{n} = 0$이라는 성질이 있다는 것이다.

이 문제는 결국 자료벡터 $(x_1, x_2, \cdots, x_n)$과 상수벡터 $(\mu, \mu, \mu, \cdots, \mu)$ 사이의 방향 없는 거리(제곱) $\tilde{\sigma}^2$의 값의 종류에 제한이 없음에도 불구하고, $\hat{\sigma}^2$에서는 있지 않은 제약을 불러일으킨 셈이다. 이 제약은 결국 다양한 $\tilde{\sigma}^2$를 산출할 자료값 $x_1, x_2, \cdots, x_n$의 선택에서 n개 모두 자유롭게 선택할 수 있었던 것을 $\hat{\sigma}^2$에 따를 경우 $n-1$개만 자유롭게 선택할 수 있게 만든다. 그 결과 $\hat{\sigma}^2$은 $\tilde{\sigma}^2$에 비해 값의 크기가 더 작아지는 경향을 유발할 수 있다. 실제로 평균이 μ이고 분산이 σ^2인 어느 모집단에서 얻은, 매우 많은 크기 n짜리 표본 모둠마다 $\tilde{\sigma}^2$들을 구해 계산한 $\tilde{\sigma}^2$들 전체의 평균값은 σ^2이지만 비슷하게 구한 $\hat{\sigma}^2$들 전체의 평균은 $\frac{(n-1)\sigma^2}{n}$이며, 따라서 $\tilde{\sigma}^2$보다 작음을 확인할 수 있다.

---

4 μ 대신 사용한 $\bar{x}$ 때문에 V-statistic이 아니라는 주장도 있다.

이런 생각에 근거해 $\hat{\sigma}^2$을 조금 더 수정해서 $s^2 = \dfrac{\sum_{i=1}^{n}(x_i - \overline{x})^2}{n-1}$을 만들고 이것을 자료 $x_1, x_2, \cdots, x_n$의 분산이라고 정의할 수도 있다. 이때 분모에 사용된 $n-1$은 앞서 자료 $x_1, x_2, \cdots, x_n$ 중에서

$$\int_{-\infty}^{\infty}(x-\overline{x})\,dF_n(x) = \frac{\sum_{i=1}^{n}(x_i - \overline{x})}{n} = 0$$

을 만족하면서도 자유롭게 선택할 수 있는 숫자의 개수를 나타내며, 이 자료에서의 분산의 자유도(degree of freedom)라고 한다.

분산의 자유도는 결국 모평균을 알지 못한 데서 비롯된 제약이 감안된 자유로운 표본 자료값의 개수이며, 따라서 상황에 따라 표본의 값으로 대신하려는(μ를 $\overline{x}$로 대신한 것임) 모르는 값(모수)의 숫자가 증가할 때마다 그 개수만큼씩 자유도가 더 줄어들 수도 있음을 의미한다. 이러한 상황은 더 복잡한 통계분석에서 실제로 경험하게 될 것이다.

여기서 생각하는 산포도의 또 한 가지 관점은, 우선 자료가 x_i, x_j 단 두 개일 때 둘 사이의 거리를 $\dfrac{d(x_i, x_j)}{2}$라고 하고, n개의 자료에 대해서는 $U = \dfrac{1}{{}_nC_2}\sum_{i=1}^{n-1}\sum_{j=i+1}^{n}\dfrac{d(x_i, x_j)}{2}$로 정의하는데 이때 $\dfrac{d(x_i, x_j)}{2}$를 핵(kernel)이라고 한다. 이렇게 그 개념에 해당하는 통계량을 생각할 수 있는 최소 개수의 자료로부터 만들어진 핵을 기준으로, 주어진 자료에서 가능한 모든 핵 생성 방법의 수만큼 만들어 평균을 구해 얻는 통계량을 U-통계량이라고 한다. 가령 산포도의 개념은 변량 한 개만으로는 흩어진 정도를 생각할 수 없으므로 적어도 두 개의 변량이 필요하고,[5] 앞서 소개한 표본분산 s^2은 핵을

---

5 가령 표본평균은 변량이 한 개만 있어도 그 자료의 평균을 생각할 수 있다. 변량 한 개 자체가 그 자료의 평균이다. 따라서 변량이 n개인 자료에서는 모든 변량 한 개짜리 자료를 얻을 수 있는 방법, 즉 ${}_nC_1 = n$가지 방법으로 얻은 각각의 핵 x_i들의 평균은 $\dfrac{\sum_{i=1}^{n-1} x_i}{{}_nC_1} = \dfrac{\sum_{i=1}^{n} x_i}{n} = \overline{x}$이고, 따라서 표본평균은 U-통계량이다. 그러나 중앙값은 U-통계량이 아니다. U-통계량은 근본적으로 어떤 것들의 평균이라고 생각할 수 있어야 하기 때문이다.

$\frac{d(x_i, x_j)}{2} = \frac{(x_i - x_j)^2}{2}$로 하여 만든 U-통계량이다. 즉 $s^2 = \frac{1}{{}_nC_2}\sum_{i=1}^{n-1}\sum_{j=i+1}^{n}\frac{d(x_i, x_j)}{2}$이 성립함을 증명할 수 있다.

참고 1

$$\frac{1}{\binom{n}{2}}\sum_{i=1}^{n-1}\sum_{j=i+1}^{n}\frac{(x_i - x_j)^2}{2} = \frac{1}{\binom{n}{2}}\sum_{i=1}^{n-1}\sum_{j=i+1}^{n}\frac{\{(x_i - \overline{x}) - (x_j - \overline{x})\}^2}{2}$$

$$= \frac{1}{\binom{n}{2}}\left\{\frac{1}{2}\left\{\sum_{i=1}^{n}\sum_{j=1}^{n}\frac{\{(x_i - \overline{x}) - (x_j - \overline{x})\}^2}{2} - \sum_{i=1}^{n}\frac{\{(x_i - \overline{x}) - (x_i - \overline{x})\}^2}{2}\right\}\right\}$$

(∵ 아래 표 참고)

$$= \frac{1}{\binom{n}{2}}\left\{\frac{1}{2}\left\{\sum_{i=1}^{n}\sum_{j=1}^{n}\frac{\{(x_j - \overline{x}) - (x_i - \overline{x})\}^2}{2} - 0\right\}\right\}$$

$$= \frac{1}{\binom{n}{2}}\left\{\frac{1}{2}\left\{\sum_{i=1}^{n}n(x_i - \overline{x})^2 - 0\right\}\right\}$$

$$= \frac{1}{\binom{n}{2}}\left\{\frac{n}{2}\sum_{i=1}^{n}(x_i - \overline{x})^2\right\}$$

$$= \frac{\sum_{i=1}^{n}(x_i - \overline{x})^2}{n-1} = s^2$$

	$x_1 - \overline{x}$	$x_2 - \overline{x}$	$x_3 - \overline{x}$	⋯	$x_n - \overline{x}$
$x_1 - \overline{x}$					
$x_2 - \overline{x}$					
$x_3 - \overline{x}$					
⋮					
$x_n - \overline{x}$					

위의 각 셀에는 가로$(x_i - \overline{x})$와 세로$(x_j - \overline{x})$의 곱$(x_i - \overline{x})(x_j - \overline{x})$이 적혀 있다(단, $i = 1, 2, 3, \cdots, n$ and $j = 1, 2, 3, \cdots, n$).

이 책에서는 대부분의 대학 교재에서와 같이, 중급 통계분석을 겨냥해 표본 자료 $x_1, x_2, \cdots, x_n$의 분산으로서 s^2을 사용하기로 하고, 표준편차 s 역시 s^2의 음이 아닌 제곱근으로 정의한다. 앞서 소개한 대로 아직 구하지 않은 표본, 즉 확률변수 상태에서의 표본 $X_1, X_2, X_3, \cdots, X_n$에서 얻게 될 통계량인 분산 $S^2 = \frac{\sum_{i=1}^{n}(X_i - \overline{X})^2}{n-1}$의 기댓값(크기 n인 표본 모둠을 수없이 반복해서 얻고 그때마다 s^2들을 모두 구해 그것들 전체의 평균을 구한 값)은 σ^2과 일치한다. 일반적으로 표본 $X_1, X_2, X_3, \cdots, X_n$으로부터 계산되는 통계량 $\hat{\theta}$의 기댓값이 모집단의 알고자 했던 모수 θ와 일치하면(즉, $\mathrm{E}(\hat{\theta}) = \theta$), 그런 통계량 $\hat{\theta}$을 θ의 불편추정량(unbiased estimator)이라고 한다. 결국 모분산 $\theta = \sigma^2$의 추정량을 구하기 위해 여러 가지를 생각해보았을 때 $\tilde{\sigma}^2$은 특수한 경우가 아니면 대개 통계량이 아니어서 안 되고, $\hat{\sigma}^2$은 좋지만 불편성(unbiasedness)이 없어서 선호도가 약해지고, s^2이 가장 적절한 것으로 선택되었다고 할 수 있다.

간혹 산포도로서 분산을 설명한 후에 다시 표준편차를 소개함으로써 어느 것이 더 중요한지, 한 가지만으로 충분한 것은 아닌지 등에 대해 궁금한 경우가 있다. 이것은 피타고라스 정리와 비교해보면 자명한데, 빗변의 길이는 $\sqrt{a^2 + b^2}$이지만 여러 가지 증명 등에서는 오히려 $a^2 + b^2$ 자체를 사용하는 경우가 많은 것처럼, 표준편차는 수학적으로 다루기에는 불편하지만 자료의 측정 단위와 일치해 편리하다. 분산의 단위는 측정 단위의 제곱이기 때문에 사용하기 어렵다는 단점이 있다. 가령 학생들의 키를 cm로 측정했다면, 표준편차는 단위가 cm이지만 분산의 단위는 cm²이다. 따라서 표준편차는 평균과 같이 단위가 cm이므로 서로 더하거나 뺄 수 있지만 분산은 평균과 함께 그렇게 사용할 수 없다.

분산이 이런 단위를 갖게 된 것은 그 정의에 있어서 편차 $x_i - \overline{x}$들의 제곱을 사용한 데서 비롯되었다. 그 대신 편차의 절댓값 $|x_i - \overline{x}|$을 사용하면 그런 문제도 발생되지 않고, 표준편차에 비해 계산도 더 편리할 것이다. 즉 평균편차

$$d = \int_{-\infty}^{\infty} |x - \overline{x}| dF_n(x) = \frac{\sum_{i=1}^{n} |x_i - \overline{x}|}{n}$$

를 사용할 수도 있다. 평균편차는 표준편차에 비해 특이값의 영향이 더 작다. 그럼에도 불구하고 대개 평균편차보다는 표준편차를 더 선호하는 이유는 무엇일까? 정확한 이유는 알 수 없지만 다음의 두 가지 이유로 추측된다.

한 가지 이유는 모집단의 분포를 정규분포로 가정하는 경우가 많기 때문이다. 정규분포의 확률밀도함수는 $f(x)=\frac{1}{\sigma\sqrt{2\pi}}e^{-\frac{(x-\mu)^2}{2\sigma^2}}$인데 자료와 관련된 x가 적혀 있는 부분이 $(x-\mu)^2$ 형태로 되어 있어서 $(x-\overline{x})^2$가 포함된 식이 계산적으로 취급하기 편리한 점이 있다. 이것을 라플라스 분포의 확률밀도함수 $f(x)=\frac{1}{2\sigma}e^{-\frac{|x-\mu|}{\sigma}}$와 비교하면 $|x-\mu|$에 포함된 자료값 x를 고려할 때, $|x-\overline{x}|$를 사용하는 것이 더 타당해 보인다(단, 라플라스 분포 역시 μ는 분포의 평균임과 동시에 모집단의 중앙값이기도 하다). 다시 말해 모집단의 분포가 라플라스 분포일 것이라고 추측한다면, 평균편차를 사용하는 것이 더 적절해 보인다고 할 수 있다.

또 하나의 이유로는 자료벡터 $(x_1, x_2, \cdots, x_n)$을 n차원 (실수)벡터공간의 원소로 생각할 때, 이 공간에 부여하는 벡터 간의 거리를 어떻게 정의하는 것이 더 편리한가와 관련이 있다고 추측해볼 수 있다. 원점에서 벡터 $(x_1, x_2, \cdots, x_n)$까지의 거리가 $\sqrt{\sum_{i=1}^{n} x_i^2}$(이것을 2-norm이라고 한다)에 비례한다($\frac{1}{\sqrt{n}}$배 또는 $\frac{1}{\sqrt{n-1}}$배)라고 생각할 때, 표준편차는 원점 대신 자료의 중심벡터 $\overline{x}(1, 1, 1, \cdots, 1)$로부터의 거리를 생각한 것일 뿐이다. 그렇지만 원점에서 벡터 $(x_1, x_2, \cdots, x_n)$까지의 거리가 $\sum_{i=1}^{n}|x_i|$(이것을 1-norm이라고 한다)에 비례한다고 생각한다면(이 개념에 의하면 xy-좌표평면에서 원점으로부터 점 (x, y)까지의 거리는 $|x|+|y|$이고 일상생활에서 쓰는 거리 개념과는 차이가 있다), 표준편차는 이런 개념의 거리와는 전혀 다른 것인 반면에 평균편차가 이 개념의 거리 개념에 잘 부합된다.

즉 n차원 벡터공간에서 어떤 것을 거리로 생각할 것이냐 하는 차이인데, 거리 개념으로 2-norm을 쓰는 공간은 Hilbert 공간이 되지만, 1-norm을 쓰는 공간은 Banach 공간이 된다. Hilbert 공간에서는 두 벡터 간의 내적이 자연스럽게 정의됨으로써 두 벡터가 이루는 각의 cosine(이것은 알고 보면 본질적으로 두 벡터 자료 간의 상관계수가 된다)이 자연스럽게 정의되기 때문에, 최단거리 등의 논의에서 수학적으로 다루기에 더 편리하다는 장점을 갖는다. 결국 벡터 간의 거리 문제에서, 평균편차가 보기보다는 수학적으로 다루기에 불편한 공식이라는 점과 자연스러운 거리 개념과 차이가 있다는 이유가 표준편차를 더 선호하게 만들지 않을까 하는 추측을 가능하게 한다.

일반적으로 분포함수가 $F(x)$인 모집단에서 $\mathrm{E}[(X-a)^2]=\int_{-\infty}^{\infty}(x-a)^2\,dF(x)$를 최소화하는 a를 구하면 $a=\mathrm{E}(X)=\int_{-\infty}^{\infty}x\,dF(x)=\mu$가 성립하고, $\mathrm{E}[|X-b|]=\int_{-\infty}^{\infty}|x-b|dF(x)$를 최소화하는 b를 구하면 $b=F^{-1}(0.5)=$(분포 F의 중앙값)이다. 자료 $x_1, x_2, \cdots, x_n$에 대해 모집단의 분포 $F(x)$ 대신 표본분포함수 $F_n(x)$을 생각하면 $\sum_{i=1}^{n}(X_i-a)^2$을 최소화하는 a는, $a=\overline{X}=\int_{-\infty}^{\infty}x\,dF(x)=\frac{\sum_{i=1}^{n}X_i}{n}$이고, 산포도 값은 결국 $\sum_{i=1}^{n}(X_i-a)^2$을 최소화하는 $\sum_{i=1}^{n}(X_i-\overline{X})^2$에 근거한 것이라고 볼 수 있다. 그렇다면 평균편차 역시 앞에서 사용한 공식보다는 $(md)=\int_{-\infty}^{\infty}|x-m|dF_n(x)=\frac{\sum_{i=1}^{n}|x_i-m|}{n}$(단, m은 표본의 중앙값)이 더 적절하다고 할 수 있다. 왜냐하면 $\int_{-\infty}^{\infty}|x-b|dF_n(x)=\frac{\sum_{i=1}^{n}|x_i-b|}{n}$를 최소화하는 b는 표본 자료의 중앙값 m이기 때문이다.

이에 대한 설명이 좀 더 설득력을 갖도록 자료 {1, 2, 6}을 가지고 평균편차를 생각해보자. 이 자료의 중앙값은 2이고 평균은 3이다. 따라서 처음 공식에 따르면 $d=(|1-3|+|2-3|+|6-3|)/3=2$이고, 두 번째 공식에 따르면 $(md)=(|1-2|+|2-2|+|6-2|)/3=5/3$이다. 그런데 산포도란 자료값들이 흩어진 정도라고 했는데, 그 정도를 수치화하기 위해 거리를 생각할 때 한편은 최단거리가 아닌 것을, 다른 편은 최단거리를 구해 서로 비교한다는 것은 적절해 보이지 않다. 자료의 평균편차가 5/3가 아니라 2라고 할 때 2라는 숫자 속에는 약간의 거품이 들어 있다고 추측된다는 뜻이다. 특히 표준편차에는 그런 거품이 들어 있지 않다는 점을 고려할 때, 그런 비교는 공평해 보이지 않는다.

한편 평균편차는 U-통계량이 아니다. 평균편차의 핵은 $\frac{|x_i-x_j|}{2}$인데

$\frac{1}{\binom{n}{2}}\sum_{i=1}^{n-1}\sum_{j=i+1}^{n}\frac{|x_i - x_j|}{2}$은 위 2가지 평균편차 공식 중 어느 것과도 같은 것이 없음을 간단한 반례로 확인할 수 있다.

참고 2

예를 들어보자면, {1, 2, 3, 4, 10}의 자료에서 중앙값 m은 3이고, $\bar{x}=4$이다. 그러므로 $\sum_{i=1}^{n}|x_i-\bar{x}|=3+2+1+0+6=12$, $\sum_{i=1}^{n}|x_i-m|=2+1+0+1+7=11$, $\frac{1}{2}\sum_{i=1}^{n-1}\sum_{j=i+1}^{n}|x_j-x_i|=\frac{1}{2}\times(1+2+3+9+1+2+8+1+7+6)=20$이다. 또 변량의 수 $n=5$, $n-1=4$이다. 따라서

$$\frac{1}{\binom{n}{2}}\sum_{i=1}^{n-1}\sum_{j=i+1}^{n}\frac{|x_i-x_j|}{2}=\frac{20}{\binom{5}{2}}=\frac{20}{10}=2,\quad \frac{\sum_{i=1}^{n}|x_i-\bar{x}|}{5}=2.4,$$

$$\frac{\sum_{i=1}^{n}|x_i-\bar{x}|}{4}=3,\quad \frac{\sum_{i=1}^{n}|x_i-m|}{5}=2.2,\quad \frac{\sum_{i=1}^{n}|x_i-m|}{4}=2.75$$

등이고, 결국 이 값들은 모두 서로 다름을 확인할 수 있다. 즉 평균편차는 U-통계량이 아니라는 뜻이다.

탐색적 자료 분석(EDA) 측면에서 사분위 범위(IQR: interquartile range)라는 것이 범위(range)보다 선호되는 산포도의 하나이다. 사분위 범위는 상위 25 백분위와 하위 25 백분위[6] 간의 값의 차이를 뜻한다. 다시 말해 $\text{IQR}=\xi_{0.75}-\xi_{0.25}$이고 표본에서는 동일한 방식으로 표본의 같은 백분위수 간의 값 차이, 즉 $\text{IQR}=Q_3-Q_1$로 정의된다. 이것은 범위처럼 최댓값, 최솟값 같은 극단적인 값에 의해 정해지지 않으므로 반복적 표본 추출에서 범위보다 안정적인 경향이 있다. 사분위 편차(Interquartile deviation)는 사분위 범위의 절반을 뜻하는데 사분위 범위

6 상위 25 백분위를 제3사분위, 하위 25 백분위를 제1사분위라고 한다.

에 비해 특별한 이점이 없으므로 사분위 범위가 더 보편적으로 쓰인다. 사분위 범위는 정의에 나타난 대로 모집단 또는 표본 자료의 절반이 속하게 될 값의 범위의 길이라고 할 수 있다.

산포도는 일반적으로 위치불변성이 있는 것이 더 바람직하다고 할 수 있다. 반면 단위보존성이 있는 것이 좋다. 왜냐하면 어떤 자료의 모든 값들이 일정한 크기만큼씩 커졌을 때 자료의 산포도에는 변함이 없지만, 어떤 자료의 값들을 모두 10배씩으로 한다면 새 자료에서 값 사이의 차이도 10배($10x_i - 10x_j = 10(x_i - x_j)$)가 되었을 것이므로 산포도 역시 10배가 되는 것이 마땅해 보이기 때문이다. 이렇게 생각할 때 분산은 산포도로서 적절해 보이지 않을 수 있다. 단위보존성이 없기 때문이다. 자료의 모든 값이 10배가 될 때 분산은 100배가 된다. 그러나 분산은 산포도의 한 종류로 크게 인정받고 있는 통계량이다. 여기서 통계량에 대해 좀 더 융통성 있는 이해가 필요하다.

앞서 소개한 사분위 범위와 사분위 편차에 대해 잠시 생각해보자. 사분위 범위의 값이 정해지면 사분위 편차의 값도 정해지고, 그 역도 성립한다. 따라서 표본 사분위 편차가 5 이상일 확률은 사분위 범위가 10 이상일 확률과 동일하다. 즉 사분위 편차와 사분위 범위 두 값 자체의 크기가 중요하지 않고, 다만 그에 근거한 어떤 추측이나 생각을 할 때에는 서로 다른 두 통계량에 근거한 생각의 결론은 일치할 수밖에 없다. 즉 두 통계량 사이에는 1:1 대응관계가 성립한다.

만약 1:1 대응관계가 있는 두 통계량에 근거한 통계적 판단이나 추측이 항상 동일하다면 두 통계량을 본질적으로 동일한 통계량이라고 할 수도 있다. 이와 비교되는 평균과 중앙값이라는 두 통계량을 생각해보자. 평균값이 정해진다고 해서 중앙값이 정해지지는 않는다. 그 반대도 마찬가지이다. 그 이유는 표본 자료의 변량 한 개 또는 몇 개가 두 통계량에서 서로 다른 기능을 하기 때문이다. 다시 말해 우연적인 차이가 포함될 때 두 통계량은 1:1 대응이 될 수 없다. 이런 경우에는 두 통계량에 의한 추론의 결과가 항상 일치한다고 할 수는 없으며, 대개는 일장일단이 있는 경우가 많기는 하지만 간혹 한쪽이 다른 쪽보다 더 나은 경우도 종종 발생된다.

분산과 표준편차는 제곱과 양의 제곱근의 관계에 있기 때문에 1:1 대응관계에 있다. 값의 크기 자체는 다르지만 그로부터 발생되는 산포도에 관한 추론은 같을 수밖에 없다. 따라서 단위가 다르고 그에 따라 단위보존성이 없을지라도 산포도로서의 분산의 역할을 이해하는 데 어려움이 없다면, 분산은 산포도로서 인정할 만한 통계량이 된다. 다만 분산을 산포도로 이해할 때, 자료의 단위 변화가 분산에서는 그 양의 제곱만큼의 영향을 준다는 점을 이해해 조심하면 된다. 그런 맥락에서 간혹 분산보다 분산의 분자 부분, 즉 $\sum_{i=1}^{n}(x_i-\overline{x})^2=\sum_{i=1}^{n}x_i^2-n\overline{x}^2$도 표본의 크기 n이 고정된 상태를 생각할 때는 충분히 좋은 산포도로서의 역할을 할 수 있다. 이 값을 (편차) 제곱합(sum of square(d deviations))이라고 한다. 주의할 점은 '제곱합(sum of squares)'이라고 해서 $\sum_{i=1}^{n}x_i^2$을 의미하는 것이 아니라는 점이다(간혹 $\sum x_i^2$ 지칭할 때는 'x_i 제곱합'이라고 한다). 상황에 따라 자유도가 변할 때 '제곱합'은 중요한 통계량이 된다. 사실 자유도는 자료 분석의 모형과 밀접한 관계가 있다.

5.2.3 선형 모형과 분산분석

자료 분석의 모형은 관측된 변량에 포함된 우연 변인의 영향을 분리해 정제시킴으로써 우연에 의해 초래되는 산포도의 양을 축소시키기 위함이라고 했다. 이것을 좀 더 구체적으로 느낄 수 있도록 단순선형회귀분석 모형(simple linear regression model)과 일원분산분석 모형(completely randomized experimental design model)의 두 가지 간단한 예를 통해 소개해보려고 한다.

단순선형회귀분석 모형의 한 예로, 입학 당시의 대학입시 총점(X)과 입학 후 4년간의 성적 누계평점(Y)과의 단순선형회귀분석을 생각해보자. 원래 이 문제는 대학에서의 성적 누계평점 Y를 추측하는 문제라고 생각할 수 있다. 그런데 4년간의 성적 평점이 학생마다 다르니 예측하기 어렵다. 그럼에도 불구하고 지난 10여 년간 이 학교 입학생들 전체 3만 명의 4년간의 성적 누계평점 자료를 주고 어느 신입생의 4년 후 성적 누계평점을 예측하라고 한다면 여러분은 얼마라고 예측할 것인가? 이 학교 학생들은 공부를 얼마나 열심히 하는지, 교수들이 대체로 성적을 후하게 주는지 아닌지 등 여러 가지 궁금한 점이 많지만, 결국 이 자료를 분석해 답할 수 있는 최선의 직관적 선택은 자료 전체의 평균 성적($\bar{y} = \sum_{i=1}^{30000} y_i / 30000$)을 구해서 그 값 근방일 것이라고 답하는 수밖에 없지 않겠는가?

만약 이렇게 답한 사람이 있다면 그 사람의 마음속에 있는 자료에 대한 모형은 $y_i = \mu + \varepsilon_i$이라고 할 수 있다. 즉 학생들의 성적 Y는 어떤 값 μ 근방에 분포하고 평균적으로는 μ일 것이다. 따라서 ε_i를 산출하는 확률변수 ε은 기댓값이 0이고, 분산은 Y의 분산과 같겠지만 얼마인지는 모르는 어떤 양수 σ^2일 것이라고 추측하는 것이다. 여기에 학생들의 누계평점 Y의 성적 분포에 대한 경험을 바탕으로 y_i들을 산출한 확률변수 Y의 확률분포가 정규분포를 한다고 가정하면(그렇다면 y_i들을 가지고 그린 히스토그램은 정규분포와 흡사한 모양, 즉 산 모양으로 그려져야 할 것이다), 확률변수 ε의 확률분포 역시 정규분포일 것이다. (μ의 값을 모르므로 ε_i의 값들도 몰라서 실제로는 불가능하지만 ε_i들을 가지고 가상적으로 히스토그램을 그린다면, 그것은 y_i들을 가지고 그린 히스토그램과 똑같지만 가운데만 0으로 변화될 것이다.) 즉, ε의 확률분포는 평균이 0이고 분산이 σ^2인 정규분포를 할 것이다.

대개의 통계학 교재에서는 y_i를 자료값으로도 생각하지만 확률변수 Y_i처럼 생각하기도 한다. ε_i에 대해서도 마찬가지이다. 그런 이유로 인해 간혹 y_i는 평균이 μ이고 분산이 σ^2인 정규분포를 한다고 한다. 이 경우 y_i는 한 개의 숫자가 아니라 확률변수를 뜻하는데, 유감스럽게도 영문 대문자로 적지도 못했다(64쪽 대문자/소문자 사용 원칙 참고). 그러나 의미는 그러하므로 오해가 발생되지 않기를 바란다. ε_i도 문맥상으로는 정확히 알지 못하는 한 개의 숫자일 뿐이지만 역시 한 개의 사전 자료인 확률변수로 이해해 평균이 0이고 분산이 σ^2인 정규분포를 한다는 표현을 자주 볼 수 있게 될 것이다. 그리하여 위에서 언급했던 사람이 생각하는 모형이 완성되는데, 결국 '$y_i = \mu + \varepsilon_i (i = 1, 2, \cdots, 30000)$(단, μ는 고정된 상수, $\varepsilon_i \sim \text{nid}(0, \sigma^2)$)'라는 모형이다. 여기서 '$\varepsilon_i \sim \text{nid}(0, \sigma^2)$'를 보충해 설명하면, 확률변수 ε_i들 각각은 모두 평균이 0이고 분산이 σ^2인 정규분포(normal distribution)를 하며 i가 변해도 평균 0과 분산 σ^2에 변함이 없으며, 확률변수 ε_i와 $\varepsilon_j(i \neq j)$ 간에는 서로 독립적(independent)이라는 의미, 즉 normally-independently-distributed(0, σ^2)이라는 뜻이다.

이것을 자료와 관련해 다시 설명하면, 각 사람의 평균 평점 자료 y_i를 얻어 그들의 중심값 μ를 뺀 $\varepsilon_i = y_i - \mu$는 자료가 얻어지지 않은 확률변수 상태에서는 (μ의 값을 안다고 해도) 어떤 숫자가 나올지 모르는데, 이는 다만 가운데가 0이고 분산이 σ^2인 정규분포를 하는 어느 모집단에서 무작위로 숫자 한 개를 꺼내 ε_i 한 개를 얻으려 하는 것과 물리적으로 같은 것이며, 이런 무작위 추출이 반복될 때(i의 값이 커질 때) 계속적으로 같은 상황이 반복되며, 또 앞에서 나온 ε_i의 결과들이 뒤에 나오는 ε_j의 결과들에 어떤 영향도 주지 않는다(독립적이다)는 것이다.

결국 모형이란, 자료값의 발생에 대해 부분적으로 그 이유를 말하고 그 이유를 말하지 못한 부분에 대해서는 우연이라고 정리는 하지만, 대신 그런 것들의 확률분포를 정리해줌으로써 완성된다고 할 수 있다. 위의 모형에서는 자료값 y_i의 발생 원인이라고 제시된 μ가 원인을 설명하는 데 있어서 매우 미흡하다고 볼 수 있다. 이유를 말한다는 것은 언어적으로 인과관계를 설명한다는 뜻이고 인과관계의 설명을 들으면 우리는 불확실성이 해소되는 느낌을 갖는 것이 습관화되어 있기 때문에, 이유라는 것이 등장했다면 산포도가 줄어야 하는데 그렇지 않으므로 이상하다고 느끼게 되는 것이다.

가령 고속도로에서 갑자기 체증이 생겨 차가 매우 천천히 간다고 하자. 원인이 앞에서 발생한 교통사고 때문임을 안다면 우리는 어느 정도 후에 그곳을 통과할 수 있을지 짐작해보겠지만 원인을 알 수 없다면 잠시 후 통과할 수 있을지, 하루 종일 걸릴지 예측이 어렵다. 원인이 설명된 전자의 경우, 통과 예상 시간의 산포도가 후자의 통과 예상 시간의 산포도보다 작다.

대학 성적의 누계평점 Y를 설명하기 위해 추가의 보조적 정보인 입학 당시의 성적 X를 이용할 수 있다면 도움이 될 것 같다는 생각은 Y와 X 사이의 상관관계에 대한 직관 때문이다. X가 크면 Y도 크고, 작으면 같이 작아지는 경향이 있을 때, Y의 커짐과 작아짐의 변화의 일부를 X가 흡수함으로써 Y의 변화 중에서 X

표 5.2

학생	입학 성적 x_i	누계평점 y_i	가상평점 $\alpha+\beta x_i$[7]	가상우연값 ε_i
A	876	3.370	3.260	0.110
B	942	3.596	3.506	0.090
C	894	3.197	3.327	−0.130
D	870	3.168	3.238	−0.070
E	798	3.120	2.970	0.150
평균	876	3.290	3.260	0.030
분산	2700	0.038	0.037	0..015

가 흡수하지 못한 변화만을 생각한다면 Y의 우연변화의 폭이 줄어들 것이 직관적으로 예상되기 때문이다. 특히 Y가 X의 일차함수인 관계에서 다소간의 우연변화가 있다고 예상된다면, 이 경우 우리는 통계적 모형으로 $y_i=\alpha+\beta x_i+\varepsilon_i$ ($i=1, 2, \cdots, 30000$, 단 α, β는 값을 모르는 상수, x_i는 값을 아는 상수로서 우리 예에서는 i번째 학생의 입학 당시의 성적)이고, $\varepsilon_i \sim \text{nid}(0, \sigma^2)$인 모형을 생각하는 것이다. 이 모형을 단순선형회귀분석 모형이라고 한다.

이 모형을 자료와 관련지어 보충해서 설명한다면, 어떤 학생의 4년간의 누계평점 y_i는 그 학생의 입학 당시의 성적이 $X=x_i$라는 조건 아래서 $\alpha+\beta x_i$ 근방의 어떤 값이며, 실제 드러나는 y_i는 정확히, 우연에 의해 정해지는 값(평균이 0이고 분산이 σ^2인 정규분포를 하는 어느 모집단에서 무작위로 한 개의 수를 뽑아 얻은 값) ε_i를 포함해 $y_i=\alpha+\beta x_i+\varepsilon_i$가 된다는 것이다.

〈표 5.2〉는 위의 설명에 대한 이해를 돕기 위해서 가상적으로 5명의 학생들의 입학 성적, 누계평점, 가상(적 예상 누계)평점, 가상(적) 우연값 등을 생각해 정리한 것이다. y_i들의 분산은 0.038인데 그 대부분이 x_i에 따라 계산을 통해 산출된 $\hat{y}_i=\alpha+\beta x_i=0.00147+0.00372x_i$들, 즉 3.26, 3.506, 3.327, 3.238, 2.970 등의 분산(=0.037)이고, 순수한 우연(ε_i)에 의한 분산은 0.015로 줄었다.

즉 누계평점을 입학 성적의 함수로서 필연적 관계로 설명하고 난 후에 아직도 우연속성에 의한 것이라고 생각되는 변량 ε_i들에 의한 분산(=0.015)은 처음 y_i들

---

7 $\alpha=0.00147, \beta=0.00372$를 안다고 가정한다.

의 분산(0.038)에 비해 많이 줄어든(0.038>0.015) 것이다. 이 설명에서 나타난 결과는 수학적 법칙은 아니다. 즉 (y_i들의 분산)>(ε_i들에 의한 분산)임을 수학적으로 증명할 수는 없다는 뜻이다(이차원 정규분포를 가정한다면 증명 가능하다). 그러나 ($y_i \approx \alpha + \beta x_i$ for some α, β)가 성립한다면, 즉 x_i와 y_i ($i = 1, 2, \cdots, n$) 사이에 상관관계가 있다면, 대개는 변량의 분산이 줄어든다고 경험적으로 말할 수 있다는 의미이다. 통계분석에서 모형의 역할을 바르게 이해하는 것은 그 분석법을 바르게 이해하는 가장 중요한 출발점이다. 이런 사항들을 알고 통계학의 단순선형회귀분석법을 읽으면 방법적 설명의 흐름을 이해하는 데 도움이 될 것이다.

다음으로 분산분석(analysis of variance) 중에서 가장 간단한 일원분산분석법의 모형을 생각해보자. 이에 대한 한 예로 피타고라스 정리를 가르치는 세 가지 교수법, A(전통적인 방법), B(기하교육용 컴퓨터 프로그램을 이용하는 방법), C(종이를 오려서 붙여가며 비교하는 방법)의 학생 이해도 차이에 대한 비교 연구를 생각해보도록 하자.

실험을 위해서 무작위 추출에 의해 구성된 세 반의 학생들이 필요한데, 이해도 평가 시점에서의 평가 시험과 관련해 세 반의 학생들은 모든 생각 가능한 측면에서, 교수법 차이 자체를 제외하면 전적으로 동일하다고 인정할 수 있어야 한다. 가령 세 교수법으로 지도하던 중에 어느 반에서는 평가 문항과 유사한 문항의 풀이법을 가르쳤다거나, 평가 문항 중에 컴퓨터에 의해 생성된 과정이 있어 A나 C반 아이들이 불리하다거나, A반 학생들은 평소 수학을 더 싫어하는 학생들로 구성되었다거나 등 교수법 이외의 어떤 차이도 있어서는 안 된다. 이렇게 진행된 실험의 결과 세 반 학생들의 점수를 y_{ij}(i=1, 2, ⋯, n_j, j=1(A), 2(B), 3(C))라고 하자. 이를테면 $y_{13,2}$는 B반 학생으로서 13번째 학생의 점수이다. 각 반은 차례로 n_1, n_2, n_3명이 실험에 참가한 것인데, 여기서는 편의상 $n_1 = n_2 = n_3 = n$이라고 가정하자.

y_{ij}들 전체의 분산은 단순한 모형 $y_{ij} = \mu + \varepsilon_{ij}$, $\varepsilon_{ij} \sim \text{nid}(0, \sigma^2)$에서는 ε_{ij}의 분산 σ^2과 같다. 이 모형에서는 y_{ij}들의 값 차이에 대해 순전한 우연 외에 실질적 차이를 유발하는 원인은 설명하지 않고 있다. 그런데 실험에서 우리는 y_{ij}들의 값 차이

의 원인 한 가지를 생각해야 한다. 즉 교수법의 차이이다. 이 교수법의 차이가 y_{ij}의 값에 우연 이상의 조직적인 차이를 유발하는지는 아직 알 수 없지만 가능성은 열려 있다. 이를 위해 우리는 '$y_{ij} = \mu + \alpha_j + \varepsilon_{ij}$, $\varepsilon_{ij} \sim \text{nid}(0, \sigma^2)$, α_j는 고정된 상수'라고 모형을 수정하면서 $\alpha_1, \alpha_2, \alpha_3$가 세 교수법의 효과를 반영한다고 생각하는 것이다. 즉 $\varepsilon_{i,1}(i = 1, 2, \cdots, n)$들에 α_1과 μ가 더해져서 $y_{i,1}$들, 즉 A반 학생들의 점수를 만들었다고 보는 것이다. 다시 말해 $y_{p,1}$과 $y_{q,1}$의 값 차이는 순전히 우연에 의한 것이라고 밖에는 설명할 방법이 없지만, $y_{r,2}$와 $y_{s,3}$는 우연의 차이(r과 s) 외에 반의 차이(2와 3)도 값의 차이를 유발했을 수 있다고 보는 것이다. 이런 생각에 근거해서 우리는 y_{ij}들 전체의 분산을 α_j들에 의한 것과 ε_{ij}들에 의한 것으로 분리해서 생각함으로써, 결과적으로 (y_{ij}들의 분산)>(ε_{ij}들의 분산)의 효과를 기대하는 것이다.

〈표 5.3〉은 설명을 이해하기에 편리하도록 $n = 4$로 하여 가상적으로 만든 예이다. 실제는 불가능한 것이지만 여기서는 $\mu=68$, $\alpha_1 = -12$, $\alpha_2 = 6$, $\alpha_3 = 6$임을 안다고 가정한다. 실제 상황에서 우리는 y_{ij}들만을 관측할 수 있으며, A반의 50점대의 성적과 B, C반의 70점대의 성적이 전적으로 우연에 의한 것만은 아닐 것 같다는 직관을 갖게 된다. 이런 경우 우리는 앞서 α_j를 포함하는 모형을 생각하고, 결국 y_{ij}들의 분산 중에서 일부를 원인을 설명할 변인을 끌어들여 추출해내고, 그 나머지만을 우연에 그 원인을 돌림으로써 통계적 추론의 신뢰성을 높이게 되는 것이다.

표 5.3

반	μ	α_j	ε_{ij}	$y_{ij} = \mu + \alpha_j + \varepsilon_{ij}$
A	68	−12	2	58
	68	−12	−1	55
	68	−12	1	57
	68	−12	0	56
B	68	6	0	74
	68	6	−1	73
	68	6	−1	73
	68	6	2	76
C	68	6	2	76
	68	6	3	77
	68	6	−1	73
	68	6	−2	72
평균	68	0	0.33	68.33
분산	0	78.55	2.61	78.97

만약 α_j의 세 값이 모두 같다($=\alpha$)면 ($\mu + \alpha_j = \mu + \alpha =$(상수)이므로) 결국 y_{ij}들의 분산과 ε_{ij}들의 분산은 같을 것이며, 이 경우에 기대했던 변인 α_j의 실제 효과는 없는 것이 된다(그런 이유로

$\sum_{j=1}^{3} \alpha_j = 0$이라는 조건을 넣어 α_j가 상수로서 같은 값인 경우는 $\alpha_j = 0$ for all j가 되도록 만들 수도 있다). 그리고 이런 결과는 "교수법에 의한 학생 이해도의 차이는 없다"라는 결론으로 이어진다. (이 자료 역시 이해를 돕기 위해 가상적으로 만들어본 것일 뿐 수학적으로 분산이 줄어든다고 증명할 수 있는 것은 아니다. 다만, 실제로 교수법의 차이로 인한 효과가 있다면 분산이 유의적으로 줄어드는 경우가 많다는 예일 뿐이다.)

위의 두 예는 y_i 또는 y_{ij}들을 열벡터(column vector) 형식으로 적을 때, 적절한 행렬 D와 모수벡터(parameter vector) θ에 의해 $\vec{y} = D\vec{\theta} + \vec{\varepsilon}$ 형태로 적을 수 있는데, 이런 형태의 모형을 선형 모형(linear model)이라고 한다.

위의 예에서 단순선형회귀분석 모형의 경우는 $D^t = \begin{pmatrix} 1, & 1, & 1, & \cdots, & 1 \\ x_1, & x_2, & x_3, & \cdots, & x_n \end{pmatrix}$, $\vec{\theta} = (\alpha, \beta)$이고, 일원분산분석 모형의 경우는

$$D^t = \begin{pmatrix} 1, & 1, & \cdots, & 1, & 1, & 1, & \cdots, & 1, & 1, & 1, & \cdots, & 1 \\ 1, & 1, & \cdots, & 1, & 0, & 0, & \cdots, & 0, & 0, & 0, & \cdots, & 0 \\ 0, & 0, & \cdots, & 0, & 1, & 1, & \cdots, & 1, & 0, & 0, & \cdots, & 0 \\ 0, & 0, & \cdots, & 0, & 0, & 0, & \cdots, & 0, & 1, & 1, & \cdots, & 1 \end{pmatrix}, \vec{\theta} = (\mu, \alpha_1, \alpha_2, \alpha_3)$$

이다. 많은 통계학 교재들은 이 모형에 의한 자료 분석 방법들을 소개하고 있다. 그러나 그 방법들의 기본적 발상은 모두 자료값 y_i(또는 y_{ij})의 분산을 분석하는 방법에 의존한 것이다.

연습문제

1. 어느 옷가게 주인이 내년 봄에 팔 옷을 구입하기 위해 지난 10년 동안 가장 많이 팔린 옷의 치수를 조사했다. 옷가게 주인이 구하고자 한 최빈값이 대푯값의 한 종류인지 말하고, 이를 어떻게 구할지 설명하라.

2. 대푯값은 위치단위보존 통계량이어야 타당하다는 것을 대푯값의 정의를 이용해 그 이유를 설명하고, 표본평균과 기하평균 각각에 대해 이들이 위치단위보존 통계량인지 여부를 밝혀보라.

3. $l(b)=\int_{-\infty}^{\infty}|x-b|dF_n(x)=\frac{\sum_{i=1}^{n}|x_i-b|}{n}$을 최소화하는 b가 $x_i(i=1, 2, 3, \cdots, n)$의 중앙값임을 알기 위해 $x_1 < x_2 < x_3 < x_4 < x_5$일 때 x_1부터 x_5까지 각각의 값을 수직선 위에 차례로 찍은 후 b의 위치를 $b < x_1$일 때, $x_1 < b < x_2$일 때, $x_2 < b < x_3$일 때, $x_3 < b < x_4$일 때, $x_4 < b < x_5$일 때, $b > x_5$일 때 등으로 나누어 생각해보고, $b=x_3$일 때 $l(b)$가 최소가 됨을 설명하라.

4. 베렌스-피셔(Behrens-Fischer) 문제는 앞서 설명한 결과 해석상의 어려움 외에도 수학적 취급을 어렵게 한다. 즉 두 모집단의 평균 μ_1과 μ_2를 비교하는 t-검정법에서 두 모집단의 분산 σ_1^2과 σ_2^2이 서로 같다고 할 수 없을 때, 두 모집단의 확률분포를 정규분포라고 가정해 얻게 되는 검정통계량 $t=\frac{(\overline{X_1}-\overline{X_2})-(\mu_1-\mu_2)}{\sqrt{s_p^2\left(\frac{1}{n_1}+\frac{1}{n_2}\right)}}$(단, $s_p^2=\frac{(n_1-1)s_1^2+(n_2-1)s_2^2}{n_1+n_2-2}$, n_1과 n_2는 각 표본의 크기, s_1^2과 s_2^2은 각 표본의 분산)은 자유도 n_1+n_2-2인 t-분포를 하지 않는다. t-분포의 정의를 이용해 그 이유를 설명하라.

5. 최우추정량(Maximum Likelihood Estimator)이란 어떤 추정량인지 설명하라.

6. 일반적으로 아는 값 $x_i (i = 1, 2, 3, \cdots, n)$와 함수 $f(x)$를 이용해 $y_i = f(x_i) + \varepsilon_i$, $\varepsilon_i \sim \text{n.i.d}(0, \sigma^2)$를 생각하면 회귀분석 모형이 된다. 만약 $f(x_i) = \alpha + \beta x_i + \gamma x_i^2$ (단, α, β, γ는 값을 모르는 상수)이라고 하면 이차함수 회귀분석 모형이 된다. 이것을 $\vec{y} = D\vec{\theta} + \vec{\varepsilon}$로 적을 때, 행열 D와 벡터 $\vec{\theta}$를 어떻게 적을지 설명하라.

제6장

선형상관과 상관관계

앞서 우리는 입학 성적과 대학 4년간의 성적에서 누계평점과의 회귀분석 모형을 생각한 바 있다. 이 과정에서 잠시 모형의 적절성 문제, 즉 $y_i = \mu + \varepsilon_i$로 충분한지, 아니면 x_i라는 추가의 변인을 끌어들여 $y_i = \alpha + \beta x_i + \varepsilon_i$($\alpha$와 μ의 기능은 같으나 숫값은 다를 것임)라는 모형을 생각할 것인지의 문제와 관련해 x_i와 y_i가 상관관계에 있다면 x_i를 도입하는 것이 유용하다고 했다. 역으로 말하자면 x_i와 y_i 간에 아무 관계가 없다면 x_i를 도입하는 것이 모형을 복잡하게 할 뿐 아무런 유익함(분산이 줄어듦)이 없다는 의미이기도 하다. 그리고 이 과정에서 이 말의 뜻이 x_i와 y_i 사이에 선형상관이 있음, 즉 $y_i \approx \alpha + \beta x_i$ for some α, β임을 설명했다. 그런데 이 개략적 관계의 일차함수식은 엄밀히 말하면 x_i가 주어진 후 y_i의 대략적인 값에 관한 설명이다. 즉 입학 당시의 성적이 확률변수 상태가 아니라 숫자로 변한 $X_i = x_i$ 상태에서의 y_i에 대한 설명이라는 뜻이다. 이것은 확률론적으로는 Y_i에 대한 $X_i = x_i$의 조건부 값에 관한 이야기이다. 확률론적으로 더 명확히 적자면 $\mathrm{E}(Y_i | X_i = x_i) = \alpha + \beta x_i$(이 조건부 기댓값의 식을 회귀방정식이라고 한다)이고 $Y_i = \mathrm{E}(Y_i | X_i = x_i) + \varepsilon_i = \alpha + \beta x_i + \varepsilon_i$라고 할 수 있고, 이 식에서의 ε_i는 확률변수

상태에서의 ε_i이다(ε_i는 확률변수이거나 숫자이거나 모두 소문자 희랍문자를 쓴다). 그리고 α, β, x_i는 이 상태에서 모두 숫자이며, 따라서 $\alpha + \beta x_i$도 숫자일 뿐이다. ε_i는 0 근방에 분포하는 숫자(들)이므로 그로 인해 Y_i(또는 y_i)는 $\alpha + \beta x_i$ 근방에 분포하는 숫자(들)이 된다. 그러나 관행에 따라 이 책에서는 y_i와 Y_i를 구분하지 않고 혼용할 것이므로,[1] 이 점을 문맥을 통해 잘 이해하면서 읽기 바란다.

아무튼 우리의 논의는 결국 조건부 기댓값의 식에 관한 것이었으며, 그렇다면 조건부 확률분포가 필요하고, 이를 논의하려면 다시 이차원 확률분포, 즉 입학 성적 확률변수 X_i와 누계평점 확률변수 Y_i로 이루어진 확률벡터 $\underline{V} = (X_i, Y_i)$의 결합확률분포(joint probability distribution)로부터 출발해야 한다는 것을 알 수 있다. X_i와 Y_i 모두 연속변량이므로 이 경우는 앞서 소개한 이차원 확률함수가 아닌, 이차원 확률밀도함수 $f_{\underline{V}}(x, y)$로 표시된다.

6.1 이변량 분포와 적률

6.1.1 이차원 도수분포표와 이차원 확률밀도함수

이차원 확률밀도함수는 이차원 도수분포표로부터 이해할 때 명확한 실체를 느낄 수 있다. 6차 교육 과정에서 대부분의 수학 교과서가 중학교 3학년 상관표 단원에서 소개하고 있는 표가 바로 이차원 도수분포표이다. 〈표 6.1〉은 입학 성적과 누계평점의 순서쌍 $(x_i, y_i)(i = 1, 2, \cdots, n)$들을 학생 수 $n = 1000$명에 대해 이원적인 표로 정리한 상관표이다. 이 도수분포표 역시 변량의 개수 n이 커지면 계급의 수($k = [\log_2 n] + 1$를 바탕으로 조정된 값)도 한없이 커지도록 작성하는 것이 원칙이다. 그리고 이차원 도수분포표에서는 셀(cell)[2]의 크기를 양쪽 계급의 크

1 그렇지 않으면 주제로부터 벗어난 것에 자주 유의하게 됨으로써 오히려 혼란스러워지기 때문이다.

2 셀이란 두 변수의 계급의 교차 범위, 즉 〈표 6.1〉의 예에서 누계평점이 3.0-3.5이고 입학 성적이 850-900인 학생들이 속하는 범위, 즉 100이 적혀 있는 칸을 셀이라고 한다.

표 6.1

이차원 도수분포표					
입학 성적 \ 누계평점	2.5–3.0	3.0–3.5	3.5–4.0	4.0–4.5	합계
800–850	84	78	62	15	239
850–900	48	100	88	24	260
900–950	26	75	102	43	246
950–1000	14	89	81	71	255
합계	172	342	333	153	1000

표 6.2

이차원 밀도도수분포표				
입학 성적 \ 누계평점	2.5–3.0	3.0–3.5	3.5–4.0	4.0–4.5
800–850	0.00336	0.00312	0.00248	0.00060
850–900	0.00192	0.00400	0.00352	0.00096
900–950	0.00104	0.00300	0.00408	0.00172
950–1000	0.00056	0.00356	0.00324	0.00284

기의 곱으로 정의한다. 위 〈표 6.1〉의 예에서는 $50 \times 0.5 = 25$이다. 각 셀의 상대도수를 셀의 크기로 나눈 값을 밀도도수라고 하는데, 위의 예에서 입학 성적 800-850, 누계평점 2.5-3.0 셀의 밀도도수는 $\frac{84}{1000} \div 25 = 0.00336$이다. 이렇게 각 셀의 밀도도수는 〈표 6.2〉와 같다.

〈표 6.2〉의 밀도도수분포표를 가지고 이차원 히스토그램을 만든다고 하면 삼차원 그림이 만들어진다. 도수분포표의 각 셀 위에 벽돌을 쌓되 셀에 적힌 숫자만큼의 높이를 갖는 직사각 기둥 모양으로 쌓으면 이 직육면체 블록 모양의 입체가 바로 이차원 히스토그램이다. 밀도도수의 히스토그램에서 이 입체의 부피를 구하기 위해 각 직사각형의 부피를 구하면 (밑넓이)×(높이)=(셀의 크기)×(밀도도수)=(상대도수)임을 알 수 있고, 따라서 이 입체의 부피는 상대도수의 합이므로 1이 된다. 이런 성질은 셀의 개수가 아무리 많아져도 여전히 성립하는데, 변량의 수 n이 한없이 커지면 셀의 크기는 한없이 작아지고 개수는 한없이 많아진다. 따라서 이 직육면체 블록들의 모임으로 이루어진 입체는 모래알 같은 것들이 쌓인

모양으로 변하고 이 모래더미의 부피는 여전히 1이다. 이 모래더미의 위 덮개 부분 곡면의 식을 xyz-좌표계에 적으면 이차원 확률밀도함수를 나타내는 곡면의 방정식 $z = f_{\underline{V}}(x, y)$가 된다. 그리고 $f_{\underline{V}}(x, y)$를 확률벡터 $\underline{V} = (X, Y)$의 이차원 확률밀도함수라고 한다.

일반적으로 확률벡터 $\underline{X} = (X_1, X_2)$에 대해 $\mathrm{E}(X_1) = \mu_1$, $\mathrm{E}(X_2) = \mu_2$라고 할 때, $\mathrm{E}[(X_1 - \mu_1)^r (X_2 - \mu_2)^s]$(단, r, s는 음이 아닌 정수)를 r번째 s번째-중심적률($r^{th} s^{th}$-central moment)이라고 한다. $\mathrm{E}[(X_1 - \mu_1)^r (X_2 - \mu_2)^s]$의 계산은 연속변수인 경우는 $\int_{-\infty}^{\infty}\int_{-\infty}^{\infty} (x_1 - \mu_1)^r (x_2 - \mu_2)^s f_{\underline{X}}(x_1, x_2)\, dx_1 dx_2$로 구하며 이때 $f_{\underline{X}}(x_1, x_2)$는 결합 확률밀도함수이다. 이산변수인 경우는 $\sum_{x_1}\sum_{x_2} (x_1 - \mu_1)^r (x_2 - \mu_2)^s f_{\underline{X}}(x_1, x_2)$로 구하며 이때 $f_{\underline{X}}(x_1, x_2)$는 결합 확률함수이다. 단, $s = 0$이면 이 경우에는 이것을 X_1의 r번째 중심적률(r^{th}-central moment)이라 하고, X_2의 s번째 적률도 같은 방법으로 정의한다. X_1의 r번째 적률은 $f_1(x_1)$이 X_1의 주변 확률(밀도)함수이고 그의 분포함수가 $F_1(x_1)$일 때, $\mathrm{E}[(X_1 - \mu_1)^r] = \int_{-\infty}^{\infty} (x_1 - \mu_1)^r\, dF_1(x_1)$이다. 따라서 X_1의 분산 σ_1^2은 X_1의 두 번째 중심적률이고, X_2의 분산 σ_2^2은 X_2의 두 번째 중심적률이다. 또 첫 번째 첫 번째 중심적률 $\mathrm{E}[(X_1 - \mu_1)(X_2 - \mu_2)]$은 σ_{12}로 적기도 하는데 이것을 X_1과 X_2의 공분산(covariance)이라고 한다. 이때 $\underline{\mu} = \begin{pmatrix} \mu_1 \\ \mu_2 \end{pmatrix}$를 평균벡터(mean vector)라고 하고, $\Sigma = \begin{pmatrix} \sigma_{11} & \sigma_{12} \\ \sigma_{21} & \sigma_{22} \end{pmatrix} = \begin{pmatrix} \sigma_1^2 & \sigma_{12} \\ \sigma_{12} & \sigma_2^2 \end{pmatrix}$를 X_1과 X_2의 분산-공분산 행렬(varance-covariance matrix)이라고 한다.

많은 실생활의 예에서 사용되는 이차원 결합 확률밀도함수 $f_{\underline{V}}(x, y)$는 경험적으로 이차원 정규분포(bivariate normal distribution)인 경우가 많은데, 그 식은

$$f_{\underline{V}}(x, y) = \frac{1}{2\pi\sqrt{|\Sigma|}} e^{-\frac{(\underline{v}-\underline{\mu})^t \Sigma^{-1} (\underline{v}-\underline{\mu})}{2}}$$

(단, $\underline{v}^t = (x, y)$, $\underline{\mu}^t = (\mathrm{E}(X), \mathrm{E}(Y)) = (\mu_x, \mu_y)$)

$$\Sigma = \begin{pmatrix} \mathrm{E}((X-\mu_x)^2), & \mathrm{E}((X-\mu_x)(Y-\mu_y)) \\ \mathrm{E}((X-\mu_x)(Y-\mu_y)), & \mathrm{E}((Y-\mu_y)^2) \end{pmatrix} = \begin{pmatrix} \sigma_x^2, & \sigma_{xy} \\ \sigma_{xy}, & \sigma_y^2 \end{pmatrix}$$

이다. 식 중에 $|\Sigma|$는 행렬 Σ의 행렬식 값(determinant)이므로 상수이고, 지수 부분 $\frac{(\underline{v}-\underline{\mu})^t\Sigma^{-1}(\underline{v}-\underline{\mu})}{2}$의 분자는 (1×2) 행렬, (2×2) 행렬, (2×1) 행렬을 순서대로 곱한 것이기 때문에 결국 상수가 된다. 즉, 식의 표현에는 벡터나 행렬이 들어 있지만 편리함을 위한 것일뿐 상수들의 연산식이라고 보아도 무방하다. 일차원 정규분포의 경우 분포를 확정짓는 것은 평균 μ와 분산 σ^2이다. 마찬가지로 이차원 정규분포를 확정짓는 모수는 $\mu_x, \mu_y, \sigma_x^2, \sigma_y^2$와 공분산 σ_{xy}이다. 다시 말해 두 모평균과 두 모분산, 그리고 공분산이다.

일반적으로 이차원 모집단[3] 또는 확률변수 X와 확률변수 Y의 상관계수 ρ_{xy}는 $\rho_{xy}=\frac{\sigma_{xy}}{\sigma_x\sigma_y}$로 정의되므로 $\sigma_{xy}=\rho_{xy}\sigma_x\sigma_y$이다. 따라서 이것을 행렬 Σ의 원소 σ_{xy} 대신 대입하면 결국 이차원 정규분포의 확률밀도함수는 $\mu_x, \mu_y, \sigma_x^2, \sigma_y^2$와 ρ_{xy}에 의해 확정된다고 할 수 있다. 즉, 모평균들과 모분산들, 그리고 상관계수에 의해 이차원 정규분포의 확률밀도함수는 정해진다.

이차원 확률밀도함수 $f_{\underline{V}}(x, y)$를 x에 대해 적분해 확률변수 Y의 주변 확률밀도함수 $f_Y(y)$를 얻을 수 있고, y에 대해 적분해 확률변수 X의 주변 확률밀도함수 $f_X(x)=\int_{-\infty}^{\infty} f_{\underline{V}}(x, y)\,dy$를 얻을 수 있다. 이차원 정규분포의 경우 상관계수 ρ_{xy}에 관계없이 $f_X(x)=\frac{1}{\sigma_x\sqrt{2\pi}}e^{-\frac{(x-\mu_x)^2}{2\sigma_x^2}}$임을 보일 수 있다. 같은 방법으로 Y의 주변 확률밀도함수 역시 평균이 μ_y, 분산이 σ_y^2인 정규분포임을 증명할 수 있다.

6.1.2 조건부 확률밀도함수, 조건부 기댓값, 회귀방정식

조건부 확률밀도함수(conditional probability density function) 역시 앞서 소개한 조건부 확률함수처럼 (결합 확률밀도함수)÷(조건변수의 주변 확률밀도함수)로 정의된다. 단, (조건변수의 주변 확률밀도함수)가 어떤 점의 이웃(neighborhood: 짧은 개구간open interval)에서 0일 때는 조건부 확률밀도함수는 정의되지 않는다.

---

3 대상집단의 각 개체로부터 2개의 측정값을 생각할 때 이것을 (x_i, y_i)라 하면, 이차원 모집단은 이 측정값들 전체의 집합을 뜻한다.

분모가 0이면 비(ratio)가 정의되지 않기 때문인데, 의미상으로는 일어날 수 없는 (일어날 확률이 0인) 일이 발생했다는 조건 아래서의 확률밀도함수는 정의할 수도, 정의할 필요도 없다는 이유이기도 하다. 예를 들면 키와 몸무게의 결합분포에서 몸무게의 조건부 분포를 말할 때, 키가 -100cm인 학생들의 몸무게에 대한 조건부 확률밀도함수는 정의되지 않는다. 왜냐하면 어떤 학생의 키가 -100cm 근방일 확률은 0이기 때문이다.

이차원 정규분포에서 입학 성적 X가 x인 학생들만의 누계평점 분포의 조건부 확률밀도함수는

$$f_{Y|x}(y|x) = \frac{f_V(x, y)}{f_X(x)} = \frac{1}{\sigma_y\sqrt{2\pi\left(1-\rho_{xy}^2\right)}}e^{-\frac{\left[y-\mu_y-\rho_{xy}\frac{\sigma_y}{\sigma_x}(x-\mu_x)\right]^2}{2\sigma_y^2(1-\rho_{xy}^2)}}$$

임을 간단한 나눗셈에 의해 증명할 수 있다. 즉 평균이 $\mu_y + \rho_{xy}\frac{\sigma_y}{\sigma_x}(x-\mu_x)$이고 분산이 $\sigma_y^2(1-\rho_{xy}^2)$인 정규분포라는 뜻이다. 주의할 점은 평균을 나타내는 식에 들어 있는 x는 조건부 숫자, 즉 $X=x$라는 조건의 값이라는 것이다. 장차 회귀분석과 관련지어 기억할 것은 조건부 분포의 분산 $\sigma_y^2(1-\rho_{xy}^2)$이 조건변수의 값 x에 따라 변하지 않는다는 점이다. 이것을 조건부 분포의 등분산성(homoscedasticity)이라고 한다. 따라서 이 분포의 기댓값, 즉 $X=x$일 때의 조건부 기댓값, 곧 회귀방정식(regression equation)은 정규분포의 성질에 의해 $y=\mu_y+\rho_{xy}\frac{\sigma_y}{\sigma_x}(x-\mu_x)$[4]이고, 이 식을 고쳐 적으면$\left(\left(\mu_y-\rho_{xy}\frac{\sigma_y}{\sigma_x}\mu_x\right)+\rho_{xy}\frac{\sigma_y}{\sigma_x}x=\alpha+\beta x\right.$이므로 Y의 $X=x$일 때의 조건부 기댓값은 x의 일차함수가 된다.

물론 모수 $\mu_x, \mu_y, \sigma_x^2, \sigma_y^2$와 ρ_{xy}의 어느 값도 정확한 값을 알지 못하기 때문에

---

4 여기서 y는 아무 의미가 없는 변수로서 좌표평면에 나타낼 때 y축을 의미하는 것일 뿐이다. 정확히 적는다면 y 대신 $E(Y|X=x)$라고 적어야 한다. 특히 앞서 필자가 사용했던 $\hat{y}_i=\alpha+\beta x_i$는 매우 적절한 표현은 아니다. 일반적으로 hat(^) 기호는 그 아래 적은 것의 추정량임을 뜻할 때 사용하는데, 그런 의미에서 $E(Y|X=x_i)=\hat{\alpha}+\hat{\beta}x_i$라고 해야 옳은 표현이 된다. 이것을 달리 표현하면 $\mu_{Y|x_i}=\hat{\alpha}+\hat{\beta}x_i$와 같이 적을 수도 있다. 그러나 대개의 통계학 교재에서는 $\hat{y}_i=\hat{\alpha}+\hat{\beta}x_i$의 표현을 자주 사용하므로 그 정확한 의미가 $\mu_{Y|x_i}=\hat{\alpha}+\hat{\beta}x_i$임을 독자 스스로 깨우치며 읽어야 한다.

α와 β 역시 정확한 값은 알 수 없다. 또 조건부 확률변수 $Y|X=x$의 분산, 즉 $\varepsilon|X=x$[5]의 분산은 $\sigma_y^2(1-\rho_{xy}^2)$이므로 ρ_{xy}의 값이 0이 아니라면 σ_y^2에 비해 크기가 줄어든다($\sigma_y^2 > \sigma_y^2(1-\rho_{xy}^2), -1 \le \rho_{xy} \le 1$). 다시 말해 x_i라는 변인을 고려함으로써 Y의 분산 σ_y^2가 Y의 조건부 변수 $(Y|X=x)$의 분산 $\sigma_y^2(1-\rho_{xy}^2)$로 축소되는 이득을 얻게 되는 것이다.

6.2 두 변인 간의 상관관계

상관관계란 확률벡터를 이루는 두 확률변수 쌍, 즉 확률벡터의 가능한 모든 관측 쌍의 값들 사이의 대략적 일차함수(선형적) 관계를 뜻한다. 통계적 추론은 항상 모수에 대해 표본을 근거로 해서 추론하는 것이다. 따라서 상관관계 역시 모집단의 상관관계를 추측하기 위해 표본의 상관관계를 생각해야 하고, 결국 우리는 모집단의 상관관계와 표본의 상관관계를 엄격히 구분해 생각할 필요가 있다.

상관관계에 관한 대부분의 교육학, 심리학 교재들은 이 점을 명확하게 구분해 서술하지 않음으로써 독자들을 혼란스럽게 한다. 반면 통계학 교재들은 이 점을 명확히 구분하려고는 하지만 어렵게 서술되어 이해하기가 쉽지 않다. 결국 어느 쪽으로 접근해도 상관관계의 개념 획득이 용이하지 않다.

앞서의 회귀방정식 등에 대한 논의는 모두 모집단에서의 회귀와 상관에 관해 소개한 것이기 때문에 교육학이나 심리학 교재에서의 서술과는 매우 다르고 더 어렵다는 느낌을 갖게 되었을 것이다. 필자는 상관관계에 대해 우리가 무엇을 알고 싶어 하는지를 명확히 하기 위해서 구할 수는 없지만 우연성은 없기 때문에 고정적인 모집단의 상관계수를 먼저 소개했다. 이 단원에서는 궁극적으로 표본의 상관계수를 통해 모집단의 상관계수를 추정해보는 문제에까지 접근할 것이다.

---

5 이 값과 $Y|X=x$ 사이의 차이는 고정된 값 $\alpha+\beta x$만큼의 차이가 있을 뿐이므로 두 확률변수의 분산은 같다.

6.2.1 상관도와 표본상관계수

이차원 확률밀도함수는 밀도도수의 히스토그램에서 유래해 곡면으로 발전한 것이다. 이 곡면은 입체로 그리기 불편하기 때문에 지리 시간에 산을 평면에 나타내기 위해 사용했던 등고선(contour)을 활용하면 편리하다. 〈그림 6.1〉은 이차원 정규분포인 산 모양 입체의 확률밀도함수를 등고선으로 고쳐 그리는 과정을 보여준다. 이차원 정규분포 확률밀도함수의 등고선은 장축과 단축이 모두 같은 타원(또는 원) 모양이다. 장축과 단축의 식 등을 포함한 수학적 분석은 확률밀도함수의 수식에 포함된 분산-공분산 행렬 Σ에 대한 고유치(eigen value)와 고유벡터(eigen vector)에 대한 분석 등으로부터 얻을 수 있다.

그보다 더 중요한 것은 비록 등고선의 타원을 보고 있다고 하더라도 그것을 통해 확률밀도함수의 모양을 마음속에 그릴 수 있어야 할 뿐 아니라, 나아가 그것이 얻어진 직육면체 모양의 블록들을 쌓아놓은 것 같은 히스토그램의 모양도 상상할 수 있어야 한다. 왜냐하면 이런 상상력이 있어야 다음 설명들을 이해할 수 있기 때문이다.

xy-좌표평면에 나타난 등고선이 〈그림 6.2〉의 제일 왼쪽 그림과 같을 때 이와 같은 분포를 가진 모집단에 얻은 자료, 즉 이차원 벡터들—(영어, 수학) 성적 같은—을 좌표평면에 점으로 나타내면,[6] 비록 자료를 실제로 얻지는 않았더라도, 상상만으로도 대략 〈그림 6.2〉의 맨 오른쪽 그림과 같은 상관도가 얻어질 것이 예상된다. 왜냐하면 타원의 중심으로 갈수록 곡면의 높이는 높아지므로 히스토그

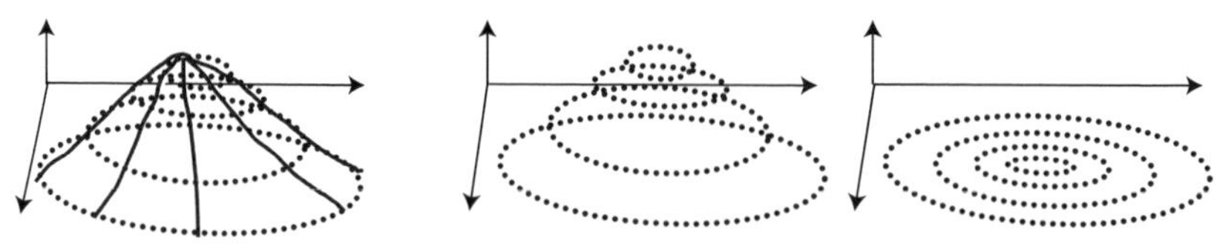

그림 6.1

---

6 이것을 상관도(scattergram)라고 한다. 상관도는 우리나라 중등학교 수학교육 과정에서 나오는 용어인데 대학 교재에서는 산점도라고 번역하는 경우가 많다.

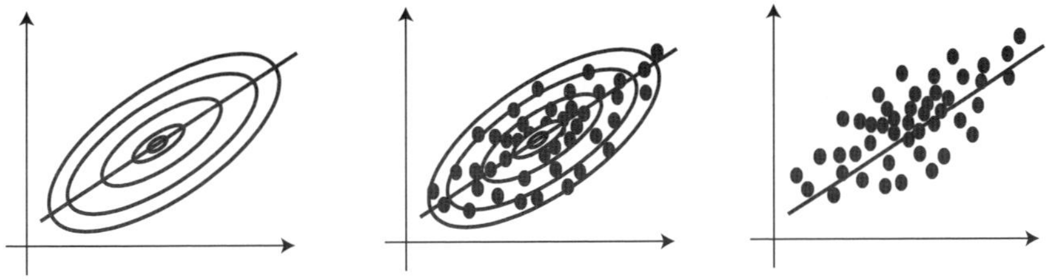

그림 6.2

램의 직사각 기둥의 높이도 높아지기 때문이다. 이는 중심 부근으로 갈수록 변량 벡터(점)의 수(도수)가 많다는 뜻이며, 따라서 무작위로 유한개의 표본 변량벡터들을 뽑는다면 중심 부근에서는 더 많은 점들이 관찰될 것이고 가장자리로 갈수록 적을 것이다. 또 타원이 등고선임을 생각할 때 같은 거리만큼 중심에서 멀어진다고 해도 단축 방향에 비해 장축의 직선 방향에 놓인 점들이 더 많을 것이라고 예상된다. 〈그림 6.2〉의 가운데 그림은 바로 그런 확률밀도함수의 등고선의 특징을 상상 속의 상관도와 관련지어 그려본 것이다. 이 그림은 타원의 장축의 직선 방향과 유사한 방향의 선형성을 드러낼 것이다.[7]

그렇기 때문에 상관관계의 강도를 상관도를 보고 말하는 것은 분산-공분산 행렬의 장축을 중심으로 타원이 찌그러진 정도를 염두에 둔 것이지만, 일반적으로 분산-공분산 행렬의 고유치가 $\dfrac{(\sigma_x^2+\sigma_y^2)\pm\sqrt{(\sigma_x^2-\sigma_y^2)^2+4\rho_{xy}^2\sigma_x^2\sigma_y^2}}{2}$이기 때문에 $|\rho_{xy}|$의 증감에 따라 고유치의 큰 값(장축 값)도 증감하기는 하나 다른 변인(σ_x^2와 σ_y^2)들이 많아 속단하기는 어렵다고 할 수 있다. 따라서 상관도를 보고 상관관계의 강도를 판단하기 위해서는 관측값 대신에 표준화된 변량 $\left(\dfrac{x_i-\mu_x}{\sigma_x}, \dfrac{y_i-\mu_y}{\sigma_y}\right)(i=1, 2, \cdots, n)$들로 그려서 생각하는 것이 좋다. 평균과 표준편차의 값을 모르기 때문에

---

7 수학적으로 엄밀히 말하면 장축의 직선의 식 $y=\mu_y\pm\tau(x-\mu_x)$(단 $\tau=\dfrac{\sqrt{(1-\gamma^2)^2+4\rho_{xy}^2}-(1-\gamma^2)}{2\rho_{xy}\gamma}$, $\gamma=\dfrac{\sigma_y}{\sigma_x}$)과 회귀방정식에서의 회귀직선의 식 $y=\mu_y+-\rho_{xy}\gamma(x-\mu_x)$는 일치하는 것은 아니다. 그러나 두 식 모두 ρ_{xy}와 γ에 의해 정해진다는 점에서는 같다. 특히 $\gamma(>0)$가 한없이 커지거나 0으로 수렴할 때 두 직선의 기울기는 점점 같아진다. 그러나 $\gamma=1$일 때 회귀직선의 기울기는 ρ_{xy}이지만 장축 직선의 기울기는 ρ_{xy}의 부호에 따라 ±1이며, 타원의 찌그러진 정도만 $\sigma_x^2=\sigma_y^2=\sigma^2$의 영향과 함께 ρ_{xy}의 영향을 받는다(찌그러짐의 정도인 분산-공분산 행렬 Σ의 고유치가 $\sigma^2(1\pm\rho_{xy})$이다).

표준화하기 어렵다면 표본평균과 표본표준편차를 대신 이용할 수도 있다. 이 경우 점들은 직선 $y = x$ 또는 $y = -x$ 근방에 놓일 것이며, 다만 밀집의 정도만 차이를 나타낼 것이 예상된다. 만약 그렇지 않다면 출발부터 다른 관점에서 그 이유를 점검해보아야 한다.

원래의 자료를 가지고 그린 상관도에서, 회귀직선의 식을 염두에 두고 점들이 수평선이나 수직선 주위에 모여 있으면 상관관계가 거의 없고, 비스듬히 기울어진 어느 직선 주변에 모여 있으면 상관관계가 있다고 말하는 것도 잘못된 것은 아니다. 이 직선의 기울기가 $\rho_{xy}\gamma$이기 때문이다. 그러나 이 값이 $\gamma = \dfrac{\sigma_y}{\sigma_x}$의 영향을 받기 때문에 조심스러우며, 특히 그 값이 그림을 그리는 방법에 따라 다르게 느껴지도록 한다면(x축의 단위를 작게 함으로써 x축을 늘려 기울기가 거의 0이 되게 하거나, 반대로 y축을 늘려 기울기가 매우 크게 할 수도 있음) 착시현상이 가능하기 때문이다.

이를 위해서 표본상관계수를 구해 시각적으로 판단하지 않고 계수의 크기로 판단할 수 있다. 표본상관계수 r_{xy}는

$$r_{xy} = \frac{\sum_{i=1}^{n}(x_i - \overline{x})(y_i - \overline{y})}{\sqrt{\sum_{i=1}^{n}(x_i - \overline{x})^2 \sum_{i=1}^{n}(y_i - \overline{y})^2}} = \frac{(\text{SCP})}{\sqrt{(\text{SSX})(\text{SSY})}} = \frac{\hat{\sigma}_{xy}}{\hat{\sigma}_x \cdot \hat{\sigma}_y}$$

로 정의된다.[8] 단, $(\text{SSX}) = \sum_{i=1}^{n}(x_i - \overline{x})^2$, $(\text{SSY}) = \sum_{i=1}^{n}(y_i - \overline{y})^2$, $(\text{SCP}) = \sum_{i=1}^{n}(x_i - \overline{x})(y_i - \overline{y})$이다. 식의 표현 중 $\hat{\sigma}_{xy}$, $\hat{\sigma}_x$, $\hat{\sigma}_y$ 등에서 알 수 있듯이, 이 식은 모집단의 상관계수 ρ_{xy}와 매우 유사하다.

표본상관계수 역시 모집단의 상관계수처럼 값의 크기는 -1보다 크고 1보다 작다. -1이거나 1인 경우는 이론적으로는 타원이 직선으로 변하는 경우(모집단의 분포) 또는 y_i들의 벡터 $\underline{y}$가 x_i들의 벡터 $\underline{x}$의 상수 배, 즉 $\underline{y} = k \cdot \underline{x}$인 경우에 성립

---

8 SCP는 'Sum of Cross Product'를 의미하고 SSX는 'Sum of Squared deviations of X(x_i들)'를 뜻한다. 또 $\hat{\sigma}_{xy} = \dfrac{(\text{SCP})}{n}$이고 $\hat{\sigma}_x = \sqrt{\dfrac{(\text{SSX})}{n}} = s_x\sqrt{\dfrac{n-1}{n}}$이다. ($s_x$는 x_i들의 표준편차)

하지만, 이 경우에 확률분포 측면에서는 특이분포(singular distribution)를 갖게 되며, 통계적 모형으로서는 부적절한 모형이라는 의미가 된다.

즉 두 확률변수 X, Y 사이에 결정적 비례 관계인 $Y=kX$의 관계가 성립한다면, X만 분석하면 Y에 대해 모든 것을 다 알 수 있으므로 X의 주변(일변수)분포에 대한 분석만으로 충분하다. 그럼에도 불구하고 $Y=kX$의 관계를 무시하고 이변수 확률분포 $\underline{V}=(X, Y)$에 대해 분석을 하려 하면[9] 모든 확률은 직선 $y=kx$ 위에 밀집되고($X=x$라는 조건 아래서 $Y|X=x$는 kx라는 한 개의 값만을 가지며 $Y|X=x$라는 조건변수의 표준편차는 0이 된다. 모든 값이 상수인 자료의 표준편차는 0이다), $F_{\underline{V}}(x, y)$는 이차원 특이분포가 된다. 따라서 상관계수가 ± 1일 때는, 일변수 분포의 경우 표준편차가 0인 경우처럼 실용적으로는 없다고 보아도 무방하다.

상관계수가 ± 1이 아니라고 해도 문제는 여전히 있을 수 있다. 앞의 이야기는 사실 $Y=kX$인 경우에 국한되지 않는다. 가령 $Y=h(X)$라는 완전한 함수관계일 때도 마찬가지임을 알 수 있다. 즉, $Y|X=x$의 표준편차는 0이다. $X=x$일 때 Y의 값은 우연속성이 없이 $h(x)$ 한 개의 값으로 고정될 것이기 때문이다. 이 경우도 특이분포를 갖는 경우이지만, 상관계수는 ± 1이 아니다. 자료 {(−2, 4), (−1, 1), (0, 0), (1, 1), (2, 4)}에서 상관계수 r_{xy}를 구해보면 0이다. 그러나 이 자료는 $y=x^2$의 관계를 갖고 있다. 모집단의 Y와 X 사이에서는 그런 관계가 성립하지는 않는데, 우연히 뽑힌 5개의 표본값만 그렇게 되었을 수 있다. 그런 경우 통계분석은 매우 혼란스럽게 된다. 모집단에서도 그렇다고 하면 이차원 분포 $F_{\underline{V}}(x, y)$에 대해 분석하는 것은 옳지 않다. $F_X(x)$의 일변수분포만을 분석해도 충분히 좋은 분석을 할 수 있다.

그러므로 결국 상관계수만으로 판단하는 것도 문제이다. 상관계수와 함께 상관도도 살펴보아서 점들이 직선 주위에 있지는 않지만 특정한 함수 곡선의 주위에 밀집되어 있는지도 확인해야 한다. 만약 점들이 곡선 $y=k \cdot \log(x-p)+q$

9 Y만 보면 우연속성을 갖고 변하는 것처럼 보이고, X만 보아도 마찬가지이기 때문에 그런 착각이 있을 수 있다.

근방에 밀집되어 있고 p의 값을 짐작해서라도 알 수 있다면, x_i들 대신에 $z_i = \log(x_i - p)$라는 변환을 해서 $y_i = \alpha z_i + \beta + \varepsilon_i$라는 모형으로 모형을 변환해 생각하는 것이 더 바람직할 것이다. 그리고 상관계수 등은 Y와 Z 간의 관계로 설명하는 것이 타당하다.

상관계수와 상관도를 모두 다 살펴본다고 해도 표본이 충분하지 않아 모집단의 특성을 모두 다 드러내지 않을 수 있다. 따라서 상관관계의 분석은 항상 한계가 있는 것임을 유의해야 한다. 가령 논리적 추론 능력(증명 능력)과 수학 학업 성취도와의 관계를 연구하는 데 하위권 학생들만의 자료에서는 크게 유의적인 관계를 얻지 못했다고 하자. 그런데 상위권 학생들의 경우에는 매우 높은 상관관계를 가질 수 있고, 모든 학생이 혼합된 자료에서는 이런 관계가 희석되어 다시 상관관계가 높지 않다고 판단할 수 있다. 따라서 상관관계 연구는 자신이 생각하는 모든 범위의 자료를 모두 포괄해야 하고, 다시 부분적으로 분리해 면밀하게 검토하는 것도 필요하다.

상관관계 연구에서 매우 중요한 점 중의 하나는 인과적 추론에 대한 것이다. 두 변수가 상관관계에 있다고 함은 두 변수가 대략적 일차함수의 관계에 있다는 말인데, 둘 중에 어느 것이 원인이고 결과인지에 대한 것은 통계적으로 밝혀진 바가 없다는 점이다. 이것은 앞서 피아제가 생각한 종속관계에서도 마찬가지이다. 눈동자 색깔이 머리카락 색깔에 영향을 준 것인지, 그 반대인지는 생물학적으로는 규명될 수 있을지 모르지만 통계적으로는 원인이 무엇인지 알 수 없다.

원칙적으로만 말하자면, 인과관계의 추론을 위해서는 통계적 방법이 좋은 해답을 주지 못한다. 비만과 당뇨병 발병이 상관관계가 있음을 알았을 때, 상식적으로 당뇨병 발병이 비만의 원인일 것 같지는 않지만, 그것은 통계분석의 결과가 아니라 상식에 의한 것이라는 뜻이다. 더 나아가 비만과 당뇨병의 발병 중 어느 것도 원인이 아니고, 원인은 제3의 어떤 것이 이 두 가지 모두에 영향을 주어 상관관계를 유발시켰을 수도 있는 것이다. 어느 연구 결과 아이스크림 판매량과 성폭행 발생과 상관관계가 있다는 주장이 있었는데, 상식적인 판단으로는 어느 쪽도 다른 쪽의 원인이라고 추측할 수 없다.

상관관계에 대한 설명이나 회귀분석의 결과에 대한 설명에서 'x가 증가할 때 y도 증가하면 양의 상관관계'라고 하지만, 그 설명으로 인해 x가 원인이라는 의미로 오해되는 일은 없어야 한다. X가 독립변수이고 Y가 종속변수라고 하는 것은 분석을 그렇게 했다는 뜻[10]일 뿐, X를 원인으로 본다는 의미는 아니다. 어느 것을 독립변수로 보는가는 어느 것을 쉽게 알 수 있는(조건변수로 놓을 수 있는) 정보로 보느냐의 문제이다. 가령 내신 성적을 알 때 수능 성적을 예측하려고 하지만, 수능 성적을 알고 내신 성적을 알고자 하지는 않을 것이라는 판단에 의한 것이다.

6.2.2 상관과 선형 강도의 검정

두 확률변수가 대략적 일차함수 관계에 있다고 할 때 '대략적'이라는 말은 어느 정도 '대략적'임을 의미할까? 그것은 거의 확실한 일차함수 관계일 수도 있고, 그런 관계라고 하기에는 매우 미약할 수도 있다. 그 정도를 알 수 있게 해주는 숫자가 모집단의 상관계수 ρ_{xy}라고 할 수 있는데, 표본 자료만으로는 정확한 값은 알 수 없고 어느 정도 짐작하게 해주는 값이 r_{xy}이다. 확률변수로서 표본상관계수 R_{xy}는 확률분포를 갖는데, 모집단의 상관계수 ρ_{xy}가 0일 때 $T_{n-2} = R_{xy}\sqrt{\dfrac{n-2}{1-R_{xy}^2}}$는 자유도 n–2인 t–분포를 한다. 이 식에서 T_{n-2}는 R_{xy}의 증가함수임을 기억해두어야 한다. 즉 R_{xy}가 1 가까이로 증가할 때 T_{n-2}는 무한히 커지며, 반대로 –1 가까이로 감소할 때 무한히 작아진다.

자유도가 ν인 t–분포란 확률밀도함수가 $f_T(t) = \dfrac{\Gamma[(\nu+1)/2]}{\sqrt{\pi\nu}\,\Gamma(\nu/2)}\left(1+\dfrac{t^2}{r}\right)^{-\frac{\nu+1}{2}}$ 인[11]

---

10 회귀분석에서 $x_i = \gamma + \delta y_i + \varepsilon_i$, $\varepsilon_i \sim \text{nid}(0, \sigma^2)$와 $y_i = \alpha + \beta x_i + \varepsilon_i$, $\varepsilon_i \sim \text{nid}(0, \sigma^2)$는 전혀 다른 모형이며, 그 결과 앞의 모형에서 구한 추정회귀식 $x = \hat{\gamma} + \hat{\delta} y$을 y에 대해 풀어 $y = -\dfrac{\hat{\gamma}}{\hat{\delta}} + \dfrac{1}{\hat{\delta}}x$를 얻었을 때, 이것은 뒤의 모형에서 구한 추정회귀식 $y = \hat{\alpha} + \hat{\beta}x$와는 전혀 다르다. 즉, 일반적으로 $\hat{\alpha} \neq -\dfrac{\hat{\gamma}}{\hat{\delta}}$, $\hat{\beta} \neq \dfrac{1}{\hat{\delta}}$이다. 이런 결과가 발생하게 된 핵심 원인은 다음 단원에서 소개될 회귀계수 추정의 방법인 최소제곱법의 x, y에 대해 대칭적이지 않은 척도가 모형의 차이로 이어지기 때문이다.

11 단, $\Gamma(\alpha) = \int_0^\infty x^{\alpha-1}e^{-x}dx$이고, 따라서 $\Gamma(\alpha) = (\alpha-1)\Gamma(\alpha-1)$이 성립하며, 특히 $\alpha = m$인 자연수일 때는 $\Gamma(m) = (m-1)!$이고 $\Gamma\left(\dfrac{1}{2}\right) = \sqrt{\pi}$이다.

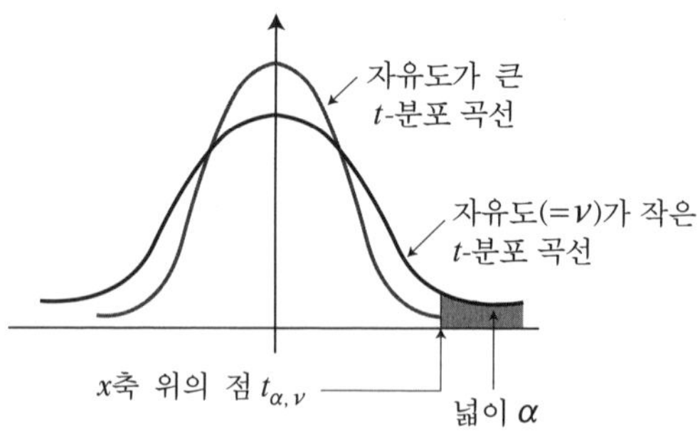

그림 6.3

확률분포인데 $f_T(t)=f_T(-t)$이므로 우함수이고, xy-좌표평면에서 $y=f_T(x)$의 그래프는 표준정규분포 곡선과 거의 비슷하게 생겼다(〈그림 6.3〉 참고).

〈그림 6.3〉에서 기호 $t_{\alpha,\nu}$가 소개되어 있는데, $P(T_\nu > t_{\alpha,\nu})=\alpha$라는 뜻이다. $f(x)$가 확률변수 X의 확률밀도함수일 때 $P(a<X<b)=\int_a^b f(x)\,dx$, 즉 확률변수 X가 a부터 b 사이의 값일 확률이 구간 (a, b) 사이의 확률밀도함수 곡선 아래의 넓이임을 생각하면, 〈그림 6.3〉의 설명은 적분식과 관련지어볼 경우 f는 자유도 ν인 t-분포이고 X는 T_ν이며, $a=t_{\alpha,\nu}$, $b=+\infty$, $\alpha=P(t_{\alpha,\nu}<T_\nu<+\infty)$라는 뜻이다. 따라서 이제부터 자유도 ν인 t-분포 곡선에서 오른쪽 끝 부분(right-tail)의 넓이가 α인 x-축 상의 점은 $t_{\alpha,\nu}$로 나타내기로 한다.

확률밀도함수 곡선 아래의 넓이는 적분을 통해 구할 수 있으나, 위의 t-분포처럼 함수가 매우 복잡한 경우에는 부정적분이 구해지지 않는다. 표준정규분포의 경우도 그러하다. 이런 경우에는 컴퓨터를 이용해서 곡선 아래의 넓이를 근사적으로 구해 표를 만들어두고 사용하는데, 표준정규분포표가 그렇듯이 t-분포표도 그렇게 만들어 사용한다. 이 책의 부록 3에는 t-분포표가 주어져 있다. t-분포표에 적혀 있는 숫자는 〈그림 6.3〉과 관련지어 이해하면 〈그림 6.4〉와 같다. 가령 〈그림 6.3〉에서 자유도 3인 t-분포를 하는 확률변수 T_3이 3.182 이상일 확률은 0.025이다. 즉 자유도 3인 t-분포에서 x-축 상의 3.182 오른쪽 부분 곡선 아래의 넓이는 0.025라는 의미이다. 모든 t-분포는 우함수이므로 좌우대칭이다. 따라서 위의 표에 근거해 $P(T_3<-3.182)=0.025$라고 할 수도 있다.

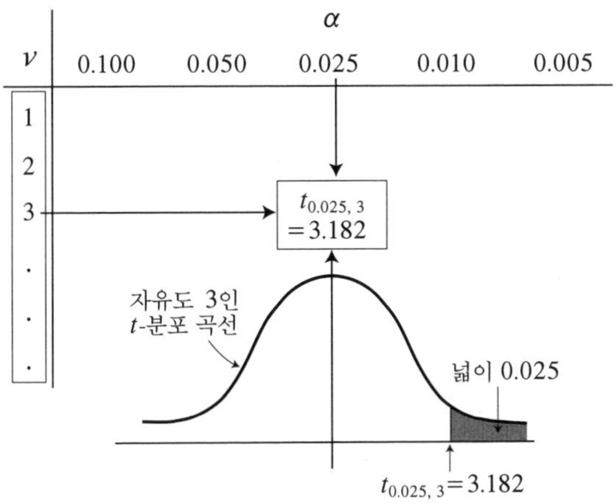

그림 6.4

"모집단의 상관계수 ρ_{xy}가 0일 때, $T_{n-2}=R_{xy}\sqrt{\dfrac{n-2}{1-R_{xy}^2}}$는 자유도 n-2인 t-분포를 한다"라는 수리통계적 결과는 실제 모집단의 상관계수는 0임에도 불구하고 표본의 우연성으로 인해 표본상관계수 $R_{xy}=r_{xy}$라는 결과의 출현 가능성, 즉 희귀도(p-value)를 계산할 수 있게 한다. 희귀도 등과 관련된 이런 생각은 가설검정의 일반적 원리와 관련된 것이므로 나중에 설명하기로 하고 지금은 간단히 가설검정의 절차에 대해서만 알아보고자 한다.

1. $\rho_{xy}>0$임을 주장하려 할 때의 검정법

① 표본상관계수 r_{xy}를 구한다.

② 표본 변량벡터의 개수 n을 이용해 $t_{n-2}=r_{xy}\sqrt{\dfrac{n-2}{1-r_{xy}^2}}$의 값을 계산한다. 이 값 t_{n-2}를 검정통계량(test value)이라고 한다.

③ t-분포표에서 $t_{\alpha,n-2}$를 찾아 읽는다(특별한 이유가 없으면 대개 $\alpha=0.05$를 사용한다). 이 값 $t_{\alpha,n-2}$을 임계값(critical value)이라고 한다.

④ 만약 $t_{n-2}>t_{\alpha,n-2}$면 $\rho_{xy}>0$라고 판단한다. 그렇지 않으면 추가의 통계 조사가 있을 때까지 판정을 보류한다. 특히 t_{n-2}가 $t_{\alpha,n-2}$에 비해 약간 작은 경우에는 절대 $\rho_{xy}\le 0$라고 판단해서는 안 된다.

2. $\rho_{xy} < 0$임을 주장하려 할 때의 검정법

① 표본상관계수 r_{xy}를 구한다.

② 표본 변량벡터의 개수 n을 이용해 $t_{n-2} = r_{xy}\sqrt{\dfrac{n-2}{1-r_{xy}^2}}$의 값을 계산한다.

③ t-분포표에서 $t_{\alpha,n-2}$를 찾아 읽는다(특별한 이유가 없으면 대개 $\alpha = 0.05$를 사용한다). 이때 $-t_{\alpha,n-2}$를 임계값이라고 한다.

④ 만약 $t_{n-2} < -t_{\alpha,n-2}$면 $\rho_{xy} < 0$라고 판단한다. 그렇지 않으면 추가의 통계 조사가 있을 때까지 판정을 보류한다. 특히 t_{n-2}가 $-t_{\alpha,n-2}$에 비해 약간 큰 경우에는 절대 $\rho_{xy} \geq 0$라고 판단해서는 안 된다.

3. $\rho_{xy} \neq 0$임을 주장하려 할 때의 검정법

① 표본상관계수 r_{xy}를 구한다.

② 표본 변량벡터의 개수 n을 이용해 $t_{n-2} = r_{xy}\sqrt{\dfrac{n-2}{1-r_{xy}^2}}$의 값을 계산한다.

③ t-분포표에서 $t_{\frac{\alpha}{2},n-2}$를 찾아 읽는다(특별한 이유가 없으면 대개 $\alpha = 0.05$를 사용한다). 이때 $t_{\frac{\alpha}{2},n-2}$와 $-t_{\frac{\alpha}{2},n-2}$를 임계값이라고 한다.

④ 만약 $|t_{n-2}| > t_{\frac{\alpha}{2},n-2}$면 $\rho_{xy} \neq 0$라고 판단한다. 그렇지 않으면 추가의 통계 조사가 있을 때까지 판정을 보류한다. 특히 $|t_{n-2}|$가 $t_{\frac{\alpha}{2},n-2}$에 비해 약간 작은 경우에는 절대 $\rho_{xy} = 0$라고 판단해서는 안 된다.

위에서 소개한 모집단의 상관계수에 관한 검정법은 모집단의 확률분포가 이차원 정규분포라는 가정 아래서 만들어진 것이다. 이 통계적 검정법은 모집단의 분포에 대한 수학적 가정에 민감한 방법이다. 모집단의 분포가 이차원 정규분포가 아닌데도 불구하고 위에서 소개한 방법을 사용하게 되면 심각한 오류를 범할 가능성이 높다는 뜻이다. 대개 모집단의 분포에 대해 이차원 도수분포표를 통해서 미루어 짐작해볼 수 있지만 정확히 알고 있는 경우는 없기 때문에 결국 이 방법을 사용할지는 신중하게 결정해야 한다.

대안적인 방법으로서 표본의 크기를 크게 하면 다음과 같은 방법을 사용할 수

있다. 이 방법은 위에서 소개한 경우처럼 $\rho_{xy}=0$ 등에 관한 것에 국한되지 않고 $\rho_{xy}=\rho_0$(단, $-1<\rho_0<1$) 등 ρ_{xy}의 가능한 다양한 값에 대한 검정법이다. 다음의 어느 경우든지 관계없이 먼저 $v=\frac{1}{2}\ln\left(\frac{1+r_{xy}}{1-r_{xy}}\right)$와 $\mu_0=\frac{1}{2}\ln\left(\frac{1+\rho_0}{1-\rho_0}\right)$를 구한다(여기서 ln은 자연대수의 로그이다). 이어서 $z=\sqrt{n-3}(v-\mu_0)$를 구한다. 이 값을 이 검정법의 검정통계량이라고 한다.

4. $\rho_{xy}>\rho_0$임을 주장하려 할 때의 검정법

① 표준정규분포표(또는 t-분포표에서 자유도가 ∞인 줄)에서 $z_\alpha(=t_{\alpha,\infty})$를 찾아 읽는다(특별한 이유가 없으면 대개 $\alpha=0.05$를 사용한다).[12] 이때 z_α를 임계값이라고 한다.

② 만약 $z>z_\alpha$면 $\rho_{xy}>\rho_0$라고 판단한다. 그렇지 않으면 추가의 통계 조사가 있을 때까지 판정을 보류한다. 특히 z가 z_α에 비해 약간 작은 경우에는 절대 $\rho_{xy}\le\rho_0$라고 판단해서는 안 된다.

5. $\rho_{xy}<\rho_0$임을 주장하려 할 때의 검정법

① 표준정규분포표(또는 t-분포표에서 자유도가 ∞인 줄)에서 $z_\alpha(=t_{\alpha,\infty})$를 찾아 읽는다(특별한 이유가 없으면 대개 $\alpha=0.05$를 사용한다). 이때 $-z_\alpha$를 임계값이라고 한다.

② 만약 $z<-z_\alpha$면 $\rho_{xy}<\rho_0$라고 판단한다. 그렇지 않으면 추가의 통계 조사가 있을 때까지 판정을 보류한다. 특히 z가 z_α에 비해 약간 큰 경우에는 절대 $\rho_{xy}\ge\rho_0$라고 판단해서는 안 된다.

6. $\rho_{xy}\ne\rho_0$임을 주장하려 할 때의 검정법

① 표준정규분포표(또는 t-분포표에서 자유도가 ∞인 줄)에서 $z_{\frac{\alpha}{2}}\left(=t_{\frac{\alpha}{2},\infty}\right)$를

---

12 z_α는 표준정규분포 곡선의 그래프에서 오른쪽 끝 부분 곡선 아래의 넓이가 α인 x-축 상의 점의 이름이다(〈그림 4.1〉, 〈그림 4.2〉 참고).

찾아 읽는다(특별한 이유가 없으면 대개 $\alpha=0.05$를 사용한다). 이때 $z_{\frac{\alpha}{2}}$와 $-z_{\frac{\alpha}{2}}$를 임계값이라고 한다.

② 만약 $|z|>z_{\frac{\alpha}{2}}$면 $\rho_{xy}\neq\rho_0$라고 판단한다. 그렇지 않으면 추가의 통계 조사가 있을 때까지 판정을 보류한다. 특히 $|z|$가 $z_{\frac{\alpha}{2}}$에 비해 약간 작은 경우에는 절대 $\rho_{xy}=\rho_0$라고 판단해서는 안 된다.

위에서 소개한 대안적인 방법은 모집단의 분포가 정확히 이차원 정규분포가 아니더라도 심하게 다르지 않으면 결과에 큰 이상이 발생하지는 않는 검정법이다.

6.3 회귀식의 추정과 검정

상관관계의 문제는 두 확률변수 사이에 대략적 일차함수 관계가 있는가에 관한 문제이다. 회귀관계의 문제는 두 확률변수 중에 어느 하나의 값이 관측되었을 때 다른 값을 예측하는 문제이다. 따라서 회귀관계의 문제는 조건부 분포의 문제이고, 따라서 정확히 말하면 이변수분포가 아닌 조건부 일변수분포의 문제이다. 그러나 종속관계의 문제는 조건부 분포의 변화관계에 관한 문제이다. 즉 조건변수로 사용된 변수의 값이 변할 때 조건부 분포가 변화하면 두 변수 간에 종속관계가 있다고 할 수 있다. 일반적으로 두 확률변수 X, Y에 대해 조건부 확률변수 $Y|X=x$의 분포 $f_{Y|x}(y|x)=f_{\underline{V}}(x, y)/f_X(x)$가 x에 따라 변하면, 즉 x의 함수이면 종속관계이고 그렇지 않으면 서로 독립적이다.

그런데 두 확률변수 X, Y가 서로 독립적이면 $f_{\underline{V}}(x, y)=f_X(x)f_Y(y)$라고 정의했다. 위의 식과 비교해보면 $f_Y(y)=f_{Y|x}(y|x)$이면 두 확률변수는 서로 독립적이고 그렇지 않으면 서로 종속적인 관계이다. 피아제는 X의 가능한 값이 1=brown과 0=blonde이고, Y의 가능한 값이 1=brown, 0=blue일 때 이들 분포의 관계를 연구한 것이라고 할 수 있지만, 회귀와 상관의 문제에서 X가 연속변수인 경우 무한히 많은 조건부 분포를 가지고 그렇게 분석하기는 매우 곤란한 상황이다.

앞서 나왔던 회귀식의 모형은 문제를 부득이 매우 단순화시켜서 적은 것인데, 이제 $y_{i|x_i} = \alpha + \beta x_i + \varepsilon_i$로 적는 것이 타당하고, 대개의 경우 $\varepsilon_i \sim \text{nid}(0, \sigma^2)$를 가정한다. 여기서 σ^2는 $\sigma^2_{x_i}$ 또는 σ^2_i가 아니라는 사실에 유의해야 한다. 즉 x_i가 변하면서 조건부 분포가 변하게 되는데 그 각각의 조건부 분포가 변함없이 정규분포이고 분산에도 변함이 없다($\sigma^2_i = \sigma^2$ for all i)는 것을 가정한다는 뜻이기 때문이다.

그러면 $Y|X=x$의 조건부 분포의 변화란 분포의 중심(정규분포의 산꼭대기 모양 부분) 위치 $\alpha + \beta x_i$만 변화될 수 있다고 가정한 셈이다. 그러나 $\beta = 0$이라면 중심 위치도 달라지지 않게 된다. 즉 두 변수는 서로 독립적이 되는 셈이다. 서로 독립적인 변수는 상관계수 ρ_{xy}도 0이 되므로(6.1.1 참고) 당연히 상관관계도 없다. 이렇게 해서 상관관계의 문제는 다시 회귀관계의 문제와 맞물려 있다. 그런데 β의 값은 0인지, 아니면 얼마나 되는지 어떻게 추측해볼 수 있을까?

6.3.1 최소제곱법과 직선 회귀계수의 추정

앞에서 이차원 정규분포와 관련해

$$E(Y|X=x) = \left(\mu_y - \rho_{xy}\frac{\sigma_y}{\sigma_x}\mu_x\right) + \rho_{xy}\frac{\sigma_y}{\sigma_x}x = \alpha + \beta x$$

라고(단, $\alpha = \mu_y - \rho_{xy}\frac{\sigma_y}{\sigma_x}\mu_x$, $\beta = \rho_{xy}\frac{\sigma_y}{\sigma_x}$)했다. 이 식으로부터 우리는 μ_y 대신 $\overline{y}$, μ_x 대신 $\overline{x}$, σ_y 대신 s_y, σ_x 대신 s_x, ρ_{xy} 대신 r_{xy}를 대입해 $\hat{\alpha}$와 $\hat{\beta}$을 구하면 좋을 것 같다는 생각을 할 수 있다.

이 추측은 매우 그럴듯한 것이다. 156쪽의 (SSX)(SSY)(SCP)를 이용해서 $r_{xy} = \frac{(\text{SCP})}{\sqrt{(\text{SSX})(\text{SSY})}}$이고, $s_x = \sqrt{\frac{(\text{SSX})}{n-1}}$, $s_y = \sqrt{\frac{(\text{SSY})}{n-1}}$임을 고려해 대입하면, $\hat{\beta} = r_{xy}\frac{s_y}{s_x} = \frac{(\text{SCP})}{(\text{SSX})}$이다. 또 $\hat{\alpha} = \overline{y} - \hat{\beta}\overline{x}$이 된다. 그런데 우리가 설정한 회귀 모형은 정확히 말하면 이차원 결합분포, 특히 이차원 정규분포를 가정하고 있지 않으며 조건부 분포에 대해서만 설명하고 있다. 즉 결합분포를 생각하는 모집단이 이

차원 정규분포를 하지 않더라도 이 조건부 분포의 조건을 만족하면 회귀관계의 문제는 여전히 이론적 정당성을 갖고 있다고 볼 수 있다. 이런 조건하에서 회귀계수 α, β의 추정은 최소제곱법에 의해 정당화되는데, 최소제곱법이란 다음과 같다.

상관도에서 많은 점들이 어떤 직선 근방에 분포하면 상관관계가 있다고 하는데 이 직선의 식은 무엇일까? 이때 주어진 자료의 x_i들을 주어진 값이라고 판단하고 그에 대한 조건부 기댓값의 직선 $y = \alpha + \beta x$를 생각한다면,[13] 이런 여러 직선 중에서 점들과 가장 가깝게 그어진 선을 생각하려는 것이다. 이 직선의 식을 $y = a + bx$라고 하자. 만약 $x = x_i$라고 하면 이때 직선 위의 점 $(x_i, \hat{y}_i)$는 $\hat{y}_i = a + bx_i$를 만족할 것이다. 한편 $x = x_i$에서 실제 관측된 점은 (x_i, y_i)이고 y_i와 $\hat{y}_i$ 사이의 이런 차이는 ε_i에 의해 초래된 것으로 보는데, 이 직선이 정확히 $y = \alpha + \beta x$가 아닐 수 있기$(\alpha + \beta x \neq a + bx)$ 때문에 이것을 $r_i = y_i - \hat{y}_i = y_i - (a + bx_i)$라고 하고 i번째 잔차(residual)라고 부른다. 그리고 이 잔차는 ε_i에서 유래되었으므로 평균적으로는(또는 합이) ε_i들의 기댓값인 0이 될 것을 기대한다. 즉 $\sum_{i=1}^{n}(y_i - a - bx_i) = 0$이라고 생각한다. 또 직선이 점들 사이를 가장 가깝게 지나간다고 추측한다면 $\sum_{i=1}^{n} r_i^2 = \sum_{i=1}^{n}(y_i - a - bx_i)^2$이 최소가 될 것을 기대한다.[14]

이렇게 해서 생각하면 첫 번째 식 $\sum_{i=1}^{n}(y_i - a - bx_i) = 0$에서 $a = \overline{y} - b\overline{x}$를 얻고, 이것을 두 번째 식에 대입해 b에 관한 이차함수로 보고 둘째 식 $\sum_{i=1}^{n}(y_i - a - bx_i)^2$이 최소가 되는 b를 구하면 $b = \dfrac{(\mathrm{SCP})}{(\mathrm{SSX})}$임을 알 수 있다. 따라서 회귀직선의 식은 $y = \overline{y} + \dfrac{(\mathrm{SCP})}{(\mathrm{SSX})}(x - \overline{x})$이고 이 직선은 항상 점 $(\overline{x}, \overline{y})$를 지나는 것을 알 수 있다.[15]

---

13 왜냐하면 우리는 이 직선을 후에 이용할 때, x(내신 성적)를 아는 값(조건)으로 간주하고 그에 대응하는 $Y|X = x$(수능 성적)의 값을 생각하려고 하기 때문이다.

14 $\sum_{i=1}^{n}|r_i|$가 아닌 것은 1-norm의 사용을 피하려는 수학적 계산의 편의성 때문이다. 그런 a, b를 구하는 것은 컴퓨터를 사용해야 한다. 또 직선과 점들 사이의 (수직) 거리를 사용하지 않는 것도 계산상의 문제이다. 특히 수학적 정의에 따른 점과 직선의 거리를 사용하지 않는 것은 x와 y의 대칭성을 잃게 만든다.

15 첫 번째 식이 없어도 두 번째 식을 a, b에 관한 이변수함수로 보고 최소일 때를 찾아도 같은 결과를 얻을 수 있다. 또 벡터 $\underline{y}' = (y_1, y_2, \cdots, y_n)$의 두 벡터 $\underline{1}' = (1, 1, \cdots, 1)$과 $\underline{x}' = (x_1, x_2, \cdots, x_n)$에 의해 생성되는(spanned) 이차원 부분(내적) 공간에 대한 정사영(projection)을 생각해 그 수직여벡터(orthogonal complement vector)의 길이가 최소가 되는 성질을 이용해서 구할 수도 있다.

이 방법은 $\sum r_i^2$을 최소화하는 방법에 의해 얻은 것이므로 최소제곱법이라고 부른다. 두 회귀계수 α와 β를 추정하는 방법은 최소제곱법 외에도 여러 가지가 있지만 이 방법이 가장 보편적으로 사용된다.

미국의 중등학교에서는 $\hat{\alpha} = a = \overline{y} - b\overline{x}$와 $\hat{\beta} = b = \dfrac{(\text{SCP})}{(\text{SSX})}$를 구하는 방법이 다소 복잡하기 때문에 컴퓨터에서 엑셀 등을 이용해 구하는 방법을 가르친다. 엑셀에서는 두 개의 열에 각각 x와 y값들을 입력한 후 함수식 명령(f_x)을 클릭해 그중에서 slope를 택해 b를, intercept를 택해 a를 구할 수 있다. 이는 역설적으로 a, b를 구하는 것보다는 그 결과를 이해하고 어떻게 사용하는지를 강조한다는 의미로도 해석된다. 왜냐하면 이것은 좁게는 일차함수를 이해하는 것에서 출발해 상관관계의 정보를 구체적으로 이용하는 방법으로까지 이어지기 때문이라고 추측된다.

6.3.2 분산분석과 결정계수

앞에서 $\hat{\alpha}$과 $\hat{\beta}$을 구하는 방법을 생각했지만, 이 방법으로 $\beta = 0$인지 등을 알 수는 없다. 왜냐하면 $\hat{\beta} = b$는 표본이 변하면 바뀌는 값이기 때문이다. 즉 b를 확률변수 B로 생각할 수 있어야 하고, B의 확률분포를 생각해야 한다. B의 분포는 ε의 확률분포에 의해 정해질 것이고, 결국 σ^2에 의해서 정해질 것이다. 따라서 분산 σ^2에 대한 분석이 필요하다.

지금까지 우리는 $(Y|X = x) = (A + Bx|X = x) + (R|X = x)$의 관계를 생각해보았는데, 식이 번거로우므로 조건부라는 것을 마음에 두고 $|X = x$는 적지 않기로 하면 $Y = A + Bx + R$이라고 할 수 있다. 이에 관한 표본식은 $y_i = a + bx_i + r_i$이고 이 표본에 근거해 σ^2의 추정량을 도출해야 한다. 그리고 경험적으로 $\hat{\sigma}^2 = \dfrac{\sum_{i=1}^{n} (r_i - \overline{r})^2}{m}$를 생각해보게 되는데 문제는 m을 정하는 일이다. $\overline{r} = 0$이므로 결국 $\hat{\sigma}^2 = \dfrac{\sum_{i=1}^{n} (y_i - a - bx_i)^2}{m}$인데 분자의 a와 b는 α와 β 대신 추정한 값이다. 앞서 모평균 μ를 몰라 표본평균으로 대체하면서 자유도가 1만큼 줄어든 것을 생각하면

이 경우는 a, b 두 개가 추정값이므로 $m=n-2$가 옳을 것이라는 추측이 든다. 이 추측은 옳다. 즉 $m=n-2$일 때 $E(\hat{\sigma}^2)=\sigma^2$가 된다.

한편 $a=\overline{y}-b\overline{x}$이므로

$$r_i=y_i-a-bx_i=(y_i-\overline{y})-b(x_i-\overline{x}) \qquad ①$$

이다. 따라서, $b=\dfrac{(\mathrm{SCP})}{(\mathrm{SSX})}$이므로

$$\sum_{i=1}^{n} r_i(x_i-\overline{x})=\sum_{i=1}^{n}(y_i-\overline{y})(x_i-\overline{x})-b\sum_{i=1}^{n}(x_i-\overline{x})^2=(\mathrm{SCP})-b(\mathrm{SSX})=0$$

이다. 한편, ①식을 고쳐 적으면

$$y_i-\overline{y}=b(x_i-\overline{x})+r_i \qquad ②$$

이다. 그러므로

$$\sum_{i=1}^{n}(y_i-\overline{y})^2=b^2\sum_{i=1}^{n}(x_i-\overline{x})^2+\sum_{i=1}^{n}r_i^2+2b\sum_{i=1}^{n}r_i(x_i-\overline{x})=b^2\sum_{i=1}^{n}(x_i-\overline{x})^2+\sum_{i=1}^{n}r_i^2 \qquad ③$$

이다. ②식은 y_i들[16]이 서로 다른(편차가 생긴) 이유에 대해 x_i로 인한 것과 그렇지 않은 것의 두 성분으로 설명하고 있다. 즉, 기울기 b로 인해 서로 다른 x_i들로부터 발생되는 차이 $b(x_i-\overline{x})$와, 이와는 달리 이유는 설명하지 못하고 단순히 y_i가 직선 $\hat{y}_i=a+bx_i$로부터 유리된 양 r_i의 두 가지로 설명하고 있는 것이다.

그리고 ③식에서는 y_i들이 서로 달라 생긴 산포도(제곱합, SSY)에 대해서 ②식에서 두 가지로 나누어 설명한 성분, 즉 $b(x_i-\overline{x})$과 r_i의 제곱합들(b^2(SSX)와 $\sum r_i^2$)의 합과 같음을 설명하고 있다. 이때 $b^2(\mathrm{SSX})=\dfrac{(\mathrm{SCP})^2}{(\mathrm{SSX})}$를 회귀 제곱합(SSR: Sum of Squares of Regression), $\sum r_i^2$를 오차 제곱합(SSE: Sum of Squares of

---

16 (고정값을 0으로 하느냐 $\overline{y}$로 하느냐에 따라) y_i 대신 $(y_i-\overline{y})$들이 될 수도 있다.

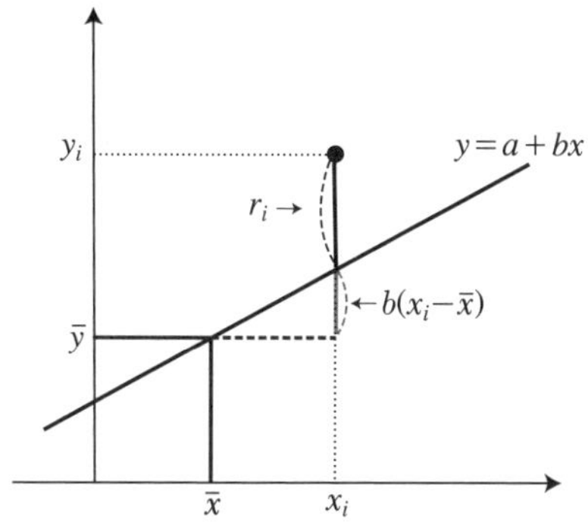

그림 6.5

Error)이라고 한다. 또 (SSY)를 전체 제곱합(TSS: Total Sum of Square)이라고 한다. 따라서 $\hat{\sigma}^2 = \dfrac{(\text{SSE})}{n-2}$이다. 이것을 오차 제곱평균(MSE: Mean Squared Error)이라고 한다. 지금까지의 생각을 정리해 표로 적어보면 다음과 같은 분산분석표(ANOVA table: ANalysis Of VAriance table)를 얻는다.

분산분석표에서, $r_{xy} = \dfrac{(\text{SCP})}{(\text{SSX})(\text{SSY})}$라는 것과 $(\text{SSR}) = \dfrac{(\text{SCP})^2}{(\text{SSX})}$임을 생각해보면 $r_{xy}^2 = \dfrac{(\text{SSR})}{(\text{TSS})}$이 성립함을 곧 알 수 있는데, 이 상관계수의 제곱을 결정계수(coefficient of determination)라고 한다. 결정계수는 y_i들의 전체 산포도(SSY) 중에서 회귀직선에 의해 설명된 산포도(SSR) 양의 비율을 나타낸다. 즉 모형에 x_i들을 끌어들임으로 인해서 y_i들의 변화를 얼마나 효과적으로 설명하고 있는지를 나타낸다고 할 수 있다.

한편 F-비는 $\beta = 0$인지 아닌지를 가리고자 할 때 사용하는 값이다. 즉 $\beta = 0$임에도 불구하고 표본이 우연에 의해 달라지기 때문에, 우연히 $B = b$라는 값을 갖게

표 6.3 분산분석표

변인(source)	자유도(df: degrees of freedom)	제곱합(SS: Sum of Squares)	제곱평균(MS: Mean Square)	F-비 (F-ratio)
회귀(regression)	1	SSR	MSR(=SSR)	MSR/MSE
오차(error)	n–2	SSE	MSE(=$\hat{\sigma}^2$)	
합계(total)	n–1	TSS(=SSY)		

되었는지 그 출현 가능성, 즉 희귀도(p-value)를 알아보는 데 필요하다. MSR이나 MSE는 표본에 의해 계산된, 표본이 변하면 변하는 값이므로 이것 자체를 확률변수로 보아야 하는데, 만약 모집단의 모형에서 $\beta=0$, 즉 조건부 정규분포의 위치에 변화가 없다면 이 비 (MSR)/(MSE)는 분자 자유도는 1, 분모 자유도는 n-2인 F-분포를 한다. 만약 이 값이 부록 5의 F-분포표에서 분자 자유도 ν_1, 분모 자유도 ν_2인 F-분포의 임계값 $F^{\nu_1}_{\nu_2,\alpha}$(특별한 이유가 없다면 $\alpha=0.05$로 한다)보다 크면 $\beta\neq 0$이라고 판단한다.

이 검정법은 이차원 정규분포의 상관관계 관점에서는 앞서 상관계수 $\rho_{xy}=0$의 t-분포를 이용한 검정법과 결과가 정확히 일치하는 방법이다. 그러나 모집단의 분포가 이차원 정규분포가 아닐 때에라도 조건부 분포에 관해 설정된 모형이 타당하기만 하면 $\beta=0$ 여부에 대한 이 검정법은 여전히 수리적으로 타당하다.[17]

한편 회귀계수 β가 마음속에 생각하는 값 β_0인지 그 여부 등을 알고자 한다면, B가 평균이 β이고 분산이 $\dfrac{\sigma^2}{\text{(SSX)}}$인 정규분포를 하고, 따라서 $\dfrac{B-\beta}{\sqrt{\dfrac{\text{(MSE)}}{\text{(SSX)}}}}$가 자유도 n-2인 t-분포를 한다는 것을 이용한 다음 절차를 이용하면 된다.

먼저 (SSX), (SSY), (SCP) 등을 구한다. 이어서 분산분석표를 만든다. 분산분석표를 만들기가 번거로우면 $\text{(SSE)}=\text{(SSY)}-\dfrac{\text{(SCP)}^2}{\text{(SSX)}}$와 $\text{(MSE)}=\dfrac{\text{(SSE)}}{n-2}$만 구해도 된다.

1. 마음속에 생각하고 있는 값 β_0에 대해, $\beta>\beta_0$임을 주장하려 할 때의 검정법

① $b=\dfrac{\text{(SCP)}}{\text{(SSX)}}$를 구한다.

② $t_{n-2}=\dfrac{b-\beta_0}{\sqrt{\dfrac{\text{(MSE)}}{\text{(SSX)}}}}$를 구한다. 이것을 검정통계량이라고 한다.

③ t-분포표에서 $t_{\alpha,n-2}$를 찾아 읽는다. $t_{\alpha,n-2}$를 임계값이라고 한다.

④ $t_{n-2}>t_{\alpha,n-2}$이면 $\beta>\beta_0$로 판단하고, 그렇지 않으면 판정을 보류한다. 특히 근소한 차이로 $t_{n-2}\le t_{\alpha,n-2}$일 때 $\beta\le\beta_0$라고 판단해서는 안 된다.

---

17 이차원 정규분포인 경우 조건부 분포가 정규분포가 되는데, 그 역은 성립하지 않는다.

2. 마음속에 생각하고 있는 값 β_0에 대해, $\beta < \beta_0$임을 주장하려 할 때의 검정법

① $b = \dfrac{(\text{SCP})}{(\text{SSX})}$를 구한다.

② $t_{n-2} = \dfrac{b-\beta_0}{\sqrt{\dfrac{(\text{MSE})}{(\text{SSX})}}}$를 구한다. 이것을 검정통계량이라고 한다.

③ t-분포표에서 $t_{\alpha,n-2}$를 찾아 읽는다. $-t_{\alpha,n-2}$를 임계값이라고 한다.

④ $t_{n-2} < -t_{\alpha,n-2}$이면 $\beta < \beta_0$로 판단하고, 그렇지 않으면 판정을 보류한다.

특히 근소한 차이로 $t_{n-2} \geq -t_{\alpha,n-2}$일 때 $\beta \geq \beta_0$라고 판단해서는 안 된다.

3. 마음속에 생각하고 있는 값 β_0에 대해, $\beta \neq \beta_0$임을 주장하려 할 때의 검정법

만약 $\beta_0 = 0$이라면 이것을 위해서는 F-검정 외에 다른 절차가 더 필요하지 않을 수 있다. 분산분석표의 'F-비'가 $F^{1}_{n-2,\alpha}$보다 크면 $\beta \neq 0$이라고 판단할 수 있다. 그러나 F-분포표의 사용이 불편하다면 아래 절차를 사용해도 된다.

① $b = \dfrac{(\text{SCP})}{(\text{SSX})}$를 구한다.

② $t_{n-2} = \dfrac{b-\beta_0}{\sqrt{\dfrac{(\text{MSE})}{(\text{SSX})}}}$를 구한다. 이것을 검정통계량이라고 한다.

③ t-분포표에서 $t_{\frac{\alpha}{2},n-2}$를 찾아 읽는다. $\pm t_{\frac{\alpha}{2},n-2}$들을 임계값이라고 한다.

④ $|t_{n-2}| > t_{\frac{\alpha}{2},n-2}$이면 $\beta \neq \beta_0$로 판단하고, 그렇지 않으면 판정을 보류한다.

특히 근소한 차이로 $|t_{n-2}| \leq t_{\frac{\alpha}{2},n-2}$일 때 $\beta = \beta_0$라고 판단해서는 안 된다.

4. 단순히 β가 대략 어느 범위의 값인지 알고자 할 때의 추정법(특별한 이유가 없으면 아래에서 $\alpha = 0.05$로 한다)

① $b = \dfrac{(\text{SCP})}{(\text{SSX})}$를 구한다.

② t-분포표에서 $t_{\frac{\alpha}{2},n-2}$를 찾아 읽고, $c = t_{\frac{\alpha}{2},n-2}\sqrt{\dfrac{(\text{MSE})}{(\text{SSX})}}$를 구한다.

③ $(lb) = b - c$와 $(ub) = b + c$를 구한다.

④ β는 대략 (lb)와 (ub) 사이의 어떤 값일 것이라고 $100(1-\alpha)\%$ 정도 자신감 있는 추측을 할 수 있다.

5. $X=x_0$인 특정 경우에 $Y|X=x_0$들의 평균값 $\mathrm{E}(Y|X=x_0)=\mu_{Y|x_0}$이 대략 어느 정도 범위의 값인지 알고자 할 때

이 문제는, 가령 내신 성적이 특정값 x_0인 아이들이 수능에서 평균적으로 어느 정도의 성적을 거둘지, 또는 키가 특정값 x_0인 사람들의 평균 몸무게는 얼마나 될지 등을 알고자 할 때 앞의 회귀분석을 거친 후에 추가로 밟아야 할 절차에 관한 것이다.

이 절차를 밟을 때 반드시 미리 확인해두어야 할 것이 있다. 첫째는 상관도에서 점들이 정말 직선 근방에 놓여 있는지 재확인하는 것과, 생각하려는 특정값 $X=x_0$가 상관도의 점들 사이에 위치하는지 확인하는 것이다. 가령 상관도의 점들의 다양한 x값들이 모두 ℓ부터 u 사이에 있는데(즉 ℓ은 x들의 최솟값, u는 최댓값이다), 생각하는 특정값 x_0가 $x_0<\ell$은 아닌지, $x_0>u$는 아닌지 재확인하는 것이다. 만약 $x_0<\ell$ 또는 $x_0>u$이면 이런 경우에는 외삽(extrapolation) 문제라고 하며 아래 절차를 적용할 수 없다.[18]

① $\bar{y}, \bar{x}$와 $b=\dfrac{(\mathrm{SCP})}{(\mathrm{SSX})}$, $a=\bar{y}-b\bar{x}$를 구한다.

② t-분포표에서 $t_{\frac{\alpha}{2},n-2}$를 찾아 읽고, $c=t_{\frac{\alpha}{2},n-2}\sqrt{(\mathrm{MSE})\left(\dfrac{1}{n}+\dfrac{(x_0-\bar{x})^2}{(\mathrm{SSX})}\right)}$를 구한다.

③ $(lb)=a+bx_0-c$와 $(ub)=a+bx_0+c$를 구한다.

④ $\mu_{Y|x_0}$는 대략 (lb)와 (ub) 사이의 어떤 값일 것이라고 $100(1-\alpha)\%$ 정도 자신감 있는 추측을 할 수 있다.

6. $X=x_0$인 특정 경우에 $Y|X=x_0$의 출현값이 대략 어느 정도 범위로 나타날지 알고자 할 때

이 문제는 지금까지 우리가 생각했던 모수값에 대한 것이 아니다. 즉 그간의 내신 성적이 x_0인 내가 수능 시험을 보러 가는데 몇 점이나 받을까 궁금해서 대략 예상 범위를 알고자 하는 경우, 고속도로에서 제한 속도 x_0를 특정값 얼마로 정하

18 특별한 이유가 없으면 아래에서 $\alpha=0.05$로 한다.

면 연간 사고 발생 건수는 얼마나 될까를 알고자 하는 경우 등에 사용하기 위한 것이다. 이런 문제를 예언(prediction) 문제라고 한다. 앞서 ⟨5⟩의 문제는 구간추정(interval estimation) 문제라고 한다. 이 절차도 ⟨5.: $\mu_{Y|x_0}$의 값의 범위⟩에서와 같은 두 가지를 미리 확인해서 타당한 경우에만 사용할 수 있는 절차이다.

① $\bar{y}, \bar{x}$와 $b = \frac{\text{(SCP)}}{\text{(SSX)}}$, $a = \bar{y} - b\bar{x}$를 구한다.

② t-분포표에서 $t_{\frac{\alpha}{2},n-2}$를 찾아 읽고, $c = t_{\frac{\alpha}{2},n-2}\sqrt{\text{(MSE)}\left(1 + \frac{1}{n} + \frac{(x_0 - \bar{x})^2}{\text{(SSX)}}\right)}$를 구한다.

③ $(lb) = a + bx_0 - c$와 $(ub) = a + bx_0 + c$를 구한다.

④ $Y|X = x_0$는 대략 (lb)와 (ub) 사이의 어떤 값이 나올 것이라고 $100(1-\alpha)\%$ 정도 자신감 있는 추측을 할 수 있다.

연습문제

1. 여러 문헌을 조사해 상관관계에 대한 판단의 오류 가능성을 정리해보라.

2. 회귀분석에서 외삽(extrapolation) 오류에 관한 것을 문헌 조사해 정리해보라.

3. 회귀분석에서 최소제곱법(least square method) 이외에 능선법(ridge regression method), 주성분법(principle component method) 등의 방법을 문헌 조사해 각 방법의 다공선성(multicollinearity) 또는 잔차 분석(residual analysis)과 관련된 장단점을 간단히 설명하라.

4. 회귀계수의 검정법이 사용되는 실제적 예를 들고 그에 대한 적절한 자료 분석을 통해 회귀계수 검정을 시행해보라.

제7장

표집분포와 신뢰도

앞에서 구했던 표본 회귀계수 b도 표본 자료가 변하면 바뀌는 값이므로 확률변수 B로서 확률분포를 갖는다고 설명했다. 이때 이 확률분포를 통계량 B의 표집분포(sampling distribution)라고 한다.

표본으로부터 구한 모든 통계량들은 실제 계산 과정을 거치면 한 개의 숫자로서 얻어지지만 표본 자체의 가변성을 생각하면 확률변수이며, 다만 우연히 얻어진 그 표본 때문에 우연히 그 숫자를 나타낸 것이라고 생각할 수 있다. 가장 대표적인 것이 표본평균이다. 표본평균을 구하면 한 개의 숫자이지만, 마음속에 표본의 가변성을 고려하면 표본평균의 가변성을 생각해 확률변수로 간주할 수 있고, 표본평균인 확률변수의 확률분포가 무엇일지 궁금해질 수 있다. 그 확률분포를 표본평균의 표집분포라고 한다.

이렇게 통계량은 모두 표집분포를 갖는데, 이 통계량은 숫자를 생각하는 것이 아니므로 주어진 표본 확률변수들의 함수로서 이해될 수 있다. 가령 표본평균을 생각하면 $\overline{X} = \frac{\sum_{i=1}^{n} X_i}{n}$이라고 적은 것은, g라는 함수를 통해

$$(X_1, X_2, X_3, \cdots, X_n) \rightarrow g \rightarrow g(X_1, X_2, \cdots, X_n) = \overline{X} = \frac{\sum_{i=1}^{n} X_i}{n}$$

라고 생각하는 것이다. 이렇게 생각하면 통계량은 결국 하나의 변환된 확률변수(transformed random variable)일 뿐이다.

7.1 통계량과 표집분포

7.1.1 표집분포에 대한 인식론적 장애

표집분포는 쉽게 이해되는 개념이 아니다. 한 개의 숫자만 가지고는 그 숫자의 분포를 말하지 않는다. 그런데 항상 숫자 한 개로 보이게 되는 통계량(평균, 표준편차 등)의 분포를 말하게 되므로 "한 개의 숫자로도 분포를 말할 수 있을까?"라는 마음의 갈등이 생기기 쉽다. 더욱이 변하는 표본의 가변성을 고려해 다양한 표본에서 생각하는 많은 개수의 숫자들(통계량)을 염두에 두고 확률변수로서의 통계량을 말할 때는, 보이지 않고 느낄 수 없는 것을 이야기하게 되므로 쉽게 상상이 되지 않아서 마음속에 확실히 자리 잡기가 어렵기 때문이다. 그럼에도 불구하고 이런 생각은 표집분포를 이해하는 사실상의 전부라고 할 만한 핵심적인 것이기 때문에 문제의 심각성이 있다.

표본평균의 표집분포를 정확히 아는 것은 고등학교 과정에서 배우게 되는 모평균의 추정과 검정을 바르게 이해하기 위해서 필수적이다. 이것을 우회해 모평균에 관한 신뢰구간을 가르칠 수 있는 방법은 없다. 왜냐하면 현재 고등학교에서 다루는 모평균에 관한 신뢰구간은 표본평균의 표집분포에서 도출된 것이기 때문이다.

곧 살펴볼 중심극한 정리(central limit theorem)는 표본평균의 표집분포에 대해 한 가지 특수한 상황을 소개하는 것인데, 대개의 사람들이 이 정리에 대해 기억하고 있는 것은 'n이 크면 정규분포'라는 사실뿐 이것이 표집분포와 관련되어 있다고 생각하지는 않는 듯하다. 이것이 표본평균에 대한 설명이라는 것, 즉 '표본평균은……'이라는 이 정리의 주어가 잘 기억나지 않는 것이다.

필자는 왜 그런지에 대해 곰곰이 생각해보았다. '표본평균의 분포'라는 표현은 앞서 지적한 대로 '평균이라는 숫자 한 개의 분포?'라는 생각으로 이어지기 쉽고 이것은 쉽게 거부('숫자 한 개의 도수분포표를 생각할 필요가 있을까?')되기 때문에 기억에서 쉽게 사라지고, 정리의 조건 부분이나 술어 부분만 남게 된 것이 아닐까 추측해본다. '평균이라는 숫자 한 개' 또는 '평균은 항상 한 개의 숫자이다'라는 인식은 초등학교 5학년 때 처음 평균을 배운 이래로 분명한 사실이었고, 따라서 하나의 인식론적 장애로 남게 된 것이다. 평균이 한 개의 숫자가 아니라 무한히 많은 숫자일 수 있음을 생각해야 할 때, 과거의 평균에 대한 지식과 경험은 안타깝게도 새 지식 수업에 방해가 된다.

교사는 이 어려움을 극복해야 한다. 어렵지만 반드시 가르쳐야 학생들이 모평균에 관한 신뢰구간을 이해할 수 있기 때문이다. 표집분포를 처음 소개할 때 필자는 모의실험법(simulation method)을 권한다. 모의실험법은 앞서 언급했던 다양한 표본마다 다른 숫자로 나타나는 통계량을 실제로 구해 그것들로 막대그래프나 히스토그램을 그려보게 하는 방법이다.

그런데 이 과정이 매우 짧으면 좋겠지만 많은 횟수의 반복이 필요하기 때문에 다소 긴 시간이 소요된다. 따라서 주의 집중 시간이 짧은 학생들에게는 이 모의실험 과정 전체를 순간에 파악할 수 있는 소형 모사체(miniature)를 이용해서 먼저 소개한 후에, 컴퓨터를 이용해 실제에 가까운 모의실험을 소개할 것을 권한다. 소형 모사체를 이용한 방법은 다음과 같은 예제를 푸는 것이다.

예제 1 6개의 숫자로 된 어느 모집단에는 서로 다른 세 숫자가 두 개씩 적혀 있다. 세 숫자는 가장 작은 값부터 1씩 증가한 값들이다. 여기서 크기 2인 표본을 구할 때 표본평균의 표집분포를 구하라. 또 실제 얻은 표본이 {2, 3}일 때 이 표본에 근거해 모평균 θ의 가능한 값의 범위를 이야기해보아라.

표 7.1

표본	평균	표본	평균	표본	평균
$\theta-1, \theta-1$	$\theta-1$	$\theta-1, \theta$	$\theta-0.5$	$\theta, \theta+1$	$\theta+0.5$
$\theta-1, \theta$	$\theta-0.5$	$\theta-1, \theta$	$\theta-0.5$	$\theta, \theta+1$	$\theta+0.5$
$\theta-1, \theta$	$\theta-0.5$	$\theta-1, \theta+1$	θ	$\theta, \theta+1$	$\theta+0.5$
$\theta-1, \theta+1$	θ	$\theta-1, \theta+1$	θ	$\theta, \theta+1$	$\theta+0.5$
$\theta-1, \theta+1$	θ	θ, θ	θ	$\theta+1, \theta+1$	$\theta+1$

평균	도수	확률
$\theta-1$	1	1/15
$\theta-0.5$	4	4/15
θ	5	5/15
$\theta+0.5$	4	4/15
$\theta+1$	1	1/15
합계	15	1

풀이

이 문제는 표집분포를 구하는 문제이지만, 소형 모사체를 통해 모집단에 대한 통계적 모형을 정하는 일도 일부 경험시키려고 하고 있다. 동시에 표집분포를 구해 어떻게 사용하는지도 보여주려는 의도가 있다. 6개의 숫자에 관한 설명은, 학생들이 미지수 θ를 이용해 모집단을 θ-1, θ-1, θ, θ, θ+1, θ+1로 적을 수 있음을 알려준다. 그리고 여기서 크기 2인 표본을 얻는 것이다. 대개 표본 추출은 비복원으로 이루어지므로 특별한 언급이 없으면 비복원 추출이라고 간주한다.

6개에서 2개를 추출하는 방법은 ${}_6C_2 = 15$가지가 있고, 15가지 모든 경우에 대해 평균을 구한다(〈표 7.1〉의 왼쪽 표 참고). 그것을 도수분포표로 정리하면 〈표 7.1〉의 오른쪽 표와 같다. 이것을 이 소형 모사체의 모집단에서 얻은 크기 2인 표본평균의 표집분포라고 한다. 이 표집분포는 모집단에 관해 우리의 알고 있는 정보를 담아 그 범위 내에서 생각한 이론적 표집분포이다. 실제 표본을 얻으면 모집단에는 6개의 숫자가 적혀 있을 뿐 θ가 포함되어 있지 않으므로 크기 2인 표본에는 두 개의 숫자만 나타날 것이고, 예제의 설명에 의하면 그것이 2와 3이라는 뜻이다.

표집분포는 대개 실제 얻은 표본통계량(이 예에서는 2와 3의 표본평균 2.5)이 관측될 확률이 얼마나 되었기에 관측된 것인지를 알기 위해 구한다. 이 외에도 표본은 우리에게 귀중한 정보를 제공한다. 표본 {2, 3}을 통해 우선 알 수 있는 한 가지는 세 숫자 θ-1, θ, θ+1이 모두 정수라는 것이다. 왜냐하면 세 숫자는 1씩 증가한다고 했는데 그중 두 숫자 2와 3이 관측된 것이므로 세 숫자가 1, 2, 3이거나 2,

3, 4일 것이라고 추측할 수 있기 때문이다. 여기서 우리는 세 숫자 중 중간 크기인 θ가 2거나 3일 수밖에 없음을 알 수 있다.

도수분포표를 관찰해보면 2.5라는 표본평균은 $\theta+0.5=2.5$이거나 $\theta-0.5=2.5$ 중 어느 하나임을 알 수 있다. 그런데 이 두 가지 가능한 θ값, 즉 2나 3에 관계없이 2.5라는 표본평균을 얻을 확률은 동일하게 4/15임을 〈표 7.1〉의 오른쪽 표를 통해 알 수 있다. 즉, 흥미로운 것은 2.5라는 값이 관측될 확률 4/15는 θ의 함수가 아니라 가능한 θ의 값에 무관하게(θ가 2거나 3이거나 관계없이) 확정된 값이라는 점이다.

앞장에서 소개한 회귀계수 B의 함수 $T_{n-2}=\frac{\sqrt{(\mathrm{SSX})}\,(B-\beta)}{\sqrt{(\mathrm{MSE})}}$는 식 중에 모형의 모수 σ^2 또는 그의 함숫값[1]을 포함하지도 않고 있는데, σ^2과는 무관하게 고정된 자유도 $n-2$인 t-분포를 한다. 이는 T_{n-2}가 어떤 범위의 값을 가질 확률은 σ^2과는 무관하다는 뜻이다. 통계에서 이런 경우는 가끔 발생하는 흥미로운 현상인데, 충분통계량(sufficient statistic), 부수통계량(ancillary statistic) 등의 관련 수학적 이론이 있다.

7.1.2 모의실험법으로 표집분포 구하기

앞 절에서 표집분포의 개념을 이해하기 위해 소형 모사체에서 표집분포를 구해 보았지만 현실적으로 이런 예는 없다. 모집단에 겨우 6개의 숫자가 있을 뿐인데 그 모두를 조사하지 못해 2개만 조사해야 하는 현실적 상황은 상상하기 어렵다는 뜻이다. 실제 모집단에는 거의 무한에 가까울 정도로 많은 (숫자 또는 속성을 나타내는) 값들이 있으며, 표본의 크기도 2개보다는 좀 더 많다고 할 수 있다. 적어도 10개 이상인 경우가 많으며 몇천 또는 몇만 개인 경우도 있다. 그렇게 되면 가능한

---

1 (MSE)는 σ^2의 추정값이지만 함수는 아니다. 둘 중 어느 하나가 정해져도 다른 쪽 값은 어떤 값이든지 나올 수 있기 때문이다.

표본의 종류도 15가지가 아니라 거의 무한 가지라고 보아야 하며, 그 모두에 대해 도수분포표를 만들고 확률분포를 생각하기는 너무 방대하다고 할 수 있다. 그래서 거의 같은 방대한 절차를 컴퓨터를 통해서 시행하게 되는데 이 방법을 모의실험법(simulation method)이라고 한다. 다음 예제를 통해 그 방법을 설명해보고자 한다.

예제 2 평균이 μ이고 분산이 16인 정규분포를 하는 모집단에서 얻은 크기 100인 임의표본의 표본평균의 표집분포를 구하라.

풀이

모의실험법에서는 확정되지 않은 모집단에 대해 모의실험을 시행할 수 없다. 위에서 모집단의 평균이 μ라고 한다면 모집단은 확정되지 않은 것이므로 그대로는 모의실험을 할 수 없다.

만약 $\mu = 0$이라면, 평균이 0이고 분산이 16인 정규분포를 하는 모집단을 만들어 거기에서 무작위 추출을 통해 크기가 100인 표본들을 반복적으로 얻는다.[2] 이때 모집단을 만든다는 것은 컴퓨터의 난수발생기(random number generator)를 이용해서 매우 많은 개수의 숫자를 만들어 모은, 물탱크 같은 것을 만든다는 의미이다. 다만 모집단의 많은 숫자들은 그 숫자들 전부로 히스토그램을 그렸을 때 그 전체적인 모양이 평균이 0이고 분산이 16인 정규분포 곡선의 모양과 유사한 것이어야 한다.

이 모집단에서 크기 100인 표본은 대개 수천(대개 2,000에서 3,000 정도) 모둠을 만들어 모둠마다 평균을 구한다. 만약 크기 100인 표본 2,000모둠을 만들었다면, 표본평균도 2,000개가 만들어진다. 이 2,000개의 표본평균으로 히스토그램을 그린다. 이것이 표본평균의 표집분포에 대한 대략적인 근사라고 할 수 있다. 위의 모집단의 예에 따른다면 이 분포는 가운데가 0이고 처음 모집단의 히스토그램보다는 더 뾰쪽한 모양일 것이다. (수학적으로 표집분포를 구할 수 있는 이 예의 경우에 표본평균의 표집분포는 평균이 0, 분산이 0.16인 정규분포를 한다는 것을

---

2 크기 100인 한 모둠의 표본을 얻는 동안은 비복원 추출이고, 한 모둠의 표본이 얻어진 후에는 다음 모둠의 추출을 위해서 일단 복원 후에 계속한다.

증명할 수 있다.)

그런데 모집단의 평균이 0이 아니고 만약 μ라면, 모집단의 히스토그램은 가운데가 μ일 뿐 현재 0인 경우와 같은 모양의 히스토그램일 것이며, 표본평균의 히스토그램 역시 그러할 것이다. 왜냐하면 모집단의 평균이 μ라는 것은 모평균이 0인 모집단의 각각의 값이 μ만큼씩 커지면 모든 것이 그렇게 변해 표본평균도 μ만큼 커질 것이고, 그것의 히스토그램도 그만큼 커질 것이기 때문이다.[3]

대한수학교육학회 홈페이지나 이화여자대학교 수학교육과 홈페이지를 방문해 'Stat_Edu.exe'라는 파일을 다운받아 실행시킬 수 있다. 이 프로그램은 Window-XP 환경에서 Visual Basic을 활용해 작성된 통계교육용 공개 소프트웨어이다. 이 프로그램은 여러 차례에 걸쳐 수업할 수 있게 되어 있는데, 그중에서 2차시 '표집분포의 의미 학습하기'를 택하면 모의실험을 통해 표집분포를 구해보는 연습을 할 수 있다. 다양한 모집단 환경에서 사용자와 대화식으로 진행되며, 표본 크기에 따라 다양한 표본평균의 표집분포를 구해볼 수 있도록 되어 있다.

이제 이 모집단에서 얻은 크기 100인 표본의 평균이 84라고 하자. 모평균이 $\mu=84$라고 하면 이런 표본평균값 84는 매우 자연스럽게 얻을 수 있는 값이라고 볼 수 있다. 그런데 만약 모평균이 83이라고 하면 표본평균 84는 모평균 83으로부터 1점 더 크며, 표본평균의 표준편차는 $\sqrt{0.16}=0.4$이므로 $1\div 0.4=2.5$ 표준편차만큼 표본평균이 모평균보다 더 큰 셈이다. 정규분포에서 중심으로부터 2.5 표준편차 이상 큰 값들이 관찰될 확률은, $P(\overline{X}\geq 84)=P(\overline{X}-83\geq 2.5\sigma_{\overline{X}})$(단,

3 주어진 자료 A와 그 자료의 각각의 값에 10을 더해서 얻은 자료 B를 비교해보자. 두 자료의 평균은 10만큼 차이가 생기겠고 각각의 자료를 그린 히스토그램은 생긴 모양은 똑같지만 자료 B는 자료 A보다 10만큼 오른쪽(값이 큰 쪽)에 그려지게 될 것이다. 그리고 두 자료의 분산은 같을 것이다. 따라서 평균이 0인 자료의 각각의 값을 μ만큼씩 더한 값으로 만든 새 자료와 비교한다면 앞서의 비교에서 10 대신 μ만큼의 차이를 나타낼 뿐이다. 이제 각 자료에서 얻은 크기 n인 표본평균의 표집분포 역시 위치만 μ만큼 차이가 있을 뿐 분포의 모양이나 분산은 같을 것이다. 즉 모집단의 평균이 μ이고 분산이 16인 정규분포를 하는 모집단에서 얻은 표본평균의 표집분포는, 평균이 0이고 분산이 16인 정규분포를 하는 모집단에서 얻은 표본평균의 표집분포와 위치만 μ만큼 다를 것이다.

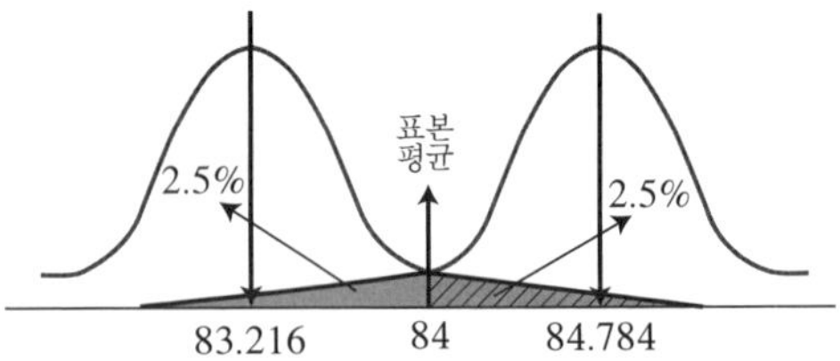

그림 7.1

$\sigma_{\overline{X}} = 0.4$)는 $\mu = 83$이므로 $P\left(\frac{\overline{X}-\mu}{\sigma_{\overline{X}}} \geq 2.5\right) = \mathrm{P}(Z \geq 2.5) = 0.0062$이다. 즉 2.5 표준편차 이상 큰 값을 얻는 것은 약 0.62%의 확률을 가진 일이 발생된 것이다. 즉 모집단의 평균이 83이라면 표본평균 84는 여간해서 관측되기 어려운(0.62%의 가능성을 지닌) 숫자가 관측된 것이다. 이로부터 우리는 $\mu = 83$은 현재 얻어진 표본평균을 기준으로 생각할 때 사실이 아닐 것 같다($\mu \neq 83$일 것이다)는 추측을 하게 된다. 앞서의 2.5 표준편차 대신 1.96 표준편차를 택하면, 0.62%의 확률은 2.5%로 확대된다. 아직도 낮아 보이는 확률이지만 그 정도는 가능하다고 본다면 모집단의 평균은 역으로 계산해 $84 - 1.96 \times 0.4 = 83.216$, 즉 모평균은 83.216 이상은 될 것 같다는 추측이 생기며, 같은 방법으로 $84 + 1.96 \times 0.4 = 84.784$는 넘지 않을 것 같다는 추측이 생긴다.[4] 즉 현재 얻어진 표본평균 84에 이상이 없다면 모평균은 83.216부터 84.784 사이의 값이라야 표본평균 84에 대해 표본평균으로서 얻어질 가능성 있는 그럴듯한 값이 얻어졌다고 생각할 수 있으며, 그렇지 않다면 표본평균 84에 대해 확률적으로 극히 희귀한 이상한 표본평균이 얻어졌다고 생각할 수밖에 없다(〈그림 7.1〉 참고). 이렇게 구한 모평균에 대한 구간 (83.216, 84.784)가 95% 신뢰수준에서 모평균에 관한 신뢰구간이 되는 것이다.

표집분포는 이렇게 중요한 역할을 한다. 모평균이 83.216보다 작은 어떤 값이라면 현재 얻어진 표본평균 84는 2.5% 이하의 너무 작은 값이 될 수밖에 없다는 판단은, 바로 표본평균 $\overline{X}$의 표집분포가 있기 때문에 가능했던 것이다(〈그림 7.1〉

4 여기서 모평균은 확률변수처럼 표본을 얻을 때마다 이랬다저랬다 변하는 값이 아니다. 모평균은 고정된 숫자로서 우리의 추측을 통해 참값을 알려는 것이다.

에서 왼쪽 정규분포 곡선의 가운데 축의 위치를 83.216의 왼쪽으로 곡선과 함께 옮겨놓고 그 곡선의 오른쪽 끝부분에 놓인 84의 오른쪽 끝부분, 빗금친 부분의 넓이를 생각해보자).

7.1.3 수학적 방법으로 표집분포 구하기

수학적 방법으로 표집분포를 구하는 것은 대개 매우 복잡한 과정이다. 문제를 상대적으로 쉽게 만들어주는 한 가지 방법은 표본의 크기 n이 무한대로 발산할 때 적절히 변형된 통계량(대개 n의 함수)의 표집분포를 생각하는 것이다. 이 경우 실제는 표본의 크기가 유한한 숫자이므로 보통 표본의 크기가 큰 숫자일 경우에 대한 근사적 표집분포로 사용된다. 가장 대표적인 것이 중심극한 정리이다. 이 방법은 다음 단원에서 논의하고자 한다.

문제가 그다지 어렵지 않다면 표집분포를 수학적으로 직접 구하는 방법이 있다. 이 방법은 통계량을 사실상 확률벡터나 확률변수의 함수로 간주하고 모든 확률(벡터)변수의 함수적 변환에 대한 변환 확률변수의 확률분포를 구하는 방법으로 일반화해 다룬다. 즉 통계량 $S = g(X_1, X_2, \cdots, X_n)$의 분포를 $X_1, X_2, \cdots, X_n$의 결합분포로부터 얻으려는 것이다. 여기에는 분포함수법(distribution function technique), 변수변환법(change of variable technique), 적률생성함수법(moment generating function technique) 등의 방법이 있다.

(1) 분포함수법

분포함수법은, 대개 누적분포함수가 확률함수보다 다루기가 더 불편하기 때문에[5] 연속변수인 경우에 주로 사용한다. 즉 확률밀도함수는 스스로 확률을 나타내는 함수가 아니기 때문에 사건의 확률을 생각하는 데 불편이 따른다. 그래서 연속

5 왜냐하면 누적분포함수는 $(X \le x)$일 확률을 생각하는데, 확률함수는 $(X = x)$일 확률을 생각하기 때문이다. 이산변수인 경우에는 더 간단한 확률함수 $f_X(x) = P(X = x)$를 생각하면 된다. 쓸데없이 복잡한 누적분포함수 $F_X(x) = P(X \le x)$를 생각할 필요가 없다.

변수인 경우에는 다소 불편하더라도 사건의 확률을 생각할 수 있는 누적분포함수를 사용한다.

분포함수법이 사용되는 대표적인 경우는, 연속변수 Y에 대해 $Y=g(X)$인 경우 Y의 누적분포를 생각할 때이다. 분포함수법은 정해진 어떤 통계량(X)의 표집분포를 알고 그것의 함수로서 정해지는 또 다른 통계량(Y)의 표집분포를 생각할 때, 또는 주어진 자료 $(X_1, X_2, \cdots, X_n)$을 어떤 형태의 일괄적인 변환($Y_i=g(X_i)$, $i=1, 2, \cdots, n$)을 거친 후에 생각하려 할 때($S=g(Y_1, Y_2, \cdots, Y_n)$인 경우), 우선 Y_i들의 분포를 생각하기 위해 사용하기 편리한 방법이다.

가령 개구간 (0, 1)에서 무작위로 숫자를 n개 택해 얻는 $X_i(i=1, 2, \cdots, n)$들을 가지고 $S=\sum_{i=1}^{n} -2\ln X_i$의 표집분포를 구하려면, 직접 구하는 방법도 생각할 수 있지만 일단 $Y_i=-2\ln X_i$라는 변환을 먼저 생각하고 $S=\sum_{i=1}^{n} Y_i$라는 추가의 변환을 생각하는 것이 더 편리하다. 이때 두 단계 중 처음 단계에서 도움이 되는 방법이 분포함수법이다.

X의 확률밀도함수가 $f_X(x)$, 분포함수가 $F_X(x)$이고, $Y=g(X)$라는 변환에 의해 Y 역시 연속변수일 때, 누적분포함수의 정의에 따라

$$F_Y(y)=P(g(X)\le y)=\int_{\{x|g(x)\le y\}} f_X(x)\,dx$$

를 구하거나, 이것을 구하기 어려우면

$$f_Y(y)=\frac{dF_Y(y)}{dy}=\frac{d}{dy}\int_{\{x|g(x)\le y\}} f_X(x)\,dx$$

에서 Y의 확률밀도함수를 직접 구하는 방법을 생각할 수 있다.

예제 3 X는 개구간 (0, 1)에서 무작위로 얻은 한 개의 숫자이다. 따라서 확률밀도함수는 $f_X(x)=1$ if $0<x<1$이고, 다른 경우에는 $f_X(x)=0$이다. $Y=-2\ln X$의 확률밀도함수를 구하라.

풀이

$$F_Y(y)=P(Y\le y)=P(-2\ln X\le y)=P\left(X\ge e^{-\frac{y}{2}}\right)=1-P\left(X<e^{-\frac{y}{2}}\right)=1-F_X\left(e^{-\frac{y}{2}}\right)$$

따라서 $f_Y(y)=\frac{d}{dy}\left(1-F_X\left(e^{-\frac{y}{2}}\right)\right)=\frac{1}{2}e^{-\frac{y}{2}}f_X\left(e^{-\frac{y}{2}}\right)=\frac{1}{2}e^{-\frac{y}{2}}$ if $0<e^{-\frac{y}{2}}<1$.

즉, if $y>0$. 그러므로 $f_Y(y)=\frac{1}{2}e^{-\frac{y}{2}}$ if $y>0$.

답: $f_Y(y)=\begin{cases}\frac{1}{2}e^{-\frac{y}{2}} & \text{if } y>0\\ 0 & \text{elsewhere}\end{cases}$

예제 4 평균이 μ, 분산이 σ^2인 정규분포를 하는 확률변수 X에 대해 $Y=\frac{(X-\mu)^2}{\sigma^2}$의 확률밀도함수를 구하라.

풀이

이 경우 Y는 알지 못하는 μ나 σ를 포함한 식이므로 통계량은 아니지만, 변환된 확률변수라는 맥락에서 그의 확률분포를 생각해볼 수 있다. 일변수분포의 변환이므로 분포함수법이 좋은 풀이법이 될 것이라고 기대된다. $F_Y(y)=P(Y\le y)=P\left(\left(\frac{X-\mu}{\sigma}\right)^2\le y\right)=P\left(-\sqrt{y}\le\frac{X-\mu}{\sigma}\le\sqrt{y}\right)$ if $y>0$ and $=0$ otherwise이다. 따라서 $F_Y(y)=P(\mu-\sigma\sqrt{y}\le X\le\mu+\sigma\sqrt{y})=F_X(\mu+\sigma\sqrt{y})-F_X(\mu-\sigma\sqrt{y})$이고,

$$\begin{aligned}f_Y(y)&=\frac{dF_Y(y)}{dy}=\frac{dF_X(\mu+\sigma\sqrt{y})}{dy}-\frac{dF_X(\mu-\sigma\sqrt{y})}{dy}\\&=f_X(\mu+\sigma\sqrt{y})\cdot\sigma+f_X(\mu-\sigma\sqrt{y})\cdot\sigma=\frac{1}{\sqrt{2\pi y}}e^{-\frac{y}{2}}\quad\text{if } y>0\end{aligned}$$

이다. 이것은 뒤의 적률생성함수법에서 소개될 자유도 1인 χ^2[6]-분포[7]이다. 잘 살펴보면 앞의 예제 1의 분포 역시 자유도 2인 χ^2-분포임을 알 수 있다.

분포함수법이 사용되는 좀 더 복잡한 경우는 소용돌이법(convolution)이 적용되는

---

6 카이제곱이라고 읽는다.

7 $f_Y(y)=\frac{y^{\frac{1}{2}-1}}{\Gamma\left(\frac{1}{2}\right)2^{\frac{1}{2}}}e^{-\frac{y}{2}}$, if $y>0$, 단, $\Gamma\left(\frac{1}{2}\right)=\sqrt{\pi}$.

경우이다. 가령 $Y=g(X_1, X_2)$일 때 Y의 누적분포함수를 $F_Y(y)=P(g(X_1, X_2)\le y)=\iint_{\{g(x_1,x_2)\le y\}} f_{\underline{X}}(x_1, x_2)\,dx_1\,dx_2$와 같이 구하는 것이다. 바탕 확률벡터가 이변수이거나, 확률밀도함수의 0보다 큰 값을 갖는 부분[8]이 단순한 경우에 이 적분은 비교적 쉽게 처리될 수 있지만, 그렇지 않다면 쉽지 않은 적분이 된다.

예제 5 $\underline{X}=(X_1, X_2)$의 결합 확률밀도함수가 $f_{\underline{X}}(x_1, x_2)=I_{(0,1)}(x_1)I_{(0,1)}(x_2)$일 때, $Y=X_1+X_2$의 확률밀도함수를 구하라.[9]

풀이

$$F_Y(y)=P(Y\le y)=P(X_1\le y-X_2)=\int_{-\infty}^{\infty}\int_{-\infty}^{y-x_2} I_{(0,1)}(x_1)I_{(0,1)}(x_2)\,dx_1\,dx_2$$

case 1: $y<0$인 경우 $F_Y(y)=0$이다. (〈그림 7.2〉 참고)

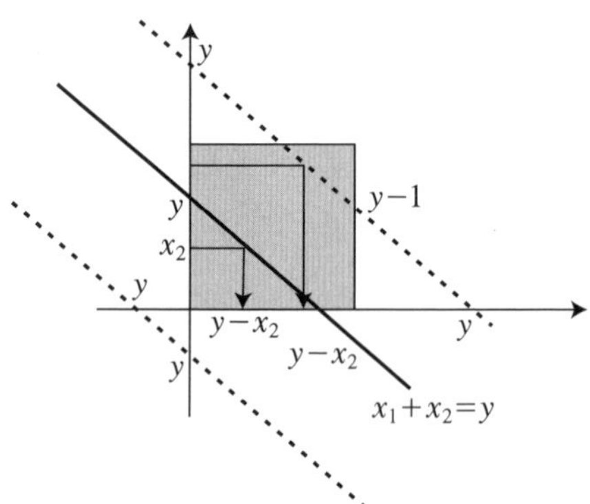

그림 7.2

case 2: $0<y<1$인 경우 $F_Y(y)=\int_0^y\int_0^{y-x_2} dx_1\,dx_2=\int_0^y (y-x_2)\,dx_2=\frac{y^2}{2}$이다.

case 3: $1<y<2$인 경우, 오각형 부분의 적분이 너무 복잡하므로 우측 상단의

---

8 이 집합 $\{x|f(x)>0\}$을 이 확률밀도함수 $f(x)$의 지지대(support)라고 한다.

9 집합 A에 대해 $I_A(x)=1$ if $x\in A$, $I_A(x)=0$ if $x\notin A$와 같이 정의되는 함수 $I_A(\cdot)$를 집합 A의 표지함수(indicator function)라고 한다. 위에서 $I_{(0,1)}(x)$는 $x\in(0,1)$, 즉 $0<x<1$이면 $I_{(0,1)}(x)=1$이고 그렇지 않으면 값이 0인 함수이다.

삼각형 부분을 전체 부피 1에서 빼는 방식으로 구한다.

$$F_Y(y) = 1 - \int_{y-1}^{1}\int_{y-x_2}^{1} 1dx_1 dx_2 = 1 - \int_{y-1}^{1}(1-y+x_2)dx_2 = 1 - \frac{(2-y)^2}{2}$$

case 4: $y \geq 2$인 경우 $F_Y(y) = 1$이다. 따라서 $f_Y(y) = y$ if $0 < y < 1$,

$f_Y(y) = 2 - y$ if $1 < y < 2$ and 0 elsewhere, 또는 표지함수를 이용해

$f_Y(y) = yI_{(0,1)}(y) + (2-y)I_{(1,2)}(y)$이다.

위의 풀이 과정을 통해 짐작할 수 있겠지만, 확률변수가 3개 이상이 되면 소용돌이법의 사용은 훨씬 어렵고 경우에 따라서는 불가능할 수도 있다.

(2) 변수변환법

변수변환법은 앞서 소개한 표집분포를 구하는 세 방법 중에서 사용 조건이 가장 자유로운 방법이다. 따라서 이변수 이상의 확률벡터의 변환을 생각할 때 대개 이 방법을 생각한다. 그러나 변수변환법은 매우 복잡하고 많은 수고를 필요로 한다. 일단 출발 단계에서의 변수변환법은 일대일 변환에만 적용하는 것으로 가정한다. 추후 이것은 더 확장될 수 있다.

이산변수 벡터 $\underline{X} = (X_1, X_2)$를 $Y_1 = g_1(X_1, X_2)$와 $Y_2 = g_2(X_1, X_2)$의 일대일 변환을 통해 이산변수 벡터 $\underline{Y} = (Y_1, Y_2)$로 변환하는 경우(일변수인 경우는 더욱 간단하다), 변수변환법에 의해 (Y_1, Y_2)의 결합 확률함수를 간단히 얻을 수 있다. 다시 말해서 $f_{\underline{Y}}(y_1, y_2) = P(Y_1 = y_1, Y_2 = y_2) = P(X_1 = h_1(y_1, y_2), X_2 = h_2(y_1, y_2)) = f_{\underline{X}}(h_1(y_1, y_2), h_2(y_1, y_2))$이다. 이때 $\underline{h} = (h_1, h_2)$는 $\underline{g} = (g_1, g_2)$의 역변환인데, 쉽게 말하면 $y_1 = g_1(x_1, x_2)$와 $y_2 = g_2(x_1, x_2)$로 주어진 (이원)연립방정식을 x_1과 x_2에 대해서 풀면 $x_1 = h_1(y_1, y_2)$, $x_2 = h_2(y_1, y_2)$를 얻게 된다는 뜻이다.

그렇기 때문에 이 방법은 n차원 벡터인 경우도 쉽게 (n원)연립방정식을 풀어서 대수적으로 역변환을 얻을 수 있고, 처음 확률밀도함수에 대입만 하면 간단히 해결되는 장점이 있다. 다만, 대개의 통계량은 $Y_1 = g_1(X_1, X_2)$ 또는 $Y_2 = g_2(X_1, X_2)$ 중에 어느 한 가지이므로 $\underline{Y} = (Y_1, Y_2)$의 얻어진 결합 확률함수에서 $Y_1 = g_1(X_1, X_2)$

또는 $Y_2 = g_2(X_1, X_2)$ 중에 어느 한 가지 원하는 통계량의 주변 확률함수(marginal probability function)를 얻기 위한 수고를 거쳐야 답, 즉 원하는 통계량의 표집분포를 얻을 수 있다.

연속변수의 벡터인 경우도 크게 다르지 않다. 연속변수는 자코비안(Jacobian)을 고려해주는 차이 이외에는 위의 방법과 다를 것이 없다. 연속변수 벡터 $\underline{X} = (X_1, X_2)$를 $Y_1 = g_1(X_1, X_2)$와 $Y_2 = g_2(X_1, X_2)$의 일대일 변환을 통해 연속변수 벡터 $\underline{Y} = (Y_1, Y_2)$로 변환하는 경우, 변수변환법에 의해 (Y_1, Y_2)의 결합 확률함수를 간단히 얻을 수 있다. 즉 $f_{\underline{Y}}(y_1, y_2) = |J_h| f_{\underline{X}}(h_1(y_1, y_2), h_2(y_1, y_2))$이다. 여기서 $\underline{h} = (h_1, h_2)$는 $\underline{g} = (g_1, g_2)$의 역변환이고 역변환식 $x_1 = h_1(y_1, y_2)$, $x_2 = h_2(y_1, y_2)$ 에서 자코비안 $J_h = \begin{pmatrix} \frac{\partial h_1}{\partial y_1} & \frac{\partial h_1}{\partial y_2} \\ \frac{\partial h_2}{\partial y_1} & \frac{\partial h_2}{\partial y_2} \end{pmatrix}$는 역변환 함수의 각 변수들에 대한 편미분들의 행렬식 값(determinant)이다. 그리고 $|J_h|$는 J_h의 절댓값이다.

앞에서 변수변환법은 일대일 변환의 경우에 사용한다고 했지만, 그렇지 않은 경우에는 변환의 정의역을 분할해 일대일 변환이 되도록 한 후에 구역별로 일대일 변환한 것을 더하면 된다.

가령 이산변수에서 $Y = X^2$은 일대일 변환이 아니지만 역변환이 $X = \pm\sqrt{Y}$이므로 $X \geq 0$인 부분과 $X < 0$인 부분으로 나누어 $f_Y(y) = P(Y = y) = P(Y = y,\ X \geq 0) + P(Y = y, X < 0) = f_X(\sqrt{y}) + f_X(-\sqrt{y})$ (if $y > 0$)이다.

예제 6 $\underline{X} = (X_1, X_2)$의 결합 확률밀도함수는

$$f_{\underline{X}}(x_1, x_2) = \frac{1}{2\pi\sigma^2} e^{-\frac{\{(x_1-\mu)^2 + (x_2-\mu)^2\}}{2\sigma^2}}$$

이다. $Y = \frac{(X_1 - X_2)^2}{2}$의 확률밀도함수를 구하라.

풀이

이차원에서 일차원으로의 변환이 일대일일 수 없다. 한 변수를 추가로 정하는 데

가급적 일대일이 되도록 정해야 한다. 이 변수를 보조변수(nuisance variable)라고 한다. 앞의 Y를 Y_1이라고 부르기로 하고, $Y_2 = X_2$라고 하기로 하자. 역변환을 구해보면 $x_1 = x_2 \pm \sqrt{2y_1}$, $x_2 = y_2$이므로, $x_1 = y_2 \pm \sqrt{2y_1} = h_1(y_1, y_2)$, $x_2 = y_2 = h_2(y_1, y_2)$이다. 이 식에서 x_1의 표현에 포함된 ± 기호는 현재 변환이 일대일이 아님을 뜻하며 따라서 정의역을 분할해야 한다. 다시 Y에 관한 식을 보면 $X_1 > X_2$인지 $X_1 < X_2$인지(연속변수인 경우에는 $P(X_1 = X_2) = 0$이므로, $X_1 = X_2$인 경우는 무시해도 된다)에 따라 2:1 변환임을 알 수 있다. 이것은 앞의 x_1의 표현에서 $x_1 = y_2 + \sqrt{2y_1} = h_{11}(y_1, y_2)$이면 $x_1 > x_2$가 되고, $x_1 = y_2 - \sqrt{2y_1} = h_{12}(y_1, y_2)$이면 $x_1 < x_2$가 된다는 점과 일치한다. 각각의 경우에 자코비안은 $J_{1h} = \begin{vmatrix} \frac{1}{\sqrt{2y_1}} & 1 \\ 0 & 1 \end{vmatrix} = \frac{1}{\sqrt{2y_1}}$이고 $J_{2h} = \frac{1}{\sqrt{2y_1}}$이다. 따라서

$$
\begin{aligned}
f_{\underline{Y}}(y_1, y_2) &= f_{\underline{X}}(h_{11}, h_2)|J_{1h}| + f_{\underline{X}}(h_{12}, h_2)|J_{2h}| \\
&= \frac{1}{2\sqrt{2y_1}\pi\sigma^2} e^{-\frac{\{(y_2+\sqrt{2y_1}-\mu)^2+(y_2-\mu)^2\}}{2\sigma^2}} + \frac{1}{2\sqrt{2y_1}\pi\sigma^2} e^{-\frac{\{(y_2-\sqrt{2y_1}-\mu)^2+(y_2-\mu)^2\}}{2\sigma^2}}
\end{aligned}
$$

이다. 그렇지만 우리가 구하려는 것은 $f_{Y_1}(y_1)$이므로 위의 결합분포를 y_2에 관해 적분해야 한다. $(y_2 - \mu \pm \sqrt{2y_1})^2 + (y_2 - \mu)^2 = 2\left(y_2 - \mu \pm \sqrt{\frac{y_1}{2}}\right)^2 + y_1$이므로[10]

$$
\begin{aligned}
f_{Y_1}(y_1) &= \int_{-\infty}^{\infty} f_{\underline{Y}}(y_1, y_2)\,dy_2 \\
&= \int_{-\infty}^{\infty} f_{\underline{Y}}(h_{11}, h_2)|J_{1h}|\,dy_2 + \int_{-\infty}^{\infty} f_{\underline{Y}}(h_{11}, h_2)|J_{2h}|\,dy_2 \\
&= \frac{1}{\sigma\sqrt{2\pi y_1}} e^{-\frac{y_1}{2\sigma^2}} \quad \text{if} \quad y_1 > 0
\end{aligned}
$$

---

10 이 변환은 좌변의 식을 $k(y_2 - A)^2 + B$의 꼴로 변형하되 k, A, B에는 y_2가 포함되지 않는 식, 즉 y_2에 관한 완전제곱식으로의 변환을 한 것인데 그 이유는 B 부분은 y_2에 관한 적분에서 e^B 형태의 상수 곱으로 처리되고, k와 A 부분은 $e^{-\frac{k(y_2-A)^2}{2\sigma^2}}$이 적분됨으로써 평균이 A, 분산이 $\frac{\sigma^2}{k}$인 정규분포를 적분하는 셈이 된다. 즉 그 적분의 결과는 A에 관계없이 $\frac{\sigma}{\sqrt{k}}\sqrt{2\pi}$가 된다. 왜냐하면 $\int_{-\infty}^{\infty} \frac{1}{\sigma\sqrt{2\pi}} e^{-\frac{(x-\mu)^2}{2\sigma^2}} dx = 1$, 즉 μ에 관계없이 $\int_{-\infty}^{\infty} e^{-\frac{(x-\mu)^2}{2\sigma^2}} dx = \sigma\sqrt{2\pi}$이기 때문이다.

이다. 왜냐하면 주어진 Y의 식에서 $Y = Y_1 > 0$임을 알 수 있기 때문에, 결국 (Y_1을 원래의 Y 표현으로 고치면) $f_Y(y) = \frac{1}{\sigma\sqrt{2\pi y}} e^{-\frac{y}{2\sigma^2}} I_{(0,\infty)}(y)$이다. …… ①

이 과정이 일대일 변환이 아니어서 불편하다면 아래의 다른 방법을 이용할 수도 있다. 먼저 $Y_1 = X_1 - X_2$로 하고, Y_1의 확률밀도함수를 구한다면 $Y = \frac{Y_1^2}{2}$이므로 분포함수법을 이용해 Y의 확률밀도함수를 구할 수 있을 것이다. 따라서 Y_1의 확률밀도함수를 먼저 변수변환법으로 구하기 위해 $Y_2 = X_2$라는 보조변수를 생각하면 $X_1 = Y_1 + Y_2$, $X_2 = Y_2$이므로 일대일 변환이고, $J = 1$이다. 따라서 결합 확률밀도함수는

$$f_{\underline{Y}}(y_1, y_2) = \frac{1}{2\pi\sigma^2} e^{-\frac{\{(y_1+y_2-\mu)^2 + (y_2-\mu)^2\}}{2\sigma^2}}$$

이다. 이제 Y_1의 주변 확률밀도함수를 얻기 위해서는 $f_{\underline{Y}}(y_1, y_2)$를 y_2에 관해 적분해야 하는데, 우선 이것의 지수 부분을 먼저 계산해두자.

$$(y_1 + y_2 - \mu)^2 + (y_2 - \mu)^2 = 2\left(y_2 - \left(\mu - \frac{y_1}{2}\right)\right)^2 + \frac{y_1^2}{2}$$

이므로

$$f_{\underline{Y}}(y_1, y_2) = \frac{1}{2\pi\sigma^2} e^{\frac{-y_1^2}{4\sigma^2}} \cdot e^{\frac{-\left\{y_2 - \left(\mu - \frac{y_1}{2}\right)\right\}^2}{\sigma^2}}$$

이고

$$\int_{-\infty}^{\infty} e^{\frac{-\left\{y_2 - \left(\mu - \frac{y_1}{2}\right)\right\}^2}{\sigma^2}} dy_2 = \sigma\sqrt{\pi}$$

이다. 따라서

$$f_{Y_1}(y_1) = \int_{-\infty}^{\infty} f_{\underline{Y}}(y_1, y_2)\, dy_2 = \frac{1}{2\pi\sigma^2} \cdot e^{-\frac{y_1^2}{4\sigma^2}} \sigma\sqrt{\pi} = \frac{1}{\sqrt{2}\,\sigma\sqrt{2\pi}} \cdot e^{-\frac{y_1^2}{2(2\sigma^2)}}$$

이다. 즉 Y_1은 평균이 0이고 분산이 $2\sigma^2$인 정규분포를 한다. 즉 $f_{Y_1}(y_1) = \frac{1}{2\sigma\sqrt{\pi}} e^{-\frac{y_1^2}{4\sigma^2}}$이다. $Y = \frac{y_1^2}{2}$이라 하면 $F_Y(y) = P(Y \leq y) = P\left(\frac{y_1^2}{2} \leq y\right)$이다. 만약 y가 양수가 아

니라면 이 확률은 0이고, 양수라면 $F_Y(y) = P(-\sqrt{2y} \le Y_1 \le \sqrt{2y}) = F_{Y_1}(\sqrt{2y}) - F_{Y_1}(-\sqrt{2y})$이다. 양변을 y에 대해 미분하면 $f_Y(y) = \frac{dF_Y(y)}{dy} = f_{Y_1}(\sqrt{2y})\frac{1}{\sqrt{2y}} + f_{Y_1}(-\sqrt{2y})\frac{1}{\sqrt{2y}} = \frac{1}{\sigma\sqrt{2\pi y}}e^{-\frac{y}{2\sigma^2}}$ if $y > 0$이다. 즉 $f_Y(y) = \frac{1}{\sigma\sqrt{2\pi y}}e^{-\frac{y}{2\sigma^2}}I_{(0,\infty)}(y)$이다. 이 결과는 앞의 식 ①과 같음을 알 수 있다.

예제 7 확률변수 W는 표준정규분포를 하고 V는 자유도 r인 카이제곱분포[11]를 하며, V와 W가 서로 독립적일 때 $T = \frac{W}{\sqrt{V/r}}$의 확률밀도함수를 구하라.

풀이

보조변수로 $Z = V$라고 하면, $W = T\sqrt{\frac{Z}{r}}$, $V = Z$이다. 따라서 쟈코비안은 $J = \sqrt{\frac{Z}{r}}$이다. W와 V가 서로 독립적이므로, 그들의 결합 확률밀도함수 f는 $f(w, v) = \frac{1}{\sqrt{2\pi}}e^{-\frac{w^2}{2}} \cdot \frac{v^{\frac{r}{2}-1}}{\Gamma\left(\frac{r}{2}\right)2^{\frac{r}{2}}}e^{-\frac{v}{2}}I_{(0,\infty)}(v)$이다. 따라서 T와 Z의 결합 확률밀도함수 g는

$$g(t, z) = \frac{1}{\sqrt{2\pi}}e^{-\frac{zt^2}{2r}} \cdot \frac{z^{\frac{r}{2}-1}}{\Gamma\left(\frac{r}{2}\right)2^{\frac{r}{2}}}e^{-\frac{z}{2}}I_{(0,\infty)}(z) \cdot \left(\sqrt{\frac{z}{r}}\right)$$

$$= \frac{z^{\frac{r}{2}-1}}{\Gamma\left(\frac{1}{2}\right)\Gamma\left(\frac{r}{2}\right)2^{\frac{r+1}{2}}} \cdot e^{-\frac{z}{2}\left(1+\frac{t^2}{r}\right)} \cdot \sqrt{\frac{z}{r}} \cdot I_{(0,\infty)}(z)$$

이다(단, $\Gamma\left(\frac{1}{2}\right) = \sqrt{\pi}$). 이것을 z에 관해 적분해 $f_T(t)$를 구하면

$$f_T(t) = \int_0^\infty g(t, z)dz = \frac{\int_0^\infty z^{\frac{r+1}{2}-1} \cdot e^{-\frac{z}{2}\left(1+\frac{t^2}{r}\right)}dz}{\sqrt{r}\,\Gamma\left(\frac{1}{2}\right)\Gamma\left(\frac{r}{2}\right)2^{\frac{r+1}{2}}}$$

$$= \frac{\Gamma\left(\frac{r+1}{2}\right)2^{\frac{r+1}{2}}\left(1+\frac{t^2}{r}\right)^{-\frac{r+1}{2}}}{\sqrt{r}\,\Gamma\left(\frac{1}{2}\right)\Gamma\left(\frac{r}{2}\right)2^{\frac{r+1}{2}}} = \frac{\Gamma\left(\frac{r+1}{2}\right)\left(1+\frac{t^2}{r}\right)^{-\frac{r+1}{2}}}{\sqrt{r}\,\Gamma\left(\frac{1}{2}\right)\Gamma\left(\frac{r}{2}\right)}$$

---

11 확률밀도함수는 $f_V(v) = \frac{v^{\frac{r}{2}-1}}{\Gamma\left(\frac{r}{2}\right)2^{\frac{r}{2}}}e^{-\frac{v}{2}}I_{(0,\infty)}(v)$이다.

인데 이와 같은 확률밀도함수를 갖는 분포를 자유도 r인 t-분포라고 한다.[12]

이 결과는 간혹 t-분포를 정의하는 데 사용되기도 한다. 즉 "표준정규분포를 하는 확률변수 W와, W에 대해 독립적이고 자유도 r인 카이제곱분포를 하는 확률변수 V에 대해 $T = \frac{W}{\sqrt{V/r}}$로 정의되는 변환된 확률변수 T의 확률분포를 t-분포라고 한다"와 같이 t-분포를 정의하기도 한다.

(3) 적률생성함수법

어떤 통계량 Y가 $Y = \sum_{i=1}^{n} c_i X_i$(단, $c_i (i = 1, 2, \cdots, n)$는 확률변수를 포함하지 않는 상수)일 때, 즉 Y가 $X_1, X_2, \cdots, X_n$들의 일차결합(linear combination)으로 이루어진 경우 이런 통계량을 선형통계량(linear statistic)이라고 한다. 표본평균은 $Y = \frac{\sum_{i=1}^{n} X_i}{n}$의 변환이고, 대표적인 선형통계량이다.

통계에서는 대개 무작위표본을 사용하므로 $X_i (i = 1, 2, \cdots, n)$들 각각의 주변 확률분포는 모두 같고, 또한 서로 독립적인 확률변수들로 이루어져 있다. 즉 무작위표본 $X_1, X_2, \cdots, X_n$에서 X_1의 확률(밀도)함수가 $f(x_1)$이라면 n차원 확률벡터 $\underline{X} = (X_1, X_2, \cdots, X_n)$의 결합 확률(밀도)함수는 $f_{\underline{X}}(x_1, x_2, \cdots, x_n) = f(x_1)f(x_2)\cdots f(x_n) = \prod_{i=}^{n} f(x_i)$이다.

두 확률변수 V와 W가 서로 독립적이면 V만의 함수 $g(V)$와 W만의 함수 $h(W)$의 곱의 기댓값 $\mathrm{E}[g(V)h(W)]$는 기댓값의 곱 $\mathrm{E}[g(V)]\mathrm{E}[h(W)]$와 같다. 즉 V와 W

---

12 모양모수(shape parameter)가 양수 α이고, 단위모수(scale parameter)가 양수 β인 감마분포(gamma distribution)란 확률밀도함수가 $f_X(x) = \frac{x^{\alpha-1} e^{-\frac{x}{\beta}}}{\Gamma(\alpha)\beta^{\alpha}} I_{(0,\infty)}(x)$인 확률분포를 말한다. 이때 $\Gamma(\alpha) = \int_0^{\infty} x^{\alpha-1} e^{-x} dx$ (단 $\alpha > 0$)로 정의된다. 만약 $\alpha > 1$이면 부분적분을 통해 $\Gamma(\alpha) = (\alpha-1)\Gamma(\alpha-1)$이 성립함을 쉽게 확인할 수 있다. $\Gamma(1) = 1$은 직접 적분을 통해 쉽게 확인된다. 따라서 자연수 n에 대해 $\Gamma(n) = (n-1)!$이다. 또 위의 확률밀도함수는, 그러므로 양수 범위에서 적분하면 1이 되고, 따라서 $\int_0^{\infty} x^{\alpha-1} e^{-\frac{x}{\beta}} dx = \Gamma(\alpha)\beta^{\alpha}$이다. 이것이 위의 '분자 부분의 적분식'의 결과가 '가운데 식에서 분자 부분'의 결과를 얻게 되는 이유이다.

가 서로 독립적이면 $E[g(V)h(W)]=E[g(V)]E[h(W)]$가 성립한다. 확률밀도함수의 경우 결합 확률밀도함수를 두 주변 확률밀도함수의 곱으로 고쳐 적고 적분을 해보면, 중적분은 두 단순 적분의 곱으로 변하는 것을 쉽게 확인할 수 있다. 확률함수의 경우도 이중 시그마 기호($\sum\sum$)는 두 시그마($\sum$) 결과의 곱으로 적힌다. 따라서 위의 정리가 성립하는 것을 쉽게 확인할 수 있다. 그리고 이것은 n개의 변수로 쉽게 확장된다.

무작위표본에 근거한 표본에서 얻어진 선형통계량의 경우 그 표집분포를 구할 때, 일종의 라플라스 변환과 유사한 방법을 사용하는 것이 적률생성함수법이다. 즉 0 근방(neighborhood of 0)의 모든 t값들에 대해 $E(e^{tX})=\int_{-\infty}^{\infty} e^{tx}\,dF_X(x)$이 존재하면 이 적분 결과를 확률변수 X의 적률생성함수라고 하고, 이것을 이용해 통계량의 표집분포를 구하는 방법이 적률생성함수법이다.

그런데 이 방법은 특별한 행운도 따라야 한다. 이 방법을 대략 스케치해보면, 무작위표본에 근거한 선형통계량 Y의 표집분포를 구하기 위해 각 변량 X_i의 적률생성함수를 이용해서 통계량 Y의 적률생성함수를 구한다. 이때 Y의 적률생성함수를 보고 Y의 분포를 말할 수 있다면(identifiable) 우리는 Y의 표집분포를 구한 것이다. 만약 그렇지 않다면, 사실상 헛수고를 한 셈이다. 이 말은 결국 몇 가지 중요한 적률생성함수들을 암기하고 있어야 한다는 뜻이기도 하다. 통계학에서 자주 쓰이는 분포의 적률생성함수 $M_X(t)$는 다음과 같다.

① 평균 μ, 분산 σ^2인 정규분포: $M_X(t)=e^{\mu t+\frac{\sigma^2 t^2}{2}}$

② 모수가 n, p인 이항분포: $M_X(t)=\{(1-p)+pe^t\}^n$

③ 모수가 α, β인 감마분포[13]: $M_X(t)=(1-\beta t)^{-\alpha}$

---

13 확률밀도함수가 $f_X(x)=\frac{x^{\alpha-1}}{\Gamma(\alpha)\beta^\alpha}e^{-\frac{x}{\beta}}I_{(0,\infty)}(x)$인 확률분포를 감마분포라고 하는데, 특히 $\beta=2$인 감마분포를 χ^2(카이제곱)-분포라고 하며 이때 2α를 이 χ^2-분포의 자유도라고 한다. 즉 자유도 r인 χ^2-분포의 확률밀도함수는 $f_X(x)=\frac{x^{\frac{r}{2}-1}}{\Gamma\left(\frac{r}{2}\right)2^{\frac{r}{2}}}e^{-\frac{x}{2}}I_{(0,\infty)}(x)$이고 적률생성함수는 $M_X(t)=(1-2t)^{-\frac{r}{2}}$이다.

예제 8 평균 μ, 분산 σ^2인 정규분포를 하는 모집단의 표본에서 표본평균을 얻었다. 크기 n인 무작위표본에서 구한 이 표본평균의 표집분포를 구하라.

풀이

표본평균은 $Y=\dfrac{\sum_{i=1}^{n} X_i}{n}$이므로 Y의 적률생성함수는

$$M_Y(t)=E(e^{tY})=E\left(e^{t\sum_{i=1}^{n}\frac{X_i}{n}}\right)=E\left(e^{\frac{t}{n}\sum_{i=1}^{n}\frac{X_i}{n}}\right)=E\left(\prod_{i=1}^{n} e^{\frac{t}{n}X_i}\right)$$

이다. 그런데 $e^{\frac{t}{n}X_i}$는 X_i만의 함수이고 또 무작위표본이므로 X_i들은 모두 서로 독립적이다. 따라서 곱의 기댓값은 기댓값의 곱과 같다. 즉

$$E\left(\prod_{i=1}^{n} e^{\frac{t}{n}X_i}\right)=\prod_{i=1}^{n} E\left(e^{\frac{t}{n}X_i}\right)=\prod_{i=1}^{n} M_{X_i}\left(\frac{t}{n}\right)$$

이다. 그런데 X_i들은 모두 평균이 μ, 분산이 σ^2인 정규분포를 하는 확률변수들이므로 $M_{X_i}(t)=e^{\mu t+\frac{\sigma^2}{2}t^2}$이고, 따라서 $M_{X_i}\left(\frac{t}{n}\right)=e^{\frac{\mu t}{n}+\frac{\sigma^2 t^2}{2n^2}}$이다. 결국

$$\prod_{i=1}^{n} M_{X_i}\left(\frac{t}{n}\right)=\prod_{i=1}^{n}\left(e^{\frac{\mu t}{n}+\frac{\sigma^2 t^2}{2n^2}}\right)=\left(e^{\frac{\mu t}{n}+\frac{\sigma^2 t^2}{2n^2}}\right)^n=e^{\mu t+\frac{\sigma^2 t^2}{2n^2}}=e^{\mu t+\frac{(\sigma^2/n)t^2}{2}}$$

이다. 즉, $M_Y(t)=e^{\mu t+\frac{(\sigma^2/n)t^2}{2}}$이다. 이런 ($t$의) 함수 모양의 적률생성함수는 정규분포의 것과 일치하므로, Y의 (표집)확률분포는 정규분포이고 평균은 μ, 분산은 $\dfrac{\sigma^2}{n}$임을 알 수 있다. 즉 $f_Y(y)=\dfrac{\sqrt{n}}{\sigma\sqrt{2\pi}}e^{-\frac{n(y-\mu)^2}{2\sigma^2}}$이다.

예제 9 자유도가 각각 r_1, r_2인 χ^2-분포를 하고 서로 독립적인 두 확률변수 X_1, X_2에 대해 $Y=X_1+X_2$의 확률분포를 구하라.

풀이

$M_Y(t)=E(e^{t(X_1+X_2)})=M_{X_1}(t)\cdot M_{X_2}(t)=(1-2t)^{-\frac{r_1}{2}}(1-2t)^{-\frac{r_2}{2}}=(1-2t)^{-\frac{r_1+r_2}{2}}$이다.

따라서 Y는 자유도 r_1+r_2인 카이제곱분포를 한다.

이 결과는 수학적 귀납법에 의해, 곧 바로 n개의 서로 독립적인 카이제곱 확률 변수들의 합으로 확장된다.

위 예제 9의 결과와 분포함수법에서의 예제 4의 결과를 묶으면, 다음 결과를 쉽게 얻을 수 있다.

정리

$X_1, X_2, \cdots, X_n$이 평균이 μ이고 분산이 σ^2인 정규분포를 하는 모집단에서 얻은 무작위 표본일 때, $\dfrac{\sum_{i=1}^{n}(X_i-\mu)^2}{\sigma^2}$은 자유도 n인 카이제곱분포를 한다. (증명은 자명함)

$\sum_{i=1}^{n}(X_i-\mu)^2 = \sum_{i=1}^{n}(X_i-\overline{X})^2 + n(\overline{X}-\mu)^2$임을, 좌변의 제곱 부분 안에 $\overline{X}$를 빼고 더해주는 조작을 한 후에 $\sum$ 연산을 하면 $\sum_{i=1}^{n}(X_i-\overline{X})=0$이기 때문에 쉽게 확인할 수 있다. 보통 표본분산의 핵심 계산 부분인 $Q=\sum_{i=1}^{n}(X_i-\overline{X})^2$와 $\overline{X}$가 서로 독립적임을 증명할 수 있다.

한 가지 증명법은 변수변환법을 사용하는 것이다. $Y_1=\overline{X}$와 $Y_2=X_2-\overline{X}, \cdots, Y_i=X_i-\overline{X}, \cdots, Y_n=X_n-\overline{X}$라 할 때 이들의 결합 확률밀도함수를 구해 그 꼴이 $f_{\underline{Y}}(y_1, y_2, \cdots, y_n)=f_A(y_1)f_B(y_2, y_3, \cdots, y_n)$의 모양으로 적을 수 있음을 근거로 삼아, Y_1과 $(Y_2, Y_3, \cdots, Y_n)$의 두 덩어리가 서로 독립적임을 확인한 후에, $Q=\sum_{i=1}^{n}(X_i-\overline{X})^2$가 $Y_2, Y_3, \cdots, Y_n$들만의 함수임을 확인시켜서 Q가 $Y_1=\overline{X}$와 서로 독립적임을 증명할 수 있다(7.2.1 참고). 다른 더 간단한 방법은 바수의 정리(Basu's theorem)를 이용하는 방법인데 이 방법은 보다 많은 기초 지식을 필요로 한다. Q와 $R=n(\overline{X}-\mu)^2$은, R이 $\overline{X}$만의 함수이기 때문에 서로 독립적이고, 정규분포 모집단에서 얻은 무작위표본의 경우, $\dfrac{Q}{\sigma^2}$의 확률분포가 자유도 n-1인 카이제곱분포임을 쉽게 증명할 수 있다.

예제 10 평균 μ, 분산 σ^2인 정규분포를 하는 모집단의 표본에서 크기 n인 표본평균을 얻었다. 표본 $X_1, X_2, \cdots, X_n$에서 구한 표본평균을 $\overline{X}$라 할 때, $V = \dfrac{\sum_{i=1}^{n}(X_i - \overline{X})^2}{\sigma^2}$의 확률분포는 자유도 $n-1$인 카이제곱분포임을 증명하라.

풀이

$U = \dfrac{\sum_{i=1}^{n}(X_i - \mu)^2}{\sigma^2}$, $W = \dfrac{n(\overline{X} - \mu)^2}{\sigma^2}$라 하면 $U = V + W$가 성립하고, V와 W는 서로 독립적이다. 따라서 $M_U(t) = E(e^{t(V+W)}) = M_V(t) \cdot M_W(t)$이다. 그런데 $\overline{X}$는 평균이 μ, 분산이 $\dfrac{\sigma^2}{n}$인 정규분포를 하므로 W는 분포함수법의 예제 4에 의해 자유도 1인 카이제곱분포를 한다. 또 앞의 정리에서 U는 자유도 n인 카이제곱분포를 함을 증명했다. 그러므로 위의 관계식에 따라 $(1-2t)^{-\frac{n}{2}} = M_V(t) \cdot (1-2t)^{-\frac{1}{2}}$이다. 따라서 $M_V(t) = (1-2t)^{-\frac{n-1}{2}}$이고 V는 자유도 $n-1$인 카이제곱분포를 한다.

평균 μ, 분산 σ^2인 정규분포를 하는 모집단에서 얻은 표본 크기 n인 무작위표본 $X_1, X_2, \cdots, X_n$에서 생각한다면, 앞서 예제 8의 결과에 따라 $W = \dfrac{\sqrt{n}(\overline{X} - \mu)}{\sigma}$는 표준정규분포를 하고, 예제 4의 결과에 따라 V는 자유도 $n-1$인 카이제곱분포를 한다. 또 $\overline{X}$와 V가 서로 독립적이므로, W와 V는 서로 독립적이다. 따라서 변수변환법의 예제 7에 의해 $T = \dfrac{W}{\sqrt{V/(n-1)}} = \dfrac{\overline{X} - \mu}{S/\sqrt{n}}$ (단, $S = \sqrt{\dfrac{\sum_{i=1}^{n}(X_i - \overline{X})^2}{n-1}}$, 즉 표본표준편차이다)은 자유도 $n-1$인 t-분포를 한다.

7.1.4 신뢰구간과 축

위에 소개된 예제 10이나 그에 대한 결과 설명에서 확률변수 V나 T 등은 통계량이 아니다. 모수인 σ^2이나 μ 등이 포함되어 있기 때문이다. 따라서 우리가 구한 V와 T의 확률분포 역시 표집분포라고 할 수는 없다. 그런데 이 확률변수들은 모두 모수가 단 한 개씩만 들어 있고, 또 그들의 확률분포 안에 그 값을 알 수 없는 모수나 미지수 등이 포함되어 있지 않다. 즉 V나 T의 확률분포가 확정적이다. 이와 같은 확률변수를 축(pivot)이라고 한다.

좀 더 엄밀히 말하자면 우리가 필요로 하는 것은 표집분포라기보다는 축이 더 요긴하다고 할 수 있다. 가령 위에서 T는 모평균에 관한 신뢰구간(confidence interval)을 얻는 데 매우 유용하다. 예제 10의 결과에 대한 설명에 의하면, $P\left(-t_{\frac{\alpha}{2},n-1} \le \frac{\overline{X}-\mu}{S/\sqrt{n}} \le t_{\frac{\alpha}{2},n-1}\right) = 1-\alpha$이기 때문이다. 이 식에서 확률 기호 안의 부등식을 μ에 관해서 정리하면

$$P\left(\overline{X} - t_{\frac{\alpha}{2},n-1}\frac{S}{\sqrt{n}} \le \mu \le \overline{X} + t_{\frac{\alpha}{2},n-1}\frac{S}{\sqrt{n}}\right) = 1-\alpha$$

이 된다. 그리고 이 확률 문장을 읽으면, 결국 확률구간(random interval) $\left(\overline{X} - t_{\frac{\alpha}{2},n-1}\frac{S}{\sqrt{n}}, \overline{X} + t_{\frac{\alpha}{2},n-1}\frac{S}{\sqrt{n}}\right)$에 모평균 μ가 포함될 확률이 $100(1-\alpha)\%$라는 뜻이다. 확률구간이란 구간이 확정되지 않고 우연에 의해 계속적으로 변하는 구간을 말하는데, 지금 우리가 생각한 구간은 표본평균 $\overline{X}$와 표본표준편차 S가 표본마다 달라지기 때문에 $\overline{X} \pm t_{\frac{\alpha}{2},n-1}\frac{S}{\sqrt{n}}$의 값도 달라져, 구간이 표본에 따라 이랬다 저랬다 변하게 된다는 의미에서 확률구간이라고 하게 된 것이다.

이 확률구간에 대한 계산 과정을 생각해보자. 실제 자료가 수집되어 표본이 확정되면 그 표본에서 구한 표본평균 $\overline{x}$와 표본표준편차 s도 확정된 숫자가 되기 때문에 그러면 구간 $\left(\overline{x} - t_{\frac{\alpha}{2},n-1}\frac{s}{\sqrt{n}}, \overline{x} + t_{\frac{\alpha}{2},n-1}\frac{s}{\sqrt{n}}\right)$은 확률변수를 포함하지 않으며, 식 중에 있는 $\overline{x}$와 s에 표본에서 구한 값을 대입하고 t-분포표를 읽어 계산을 하면 $\overline{x} - t_{\frac{\alpha}{2},n-1}\frac{s}{\sqrt{n}} = c_l$, $\overline{x} + t_{\frac{\alpha}{2},n-1}\frac{s}{\sqrt{n}} = c_u$ 같은 두 숫자 c_l, c_u을 얻을 것이며, 따라서 구간 (c_l, c_u)을 얻게 될 것이다. 이 구간은 양 끝이 두 개의 숫자 c_l, c_u로 되어 있으므로 더 이상 확률구간이 아니며, 따라서 이것이 모평균을 포함할 확률에 대해 말하는 것은 '6이 3과 9 사이에 있을 확률'과 같이 이상한 표현이 되어버린다(굳이 그 확률을 말하자면 1이지만, 이상한 표현이라는 의미이다). 즉 구간 (c_l, c_u)가

모평균을 포함하고 있으면 있을 것이고 그렇지 않으면 그렇지 않을 뿐, 우연 변인에 의한 변화는 없다는 의미이며, 안타깝게도 우리는 어느 쪽이 사실인지 알 수 없다는 뜻이다. 그런 이유로 구간 (c_l, c_u)를 신뢰구간이라고 부르는데 이름이 그렇게 된 데에는 다음과 같은 이유가 있다.

앞의 확률구간에 대한 확률의 의미를 이 책에서 처음부터 견지하고 있는 통계적 확률로 해석하면, 확률구간 $\left(\overline{X} - t_{\frac{\alpha}{2}, n-1}\frac{S}{\sqrt{n}}, \overline{X} + t_{\frac{\alpha}{2}, n-1}\frac{S}{\sqrt{n}}\right)$들이 모평균 μ를 포함하는 경우의 상대도수(의 극한값)가 $1-\alpha$라는 뜻이다. 즉 표본평균 $\overline{X}$와 표본표준편차 S가 달라져서 얻어지는 (무한히) 많은 수의 신뢰구간 $\left(\overline{x} - t_{\frac{\alpha}{2}, n-1}\frac{s}{\sqrt{n}}, \overline{x} + t_{\frac{\alpha}{2}, n-1}\frac{s}{\sqrt{n}}\right)$들이 생길 때, 그 신뢰구간들 중에서 모평균 μ를 포함하는 것이 $100(1-\alpha)\%$ 있고, 그렇지 않은 것이 $100\alpha\%$ 있다는 의미이다. 대개 특별한 이유가 없다면 $\alpha = 0.05$를 사용하는 경우가 많은데, 이런 경우에 모평균 μ를 포함하는 경우의 상대도수는 95%, 그렇지 않은 것은 5%라는 뜻이 된다.

한편 이 이론과는 별도로 실제로는 단 한 개의 크기 n인 표본 모둠을 얻어 단 한 개의 신뢰구간 $\left(\overline{x} - t_{\frac{\alpha}{2}, n-1}\frac{s}{\sqrt{n}}, \overline{x} + t_{\frac{\alpha}{2}, n-1}\frac{s}{\sqrt{n}}\right)$을 얻을 뿐인데, 이것이 모평균을 포함하는지 아닌지는 알 길이 없는 상황이다. 이 신뢰구간이 앞서 이론적으로 생각한 많은 신뢰구간 중에 무작위 추출의 결과로 생긴 하나라면, 그리고 모평균을 포함하고 있는지 아닌지를 완전히 추측에 의해 정하려 한다면, 이 상황에서 여러분은 직관적으로 어떤 선택을 할 것인가?

이것은 상자 안에 흰 공이 95개, 붉은 공이 5개 있을 때 공들을 잘 섞어서 눈을 감고 상자 안에서 한 개의 공을 꺼낸 후에, 눈을 뜨지 말고 공의 색깔을 맞추어 보려는 상황과 같다. 이 경우 거의 대부분 흰 공으로 추측하면서 그렇게 생각하는 것이 상식적이라고 주장하지만, 통계학에서는 이렇게 생각하는 원리를 가능성 원리라고 하는 것이다. 즉 관측된 현상은 확률이 높았기 때문이고 관측되지 않은 현상은 확률이 낮았기 때문이라는 생각이다. 이때 신뢰구간 (c_l, c_u)가 모평균을 포함한다는 것은 가능성 원리에 따라 더 신뢰할 만한 결정이며, 그에 대한 완전한 확신은 할 수 없고 약 95%($100(1-\alpha)\%$) 확신한다고 할 수 있다. 따라서 이때 $100(1-\alpha)\%$는 확률이 아니라 신뢰구간 (c_l, c_u)가 모평균을 포함할 것이라는, 그런 결정에 대한 자신감 또는 신뢰의 정도, 즉 신뢰도(confidence coefficient)라고 부른다. 즉 그러리라고 95% 정도 믿는다, 확신한다는 뜻이다.

처음부터 우리는 축(pivot)을 생각했어야 했다. 그러나 축은 표집분포보다 더 복잡하므로 표집분포보다 이해하기 더 어려운 개념이다. 반면 표집분포를 아는 경우 축을 쉽게 얻을 수 있을 것이라는 기대 때문에 통계학에서는 표집분포를 중요하게 생각한다. 사실, 표집분포가 정규분포인 경우에는 (분산을 안다면) 간단한 선형변환으로 축을 만들어 그의 분포를 표준정규분포가 되게 할 수 있다. 분산을 모르는 경우에는 표본의 크기가 클 경우 표본분산을 모분산을 대신해 사용한다. 모비율(population portion) p에 관한 신뢰구간을 정규분포를 이용해 구하는 경우가 대표적인 예가 될 것이다.

7.2 표본평균의 표집분포

모집단의 중심경향값, 그중에서도 모평균은 양적 자료에 관한 통계를 구해 추측해보려는 것들 중에서 가장 중요한 모수이다. 두 개 이상의 분포를 비교할 때나 단순히 분포의 요약이라는 측면에서나 항상 모집단의 중심경향값은 중요하며, 이를 위한 표본의 관측값으로서 가장 중요한 것이 표본평균이다. 그리고 표본평균을 통해서 모평균 등을 추정할 때 가장 중요한 것이 표본평균의 표집분포인데 앞에서 모집단의 분포가 정규분포일 때 수학적으로 이 표집분포를 구했다. 여기서는 모집단의 분포가 정규분포가 아니거나 다른 이유로 인해 표본평균이 변형된 경우와 관련된 문제를 생각해보고자 한다. 한 가지 방향은 표본평균이 아닌 다른 변형된 통계량, 그중에서도 가중치가 적용된 평균, 또는 일반적 선형통계량을 생각해보고(특히 이 부분에서는 자료에 의해 유도된 분석의 위험성을 인지하는 데 논의의 초점이 있다), 다른 한 방향은 가중치가 없는 표본평균을 고집하되 모집단의 분포가 정규분포가 아닌 경우 표본평균의 표집분포에 대해서 생각해보고자 하는 것이다.

7.2.1 정규모집단의 선형통계량과 자료에 의해 유도된 통계량

모집단의 확률분포가 정규분포일 때 그런 모집단을 정규모집단(normal population)이라고 하는데, 정규모집단에서 얻은 표본평균의 표집분포가 정규분포임을 앞에서 적률생성함수법을 통해 알아보았다. 정규모집단에서 얻은 무작위표본의 선형통계량(linear statistic)은 항상 정규분포를 한다.

보다 일반적으로 정리해보면 다변량정규분포(multivariate normal distribution)를 하는 확률변수들의 선형결합(linear combination)들 역시 다변량정규분포를 한다. 평균벡터(mean vector)가 $\underline{\mu}^t = (\mu_1, \mu_2, \cdots, \mu_p)$이고 분산-공분산 행렬이 $\Sigma = ((\sigma_{ij}))$인 p-차원 확률벡터 $\underline{X}^t = (X_1, X_2, X_3, \cdots, X_p)$가 다변량정규분포를 할 때, 그의 확률밀도함수는 $f_{\underline{X}}(x_1, x_2, \cdots, x_p) = \frac{1}{(\sqrt{2\pi})^p \sqrt{|\Sigma|}} e^{-\frac{(x-\mu)^t \Sigma^{-1} (\underline{x}-\underline{\mu})}{2}}$인데, $\underline{Y}^t = (Y_1, Y_2, Y_3, \cdots, Y_k)$에서 $Y_i(i = 1, 2, \cdots, k)$들이 $X_i(i = 1, 2, \cdots, p)$들의 선형결합들, 즉 $Y_1 = a_{11}X_1 + a_{12}X_2 + \cdots + a_{1p}X_p = \underline{a}_1^t \underline{X}$, $Y_2 = a_{21}X_1 + a_{22}X_2 + \cdots + a_{2p}X_p = \underline{a}_2^t \underline{X}$, $\cdots$, $Y_k = a_{k1}X_1 + a_{k2}X_2 + \cdots + a_{kp}X_p = \underline{a}_k^t \underline{X}$일 때 Y_i들, 즉 $\underline{Y}^t = (Y_1, Y_2, Y_3, \cdots, Y_k) = A\underline{X}$(단, $A^t = (\underline{a}_1 \vdots \underline{a}_2 \vdots \cdots \vdots \underline{a}_k)$)의 결합확률분포는 평균벡터가 $\underline{\mu}_{\underline{Y}} = (\mu_{Y_1}, \mu_{Y_2}, \cdots, \mu_{Y_k})^t = A\underline{\mu}$, 분산-공분산 행렬이 $\Sigma_{\underline{Y}} = ((\sigma_{Y_iY_j})) = A\Sigma A^t$인 다변량정규분포를 한다.

특히 모집단의 평균이 μ, 분산이 σ^2인 정규분포를 하는 모집단에서 얻은 크기 n인 무작위표본 $\underline{X} = (X_1, X_2, X_3, \cdots, X_n)$의 결합분포는 평균벡터가 $\underline{\mu}^t = \mu \underline{1}^t$(단, $\underline{1}^t = (1, 1, 1, \cdots, 1)$)이고 분산-공분산 행렬이 $\Sigma = \sigma^2 I$(단, I는 $n \times n$ 항등행렬)인 다변량정규분포라고 할 수 있다. 왜냐하면 무작위표본은 X_i와 $X_j(i \neq j)$가 서로 독립적이기 때문에 $\sigma_{ij} = 0\,(\text{if } i \neq j)$이다. 표본평균의 경우 $Y_1 = \overline{X} = \frac{1}{n}\underline{1}^t \underline{X}$이므로(이 경우 앞의 행렬 A에서 $k = 1$이다) $A = \frac{1}{n}\underline{1}^t$이다. 따라서 표본평균의 분포는 평균벡터 $A\mu = \frac{1}{n}\underline{1}^t(\mu)\underline{1} = \frac{\mu}{n}\underline{1}^t\underline{1} = \frac{\mu}{n}\cdot(n) = \mu$이고 분산-공분산 행렬은

$$A\Sigma A^t = \left(\frac{1}{n}\underline{1}^t\right)(\sigma^2 I)\left(\frac{1}{n}\underline{1}\right) = \frac{\sigma^2}{n^2}\underline{1}^t I \underline{1} = \frac{\sigma^2}{n^2}\underline{1}^t\underline{1} = \frac{\sigma^2}{n^2}\cdot(n) = \frac{\sigma^2}{n}$$

이다. 즉 이미 아는 바 대로, 표본평균은 평균이 μ이고 분산이 $\frac{\sigma^2}{n}$인 정규분포를 한다. 또 $\underline{e}_i$라는 벡터는 항등행렬 I의 i번째 열벡터, 즉 $\underline{e}_i^t = (0, 0, \cdots, 0, 1, 0, \cdots, 0)$라고 할 때 $Y_i = X_i - \overline{X} = \left(\underline{e}_i^t - \frac{1}{n}\underline{1}^t\right)\underline{X}$ (단, $i=2, 3, \cdots, n$)이므로 $Y_1(=\underline{X})$과 Y_i의 결합분포는 따라서 이차원 정규분포이고, $A = \begin{pmatrix} \frac{1}{n}\underline{1}^t \\ \underline{e}_i^t - \frac{1}{n}\underline{1}^t \end{pmatrix}$이므로 그들의 공분산은 $A\Sigma A^t$의 (1, 2)번째 원소, $\left(\frac{1}{n}\underline{1}^t\right)(\sigma^2 I)\left(\underline{e}_i - \frac{1}{n}\underline{1}\right) = \frac{\sigma^2}{n} - \frac{\sigma^2}{n} = 0$이다. 다시 말해 $\overline{X}$와 $X_i - \overline{X}$는 서로 독립적이다.[14] 그런데 편차의 합 $\sum_{i=1}^{n}(X_i - \overline{X})$은 0이므로

$$\sum_{i=1}^{n}(X_i - \overline{X})^2 = (X_1 - \overline{X})^2 + \sum_{i=2}^{n}(X_i - \overline{X})^2 = \left\{\sum_{i=2}^{n}(X_i - \overline{X})\right\}^2 + \sum_{i=2}^{n}(X_i - \overline{X})^2$$

이 성립하고, 따라서 표본분산 $S^2 = \frac{\sum_{i=1}^{n}(X_i - \overline{X})^2}{n-1}$은 $Y_i = X_i - \overline{X}(i \geq 2)$들만의 함수이며, 결국 표본분산은 $Y_1 = \overline{X}$와 서로 독립적이다.[15]

정규모집단에서 얻은 표본에서는 표준적인 표본평균 대신 일부 변량들의 가중치를 생각할 때가 있다. 대개 그때의 가중치는 자료의 값의 크기를 고려해 정해지는 경우가 많은데, 이런 가중치는 자료에 의해 유도된(data oriented) 가중치이다. 통계학에서 흔히 말하는 선형통계량은 앞의 $Y_i(i = 1, 2, \cdots, k)$들처럼 자료에 의해 유도된 것이 아니어야 한다.

가령 중앙값은 변량을 크기 순서로 배열하고 나서 가운데 크기의 수에 가중치 1(홀수 개 자료) 또는 $\frac{1}{2}$(짝수 개 자료)을 주고 나머지 변량에는 가중치를 모두 0을 준 것이라고 볼 수 있는데, 대표적인 유도된 가중치이다. 즉 중앙값은 자료값의 크기의 순서가 고려된 것이므로 선형통계량이 아니다. 같은 이유로 절단평균

---

14 (U, V)의 결합 확률밀도함수가 이차원 정규분포일 경우는 U와 V가 서로 독립적이라는 것과 두 확률변수의 공분산이 0이라는 것은 서로 동치이다.

15 분산과 표본평균이 서로 독립적인 것은 정규분포의 독특한 성질이며, 다른 모집단에서 얻은 무작위표본에서는 이와 같은 성질이 없다.

(trimmed mean)이나 윈저평균(Winsorized mean) 등도 선형통계량이 아니다.

통계적 절차 중간에 이루어지는 어떤 통계적 조작 행위가 유도된 것인지 아닌지의 여부는 다음 질문에서 비교적 쉽게 드러난다. "당신이 가중치를 주고자 하는 변량이 자료를 얻을 때 몇 번째 얻은 것인지를 생각하라. 그리고 다음에 똑같은 통계 조사를 할 때에도 같은 순서로 얻은 그 값에 똑같은 가중치를 주려고 하는가?"라는 질문에 대한 답이 항상 '그렇다'라면 그것은 유도된 것이 아니다. 그렇지 않다면 유도된 것이다. 어떤 자료를 얻었을 때 처음부터 차례로 1, 3, 7, 2, 4, 6을 얻었다고 하자. 여기서 중앙값은 3과 4의 평균이므로 1, 2, 6, 7에는 가중치를 0으로 주고, 3, 4에는 가중치를 1/2씩 주려고 하는데, 이 경우 "당신은 앞으로 이와 똑같은 통계 조사를 할 때 두 번째 얻은 값(=3)과 다섯 번째 얻은 값(=4)에 항상 1/2의 가중치를 주고 다른 값에는 0의 가중치를 주기를 원하는가?", 즉 "다음에 얻은 자료가 1, 1, 5, 8, 4, 3일 때도 두 번째 얻은 값 1과 5번째 얻은 값 4의 평균 2.5를 중앙값으로 하겠는가?"라는 질문에 대해 '아니오'라고 답한다면 그 경우는 가중치가 유도된 가중치라는 것이다. 실제 자료가 얻어질 때 한꺼번에 얻어진 것이어서 순서가 없다고 해도 마음속으로 순서를 그려보고 이러한 질문에 답해보면 쉽게 판단할 수가 있다.

통계학의 (일원)분산분석 등에서 중다비교(multiple comparison)를 바르게 이해하는 데 있어 이 질문은 매우 효과적인 지침이 될 수 있다. 가령 5가지 수학교수법이 있고, 이 교수법들이 모두 비슷한 것인지 아니면 서로 차이가 있는 것이 있는지 알고자 할 때 분산분석을 통해서 차이가 있다는 것을 알았다고 하면, 다음 질문은 '어느 것이 차이가 있는지' 알고 싶을 것이고, 이런 경우 당연한 선택은 5개의 표본평균값 중에서 가장 큰 값과 가장 작은 값을 비교해보는 것이다. 그런데 이런 선택은 자료에 의해 유도된 비교를 하려는 것이다. 5개의 평균에 무작위적인 순서를 부여한 후 최대인 것과 최소인 것의 번호를 기억해두고 다시 이런 실험을 반복해 5개의 표본평균을 구했을 때, 값의 크기에 관계없이 그 번호의 평균들을 비교할 것인가라는 질문에 대해 '그렇지 않다'라고 답한다면 현재의 선택은 유도된 것이라고 판단할 수 있기 때문이다.

자료에 의해 유도된 자료 분석은 잘못된 분석일 우려가 크다. 왜냐하면 '자료에 의해 유도됨'이 자료 분석자가 생각하고 있는 문제의 확률에 큰 영향을 주고 있음에도 불구하고 그렇지 않은 것 같은 착각을 일으키는 위장된 허구적 분석일 가능성이 크기 때문이다.

이 설명의 뜻을 더 잘 이해하기 위해, 앞서 언급한 5가지 교수법 이야기를 계속해보자. 여기에는 5개의 모집단이 있는 것으로 생각해도 되는데, 모두 가상적인 것이다. 즉 그 수학교수법의 적용 효과를 알아보려는 실험에서 각각의 예정된 교수법에 따라 실험 대상자들에 대한 수업이 진행된 후에, 합당하게 구성된 평가에서 얻을 성적의 분포가 5개의 정규분포를 형성하며, 각각의 모평균은 모르는 값 $\mu_i (i = 1, 2, \cdots, 5)$이고 모분산은 서로 모두 같아서 $\sigma_i^2 = \sigma^2 (i = 1, 2, \cdots, 5)$라고 하자.[16] 여기서는 분산분석의 상세한 설명을 피하고 논의의 편리성을 위해 σ^2의 값은 안다고 가정한다. 그리고 실험은 각 모집단에서 모두 크기 n인 표본을 얻어 그들의 표본평균을 구한다고 하자. 그러면 5개의 표본평균 $\overline{X}_i (i = 1, 2, \cdots, 5)$은 모두 평균이 μ_i, 분산이 $\frac{\sigma^2}{n}$인 정규분포를 한다.

만약 5개의 모평균 $\mu_i (i = 1, 2, \cdots, 5)$들이 모두 같다(=$\mu$이지만 μ 자체는 얼마인지 모름)면, 즉 교수법에 따른 성적의 차이가 없다면, 이들 5개의 확률분포는 모두 같다. 만약 5개의 표본들이 모두 무작위표본이고 서로 독립적으로 얻은 것이라면, 이들 5개의 표본평균은 모평균이 μ, 모분산이 $\frac{\sigma^2}{n}$인 정규분포를 하는 모집단에서 얻은 5개의 무작위표본으로 간주할 수 있다. 이렇게 생긴 5개의 표본평균은 적절히 무작위로 할당된 순서 번호에 의해 $\overline{X}_i (i = 1, 2, \cdots, 5)$로 적지만, 실제 자료가 얻어지면 $\overline{x}_i (i = 1, 2, \cdots, 5)$은 서로 크기를 비교할 수 있게 된다. 가령 $\overline{x}_2 < \overline{x}_5 < \overline{x}_1 < \overline{x}_4 < \overline{x}_3$일 때 그것을 $\overline{y}_1 < \overline{y}_2 < \cdots < \overline{y}_5$라고 하면(즉, $\overline{y}_1 = \overline{x}_2, \overline{y}_2 = \overline{x}_5$ 등) 이를 순서통계량(order statistic)이라고 한다.

이것을 확률변수 $\overline{Y}_1 < \overline{Y}_2 < \cdots < \overline{Y}_5$로 생각하는 것은 다소 이해하기가 쉽지 않은데, 가령 $\overline{Y}_5$는 '반복되는 크기 5인 표본 추출에서 가장 큰 값들 전체'를 상

16 분산이 다른 것이 있으면 베렌스-피셔(Behrens-Fischer) 문제가 발생한다.

징하는 것이라고 보면 된다. 그렇게 생각하면 반복되는 크기 5인 표본 추출에서 $P(\overline{Y}_5 > 10)$을 생각할 수 있을 것이고, 적어도 이 확률은 $P(\overline{Y}_3 > 10)$보다는 더 클 것 같다는 직관을 가질 수 있을 것이다.[17] 같은 이유로 임의의 상수 c에 대해 $P(\overline{X}_3 - \overline{X}_2 > c)$보다는 $P(\overline{Y}_5 - \overline{Y}_1 > c)$이 더 클 것이라고 추측된다.

그럼에도 불구하고 위의 표본 $\overline{x}_2 < \overline{x}_5 < \overline{x}_1 < \overline{x}_4 < \overline{x}_3$에 가장 큰 $\overline{x}_3$와 가장 작은 $\overline{x}_2$의 차이인 $\overline{x}_3 - \overline{x}_2$를 보고 있는 분석자는 세 번째와 두 번째 표본평균을 비교하고 있는 것 같은 착각(가장 큰 값과 가장 작은 값의 차이를 보고 있는 것이 아닌 듯한 착각)을 하게 된다. 그래서 여기서 질문하기를 크기 5인 무작위표본을 반복적으로 추출한다고 할 때 계속 $\overline{x}_3 - \overline{x}_2$를 비교할 것인지, 그렇지 않고 가장 큰 값과 가장 작은 값의 번호가 바뀌면 그때는 다시 거기에 맞추어 비교할 짝의 번호 3과 2를 다른 번호의 짝으로 바꿀 것인지를 묻고, 그 답이 '바뀔 것'이라고 생각한다면 $\overline{X}_3 - \overline{X}_2$를 보고 있는 것이 아니라 $\overline{Y}_5 - \overline{Y}_1$을 보고 있는 것이라고 말할 수 있다는 뜻이다.

중다비교에서 모든 가능한 짝들을 서로 비교하는 방법은 대표적인 유도된 분석이라고 하지만 이것을 바르게 이해하기는 쉽지 않다. 단순히 모든 가능한 짝들을 비교했을 뿐이고 다음에 반복적으로 새로 얻게 되는 표본에서도 항상 그렇게 할 생각인데, 왜 유도된 분석일까? 모든 가능한 짝들을 비교하다 보면, (최대)-(최소)의 짝은 필연적으로 포함될 것이니 유도되지 않은 것처럼 보일 뿐이지 실제는 유도된 것이다. 따라서 모든 가능한 짝들을 비교하는 중다비교는 유도된 비교의 한 가지 종류로 처리된다.

이 문제를 선형통계량과 비교하면, 자료의 모든 변량을 포함하는 선형통계량이 혹시 유도된 것이 아니냐고 생각할 수 있지만, 모든 변량이 포함되었다는 이유만으로 유도된 것이라고 판단할 수는 없다. 표본평균처럼 모든 변량의 가중치가 같다면 여전히 선형통계량이라고 할 수 있다. 그렇지만 서로 다른 가중치가 주어

---

17 여기서 생각하는 $\overline{Y}_5$나 $\overline{Y}_3$는 이미 위에서 숫자로 본 표본을 떠나서, 모든 크기 5인 표본들을 상상하며 표본마다 그중에서 제일 큰 $\overline{Y}_5$나 세 번째 큰 $\overline{Y}_3$를 항상 생각하고 있는 것이다. 자료 중에서 '가장 큰 값이 10보다 클 확률'이 '세 번째로 큰 값이 10보다 클 확률'보다는 크지 않겠는가?

지고 그것이 순서통계량에 의존한다면 그것은 선형통계량이 아니다. 즉 앞의 중다비교의 예에서 $\frac{1}{8}(\overline{X}_3-\overline{X}_2)+\frac{1}{4}(\overline{X}_1-\overline{X}_4+\overline{X}_5)$는 선형통계량이지만(이 경우는 앞으로 반복되는 표본 추출에서 항상 둘째, 셋째 표본의 평균은 1/8의 가중치를 주고, 첫째, 넷째, 다섯째 표본은 1/4의 가중치를 주겠다고 한다는 뜻이다. 대개의 경우 순전히 무작위로 추출된 것에 대해 이런 가중치를 줄 이유를 찾기는 어렵다. 그러나 위의 예에서와 같이 각각의 표본평균이 각각의 교수법과 관련되어 있을 때는 그런 특별한 선형결합이 색다른 의미를 지닐 수 있다), X_i들 대신 순서통계량 Y_i에 대해 가중치가 주어진 $\frac{1}{8}(\overline{Y}_1-\overline{Y}_5)+\frac{1}{4}(\overline{Y}_2-\overline{Y}_3+\overline{Y}_4)$는 선형통계량이 아니다.

한편, 이런 맥락에서 순서통계량은 몇 번째인가도 중요하지만, 표본의 크기도 순서통계량에 매우 큰 영향을 줄 수 있다. 예를 들어 같은 모집단에서 얻은 무작위표본의 크기가 5일 때 그중에서 가장 큰 값이 10보다 클 확률보다는 크기가 20인 표본에서 가장 큰 값이 10보다 클 확률이 더 높을 것이기 때문이다. 홍수 통제소에서 30년 만에 처음 보는 홍수($n=30$)가 강의 제방을 넘을 확률보다는 40년 만에 처음 보는 홍수($n=40$)가 강의 제방을 넘을 확률이 더 크기 때문에 홍수 방제 기준을 30년으로 할 것인지 40년으로 할 것인지 효율성과 발생 확률 사이에서 고민하게 되는 것이다.

이렇게 순서통계량과 연관되어 유도된 분석은 위장된 허위 분석의 문제를 일으킬 때가 많지만, 유도된 분석이 항상 문제가 되는 것은 아니다. 가령 상관도를 보고 두 변량 사이에 대략적 일차함수 관계가 있음을 추측한 경우 유도된 분석임은 분명하지만, 외삽 오류 등을 범하지 않는다면 예측 목적의 회귀분석은 대개 큰 문제를 일으키지 않는다. 물론 이 경우 회귀분석의 목적이 모형 자체를 추정하는 것이라면 심각한 문제를 일으킬 우려도 있다.

7.2.2 중심극한 정리와 베르누이 모집단의 표본평균

어떤 모집단의 확률분포가 정규분포라는 것은 대개 경험에 의한 판단이다. 그러나 그런 경험이 없는 상황에서는 모집단의 확률분포의 전반적 (모양) 특징도 말하기 어렵다. 그런 상황임에도 불구하고 모집단의 중심경향값을 알기 위해 표본평균을 이용하려 한다면, 이 경우 표본평균의 표집분포를 구하는 것은 매우 어려운 작업이다. 중심극한 정리(central limit theorem)는, 모집단의 분포에 관계없이 모평균과 모분산이 존재하는 분포라면, 표본의 크기가 매우 클 경우에 표본평균의 표집분포를 근사적으로 알려주는 매우 중요한 정리이다. 중심극한 정리는 가정 부분의 내용에 따라 여러 가지 형태가 있는데, 여기서 소개할 형태는 모집단 분포의 적률생성함수가 존재해 모평균, 모분산뿐 아니라 모집단의 모든 적률이 존재한다고 가정한 것이다. 따라서 충분히 실용적이면서도 증명하기 가장 쉬운 형태라고 할 수 있다.

정리 중심극한 정리

적률생성함수 $M_X(t)$가 존재하는 어느 모집단에서 얻은 무작위표본 $X_1, X_2, \cdots, X_n$으로부터 구한 표본평균 $\overline{X}=\overline{X}_n$에 대해 μ와 σ가 각각 이 모집단의 평균과 표준편차일 경우, $Z_n = \dfrac{\sqrt{n}(\overline{X}_n - \mu)}{\sigma}$의 확률분포는 n이 한없이 커질 때 표준정규분포에 수렴한다.

증명

$m_X(t)=E(e^{t(X-\mu)})=e^{-\mu t}M_X(t)$라고 하자. $m_X(t)$에 테일러 정리(Taylor's theorem)를 적용하면 $m_X(t)=m_X(0)+m'_X(0)t+\dfrac{m''_X(\xi)}{2}t^2$(단, $0<\xi<t$)이다. 그런데 $m'_X(0)=E[(X-\mu)]=0$이고 $m''_X(0)=E[(X-\mu)^2]=\sigma^2$이므로, $m_X(t)=1+\dfrac{\sigma^2 t^2}{2}+\dfrac{m''_X(\xi)-\sigma^2}{2}t^2$ (단, $0<\xi<t$)이다. 한편,

$$m_{\overline{X}}(t)=E(e^{t(\overline{X}-\mu)})=e^{-\mu t}M_{\overline{X}}(t)=E\left(e^{t\frac{\Sigma(X_i-\mu)}{n}}\right)=\prod E\left(e^{\frac{t(X_i-\mu)}{n}}\right)=\left\{m_X\left(\frac{t}{n}\right)\right\}^n$$

이다. 따라서 Z_n의 적률생성함수는

$$M_{Z_n}(t) = E\left(e^{t\frac{\sqrt{n}(\overline{X}-\mu)}{\sigma}}\right) = E\left(e^{\frac{t\sqrt{n}}{\sigma}(\overline{X}-\mu)}\right) = m_{\overline{X}}\left(\frac{t\sqrt{n}}{\sigma}\right) = \left\{m_X\left(\frac{t}{\sigma\sqrt{n}}\right)\right\}^n$$

이다. 그러므로

$$M_{Z_n}(t) = \left\{m_X\left(\frac{t}{\sigma\sqrt{n}}\right)\right\}^n = \left\{1 + \frac{t^2}{2n} + \frac{m''_X(\xi) - \sigma^2}{2n\sigma^2}t^2\right\}^n \ (\text{단, } 0 < \xi < \frac{t}{\sigma\sqrt{n}})$$

이다. 따라서 n이 한없이 커지면 ξ는 0으로 수렴하고 $m''_X(\xi) - \sigma^2$는 0으로 수렴한다. 일반적으로 n이 한없이 커질 때 $\left(1 + \frac{a}{n} + \frac{\psi(n)}{n}\right)^n$은, $\psi(n)$이 0으로 수렴한다면 e^a로 수렴하므로, $M_{Z_n}(t)$는 $e^{\frac{t^2}{2}} = e^{0t + \left(\frac{1}{2}\right)t^2}$로 수렴한다. 그리고 이것은 정규분포의 적률생성함수 $e^{\mu t + \left(\frac{\sigma^2}{2}\right)t^2}$와 비교할 때 평균이 0, 분산이 1인 정규분포, 즉 표준정규분포임을 알 수 있다. 다시 말해 Z_n의 확률분포는 표준정규분포로 수렴한다.

참고

일반적으로 모평균이 μ이고 모분산이 σ^2인 모집단에서 얻은 무작위표본 $X_1, X_2, \cdots, X_n$으로부터 얻은 표본평균 $\overline{X} = \overline{X}_n$은, 모집단의 분포에 관계없이 평균이 μ이고 분산이 $\frac{\sigma^2}{n}$이다. (모집단이 정규분포인 경우는 앞서 적률생성함수법에 관한 예제 1에서 그러함을 소개했다. 한편 모집단의 확률분포에 관계없이 $E[(\overline{X} - \mu)^2] = \frac{\sigma^2}{n}$임을 증명해보면,

$$\begin{aligned}\frac{1}{n^2}E\left[\left\{\sum(X_i - \mu)\right\}^2\right] &= \frac{1}{n^2}\left[\left\{\Sigma_i E(X_i - \mu)^2\right\} + \left\{\Sigma\Sigma_{i\neq j}E(X_i - \mu)(X_j - \mu)\right\}\right] \\ &= \frac{1}{n^2}\left[\left\{\Sigma_i \sigma^2\right\} + \left\{\Sigma\Sigma_{i\neq j}\sigma_{ij}\right\}\right] = \frac{\sigma^2}{n}\end{aligned}$$

이다. 왜냐하면 무작위표본이므로 X_i와 $X_j (i \neq j)$는 서로 독립적이고 따라서 공분산 σ_{ij}가 0이기 때문이다.) 그러므로 $Z_n = \frac{\sqrt{n}(\overline{X}_n - \mu)}{\sigma}$은 $\overline{X}$를 표준화한 것이다. n이 매우 큰 수이면 Z_n의 확률분포는 표준정규분포에 매우 유사할 것이고(수렴하는 수열은 코시 수열이므로 n이 충분히 커진 뒤에 Z_n의 확률분포는 큰 변화가 없다는 뜻이며, 이 말은 이미 Z_n의 확률분포가 표준정규분포 근방에 접근해 있다는 의미이

다). 따라서 $\overline{X}_n$의 표집분포는 평균이 μ, 분산이 $\frac{\sigma^2}{n}$인 정규분포와 매우 유사하다는 의미가 된다. 즉 n이 무한(infinite)이 아니라 매우 큰 유한(finite)의 숫자일 때, 이 정리는 "$\overline{X}_n$의 표집분포는 평균이 μ, 분산이 $\frac{\sigma^2}{n}$인 정규분포와 매우 유사하다"는 뜻으로 해석할 수 있다.

고등학교에서 소개되는 중심극한 정리 중에서 대표적인 것은 드무아브르-라플라스 정리(DeMoivre-Laplace theorem)이다. 중심극한 정리에서는 모집단의 분포에 대해 특정한 것을 지칭하지 않고, 다만 '평균과 분산이 존재하는 분포' 정도의 느슨한 가정으로 출발하지만, 드무아브르-라플라스 정리는 모집단의 분포가 베르누이 분포(모두 1 또는 0으로만 이루어져 있고 1의 비율이 p인 모집단)를 하는 특수한 경우에 대해 표본평균의 극한 표집분포가 정규분포라는 중심극한 정리의 결론을 도출하는 정리이다. 이것은 이항분포의 시행 횟수 n이 무한히 커질 때, 베르누이 합($X = \Sigma X_i$)의 분포인 이항분포가 정규분포로 수렴한다는 뜻이다.

드무아브르-라플라스 정리는, 이미 더 일반적인 경우에 대해 앞에서 사실상 증명되었기 때문에 여기에서는 고등학교 과정에서 소개되는 형태와 중심극한 정리를 이어주는 설명만을 추가하기로 한다. 베르누이 분포는 찬성과 반대, 앞면과 뒷면, 남자와 여자, 합격품과 불량품 등과 같은 이원적(dichotomous)으로 관찰되는 우연현상에 적용하는 분포이다. 두 현상 중에 하나를 1로 다른 것을 0으로 표기하고 1일 확률이 p, 0일 확률이 $1-p$라고 놓으면, 베르누이 분포의 확률함수는 $f_X(x) = pI_{\{1\}}(x) + (1-p)I_{\{0\}}(x) = p^x(1-p)^{1-x}I_{\{0,1\}}(x)$이다. 그리고 이 분포의 기댓값, 즉 모평균은 $\mu = E(X) = p$이고, 모분산은 $\sigma^2 = E[(X-p)^2] = p(1-p)$이다.

한편 이 모집단에서 얻은 무작위표본 $X_1, X_2, \cdots, X_n$에 대해 $\sum_{i=1}^{n} X_i$는 자료의 변량들의 합이라고 할 수도 있지만, 동시에 (변량은 모두 1 아니면 0이기 때문에) 표본 변량들 중에서 1의 개수이기도 하다. 동전 던지기 실험에서 앞면을 1로 뒷면을 0으로 적기로 하고 이런 베르누이 분포를 생각한다면, $\sum_{i=1}^{n} X_i$의 값은 n회의 시행 중에서 앞면의 횟수를 나타내게 될 것이다. 즉 변환된 확률변수 $X = \sum_{i=1}^{n} X_i$는, 고등학교 교과서에서 설명하고 있는 대로 모수가 p인 이항분포를 하는 확률변수이다.

그런데 1의 상대도수 $\hat{p} = \frac{X}{n} = \frac{\sum_{i=1}^{n} X_i}{n} = \overline{X}_n$은 표본평균이기도 하다. 따라서 중심극한 정리에 의해(베르누이 분포의 적률생성함수는 $M_X(t) = (1-p) + pe^t$이다), $Z_n = \frac{\sqrt{n}\left(\frac{X}{n} - p\right)}{\sqrt{p(1-p)}}$의 확률분포는 n이 한없이 커지면 표준정규분포에 수렴한다. 다시 말해 분자분모에 n을 곱하면, $Z_n = \frac{X - np}{\sqrt{np(1-p)}}$의 확률분포는 표준정규분포에 수렴한다. 즉 n이 매우 큰 유한한 숫자이면 X는 평균이 np, 분산이 $np(1-p)$인 정규분포에 매우 가까워진다. X는 정확히 말하면 이항분포를 하지만, n이 매우 큰 값일 때는 정규분포를 이용해 근사적으로 X가 취할 값에 대한 확률을 구할 수도 있다는 뜻이다.

7.2.3 이항분포의 정규근사와 연속성 문제

이항분포는 시행 횟수 n이 매우 커지면 다루기 불편해진다. $n!$을 포함한 많은 수들이 너무 커지기 때문에 컴퓨터에서도 유효자리 초과(overflow) 문제가 발생되기 때문이다. 파스칼의 삼각형을 이용해 쉽게 피해갈 수는 있다고 해도 값 자체가 큰 것은 피할 방법이 없다. 표를 만들어놓고 사용한다고 해도 n이 커지는데 한없이 표를 만들 수도 없다. 그래서 생각할 수 있는 것이 정규분포를 이용한 근삿값 구하기이다. 동전을 100번 던졌을 때 50번 앞면이 나올 확률은 이항분포에 의해 $P(X=50) = {}_{100}\mathrm{C}_{50}\left(\frac{1}{2}\right)^{100}$을 구하면 된다. 비교적 간단해 보이는 이 계산도 그렇게 쉬운 것만은 아닌데, 정규분포를 이용한다면 정규분포는 연속변량의 분포이기 때문에 $P(X=50) = 0$이 되어버린다. 이산변량의 분포를 정규근사하려 할 경우 항상 발생할 수 있는 이런 문제를 연속성의 문제(continuity problem)라고 한다. 그리고 이 문제를 해결하는 방법을 연속성의 보정(correction for continuity)이라고 한다.

우리는 값이 정수로 나타나는 이산 확률변수의 정규근사 문제만 생각해보기로

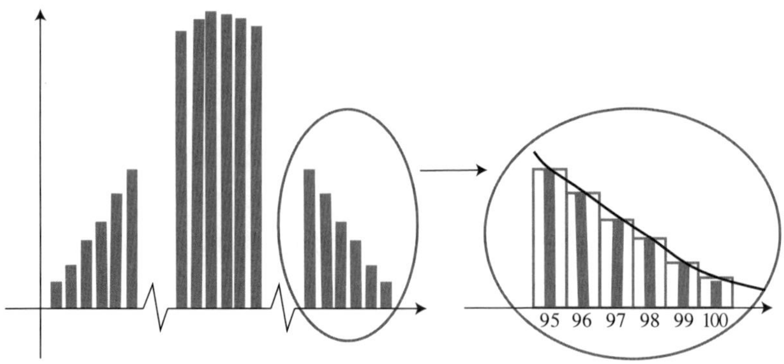

그림 7.3

하자. 필요한 경우 이것을 조금만 수정하면 쉽게 응용할 수 있을 것이다. 확률함수는 대개 그래프로 그릴 때에는 막대그래프로 그리고 확률밀도함수는 확률밀도함수 곡선을 그려 나타내는데, 확률함수의 그래프에서는 막대의 높이가, 확률밀도함수의 그래프에서는 곡선 아래의 넓이가 확률을 나타낸다. (통계적) 확률은 상대도수에서 비롯되었다고 할 수 있는데, 이산변량의 상대도수의 그래프는 막대그래프로 나타내고 막대의 높이가 상대도수를 나타내지만, 연속변량의 상대도수는 밀도도수의 히스토그램에서 사각형의 넓이가 상대도수를 나타낸다. 이산변량의 표집분포를 연속변량인 정규분포로 근사적으로 생각하려면, 막대그래프를 히스토그램으로 변형하는 작업이 먼저 이루어져야 한다. 특히 막대그래프에서 x축의 값들이 정수인 경우 히스토그램에서는 계급의 폭이 1인 것처럼 생각할 수 있다. 동전을 100번 던졌을 때 나오는 앞면의 횟수를 X라고 하면, X의 확률분포는 막대그래프로 〈그림 7.3〉의 왼쪽 그림과 같이 나타낼 수 있는데, 오른쪽 그림에서는 이것을 확률밀도함수로 바꾸어 넓이가 확률을 나타내도록 고친 것이다.

가령 왼쪽 이항분포의 막대그래프에서 $P(96 < X \leq 99)$를 구하려면 $P(X = 97) + P(X = 98) + P(X = 99)$의 세 막대의 높이를 더해야 하는데, 이것은 오른쪽 히스토그램에서 (직사각형의 가로의 길이는 모두 1이므로) 각각에 해당하는 세 직사각형의 넓이를 더하는 것과 같다. 그런데 그 세 직사각형의 넓이의 합은 히스토그램과 함께 그려진 정규분포 곡선 아래의 넓이와 근사적으로 같다. 따라서 정규분

포 곡선 아래 96.5부터 99.5까지 부분의 넓이를 구하면 된다. 즉 정규분포 곡선에서 $P(96.5 \le X \le 99.5)$의 확률을 구하면 근삿값을 얻게 된다. 표준정규분포표를 이용하기 위해 X를 표준화하면,

$$P\left(\frac{96.5-50}{\sqrt{25}} \le \frac{X-np}{\sqrt{np(1-p)}} \le \frac{99.5-50}{\sqrt{25}}\right)$$

의 값을 표준정규분포표에서 찾으면 된다(실제 이 값을 구해보면 거의 0이다). 만약 처음부터 이 문제가 $P(96 \le X < 99)$였다면 어떻게 달라졌을지 생각해보아야 한다. 부등호만 달라졌을 뿐이지만 95.5부터 98.5까지의 확률을 구해야 한다. 이것은 연속변수와는 달리 이산변수의 특성상 등호가 포함된 것과 그렇지 않은 것의 확률이 다르기 때문이다. 이렇게 이산변수의 확률의 근삿값을 0.5만큼 상황에 맞게 조정해주는 것을 연속성의 보정이라고 한다. 주의할 점은 연속성을 위해 0.5를 더해줄 것인지 빼줄 것인지에 대한 것은, 위의 히스토그램의 그림을 머릿속에 그리면서 부등호 등을 고려해 결정해야 한다는 점이다.

실제 연속성 보정의 차이는 생각보다 크게 나타난다. 가령 앞의 예에서 공평한 동전을 100번 던졌을 때 앞면이 50번 나올 확률은 연속성의 보정을 하지 않으면 근사적으로 0이지만, 연속성의 보정을 하면 $P(49.5 < X < 50.5) = P(-0.1 < Z < 0.1) = 2 \times 0.0398 = 0.0796$이다. 이 값은 참값

$$P(X=50) = {}_{100}\mathrm{C}_{50}\left(\frac{1}{2}\right)^{100} = \frac{99}{100}\cdot\frac{97}{98}\cdot\frac{95}{96}\cdot\cdots\cdot\frac{5}{6}\cdot\frac{3}{4}\cdot\frac{1}{2} = 0.079589$$

(이 값은 엑셀을 이용해 연속된 분수의 곱을 계산한 근삿값임)과 거의 같다.

이런 이유로 고등학교에서 이항확률에 대한 정규근사는 반드시 연속성의 보정을 하는 방법으로 가르치는 것이 옳다고 필자는 주장한다. 그리고 여기서 주장하는 표본의 크기 n이 얼마나 커야 하는지에 대한 판정 기준(rule of thumb)은 $n \ge 9\max\left(\frac{1-p}{p}, \frac{p}{1-p}\right)$으로 삼는 것이 대개의 실용적 목적에서 적절해 보인다. 이것은 $n > \frac{5}{\min\{p, 1-p\}}$에 비해 대개 더 큰 n의 값을 요구한다는 것을 컴퓨터 그래프

를 이용해 쉽게 확인할 수 있다. 특히 $\min\{p, 1-p\}$의 값이 0.5에 비해 현저히 작을 경우, 즉 $|p-0.5|$의 값이 커질수록 급격히 더 큰 표본을 요구하는 기준이다(예: $p=0.01$일 때 $891>500$).

7.3 모평균에 관한 신뢰구간

표본 자료만으로 모평균의 값을 알고자 할 때, 표본평균의 표집분포를 이용한다. 여기에서는 현재 고등학교에서 소개되는 모평균에 관한 신뢰구간에 대해 적용 가능한 수리적 가정과, 그 가운데 표집분포가 어떻게 사용되는지를 알아보고자 한다.

7.3.1 중심극한 정리와 모비율의 추정

모집단의 분포가 베르누이 분포인 경우, 이원적 현상들 중에서 관심이 있는 한 현상(확률론에서는 이것을 실제의 언어적 의미 없이 단순 기술 용어로서 '성공success'이라고 부른다)의 발생확률을 p(대개 알지 못하는 모집단의 모수parameter는 희랍문자를 사용하는 것이 통계학의 관습이지만, 이 경우만 예외적으로 알파벳 p를 사용해온 응용통계학의 관습에 따르기로 한다)로 나타낸다. 그리고 베르누이 확률변수의 값으로는 이 성공이 관측된 현상에 1이 부여된다. 예를 들어 어느 회사의 품질 관리에서 불량품의 비율에 관심이 있다면, 제품 전체 중에서 불량품의 비율이 p가 된다. 또 이 경우 불량품을 성공이라고 하고 합격품은 실패라고 부른다. 그리고 불량품 한 개가 관측될 때마다 베르누이 변수 한 개의 값이 1로 기록된다. 앞에서 소개한 바대로 표본의 비율 $\hat{p}=\frac{X}{n}$(X는 n개의 표본 측정값 중에서 성공의 개수)는 베르누이 변수 $X_i(i=1, 2, \cdots, n)$들의 평균 $\overline{X}=\frac{\sum_{i=1}^{n} X_i}{n}$과 같다. 따라서 여기에 중심극한 정리가 적용되어, n이 매우 큰 값이면 $X=\sum_{i=1}^{n} X_i$는 근사적으로 평균이 np, 분산이 $np(1-p)$인 정규분포에 가까운 이항분포를 한다. 따라서 n이 매우 클 경우 $P\left(a \le \frac{X-np}{\sqrt{np(1-p)}} \le b\right)=1-\alpha$인 a와 b를 정한다면 $b=-a=z_{\frac{\alpha}{2}}$를 생각할 수 있다. (실제 구간의 길이 $b-a$의 값을 최소화하는 a, b를 구하는 것이 논리적으로는 더 타당하지만, 실익이 크지 않은 데다가 수학적으로 너무 복잡한 과정을 피하기 위해 관습적으로 그렇게 사용하고 있다.)

a와 b에 그 값을 대입해 확률 기호 내부의 부등식을 p에 관해 정리하면, 좌측의 a에 관한 부등식이 변형되어 $(n^2+na^2)p^2-(2nX+na^2)p+X^2 \ge 0$이 얻어진다. 이 부등식과 우측의 b에 관한 부등식이 연합해 결국 두 부등식의 조건을 모두 만족하는 p에 관한 부등식의 해의 범위는 두 부분으로 분리되어 p에 관한 신뢰구간은 '$l_1(n, x) \le p \le u_1(n, x)$ 또는 $l_2(n, x) \le p \le u_2(n, x)$'의 모양을 갖게 될 것이다.

그런데 p에 관한 이런 모양의 신뢰구간은 해석하기가 매우 어려워진다. 가령 "신뢰도 95%로 답할 때, 이 공장 제품의 불량률은 어느 정도라고 생각하십니까?"라는 물음에 "0.2%에서 0.5% 사이거나 아니면 0.7%에서 1% 사이의 값입니다"라고 답하게 될 것이고, 그러면 "왜 0.5%부터 0.7% 사이의 값은 아니라고 보십니까?"라고 물으면 그럴듯한 이유를 말하기가 매우 난처해지기 때문이다.

그런 이유로 앞서 $P\left(a \le \frac{X-np}{\sqrt{np(1-p)}} \le b\right)=1-\alpha$의 식에서, 표준편차에 관련된 $\sqrt{np(1-p)}$ 부분의 p 값들은 표본값 $\hat{p}$로 대체하기로 한다면 $\sqrt{np(1-p)}$을 마치 아는 값처럼 취급해 p에 관한 1차 부등식이 되게 만듦으로써 문제를 쉽게, 해석도 더 편리하게 해결할 수가 있게 된다. 결국 이렇게 $P\left(a \le \frac{X-np}{\sqrt{np(1-p)}} \le b\right)=1-\alpha$를 고쳐서 정리한다면, $P\left(-z_{\frac{\alpha}{2}}\sqrt{np(1-p)} \le X-np \le z_{\frac{\alpha}{2}}\sqrt{np(1-p)}\right)=1-\alpha$가 얻어진다. 그런데 이 식은 정규근사에 의한 식이므로 연속성의 보정을 한다면 $P\left(-z_{\frac{\alpha}{2}}\sqrt{np(1-p)}-0.5 \le X-np \le z_{\frac{\alpha}{2}}\sqrt{np(1-p)}+0.5\right)$가 더 타당한 식이 된다. 이 식을 p에 관해 정리한 식으로 고치면

$$P\left(\frac{X-0.5}{n}-z_{\frac{\alpha}{2}}\sqrt{\frac{p(1-p)}{n}}\le p\le\frac{X+0.5}{n}+z_{\frac{\alpha}{2}}\sqrt{\frac{p(1-p)}{n}}\right)=1-\alpha$$

가 얻어진다. 이 식에서 표준편차 부분 $\sqrt{\frac{p(1-p)}{n}}$의 p를 아는 값인 $\hat{p}$로 대입하면, 신뢰도 $100(1-\alpha)\%$인 모비율 p에 관한 신뢰구간은

$$\left(\hat{p}-\frac{1}{2n}-z_{\frac{\alpha}{2}}\sqrt{\frac{\hat{p}(1-\hat{p})}{n}},\ \hat{p}+\frac{1}{2n}+z_{\frac{\alpha}{2}}\sqrt{\frac{\hat{p}(1-\hat{p})}{n}}\right)$$

이다. 이 신뢰구간은 표본의 크기 n이 매우 큰 값일 경우, 정규근사에 의한 것이며 연속성의 보정을 하지 않은 신뢰구간

$$\left(\hat{p}-z_{\frac{\alpha}{2}}\sqrt{\frac{\hat{p}(1-\hat{p})}{n}},\ \hat{p}+z_{\frac{\alpha}{2}}\sqrt{\frac{\hat{p}(1-\hat{p})}{n}}\right)$$

을 좌우편으로 $\frac{1}{2n}$만큼씩 확장해 구간을 늘린 신뢰구간이다. 그리고 이 구간이 모비율 p와 관련지어 갖는 의미는 앞서 일반적인 신뢰구간과 같은 맥락으로 이해할 수 있다. 즉 모비율 p는 이 구간에 포함되는 어떤 값이라고 $100(1-\alpha)\%$ 확신한다는 뜻이다.

7.3.2 정규모집단의 모평균의 추정

모집단이 정규분포인 경우에는 표본평균으로 모평균을 추측하고자 할 때 표본평균의 표집분포가 잘 알려져 있으며(7.1.3의 적률생성함수법에 관한 예제 8), 더욱이 모집단의 분산을 알지 못하는 경우에 대한 것도 잘 밝혀져 있다. 모집단의 분산을 알지 못하는 경우에 모평균에 관한 신뢰구간에 대해서는 '7.1.4 신뢰구간과 축'에서 상세히 설명한 바 있다. 따라서 이에 관한 반복된 내용은 피하고, 모집단의 분산 σ^2의 값을 아는 경우에 대해 생각해보기로 한다.

모평균의 추정에 관한 가장 간단해 보이는 질문 중의 하나는 모분산을 아는 경우에도 모르는 것처럼 생각해서 앞서 소개된 t-분포에 근거한 신뢰구간을 사용하

면 안 되느냐는 질문일 것이다. 일단 답은 '바람직하지 않다'라고 할 수 있다.

통계학은 전형적인 응용과학으로서 다른 응용학문들처럼 '가능한 적은 비용과 시간'으로 '가장 큰 효용'을 얻기를 원한다. 이 문제는 통계학에서는 "가급적 적은 표본으로 가급적 정확하고 신뢰할 만한 정보를 얻기 원한다"라고 정리할 수 있다. 신뢰구간의 문제로 생각한다면, '표본의 크기 n이 정해져 있을 때, —부터 —까지의 범위라는 구간의 폭은 최대한 짧게, 그러나 신뢰도는 높게' 얻으려는 것이라고 생각할 수 있다. 그래서 앞서 모비율에 관한 구간에서도 구간의 길이 $b-a$의 값이 최소가 되게 한다는 원칙을 소개한 바 있다.

7.1.4에서 소개한 모평균에 관한 신뢰구간 $\left(\bar{x} - t_{\frac{\alpha}{2},n-1}\frac{s}{\sqrt{n}},\ \bar{x} + t_{\frac{\alpha}{2},n-1}\frac{s}{\sqrt{n}}\right)$에서 구간의 길이는 $2 \cdot t_{\frac{\alpha}{2},n-1}\frac{s}{\sqrt{n}}$이다. 이 구간의 길이는 누구나 예상하는 대로 n이 증가하면 줄어든다. 한편, 우연에 의존하지 않는 다른 하나의 변수는 $t_{\frac{\alpha}{2},n-1}$이다. 부록 3의 t-분포표를 살펴보면 고정된 α값에 대해, $n-1$(=자유도)이 증가하면 $t_{\frac{\alpha}{2},n-1}$ 값이 감소하는 것을 알 수 있다. 즉 n이 증가하면 이중으로($t_{\frac{\alpha}{2},n-1}$과 $\frac{1}{\sqrt{n}}$) 구간의 길이는 짧아진다고 할 수 있다. n이 증가한다는 것은 표본의 크기가 커지는 것이므로 비용과 시간이 더 드는 선택이다. 만약 n이 고정되어 있는 경우, 다시 부록 3의 t-분포표를 살펴보면 α가 증가할 때 $t_{\frac{\alpha}{2},n-1}$가 감소하는 것을 확인할 수 있다. 그런데 α가 증가하면 $100(1-\alpha)\%$인 신뢰도가 감소하며, 따라서 정보의 신뢰도가 감소하는 것이다. 구간의 길이가 짧아지는 것은 정확해지는 것이므로 좋으나, 신뢰도가 줄어드는 것은 그만큼 덜 신뢰할 만하다는 뜻이 되어 바람직하지 않다. 그런데 부록의 t-분포표를 살펴보면 맨 아랫줄에 자유도가 무한대(∞)인 줄이 있고, 이 줄에 나오는 값들은 표준정규분포표(부록 1)에서 z_α와 같음을 알 수 있다. 따라서 신뢰구간 $\left(\bar{x} - z_{\frac{\alpha}{2}}\frac{s}{\sqrt{n}},\ \bar{x} + z_{\frac{\alpha}{2}}\frac{s}{\sqrt{n}}\right)$는 표본의 크기 n과 α가 고정되어 있다고 생각할 때 가장 짧은 길이의 신뢰구간이라고 할 수 있다.

사실 표본의 크기가 매우 커서 자유도 $n-1$이 t-분포표에 제시되어 있는 자유도의 값을 초과할 때는 $t_{\frac{\alpha}{2},n-1}$를 구할 수 없으므로, 신뢰구간$\left(\bar{x} - t_{\frac{\alpha}{2},n-1}\frac{s}{\sqrt{n}},\ \bar{x} + t_{\frac{\alpha}{2},n-1}\frac{s}{\sqrt{n}}\right)$에 대한 대안적 신뢰구간으로 $\left(\bar{x} - z_{\frac{\alpha}{2}}\frac{s}{\sqrt{n}},\ \bar{x} + z_{\frac{\alpha}{2}}\frac{s}{\sqrt{n}}\right)$를 사용한

다. 만약 모분산 σ^2의 값을 알면, 모평균을 μ라고 할 때 $\frac{\sqrt{n}(\overline{X}-\mu)}{\sigma}$의 분포가 표준정규분포이므로(왜냐하면 $\overline{X}$의 표집분포가 평균이 μ, 분산이 $\frac{\sigma^2}{n}$인 정규분포이므로),

$$P\left(-z_{\frac{\alpha}{2}} \le \frac{\sqrt{n}(\overline{X}-\mu)}{\sigma} \le z_{\frac{\alpha}{2}}\right) = 1-\alpha, \text{즉} P\left(\overline{X} - z_{\frac{\alpha}{2}}\frac{\sigma}{\sqrt{n}} \le \mu \le \overline{X} + z_{\frac{\alpha}{2}}\frac{\sigma}{\sqrt{n}}\right) = 1-\alpha$$

이다. 따라서 이 신뢰구간 $\left(\overline{x} - z_{\frac{\alpha}{2}}\frac{\sigma}{\sqrt{n}},\ \overline{x} + z_{\frac{\alpha}{2}}\frac{\sigma}{\sqrt{n}}\right)$은 길이가 $2 \cdot z_{\frac{\alpha}{2}}\frac{\sigma}{\sqrt{n}}$으로서 $2 \cdot t_{\frac{\alpha}{2}, n-1}\frac{s}{\sqrt{n}}$에 비해 더 짧은 것일 가능성이 높다. s는 표본마다 변하는 우연에 따른 값이므로 $2 \cdot z_{\frac{\alpha}{2}}\frac{\sigma}{\sqrt{n}} < 2 \cdot t_{\frac{\alpha}{2}, n-1}\frac{s}{\sqrt{n}}$이 항상 성립한다고 할 수는 없다. 그러나 표본의 크기가 커지면 s는 어떤 의미에서 σ로 수렴한다. 따라서 표본의 크기 n과 신뢰도 α가 불변일 때 모평균을 추측하려면, 모분산을 모르는 경우의 답인 $\left(\overline{x} - t_{\frac{\alpha}{2}, n-1}\frac{s}{\sqrt{n}},\ \overline{x} + t_{\frac{\alpha}{2}, n-1}\frac{s}{\sqrt{n}}\right)$보다 아는 경우인 $\left(\overline{x} - z_{\frac{\alpha}{2}}\frac{\sigma}{\sqrt{n}},\ \overline{x} + z_{\frac{\alpha}{2}}\frac{\sigma}{\sqrt{n}}\right)$가 더 짧은 신뢰구간일 것이라고 기대할 수 있다. 다시 말해 모분산의 값을 알 때는 모평균에 대한 신뢰구간을 얻기 위해 σ와 표준정규분포표를 이용하는 것이 s와 t-분포표를 이용하는 것보다 더 바람직한 방법이라고 할 수 있다.

연습문제

1. $X_1, X_2, X_3, \cdots, X_n$이 평균이 μ이고 분산이 σ^2인 정규분포를 하는 모집단에서 얻은 무작위표본일 때, $\overline{X}$를 표본평균, $S^2 = \frac{\sum_{i=1}^{n}(X_i - \overline{X})^2}{n-1}$을 표본분산이라고 하면, $W = (n-1)S^2 = \sum_{i=1}^{n}(X_i - \overline{X})^2$의 표집분포는 모수가 $\alpha = \frac{n-1}{2}, \beta = 2\sigma^2$인 감마분포이다. 이 감마분포는 확률밀도함수가 $f_W(w) = \frac{1}{\Gamma\left(\frac{n-1}{2}\right)(2\sigma^2)^{\frac{n-1}{2}}} w^{\frac{n-1}{2}-1} e^{-\frac{w}{2\sigma^2}}$ if $w > 0$ and 0 otherwise이다. 이 문장의 의미를 $f_W(w)$에 대한 히스토그램 표현과 연관된 표집분포의 모의실험법 관점으로 설명하라.

2. 위 문제에서 W의 표집분포에 따라, $Y = \frac{W}{\sigma^2} = \frac{\Sigma(X_i - \overline{X})^2}{\sigma^2}$의 확률분포는 자유도가 $n-1$인 χ^2-분포임을 알 수 있다. χ^2-분포에서 확률밀도함수의 그래프 아래 좌우측 면적이 각각 $\frac{\alpha}{2}$인 x-축 상의 점을 각각 좌측은 $\chi^2_{1-\frac{\alpha}{2}, n-1}$, 우측은 $\chi^2_{\frac{\alpha}{2}, n-1}$로 적으면, $P\left(\chi^2_{1-\frac{\alpha}{2}, n-1} < \frac{\Sigma(X_i - \overline{X})^2}{\sigma^2} < \chi^2_{\frac{\alpha}{2}, n-1}\right) = 1 - \alpha$가 성립한다. 이 확률 문장의 괄호 안 부등식을 변형해 $P(A < \sigma^2 < B) = 1 - \alpha$가 성립하도록 A와 B를 정하라. 또 이것으로 모집단의 분산 σ^2에 대한 $100(1-\alpha)\%$ 신뢰구간을 정하라.

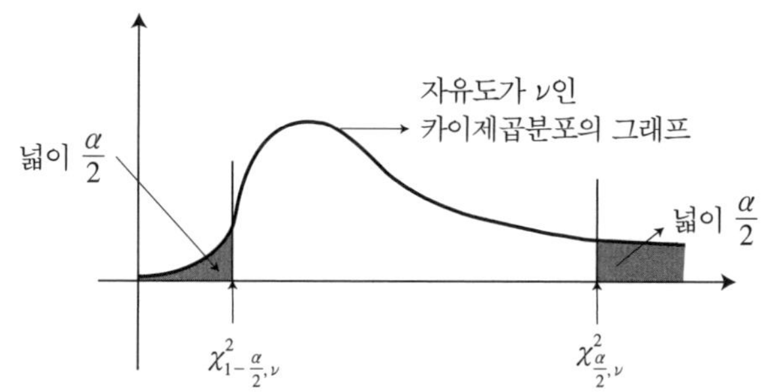

3. 위 문제 2에서 구한 공식을 이용해, 평균과 분산은 모르지만 정규분포를 하는 어느 모집단에서 얻은 크기 25인 무작위표본의 표본평균이 $\overline{x} = 20$, 표본분산이

$s^2 = 16$일 때 이 모집단의 분산을 95% 신뢰도로 구간 추정하라. (신뢰구간을 정하기 위해 $\chi^2_{0.975,\,24}$와 $\chi^2_{0.025,\,24}$의 값을 부록 4에서 찾아 읽어야 한다. 카이제곱분포표의 사용법에 관한 상세한 내용은 8.3.3에서 소개되는데, 미리 읽어도 순서상 부담은 없는 내용이므로 지금 잠시 읽어볼 수도 있다.)

제8장

가설검정의 원리

확률은 왜 배우는가? 수학적 확률은 중등학교에서 통계적 확률에 비해 배울 만한 가치가 없는 것인가? 확률을 배우는 이유는 여러 가지가 있겠지만 통계학과 관련된 것 한 가지만 말한다면 통계적 추론을 이해하기 위해 필요하다고 할 수 있다. 통계적 추론은 앞서 설명한 대로 귀납적 추측이고 따라서 오류의 가능성이 있기 때문에 그 가능성의 정도를 확률에 근거한 숫자로 나타내주려면 확률을 알아야 통계적 추론을 할 수 있다. 이 말은 통계적 추론이 없다면, 즉 막대그래프만 그리거나 표본의 평균을 계산하는 등의 기술 통계적인 것만 가르치려면 통계교육에서 확률은 꼭 필요한 것은 아니라는 뜻이 되기도 한다.

이는 현재 중등학교 확률통계 단원을 생각해볼 때 특별히 의미하는 바가 있다. 엄청나게 많은 확률 수업시간에 비해 통계적 추론에 관해 배우는 시간은 거의 없고, 그나마 고등학교 과정에 이르러 처음이자 마지막으로 배우는 통계적 추론인 모평균에 관한 신뢰구간의 내용마저 확률과의 연결이 분명치 않아 보이기 때문이다. 우리는 이 책의 앞 단원에서 모평균, 모비율 등의 신뢰구간 문제와 확률을 표집분포를 매개로 연결해보았다. 그러나 앞서 소개한 대로 표집분포라는 것 자체가 매우 이해하기 어렵고, 특히 표집분포가 연속변수의 분포인 확률밀도함수, 가령 정규분포 등과 연결되면 매우 어려운 수학적 주제가 된다. 왜냐하면 연속적 현상은 이산적 현상에 비해 추론의 과정 측면에서 이해나 설명이 어렵고, 또 확률이 확률밀도함수에서는 길이가 아닌 넓이로서 가시화되기 때문에 대단히 난해한 주제가 된다는 어려움이 있다.

반면에 가설검정은 구간추정 문제에 비해 논리적으로 이해하기 쉬우며, 이산적인 현상과, 특히 수학적 확률과 관련지어 설명하기 좋은 주제이다.[1] 물론 대부분의 통계학 교재들이 다루는 것처럼 가설검정에 관한 이야기를 모평균에 대한 가설검정부터 시작한다면 현재 우리가 모평균의 구간추정 문제에서 갖고 있는 문제점이 가설검정에서도 그대로 이어져서 아무런 소득이 없이 어려운 통계 학습 주제 하나만 더 얹어놓는 결과로 이어질 것이다. 모평균에 관한 신뢰구간을 소개하기 위해 중심극한 정리 등의 표집분포 논의를 추가하고, 그래서 확률과 표집분포로부터 모평균에 관한 신뢰구간이 잘 도출되도록 논리적으로 가르쳤다면, 모평균에 관한 가설검정은 방법만 암기해 가설검정을 하도록 할 수 있다.

그러나 가설검정에는 논리학에서의 귀류법과 유사한 또 다른 가설검정 특유의 복잡한 논리가 숨어 있다. 따라서 이 논리를 이해시키기 위해서는 쉽지만은 않은 과정이 수반되어야 한다. 그리고 그래야만 가설검정이 바르게 이해되는 수업이 가능하리라고 생각된다. 여기서 제안하는 것은 이 복잡한 논리를 가장 단순한 형태의 이산적 문제에서 적용하는 연습을 거친 후에 점점 더 복잡한 경우로 발전해나가는 지도 방법이다. 이는 통계학에서 나타난 가설검정 방법의 역사나 대부분 통계학 교재들의 설명 순서와는 역으로 진행하려는 것이기 때문에 쉽게 동의를 구하기 어려울 수 있지만, 아래의 논의에서 그 방법을 설명함으로써 필자의 주장의 타당성을 밝히고자 한다.

이 논의를 시작하기 전에 수학적 확률을 가르치는 문제에 대한 필자의 견해를 적고자 한다. 결론부터 말한다면, 적절한 시기에 수학적 확률을 가르칠 수밖에

1 이산적인 구간은 불연속 구간이어서 원래의 문제와 무관한, 엉뚱하고 복잡한 문제를 유발할 수 있다.

없다는 것이 필자의 입장이다. 앞서 우연의 중요한 특징으로서 대표성과 불규칙성, 독립성이 있다고 주장했지만, 언어적으로 생각해보면 사람들은 간혹 우연(by chance)이라는 단어를 '출현 가능성이 더 높/낮(지 않)음에도 불구하고'라는 의미로 사용할 때가 있다. "내가 반장이 된 것은 순전히 우연이야"라거나 "복권을 달랑 한 장만 샀던 그 사람이 우연히 1등에 당첨되었다니 말이 돼? 나는 10장이나 샀는데…" 등의 표현이 이를 잘 나타내준다.

수학적 확률은 항상 동등한 확률을 가정한다. 그래서 우리가 우연이라고 표현하는 단어에 적합한 확률이다. 확률이 더 높거나 더 낮지 않음에도 불구하고 우연히 그렇게 되었다고 할 때, '우연히 그렇게 될 확률'을 구하는 것은 '수학적 확률'을 구하는 것이기 때문이다. 우리는 간혹 어떤 일이 우연히 일어난 것임을 강조할 때가 있다. 도박에서 어떤 사람이 혼자서 계속 돈을 딴다거나, 정부가 공적인 일을 행함에 있어서 특혜를 준 것처럼 보인다거나, 심증은 있으나 물증이 없을 때 이런 일들이 우연이 아닌 것처럼 보이지만 당사자들은 그런 일들이 우연히 일어났다고 주장하는 것이다. 그리고 가설검정의 논리를 전개하려면, 그 일이 정말 우연히 일어나게 될 확률을 따져보게 되는 것이다.

8.1 가능성 원리와 가설검정

가능성 원리(likelihood principle)는 일어날 가능성이 더 높은 일이 일어난(일어났)다고 생각하는 원리이다. 가능성 원리는 추론의 상황에 따라서 미래형과 과거형이 있다. 가령 상자 안에 95개의 흰 공과 5개의 빨간 공을 넣고 잘 흔든 후 눈을 감고 한 개의 공을 꺼낼 때 어떤 색의 공이 나올지 추측한다면, 확률이 95%인 흰 공일 것이라고 추측하는 것이 미래형 추론이고, 과거형 추론은 이미 공을 꺼냈는데 어떤 이유로 인해 그 과정을 지켜보지 못해서 그 공의 색깔을 알 수 없게 되었고 그 공의 색깔을 맞춰보려는 상황에서 흰 공일 것이라고 추측하는, 과거를 회상하는 추론을 말한다.

이 두 가지 추론에서 중요한 차이는 전자의 미래형 추론인 경우에는 흰 공일 확률이 0.95라고 말하지만, 후자의 과거형 추론인 경우에는 확률은 말하지 않고 다만 '흰 공일 것이라는' 추측의 신뢰도가 0.95라고 말한다는 것이다. 그러나 흰 공이라는 답은 모두 흰 공의 비율 95%에서 비롯되었고 가능성 원리의 결과라는 점은 같다.

8.1.1 통계적 가설과 두 가지 오류

통계적 가설은 불확실성의 확률적 결과와(를) 관련된(초래한) 불변의 고정된 특성(원인)에 대한 명제이다. 가장 흔한 것은 얻어진 표본의 결과에 영향을 주는 모집단의 확정적 특성에 대한 명제, 가령 (표본평균에 영향을 주는) 모집단의 평균은 얼마 이상일 것이라거나, (우연히 발생했다고 보기에는 다소 의심스러운 결과를 낳은) 정부의 특혜가 있었다거나, (게임 결과가 의심스러운 상황에서) 정직한 도박 게임이라거나 하는 등의 명제들이다. 명제이므로 참이거나 거짓이 있으며 따라서 잘못된 판단은 오류를 일으킨다.

이에 관해 일부 오해가 있다. 예를 들어 "그 꽃은 아름답다"가 명제인지 물으면 수학 시간에는 명제가 아니라고 한다. 그렇지만 통계적 가설로는 가능한 것처럼 생각하는 사람들이 있다. 그 꽃이 아름다운지 아닌지 분명한 참과 거짓을 가릴 수 없다면, 명제도 아니지만 통계적 가설도 될 수가 없다. 왜냐하면 참과 거짓이 분명하지 않다면, 이 주장이 무슨 주장인지도 분명하지 않기 때문이다. 또 이 주장의 부정 명제를 생각해야 하는데 이 주장이 명제가 아니라면 그 명제의 부정이 무엇인지도 분명치 않게 된다. 따라서 "그 꽃은 아름답다"는 주장은 '아름답다'의 의미를 분명히 만들어주어 명제가 되게 하거나 명제가 아닌 채로 그대로 둘 수 있지만, 통계적 가설도 명제인지의 여부에 따라 명제일 경우에만 통계적 가설이 될 수 있다. 가령 "대부분의 사람들은 그 꽃이 아름답다고 생각한다"라는 명제 역시 '대부분'이 어느 정도를 말하는지 분명히 해주어야 통계적 가설이 될 수 있다. "무작위로 택한 어떤 사람이 그 꽃이 아름답다고 답할 확률이 0.8 이상이다"는 명제이며 통계적 가설이고 이 명제의 부정은 "무작위로 택한 어떤 사람이 그 꽃이 아름답다고 답할 확률이 0.8 미만이다"가 된다.

교육학이나 심리학 등의 사회과학에서 명제로 보기에는 모호한 주장, 가령 "수업 효과가 어떤지 알아보자" 같은 것을 명확한 통계적 가설로 만들지 않은 채 자료를 수집하려는 경우를 간혹 보게 되는데, 이는 옳지 않은 생각이며 이런 경우에는 대개 이어지는 후속 단계가 혼란스러워진다. 가설을 명확히 하고, 그 가설과 가장 깊은 관련이 있어 보이는, 적절한 자료를 수집해야 한다.

통계적 자료, 특히 표본 자료를 가지고 주장하려는 명제(p)를 대립가설(alternative hypothesis)이라고 하고, H_1으로 적는다. 그에 반대되는 명제(not p)를 귀무가설(null hypothesis)이라고 하고 H_0로 적는다. 귀무가설이 옳음(진실임)에도 불구하고 대립가설이 옳다고 판단하는 오류를 제1종 오류(Type-I error)라고 하고, 대립가설이 진실임에도 귀무가설이 옳다고 판단하는 오류를 제2종 오류(Type-II error)라고 한다. 둘 다 기억하면 오히려 혼란스러우므로 제1종 오류의 뜻과, 제2종 오류의 경우 그러한 오류가 있다는 것만 기억하는 편이 더 편리하다(〈표 8.1〉 참고).

표 8.1

		진실(truth)	
		H_0	H_1
판단 (claim)	H_0	O	제2종 오류
	H_1	제1종 오류	O

통계적 가설검정은 제1종 오류의 확률과 제2종 오류의 확률을 동시에 최소화해야 하는데, 그렇게 하기에는 대개 수학적으로 다루기가 너무 어렵다. 전통적인 통계적 방법은 제1종 오류의 확률을 일정한 값 이하가 되도록 통제한 상태에서, 제2종 오류의 확률을 최소화하는 방법을 사용한다. 이때 제1종 오류의 확률의 최대 허용치를 유의수준(significance level)이라고 하고 대개 α로 나타낸다.

8.1.2 희귀사건에 관한 통계적 개념과 가능성 원리

희귀사건에 관한 통계적 개념은 통계적 가설검정의 논리를 논리학의 귀류법으로 연결 짓는 핵심적 개념이다. 따라서 가설검정의 논리적 타당성을 이해하려면 반드시 알아야 하는 매우 중요한 개념이라고 할 수 있다. 물론 이 개념의 뿌리는 과거형 추론을 위한 가능성 원리에 있다.

예를 들어, 어떤 사람이 당신에게 동전 던지기를 해서 앞면이 나오면 100원을 자기에게 주고, 뒷면이 나오면 자기가 당신에게 100원을 주는 게임을 하자고 제안했다고 가정해보자. 당신은 그 게임이 공평한 게임이라고 생각하고 게임을 했는데 10번 모두 계속 앞면만 나와서 1000원을 순식간에 잃게 되었다고 하면, 대개 이런 경우에 사람들은 마음속에 "그 게임이 정말 공평한 게임이었을까?"라는 의심을 품게 될 것이다. 이 의심이 다소 비형식적인 형태이기는 하지만 희귀사건에 관한 통계적 개념이다.

이 의심을 수학적으로 분석해보자. 먼저 동전을 한 번 던질 때 앞면이 나올 확률을 p라고 하자. 처음에 당신이 이 게임이 공평하다고 믿고 게임을 한 것은 수학적으로는 $p = \frac{1}{2}$이라고 믿었다는 뜻이다. 그리고 의심이 생긴 것은 게임의 결과로 보아 "$p > \frac{1}{2}$ 같은데?"라는 의심이 들었다는 뜻이라고 해석된다. 여기까지는 일련의 심리적 과정을 수학적 용어로 다시 적은 것뿐이다.

그러나 우리의 분석이 좀 더 과학적이려면 '의심의 근거'에 대한 과학적 설명이 주어져야 하고, 바로 그 설명이 형식적 의미에서의 '희귀사건에 관한 통계적 개념'이 된다. 왜냐하면 우리의 의심의 근거는 "만약 $p = \frac{1}{2}$이 옳다면, 10번 던졌을 때 10번 모두 앞면만 나올 확률은 $\left(\frac{1}{2}\right)^{10} = \frac{1}{1024}$ =약 0.1%니까 단 한 번의 '동전 10번 던지기'에서 단박에 일어나기에는 너무 낮은 확률인데?"라는 생각 때문이다. 즉 희귀사건에 관한 통계적 개념이란, '확률적으로 희귀한 사건이 발생된 데에는 어떤 이유가 있을 것'이라는 생각을 말한다. 앞에서 0.1%의 가능성을 가진 사건이 일어나기에는 가능성 원리에 맞지 않으며, 무슨 이유가 있을 것—가령 $p > \frac{1}{2}$ 같은—이라는 생각을 말하는 것이다.

이것을 가설검정의 용어로 빌려 적으면, 귀무가설은 $H_0; p \leq \frac{1}{2}$이고 대립가설은 $H_1; p > \frac{1}{2}$을 생각한 것이고, 귀무가설 중에 가장 넉넉한 인심의(대립가설에 가까운) p 값인 $p = \frac{1}{2}$을 생각해본 것이다.[2] 여기서 실제 행해지는 가설검정과 다른 것이 하나 있는데, 이 예에서 대립가설은 게임 후에, 즉 자료를 보고 만들어졌다는 점이다. 이것은 대립가설이 유도된(data oriented) 가설이라는 뜻이며, 원칙적으로 가설검정에 있어서 유도된 가설은 인정되지 않는다.

이 문제에 관해 논란의 여지가 있으므로 이를 확실하게 정리해두고자 한다. 대립가설은 주장하고자 하는 가설인데, 대개 경험에 의해 신념처럼 굳어진 경우가 많다. 경험에 의존한다는 것은 경험에 의해 유도된 것이라는 뜻이다. 그러면 거의 모든 대립가설이 실제는 유도된 것이 아니냐는 주장이 가능하다. 이 주장은 타당해 보이지만, 앞의 예로 사용된 경우는 문제가 있는 대립가설임에 변함이 없다. 앞서의 경우를 설명하자면, 일단 의심을 만드는 데 기여한 자료는 사용하지 말고 만들어진 의심에 근거해 대립가설과 귀무가설을 세운 후 같은 동전으로, 같은 상황에서 다시 10회 동전 던지기 게임을 해서 얻은 자료를 분석하면 이 경우는 유도된 대립가설이 아니라고 할 수 있다. 그런 이유로 인해 항상 통계 자료를 얻기 전에 간단한 사전 조사(pilot study)를 하는 것이 좋다. 그리고 사전 조사의 자료는 본격적인 통계분석에서는 사용하지 않는다.

다시 앞서의 예로 돌아와서, 만약 당신이 "그러므로 이 게임은 정직한 게임이 아니다", 즉 "대립가설이 옳다"라고 주장한다면, 당신은 제1종 오류를 염려해야 한다.[3] 왜냐하면 귀무가설, 그중에서 $p = \frac{1}{2}$인 경우조차도 10번 모두 앞면만 나올 수는 있는데, 그런 가능성을 무시하고 대립가설이 옳다는 주장을 한 것은 오류일 수 있기 때문이다. 그리고 제1종 오류를 범할 확률의 최대 한계인 유의수준을 5%로 정하면, 현재 자료에서 제1종 오류를 범했을 수 있는 0.1%의 그런 가능

2 이런 이유 때문에 귀무가설에는 항상 등호를 넣어서, 대립가설에는 ('p는 $\frac{1}{2}$ 이상'인 경우조차도) 등호를 빼고 적기로 한다.

3 이런 상황이라면 제2종 오류는 당연히 염려할 필요가 없다.

성은 무시된다(0.1% < 5%). 다시 말해 귀무가설을 기각할 수 있게 된다. 여기서 0.1%, 즉 $\frac{1}{1024}$을 '관측유의수준(OSL: observed level of significance)' 또는 'p-값(p-value)'이라고 하는데, 'p-값'에서 p는 동전의 앞면이 나올 확률로, 즉 베르누이 분포의 모수 p와는 전혀 다른 의미로 사용된 것이다. 필자는 이것을 '희귀도(level of unusualness)'라고 번역할 것을 권한다.

지금까지의 생각이 논리적으로 타당한 것은 귀류법의 논리를 차용함으로써 이루어진다. 대립가설이 옳음을 증명하려면 위의 예에서 $H_1; p > \frac{1}{2}$임을 증명해야 한다. 이를 위해 귀류법 가설 $H_0; p \le \frac{1}{2}$이 참이라고 가정한다. 그리고 얻어진 표본이 얼마나 자주 관측될 수 있는 것인지 그 희귀도를 구해본다. 그 결과 만약 얻은 표본이 $\frac{1}{1024}$이라는 희귀도가 알려주는 것처럼 매우 희귀한 것임을 알았다면, 논리적으로 다음 두 가지 중에서 하나가 참이라는 사실을 말할 수 있다. 첫째, 얻은 표본이 매우 희귀한 것이거나 둘째, 그렇지 않다면 얻은 표본이 희귀하지 않은데 희귀하다고 판단한 것이다. 가능성 원리에 의하면 첫 번째 경우처럼 희귀한 표본이 얻어졌을 리는 없고, 두 번째 경우처럼 잘못된 판단이 원인이라고 한다면 결국 $\frac{1}{1024}$이라는 계산이 잘못되었다고 보아야 하는데, 이 값은 $p = \frac{1}{2}$이라고 가정한 데에서 비롯된 것$(= (\frac{1}{2})^{10})$이다. 결국 $p = \frac{1}{2}$이 의심되는데, 만약 $p < \frac{1}{2}$라고 하면 $p^{10} < (\frac{1}{2})^{10}$이기 때문에 희귀도의 작음으로 인한 현재의 갈등 상황은 더욱 더 심해지고, $H_1; p > \frac{1}{2}$이 참인 상황이라면 $p^{10} > (\frac{1}{2})^{10}$이 되어 상황이 이해되는 방향으로 변할 수 있다. 특히 $p = 0.9$ 정도라면 $(0.9)^{10} =$약 0.35이므로 얻은 표본이 얻어질 수 있는 표본이라는 생각이 들게 된다. 결국 우리는 $H_1; p > \frac{1}{2}$이 더 참일 것 같다는 생각을 하게 된다. 그리고 유의수준 5%에서 귀무가설을 기각하고 대립가설이 옳다는 판정을 내리게 된다. 물론 제1종 오류의 확률이 최대 5%까지 있을 수 있음을 각오한 판정이다.

이것을 $\sqrt{2}$가 무리수임을 증명하기 위해 유리수라고 가정하고, 그로부터 모순을 도출해 무리수임을 증명한 전형적 귀류법의 증명과 비교해보면 〈표 8.2〉와 같다.

표 8.2

	귀류법(간접증명법)	통계적 가설검정
가정 (결론 부정)	$\sqrt{2}$는 유리수이다.	$H_0; p \le \frac{1}{2}$이 참이다.
증명 과정	$\sqrt{2} = \frac{b}{a}$ (단, a, b는 서로소인 자연수) $\sqrt{2}a = b,\ 2a^2 = b^2$ $2a^2$은 짝수이므로 b^2도 짝수이고, $b = 2k$로 나타낼 수 있다. $2a^2 = 4k^2,\ a^2 = 2k^2$ 마찬가지로 $2k^2$은 짝수이므로 a도 짝수이고, $a = 2m$으로 나타낼 수 있다.	동전을 10회 던진 결과 모두 앞면이 나오는 상황은 $(\frac{1}{2})^{10}$ (=약 0.1%)보다 가능성이 더 작거나 같다. 확률이 너무 작으므로 그런 일이 발생할 가능성은 거의 없다(가능성 원리).
모순 발견 (오류)	$a = 2m$, $b = 2k$이므로 a, b는 서로소가 아니다. 이는 a, b가 '서로소인 자연수'라는 것에 모순이다.	이미 발생한 결과가 $(\frac{1}{2})^{10}$ 이하의 가능성이 있었던 일이라는 것은 믿기 어려우며, 그런 작은 가능성의 표본이 관측된 것은 가능성 원리에 모순된다. (계산의 오류라고 추측되며, 계산 오류의 이유는 $p \le \frac{1}{2}$라는 가정 때문이다.)
결론	따라서 $\sqrt{2}$는 무리수이다.	따라서 $H_1; p > \frac{1}{2}$이 참일 것이다.

8.1.3 극단표본과 관측유의수준

앞 절의 예에서 표본의 결과가 '10번 모두 앞면'일 때 희귀도는 $\frac{1}{1024}$이었다. 그런데 만약 표본의 결과가 '10번 중에 9번이 앞면'이었다면, 즉 800원을 잃었다면 희귀도는 어떻게 계산될 수 있을까?

이 문제에 답하기 전에 먼저 매우 상식적인 질문에 답해보자. 키가 180cm인 사람을 보고 우리는 왜, 키가 160cm인 사람을 보았을 때와는 달리 "저 사람 키가 크다"라는 생각을 하게 되는가? 키가 180cm인 사람이 드물기 때문에 그런 생각을 한다고 하면, 120cm인 사람도 키가 크다고 할 수 있다. 따라서 180cm인 사람을 보고 키가 크다는 생각을 하는 이유를 정확히 적는다면 '180cm 이상'인 사람이 드물기 때문일 것이다. 키가 120cm인 사람이 키가 크다고 생각하지 않는 이유는 '120cm 이상'인 사람이 매우 흔하기 때문일 것이다. 왜냐하면 '키가 큼'은 '키 값이 얼마 이상'으로 생각해야 할 테니 말이다. 비슷한 이유로 120cm인 사람은 키가 작다고 생각하며, 180cm인 사람은 키가 작다고 생각하지 않는다.

이런 생각을 잘 음미해보면, 표본의 희귀도를 계산함에 있어서 얻어진 표본 자체의 확률이 그 표본의 희귀도가 될 수 없다는 것을 알 수 있다. 그보다는 그 표본을 어떤 관점에서 보고 있느냐에 따라서 정해지는 것이며, 그 표본과 유사한 종류의 표본들(극단표본)을 얻을 확률에 의해 그 표본의 희귀도가 계산되어야 하는 것이다. 따라서 어떤 표본 자료가 희귀한 표본인지를 판단할 때, 극단표본이라는 것을 생각한다. 극단표본이란 귀무가설과 대립가설의 두 통계적 가설 중에 귀무가설의 관점에서 생각할 때, 현재 관측된 표본 또는 그 이상으로 드물다고 간주되는 표본들을 말한다. 이를 다르게 표현하면, 두 가설 중에 표본은 대립가설을 이미 지지해준 것이라고 간주해 생각하고, 거기에 추가해 현재의 표본보다 대립가설을 더 강력하게 지지해줄 수 있는 표본들을 모두 극단표본이라고 하는 것이다.

가령 모집단의 평균에 대해 귀무가설은 모평균이 165 이하라는 것이고, 대립가설은 모평균이 165보다 크다는 것일 때 표본조사 결과 관측된 표본평균이 만약 170이었다면, 귀무가설의 관점에서 표본평균 170은 이미 '너무 크며' 그 이상이라면 더욱더 '너무 커서' 모평균이 165 이하라면 우연히 얻는다는 것이 상상하기 어려운 표본으로 간주된다. 따라서 이 두 가지 가설과 관련된, 표본평균이 170인 표본에 대한 극단표본은 '표본평균이 170 이상인 표본들'이라고 할 수 있다. 즉 표본의 평균 170은, 이미 '모평균이 165보다 크다'는 것을 지지한다고 간주해 생각하며, 그 이상으로 대립가설을 지지해주는 표본, 즉 표본평균이 170 이상인 표본들은 (모평균과 표본평균이 서로 닮을 것이라는 생각에 비추어볼 때) 더욱더 대립가설을 지지해줄 것이라고 볼 수 있다. 따라서 '표본평균이 170 이상인 표본들'이 극단표본이라고 할 수 있다.[4]

4 극단표본을 정할 때 자료에 의해 유도된 생각을 해서는 안 된다. 가령 귀무가설은 '165 이하'이고, 대립

희귀도는 귀무가설이 참일 때 극단표본을 얻을 확률을 말한다. 앞서의 동전 던지기 게임에서, 귀무가설은 '앞면이 나올 확률이 1/2 이하'이고 대립가설은 '앞면이 나올 확률이 1/2보다 큼'이다. 동전을 10회 던졌을 때 9회 앞면이 나왔다는 것은 귀무가설의 관점에서 앞면이 너무 많은 것이고, 10회 모두 앞면이었다면 더욱 그렇다. 즉 '10회 중에서 9회 앞면이 나온 표본'의 극단표본은 '9회 이상 앞면이 나온 표본'이고 따라서 '10회 중에서 9회 앞면이 나온 표본'의 희귀도는 귀무가설이 옳을 때 '10회 중 9회 이상 앞면이 나올 확률'이 된다.

논리적 · 직관적으로 생각할 때, 표본의 희귀도가 작을수록 귀무가설이 참인 상태에서 그런 표본은 얻기 힘들다는 뜻이 되므로, (힘들지만 실제로는 표본으로 관측되었으므로 사실상 모순적인 상황이 발생된 것인데 따라서) 귀무가설이 참일 것 같지 않다는 생각이 들고 결국 대립가설에 대한 확신이 커진다. 그러므로 귀무가설이 '앞면의 확률 p가 1/2 이하'처럼 복합적인 상황일 때는, 가장 확신이 약한 경우, 즉 희귀도가 가장 클 경우를 생각한다. 즉 $p \le \frac{1}{2}$인 p들 중에서 '9회 이상 앞면일 확률'이 가장 큰 경우인 $p = \frac{1}{2}$인 경우(직관적으로 자명함)를 생각한다. 다시 말해 앞면의 확률 1/2이 옳다면, 10회 중에서 9회 앞면이 나온 사건의 희귀도는 $P\left(X \ge 9 \mid p = \frac{1}{2}\right) = {}_{10}C_9\left(\frac{1}{2}\right)^{10} + {}_{10}C_{10}\left(\frac{1}{2}\right)^{10} = \frac{11}{1024} =$약 1.07%이다. 만약 유의수준을 5%로 한다면 이 경우 역시 귀무가설을 기각할 것이다. 즉 이 경우에도 우리는 여전히 앞면의 확률은 1/2보다 크다고 주장할 것이다.

8.2 가설검정법과 검정력

가설검정법이란 표본조사에서 얻을 수 있는 모든 가능한 표본 모둠을 기각역(critical region)과 채택역(acceptance region)의 두 종류 중에 어느 쪽에 속하는 표

가설은 '165보다 큼'이라고 하자. 표본의 평균을 구했더니 그 값이 160이었다면, '표본평균이 160 이상인 표본들'이라는 것이 극단표본이다. 즉 극단표본은 표본을 본 후에 만들어진 것이 아니라 그 이전에 이미 (이런 두 가설인 경우는) '… 이상'으로 정해진다는 점에 유의해야 한다.

본 모둠인지 구분하고, 그 결과가 기각역에 속하는 표본 모둠이 얻어졌을 경우 귀무가설을 기각하고 채택역에 속하는 표본이 나오면 채택하는 방법, 즉 대립가설과 귀무가설 중에서 어느 하나를 표본 결과에 따라 고르는 방법이라고 할 수 있다.

이때 한 표본 모둠은 보통 여러 개의 값으로 이루어져 있으므로 이 값들로부터 계산되는 한 개의 통계량을 생각해, 이 통계량의 값의 크기에 따라 기각역과 채택역을 나누었다면 이 통계량을 이 가설검정법의 검정통계량(test statistic)이라고 한다. 앞의 동전 던지기의 예의 경우, 10회의 동전 던지기에서 나타난 앞면의 횟수 X에 따라 $(X \geq 9)$이면 기각역, $(X \leq 8)$이면 채택역으로 삼는다면, 이때 X가 바로 검정통계량이 된다. 그리고 기각역과 채택역의 경계를 이루는 값을 임계값(critical value)이라고 하는데, 10회의 동전 던지기의 예에서는 8.5 같은 값이 임계값이 된다.

앞 절에서 유의수준(significance level)과 희귀도(p-value)를 이용해 '귀무가설을 기각할 수 있는지 알아내는 절차'를 소개했는데, 이것을 '가설검정의 절차'라고 한다면 방금 소개한 기각역과 검정통계량에 근거한 '가설검정의 방법'은 본질적으로는 '가설검정의 절차'와 같은 것이지만 외형은 다소 차이가 있기 때문에 이렇게 다른 이름으로 부르기로 한다.

앞서 귀무가설을 기각하려면 앞면이 몇 번 이상 나와야 하는지에 관해 질문했다. 그리고 앞면이 9회 나올 경우 희귀도는 $\frac{11}{1024}$, 10회인 경우 희귀도는 $\frac{1}{1024}$로서, 만약 유의수준을 5%로 정했다면 아직은 유의수준에 비해 희귀도가 매우 작다고 할 수 있다. 즉 모두 귀무가설이 기각될 상황인 것이다. 그런데 앞면이 8회 나왔다면 희귀도는 $({}_{10}C_2 + {}_{10}C_1 + 1)/1024 = \frac{56}{1024}$ =약 5.47%가 되므로 5%를 초과하게 된다. 따라서 유의수준을 5%로 정한다면 9회 이상 앞면이 나온 경우에만 귀무가설을 기각할 수 있을 것이다. 즉 기각역은 $C = \{x \mid x \geq 9\}$이 된다. 그리고 이 경우의 가설검정법은 "9회 이상 앞면이 나오면(if $X \in C$) 귀무가설을 기각한다"가 귀무가설을 기각하는 규칙(rule)이 될 것이다. 그런데 이 규칙이란 실제로는 기각역 C와 본질적 의미에서 서로 같다. 따라서 가설검정법을 수학적으로 다룰 때에는 이 기각역이 나타내는 집합 C와 동일시해 취급한다.

가설검정법에서 귀무가설이 옳음에도 불구하고 귀무가설을 기각할 실제 확률(제1종 오류의 확률)의 최댓값을 그 가설검정법의 크기(size)라고 한다. "9회 이상 앞면이 나오면 귀무가설을 기각한다"고 했던 앞서의 가설검정법의 크기는, 앞면의 확률 p의 값에 따라 $p \le \frac{1}{2}$인 어떤 값의 p가 참값일 때 $P(X \ge 9 | p)$의 확률이다. 그리고 직관적으로 생각할 때 앞면의 확률 p의 값이 작을수록, $(X \ge 9)$와 같이 앞면이 매우 많이 나오는 사건은 일어나기 어려울 것이다. 따라서 $P(X \ge 9 | p)$의 값은 $p \le \frac{1}{2}$인 범위에서는 $p = \frac{1}{2}$일 때 최대일 것이며, $P\left(X \ge 9 | p = \frac{1}{2}\right) = \frac{11}{1024}$이다. 즉 이 가설검정법의 실제 크기는 $\frac{11}{1024}$이라고 할 수 있다. 가설검정법의 크기는 그 검정법이 실제 제1종 오류를 범할 최대 확률을 의미한다. '유의수준'이 제1종 오류를 범할 확률의 최대 허용한계치(the least upper bound)라고 한다면, '크기'는 허용한계치가 아니라 제1종 오류를 범할 확률의 실제의 최댓값(attainable maximum)인 것이다.[5]

한편 대립가설이 옳을 때, 어떤 가설검정법의 '귀무가설을 기각할 확률'을 그 가설검정법의 검정력(power of the test)이라고 한다. 그리고 대립가설이 옳게 되는 모수가 만약 여러 가지라면($p > \frac{1}{2}$의 경우처럼) 대립가설에 속하는 모수값들을 정의역으로, 각각의 검정력의 값들을 치역으로 하는 검정력들의 함수를 검정력함수(power function (of the test))라고 한다. 앞의 예에서

$$\pi(p) = {}_{10}C_9\, p^9(1-p) + {}_{10}C_1\, p^{10} = p^9(10-9p)$$

가, 정의역이 $\left\{p | p > \frac{1}{2}\right\}$인 검정력함수이다. 함수 $\pi(p)$는 증가함수로서 $p \to \frac{1}{2}$일 때 $\frac{11}{1024}$로, $p \to 1$일 때 1로 수렴함을 알 수 있다.

대개의 검정력함수는 정의역을 확장해서 귀무가설에 속하는 모수들까지 포함해 생각할 수 있는 경우가 많다. 위의 검정력함수 역시 $0 < p < 1$인 모든 p 값에 대해 생각할 수 있는데, 다항함수인 검정력함수 $\pi(p) = p^9(10-9p)$는 단

5 앞의 예처럼 검정통계량이 이산변량인 경우는 대개 이 두 값이 서로 다르지만, 연속변량인 경우에는 대개 두 값은 같아진다.

조증가함수로서 $p \to 0$일 때 0으로, $p \to 1$일 때 1로 수렴한다. 또 $p = \frac{1}{2}$일 때 $\pi(p) = \frac{11}{1024}$이다. 이때 귀무가설에 속하는 모수들의 집합 $\left\{p \mid p \le \frac{1}{2}\right\}$을 귀무공간(null space)이라고 하고, $\left\{p \mid p > \frac{1}{2}\right\}$을 대립공간(alternative space)이라고 하는데, 결국 특정 가설검정법의 크기란 귀무공간에서 그 검정법의 검정력함수의 최댓값, 즉 제1종 오류를 범할 확률의 최댓값을 말한다.

8.2.1 최강력검정법

앞 절에서 전통적인 가설검정법은 제1종 오류의 확률을 유의수준으로 통제한 상태에서 제2종 오류의 확률을 최소화하는 방법으로 얻는다고 했다. 제2종 오류는 대립가설이 옳을 때 귀무가설이 옳다고 하는, 즉 귀무가설을 기각하지 않는 오류이다. 따라서 (제2종 오류의 확률) = 1 − (검정력)이라고 할 수 있다. 또 검정력함수인 경우 제2종 오류의 확률 역시 모수의 함수가 되기도 한다. 결국 정해진 유의수준 이하의 크기를 갖는 가설검정법 중에서 제2종 오류의 확률을 최소화하려면 귀무공간에서 검정력함수를 유의수준 이하가 되게 하면서 대립공간에서는 가장 높은 곳에 위치한 검정력함수를 갖는 가설검정법을 택해야 한다. 이제 검정법들을 서로 비교해보도록 하자. 앞서 우리가 생각한 기각역이 C인 검정법을 아래 상자 검정법 9에 정리해 적는다. 그리고 이것과 비교할 두 개의 새로운 검정법을 나란히 적는다.

검정법 9	검정법 8	검정법 10
귀무가설: $H_0; p \le \frac{1}{2}$	귀무가설: $H_0; p \le \frac{1}{2}$	귀무가설: $H_0; p \le \frac{1}{2}$
대립가설: $H_1; p > \frac{1}{2}$	대립가설: $H_1; p > \frac{1}{2}$	대립가설: $H_1; p > \frac{1}{2}$
검정통계량: 앞면의 횟수 X	검정통계량: 앞면의 횟수 X	검정통계량: 앞면의 횟수 X
기각역: $C_9 = \{x \mid x \ge 9\}$	기각역: $C_8 = \{x \mid x \ge 8\}$	기각역: $C_{10} = \{x \mid x \ge 10\}$
검정력함수:	검정력함수:	검정력함수:
$\pi_9(p) = p^9(10 - 9p)$	$\pi_8(p) = p^8(45 - 80p + 36p^2)$	$\pi_{10}(p) = p^{10}$

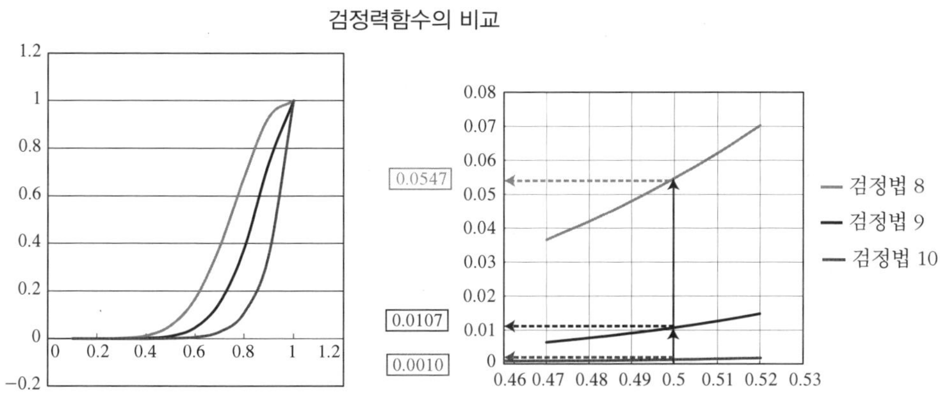

그림 8.1

위에서 각각의 검정력함수가 어떻게 얻어진 것인지 살펴서 확인하기 바란다. 이 세 검정력함수를 함께 그래프로 나타내면 〈그림 8.1〉과 같다. 왼쪽 그래프를 보면 $p > 0.5$인 범위(대립공간)에서 검정법 8의 검정력이 가장 크고, 검정법 10의 검정력이 가장 작다는 것을 알 수 있다. 그러나 왼쪽 그래프의 $p = 0.5$ 부근의 그래프를 확대해서 그린 오른쪽 그래프에서 $p = 0.5$ 근방의 검정력함수의 값을 보면, 검정법 8의 검정력함수의 값은 $0.0547(= (0.5)^8(45 - 80 \times 0.5 + 36 \times (0.5)^2)$이고, 따라서 제1종 오류의 확률의 최댓값(검정법의 크기)은 0.5를 초과하게 된다. 이로 인해 검정법 8은 유의수준의 범위에 맞지 않으므로 우리가 찾는 검정법이 되기에는 자격 미달이 된다. 결국 검정법 9나 검정법 10이 크기가 유의수준 이하인, 우리가 찾는 검정법인데 둘 중에서는 대립공간에서 검정법 9의 검정력이 더 크기 때문에 검정법 9를 세 가설검정법들 중에서 제1종 오류의 최대 확률이 5% 이하인 가장 좋은 검정법이라고 할 수 있다. (크기가 0.0107 이하인 검정법 중에서는 이 검정법이 가장 좋은 검정법임을 수학적으로 증명할 수 있는데, 네이만-피어슨 정리Neyman-Pearson Lemma가 이를 보장한다.)

제1종 오류의 확률이 미리 정해진 유의수준 알파(alpha) 이하이면서도 대립공간에서 검정력이 가장 큰 검정법을 유의수준 알파인 최강력검정법((uniformly) most powerful test)이라고 한다.

8.2.2 모평균에 관한 가설검정법과 검정력

앞 절에서 소개한 검정법은 검정통계량이 이산변량이기 때문에 유의수준과 검정법의 크기 사이에 차이가 있었다. 검정통계량이 연속변량인 경우는 대개 그런 일이 발생되지 않는다. 이 절에서 우리는 이미 잘 알려진 모평균에 관한 가설검정에서 모분산을 아는 경우, 가설검정의 절차와 그로부터 얻어지는 검정법을 꼼꼼히 살펴서 가설검정의 원리를 바르게 이해하고, 검정력 등과 관련된 복잡한 내용을 다시 한 번 정리해보기로 한다.

어떤 모집단은 정규분포를 하는 것으로 알려져 있고, 모평균 μ의 값은 모르지만 분산은 과거 경험상 16이라고 알려져 있다. 모평균의 값이 과거에는 87 이상이었지만, 최근에는 환경 변화로 인해 그보다 작은 값으로 변했을 가능성이 있다. 그래서 귀무가설은 $H_0; \mu \geq 87$이고 대립가설은 $H_1; \mu < 87$이다. 한편 이 가설검정을 위한 가장 좋은 검정통계량은 표본평균이라고 수리통계학에 의해 알려져 있다. 그래서 표본평균을 이용해 가설검정을 하기로 하고, 크기가 $n = 100$인 표본을 얻어 조사한 결과 표본평균은 $\bar{x} = 86.1$이었다. 유의수준 5%에서 대립가설이 옳다고 주장할 만한 표본 자료의 근거가 있는가?

가설검정의 절차는 먼저 극단표본부터 구해야 한다. 극단표본은 현재 표본이 대립가설을 지지한다고 간주할 때 그 이상으로 대립가설을 지지해주는 경우들이다. 현재 $\bar{x} = 86.1$이 $H_1; \mu < 87$을 지지하고 있다면 표본평균이 모평균의 닮은꼴이라고 생각할 때, $\bar{X} \leq 86.1$인 표본평균을 가진 크기 100인 표본들은 모두 대립가설을 지지한다고 볼 수 있다.

따라서 극단표본은 $E = \left\{ (x_1, x_2, \cdots, x_{100}) \middle| \frac{\Sigma x_i}{100} = \bar{x} \leq 86.1 \right\}$이고, 희귀도, 즉 귀무가설이 참일 때 이런 표본을 얻을 확률은

$$P[(X_1, X_2, \cdots, X_{100}) \in E \mid \mu \geq 87] = P\left(\frac{\Sigma X_i}{100} \leq 86.1 \mid \mu \geq 87 \right) = P(\bar{X} \leq 86.1 \mid \mu \geq 87)$$

이다. 그중에서 대립가설에 가장 가까운 귀무가설은 $\mu = 87$이고 이때의 희귀도는

$P(\overline{X} \leq 86.1 | \mu = 87)$인데, 표본평균의 표집분포를 이용해 그 확률을 구할 수 있다. 표본평균의 표집분포는 정규분포이고 평균은 모평균이며 분산은 모분산의 $\frac{1}{n}$ 이므로 이 경우 표본평균의 표집분포는 평균이 87, 분산이 $\frac{16}{100}$인 정규분포이다. 따라서 $Z = \frac{\overline{X} - 87}{0.4}$은 표준정규분포를 한다. 결국

$$P(\overline{X} \leq 86.1 | \mu \geq 87) = P\left[\frac{\overline{X} - 87}{0.4} \leq \frac{86.1 - 87}{0.4}\right] = P(Z \leq -2.25)$$

이다. 이 값을 표준정규분포표에서 찾아 읽으면, 결국 희귀도는 약 1-0.9878=0.0122=1.22%이다. 그리고 모평균 μ의 값이 87보다 작은 값, 즉 귀무공간의 값일 때 $P\left[\frac{\overline{X} - 87}{0.4} \leq \frac{86.1 - 87}{0.4}\right]$에서 87 대신 μ를 대입할 경우 $P\left[Z \leq \frac{86.1 - \mu}{0.4}\right] = P(Z \leq c)$에서 c는 -2.25보다 작을 것이고 희귀도는 1.22%보다 작을 것이다. 결국 희귀도는 1.22% 이하임을 확인할 수 있다. 즉 모평균이 참으로 87 이하라면 얻어진 표본은 매우 희귀한 것이기 때문에 귀무가설을 기각할 수 있고, 대립가설인 '모평균은 87보다 큼'을 주장할 수 있게 된다.

이 가설검정의 절차에서, $P(Z \leq -2.25) = 0.0122 < \alpha = 0.05$가 결정적인 답을 제공했다. 그런데 '1.22%가 아니라 그보다 크거나 작더라도 그 값이 5%보다 작기만 하다면' 유의수준 5%에서 귀무가설을 기각함에는 변함이 없었을 것이다. 이 말은 $P(Z \leq -2.25) = 0.0122$에서, '-2.25 자리에 적힌 숫자가 $-z_\alpha = -z_{0.05} = -1.645$보다 작기만 하면'이라는 말과 같은 뜻이 된다.

가설검정법은 가설검정의 절차와는 달리 표본 자료가 아직 구해지지 않은 상태에서 규칙(법)을 미리 만들어두었다가 자료가 얻어지면 규칙에 따라 어느 가설이 옳은지를 결정하게 하려는 것이다. 즉 앞에서 소개했던 가설검정의 절차는 극단표본 등에서 $\overline{x} = 86.1$이라는 표본 결과에 따라 진행되었다. 가설검정법은 이 값이 아직 정해지지 않은 상태, 그러나 장차 그 값이 하나의 숫자인 $\overline{x}$인 경우에 대한 것이다.

그런 차이만을 제외할 때, 위의 가설검정 절차와 같은 가설검정법은 기각역을 정함에 있어서 -2.25의 식 $\frac{86.1 - 87}{0.4}$에서 $\overline{x} = 86.1$ 대신 $\overline{x}$인 상태로 둔 $\frac{\overline{x} - 87}{0.4}$

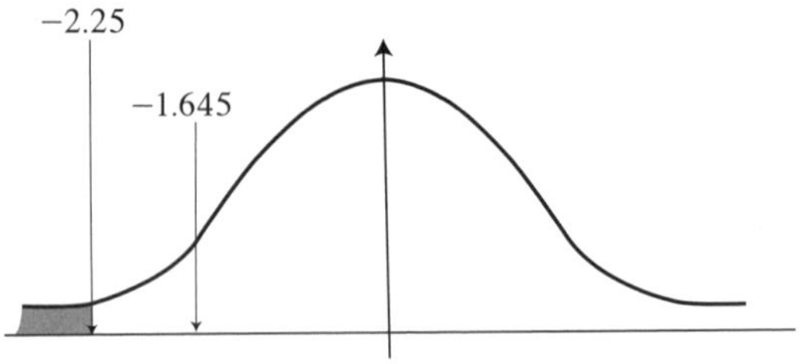

그림 8.2

이 유의수준 5%에 해당하는 x-축 상의 값 $-z_\alpha$보다 작은 경우, 즉 기각역을

$$C=\left\{\bar{x}\,|\,c=\frac{\bar{x}-87}{0.4}<-z_\alpha\right\}=\left\{\bar{x}\,|\,\frac{\bar{x}-87}{0.4}<-1.645\right\}$$

로 해서 표본의 평균이 이 기각역에 속하면 귀무가설을 기각하는 것이다. 즉 임계값은 $-z_\alpha=-1.645$이고 기각역은 $C=\left\{\bar{x}\,|\,\frac{\bar{x}-87}{0.4}<-1.645\right\}$인 검정법이다. 그리고 $\bar{x}=86.1\in C$이기 때문에, 다시 말해 $-2.25<-1.645$이기 때문에 귀무가설을 기각한 것이라고 고쳐서 생각할 수도 있다.

이 검정법의 검정력함수를 생각해보자. 귀무공간과 대립공간을 구분하지 않고 모평균이 μ인 상태에서 귀무가설을 기각할 확률, 즉 표본평균이 C에 속할 확률을 검정력함수라고 한다면,

$$\begin{aligned}\pi_C(\mu)&=P(\bar{X}\in C\,|\,\mu)=P\left(\frac{\bar{X}-87}{0.4}<-1.645\,|\,\mu\right)\\&=P\left(\frac{\bar{X}-\mu+\mu-87}{0.4}<-1.645\,|\,\mu\right)\\&=P\left(Z\le-1.645-\frac{\mu-87}{0.4}\right)\end{aligned}$$

이다.[6] 따라서 표준정규분포의 누적분포함수를 $\Phi(z)=P(Z\le z)$라고 하면,

$$\pi_C(\mu)=\Phi\left(-1.645-\frac{\mu-87}{0.4}\right)=\int_{-\infty}^{-1.645-\frac{\mu-87}{0.4}}\frac{1}{\sqrt{2\pi}}e^{-\frac{z^2}{2}}dz$$

---

6 왜냐하면 모평균이 μ일 때는 $Z=\frac{\bar{X}-\mu}{0.4}$가 표준정규분포를 한다.

이다. 누적분포함수 $\Phi(z)$가 단조증가함수라는 점을 고려할 때, 검정력함수 $\pi_C(\mu)=\Phi\left(-1.645-\frac{\mu-87}{0.4}\right)$는 μ가 증가하면 작아지고, 감소하면 커지는 함수임을 알 수 있다. 즉 $\pi_C(\mu)$는 단조감소함수이다. 누적분포함수의 성질에 따라 만약 μ가 $-\infty$로 접근하면 $\pi_C(\mu)$는 1로 수렴하고, ∞로 접근하면 $\pi_C(\mu)$는 0으로 수렴함을 알 수 있다. 따라서 귀무공간 $\{\mu|\mu\geq 87\}$에서 검정력함수의 최댓값은 $\pi_C(87)=\Phi(-1.645)=0.05$이다. 다시 말해 제1종 오류의 확률의 최댓값인 이 가설검정법의 크기는 유의수준과 같은 0.05이다.

이 검정법은 두 가설 $H_0;\mu\geq 87$와 $H_1;\mu<87$에 관한 유의수준 5%인 검정법 가운데 최강력검정법임을 수리통계적으로 증명할 수 있다. 가령 어떤 사람이 귀무가설을 기각할 수 없는 표본을 얻은 경우에는($\overline{X}\notin C$) 항상 귀무가설이 참이라는 주장(귀무가설 채택)을 하려고 한다면, 이 사람은 제2종 오류를 염려해야 할 상황이 된다. 그리고 이 경우 실제 모평균이 86임에도 불구하고 표본 자료를 근거로 그렇게 판정한다면, 이 사람이 제2종 오류를 범할 확률은 $1-\pi_C(86)=1-\Phi(2.5-1.645)=P(Z>0.855)$이고 이 값은 표준정규분포표에서 약 0.1963임을 알 수 있다. 즉 약 20%의 가능성이 있는 오류를 범할지도 모르는 판단을 하려는 것이다. 이 확률은 적지 않으므로 대개는 이런 판단을 회피하려 한다. 다시 말해 귀무가설을 기각하지 못했을 때, 귀무가설이 옳다고 주장하지 않고 판정을 유보하는 것이 현명하다. 즉 더 확실한 자료를 얻을 때까지 판정을 보류한다.

거의 모든 가설검정의 상황에서 가급적 이 방법을 사용하려고 하며, 이는 오류를 줄이기 위해 바람직하지만 특별한 경우에는 이 방법을 적용하기 어려울 수 있다. 모든 통계 조사에는 항상 시간과 돈이 들기 때문이다. 그렇다 해도 우리는 제2종 오류를 범하지 않도록 끝까지 노력할 필요가 있다. 앞서 가설검정에 대한 논리적 측면의 귀류법과의 비교에서 분명히 알 수 있듯이, $\sqrt{2}$가 유리수라고 가정하고 출발해 모순을 도출하지 못했다고(증명에 실패했다고) 해서, $\sqrt{2}$가 유리수라고 할 수 없으며 단지 무리수임을 증명하지 못했을 뿐임을 인정한다면, 귀무가설이 옳지 않음을 밝히지 못했다고 해서 귀무가설이 옳다고 판단할 수 없는 것과 같은 맥락의 논리임을 인정해야 한다.

한편 가설검정의 결과 해석상의 오류 중에 또 하나의 형태는 귀무가설을 기각하지 못했음에도 불구하고 엉뚱하고 이상한 표현을 하는 경우이다. 가령 앞의 예에서 표본평균 86.8이 얻어졌다고 하자. 그렇다면 검정법에 따라 검정통계량 $z = \frac{86.8 - 87}{0.4} = -0.5$이고 이 값은 임계값 -1.645보다 크다. 즉 $\bar{x} = 86.8 \notin C$이다. 따라서 이 경우 귀무가설을 기각하지 못한다. 다시 말해 판정을 보류해야 할 상황인 것이다.

그런데 어떤 사람이 귀무가설이 참이라고 주장하는 오류를 범하지는 않지만 판정을 보류한다고 하면서 동시에 "그러나 표본평균 86.8은 87보다 작으므로 모평균은 87보다 작다고 추측된다"와 같이 가설검정의 결과로부터 모평균의 크기에 대한 신중한 언급(판정 보류)과는 다른 표현을 하는 경우가 있다. 이 표현은 자신이 행한 가설검정 자체를 부인하는 것이다. 가설검정의 결과에 관계없이 표본평균이 설정된 값 87보다 작기만 하면 대립가설이 옳다는 주장을 하려는 것처럼 느껴질 수 있는 이 표현은 표본평균의 우연성(randomness)조차 고려하지 않은 것이므로 매우 당황스러운 잘못된 표현이 되는 것이다.

이런 잘못된 가설검정을 수리통계적으로 분석해본다면, 이 사람은 검정법 자체를 바꾼 것이다. 이 사람의 새 기각역은 $D = \{\bar{x} \mid \bar{x} < 87\}$이다. 이 경우 이 검정법의 검정력함수는

$$\pi_D(\mu) = P(\bar{X} < 87) = P\left(\frac{\bar{X} - \mu}{0.4} < \frac{87 - \mu}{0.4}\right) = P\left(Z < \frac{87 - \mu}{0.4}\right) = \Phi\left(\frac{87 - \mu}{0.4}\right)$$

이다. 그리고 이 함수는 역시 μ에 관해 단조감소함수이다. 이 검정법의 크기, 즉 귀무공간($\{\mu \mid \mu \geq 87\}$)에서 이 함수의 최댓값은 $\pi_C(87) = \Phi(0) = 0.5$이다. 다시 말해 제1종 오류를 범할 확률의 최댓값이 50%에 이르는 검정법이고, 따라서 유의수준 5%의 검정법이 아니다. 그러므로 가설검정의 결과에 대해 해석할 때, 표본평균의 값에 의해 이와 같이 다시 번복하는 표현을 병기해서는 안 된다.

한편 앞서 소개한 유의수준 5%의 검정법은 두 가설 $H_0; \mu \geq \mu_0$와 $H_1; \mu < \mu_0$에 관한, 유의수준 α인 최강력검정법으로 일반화할 수 있다. 표본의 크기가 n이고, 모분산 σ^2의 값을 아는 경우 기각역은 $C = \left\{\bar{x} \mid \frac{\bar{x} - \mu_0}{\sigma / \sqrt{n}} < -z_\alpha\right\}$이다. 즉 표본평균

을 구한 후에 검정통계량 $z = \dfrac{\bar{x} - \mu_0}{\sigma/\sqrt{n}}$을 구해, 그 값이 표준정규분포표에서 얻은 $-z_\alpha$보다 작은지만 확인하면 된다.

일반적으로 모분산 σ^2의 값을 아는 경우, 모평균 μ에 관한 유의수준 α인 가설검정법은 다음의 3가지 경우로 정리된다.

case 1: $H_0; \mu \geq \mu_0$와 $H_1; \mu < \mu_0$의 경우 기각역은 $C = \left\{\bar{x} \mid \dfrac{\bar{x} - \mu_0}{\sigma/\sqrt{n}} < -z_\alpha\right\}$

case 2: $H_0; \mu \leq \mu_0$와 $H_1; \mu > \mu_0$의 경우 기각역은 $C = \left\{\bar{x} \mid \dfrac{\bar{x} - \mu_0}{\sigma/\sqrt{n}} > z_\alpha\right\}$

case 3: $H_0; \mu = \mu_0$와 $H_1; \mu \neq \mu_0$의 경우 기각역은 $C = \left\{\bar{x} \mid \left|\dfrac{\bar{x} - \mu_0}{\sigma/\sqrt{n}}\right| > z_{\frac{\alpha}{2}}\right\}$

처음 두 경우는 모두 최강력검정법이지만, 마지막 case 3의 검정법은 최강력검정법이 아니고 '가능도 비 검정법(likelihood ratio test)'이다. 이 case 3의 경우는 일반적으로 최강력검정법이 존재하지 않기 때문인데, 가능도 비 검정법은 대립공간에서 부분적인 최강력검정법(대립공간의 전체가 아닌 일부만을 대립공간의 전부인 것처럼 생각해서 만든 최강력검정법)에 비해 검정력이 다소 낮지만 전체적으로는 대체로 매우 높은 검정력을 갖는 경우가 많다. 통계적인 가설검정법의 대부분이 가능도 비 검정법인데, 철학적으로는 이 방법 역시 가능성 원리(likelihood principle)를 근간으로 한다. 최강력검정법이나 가능도 비 검정법 등에 대한 세부적인 내용은 수리통계학 관련 책을 참고하기 바란다.

8.3 여러 가지 가설검정

서로 반대되는 두 개의 통계적 가설 중에서 어느 것이 옳은지를 판단해주는 가설검정법을 얻는 데에는 다양한 방법이 있을 수 있다. 동전을 던져서 앞면이 나오면 귀무가설이, 뒷면이 나오면 대립가설이 옳다고 할 수도 있고, 점쟁이에게 물어

보는 방법이나 관련 전문가에게 물어보는 방법을 쓸 수도 있다. 그러나 대부분의 사람이 납득할 만한 방법을 찾기란 쉽지 않다. 최강력검정법에 속하는 검정법은 거의 모든 사람이 동의할 만한 좋은 검정법이지만, 가능도 비 검정법에 의해 얻어진 검정법만 해도 그렇게 절대적 지지를 받기는 쉽지 않다. 그 외에도 '순차적 확률비 검정법(sequential probability ratio test)'이나 '최소최대 검정법(minimax test)' 등 여러 가지가 있다.

특히 비모수통계학(Nonparametric Statistics)에서 소개되는 순서통계량, 등위 등에 근거한 '내성검정법(robust test)' 등은 앞서의 방법들과는 철학적 맥락에서 다른 특징이 있다. 앞서 소개한 여러 종류의 검정법들은 항상 적은 비용과 시간으로 더 정확한 판단을 얻는 일에 관심의 초점이 있다. 즉 효율성(efficiency)이 중심 관심사이다. 그러나 내성검정법은 효율성을 무시하는 것은 아니지만, 검정법에 사용되는 수학적 가정들에 대해서도 내성 있는(robust) 검정법이기를 추구한다.[7] 여기서 내성이 있다는 것은 견디는 힘이 있다는 의미인데, 사용한 수학적 가정이 실제 상황과 다소 차이(이론과 현실의 불일치)가 있을지라도 가설검정의 결과가 터무니없이 오류가 많게 되거나 신뢰하기 어려운 방법으로 전락하지 않고 처음 성질을 잘 유지하는 힘이 있다는 것, 즉 내구성과 안정적 신뢰성이 있다는 뜻이다. 가령 모집단이 정규분포를 한다거나, 자료의 측정값이 소수 첫째 자리까지밖에 믿을 수 없다거나, 입력 오류가 있는 자료가 포함되어 정확도가 부족하다거나, 두 모집단의 분산이 같을 줄 알았는데 약간 차이가 있다거나 하는 경우처럼 어떤 가설검정법을 얻기 위해 수학적으로 참일 것이라고 믿은 것들이, 실제에 있어서는 다소 차이가 있는 경우에도 내구성과 안정적 신뢰성이 있다는 뜻이다.

내성검정법은 대개 효율성 측면에서는 효율성만을 강조한 검정법에 비해, 효율적 검정법의 수학적 가정 자체가 실제로도 정확할 때에는, 검정력이 다소 낮은 경우가 많다. 예를 들어 어느 모집단의 평균 μ에 대해 $H_0; \mu \leq 50$인지 $H_1; \mu > 50$인

7 내성검정법이 모두 비모수적 방법의 검정법만을 의미하는 것은 아니다. 앞서 소개한 효율성이 강조된 검정법이 공교롭게도 내성검정법이라고 볼 수 있는 경우도 적지 않다. 이런 경우는 효율성도 있으면서 어느 정도는 내성이 있는 검정법이기도 한 것이다.

지 가설검정하기를 원한다고 하자. 한 가지 방법은 과거의 경험에 근거해 이 모집단은 정규분포를 하고 분산은 9라고 가정해서 가설검정하는 방법이다. 크기가 36인 표본을 이용해 유의수준 5%에서 표본평균을 이용한 이 가설들에 대한 최강력 검정법의 기각역은

$$C=\left\{\bar{x}\mid\frac{\bar{x}-50}{\sqrt{9/36}}>1.645\right\}=\left\{\bar{x}\mid\frac{\bar{x}-50}{0.5}>1.645\right\}$$

이다. 앞서 언급한 대로 이 방법은 최강력검정법이고 따라서 어떤 유의수준 5%인 다른 검정법을 가져와도 수학적 가정이 옳은 한 이 검정법보다 검정력이 더 높을 수는 없다.

이 방법은 사실 모집단의 분포가 정규분포와 심하게 다르지 않고 또 분산이 9 근방의 값이면 가설검정의 결과가 크게 달라지지는 않는 내성 있는 방법이라고 할 수는 있다. 그런데 만약 정규분포와 심하게 다르고, 특히 분산이 9 근방의 값일지는 전혀 알 수 없다고 염려한다면, 내성검정법에 포함될 수 있는 검정법이라고 해도 이 방법을 그대로 사용할 수 있을지 불안해진다.

그런데 모집단에 대해 아무것도 모르고, 다만 모집단의 평균과 중앙값은 같을 만한 이유가 있다(가령, 확률밀도함수가 좌우 대칭의 모양인 경우)고 가정하자. 즉 모집단의 중앙값이 μ라고 가정하자. 이 말은 $P(X_i>\mu)=0.5\,(i=1, 2, 3, \cdots, 36)$라는 뜻이다. 그러면 앞서의 두 통계적 가설은 중앙값에 대한 가설이라고 할 수도 있으며, 따라서 귀무가설이 참일 경우 36개의 표본 변량 중에서 모평균 50보다 큰 값은, 대략 절반인 약 18개 근방을 기대하게 될 것이다. $(X_i>\mu)$인 X_i들의 개수, 즉 X가 18개보다 지나치게 많다면 우리는 모평균(=중앙값)이 50보다 더 클 수 있다는 추측을 하게 될 것이다. 36개의 표본 변량 중에서 27개가 50 이상이었다면 이 경우 극단표본은 $\{x\mid x\geq 27\}$이다. 그리고 희귀도는

$$P(X\geq 27)=\left(\frac{1}{2}\right)^{36}\sum_{i=27}^{36}{}_{36}\mathrm{C}_i\approx P\left(Z\leq\frac{26.5-18}{\sqrt{36\times0.5\times0.5}}\right)=P\left(Z\geq\frac{8.5}{3}\right)$$

$$=\text{약 }0.0025<0.05$$

이다. 다시 말해 모평균은 50보다 클 것이라고 유의수준 5%에서 판단할 수 있는 것이다.

이 방법은 부호검정법(sign test)이라는 것으로 널리 알려진 비모수통계적 방법이다. 부호검정법은 모집단의 분포가 정규분포가 아니어도 무방하고 분산의 값을 몰라도 상관없다. 더욱이 측정값이 매우 정밀할 필요도 없어서 단지 50보다 큰지 작은지 정도만 정확히 구분할 수 있으면 된다. 이 가설검정 절차를 가설검정법으로 고쳐 적으면 유의수준 5%에서 기각역은 $D=\{x|x\geq 24\}$이다. 모집단의 누적분포함수가 $F(x;\mu)$일 때 이 방법의 검정력함수는

$$\begin{aligned}\pi_D(\mu) &= \sum_{i=24}^{36} {}_{36}\mathrm{C}_i[F(50;\mu)]^{36-i}[1-F(50;\mu)]^i \\ &\approx P\left(Z \geq \frac{23.5-36\times[1-F(50;\mu)]}{\sqrt{36\times F(50;\mu)\times[1-F(50;\mu)]}}\right)\end{aligned}$$

이다. 이 값은 $F(x;\mu)=\Phi\left(\frac{x-\mu}{3}\right)$(단, $\Phi(z)=\int_{-\infty}^{z}\frac{1}{\sqrt{2\pi}}e^{-\frac{t^2}{2}}dt$)인 경우, 즉 $F(x;\mu)$가 평균이 μ이고 분산이 9인 정규분포를 하는 확률변수의 누적분포함수인 경우에는, $\mu>50$인 모든 μ에 대해서 앞서의 검정법의 검정력함수 $\pi_C(\mu)$보다 작다. 왜냐하면 C는 그 경우에 최강력검정법이기 때문이다. 그러나 그렇지 않은 경우에는 $\mu>50$일 때 항상 $\pi_D(\mu)<\pi_C(\mu)$라고 할 수는 없다.

이 경우, 즉 모집단의 분포가 분산이 9인 정규분포가 아닌 경우에, 그럼에도 불구하고 기각역 C를 사용해서 가설검정을 한다면 발생하는 첫 번째 문제는 유의수준 자체가 5%가 아닐 수 있다는 것이다. 내성이 있는 검정법에서 가장 먼저 확인하려는 것은 유의수준이 지켜지느냐의 문제이다. 그리고 이 값이 심하게 어긋나는 경우, 즉 유의수준이 5%라고 행한 검정법의 실제 크기(제1종 오류의 확률)가 15−20%를 넘게 되는 경우, 대개는 이 검정법이 주어진 가정에 대해 내성 있음(robustness)을 상실했다고 한다.

기각역 C의 검정법은 내성 있음을 쉽게 상실하는 검정법은 아니라고 이미 언급한 바 있다. 그러나 앞서 소개한 적 있는 상관관계 유무에 관한 t-검정법은 일반적

으로 모집단의 이차원 정규분포 가정에 대해 내성 있는 검정법이라고 할 수는 없다. 특히 이차원 정규분포가 아니어서 조건부 기댓값의 식인 회귀방정식이 직선이 아닌 경우 결과가 심하게 달라질 수 있다.

8.3.1 모집단의 비율에 관한 이항검정법

이원적 현상 중에서 한 가지 현상의 발생에 확률변수 1을 부여하고 다른 것에 0을 부여할 경우 베르누이 분포를 얻는데, 베르누이 확률변수 X에 대해서 $P(X_i = 1) = p$로 하고 p의 값에 대한 가설을 검정하려고 할 때를 생각해보자. 가령 국회의원 선거에서 어느 후보를 지지하는(지지자 $\Rightarrow X_i = 1$) 유권자 전체의 비율 p를 알고자 할 때 p에 대한 가설을 검정하거나, 어떤 공장에서 생산하는 어느 제품(불량품 $\Rightarrow X = 1$)의 불량률 p에 대해 가설검정하고자 할 때를 생각한다.

n개의 표본을 조사하는 것, 즉 n명의 유권자에게 묻거나 n개의 제품을 조사하는 것에서 베르누이 확률변수 n개 $X_1, X_2, X_3, \cdots, X_n$에 대해 $X = \Sigma X_i$를 이용한 검정법이 대립가설의 종류에 따라 최강력검정법 또는 가능도 비 검정법이 된다.

검정법을 소개하기 전에 가설검정의 원리에 따른 절차를 먼저 소개하고자 한다. 이 경우에 가설검정법은 검정력함수를 알 수 있는 장점은 있지만, 실제 가설검정을 수행하기에는 공연히 더 복잡할 뿐이기 때문이다.

1. $H_0; p \le p_0,\ H_1; p > p_0$에 대한 유의수준 α인 가설검정 절차

표본 $X_i(i = 1, 2, \cdots, n)$의 관측값을 $x_i(i = 1, 2, \cdots, n)$라고 하고 $X = \Sigma X_i$의 실제 관측값을 x라고 할 때, 극단표본은 $E = \{(x_1, x_2, \cdots, x_n) | \Sigma x_i \ge x\}$이다. 희귀도의 최댓값은 $p = p_0$일 때 $P[(X_1, X_2, \cdots, X_n) \in E] = P(X \ge x)$이고, 이 값이 α보다 작으면 귀무가설을 기각한다. 표본의 크기 n이 매우 크면 $(n > 9 \times \max(\frac{1-p_0}{p_0}, \frac{p_0}{1-p_0}))$, 희귀도 $P(X \ge x)$을 구하기 어렵다면 정규근삿값을 사용하면 된다. 이 경우 연속성의 보정이 필요하다.

2. $H_0; p \geq p_0,\ H_1; p < p_0$에 대한 유의수준 α인 가설검정 절차

표본 $X_i(i=1, 2, \cdots, n)$의 관측값을 $x_i(i=1, 2, \cdots, n)$라고 하고 $X=\Sigma X_i$의 실제 관측값을 x라고 할 때, 극단표본은 $E=\{(x_1, x_2, \cdots, x_n) | \Sigma x_i \leq x\}$이다. 희귀도의 최댓값은 $p=p_0$일 때 $P[(X_1, X_2, \cdots, X_n) \in E] = P(X \leq x)$이고, 이 값이 α보다 작으면 귀무가설을 기각한다. 표본의 크기 n이 매우 크면 $(n > 9 \times \max(\frac{1-p_0}{p_0}, \frac{p_0}{1-p_0}))$, 희귀도 $P(X \leq x)$을 구하기 어렵다면 정규근삿값을 사용하면 된다. 이 경우 연속성의 보정이 필요하다.

3. $H_0; p = p_0,\ H_1; p \neq p_0$에 대한 유의수준 α인 가설검정 절차

$X=\Sigma X_i$의 관측값 x가 np_0보다 크면 모수가 n, p_0인 이항분포표에서 희귀도의 최댓값, $2 \times P(X \geq x)$를 구한다. 이 값이 α보다 작으면 귀무가설을 기각한다. 만약 관측값 x가 np_0보다 작으면 모수가 n, p_0인 이항분포표에서 희귀도의 최댓값, $2 \times P(X \leq x)$를 구한다. 이 값이 α보다 작으면 귀무가설을 기각한다. $x=np_0$이면 귀무가설을 채택한다. 표본의 크기 n이 너무 커서 희귀도를 구하기 어렵다면 정규근삿값을 사용하면 된다. 이 경우 연속성의 보정이 필요하다.

이상의 세 가설검정의 절차와 본질적으로 같은 가설검정법은 다음과 같다. 위 가설검정의 절차와 본질적으로 같으므로 같은 자료, 상황에 근거한 가설검정의 결과도 항상 같다. 다만 표본의 크기 n이 큰 경우 이미 소개한 절차는 연속성의 보정을 하는 것으로 했는데 아래 검정법에서는 하지 않는 것으로 처리했기 때문에 그 경우에만 차이가 있을 수 있다. 아래에서 연속성의 보정을 하지 않고 처리한 것은 검정력함수를 이론적으로 관찰해야 하기 때문에, 이 경우는 사실상 n의 값이 무한에 가까운 큰 값이라고 생각한 것이다.

1A. $H_0; p \leq p_0,\ H_1; p > p_0$에 대한 유의수준 α인 가설검정법

① n이 크지 않은 경우: 검정통계량 $X=\Sigma X_i$, 기각역 $C_1=\{x | x \geq x_0\}$이다. 단, x_0는 모수가 n, p_0인 이항분포에서 $P(X \geq x_0) \leq \alpha$이고 동시에

$P(X \geq x_0 - 1) > \alpha$를 만족한다. 이 방법은 최강력검정법이다. 검정력함수는 $\pi_{C_1}(p) = \sum_{i=x_0}^{n} {}_nC_i p^i (1-p)^{n-i}$(단, $0 < p < 1$)이다.

② n이 큰 경우: 검정통계량 $z = \dfrac{x - np_0}{\sqrt{np_0(1-p_0)}}$(단, x는 $X = \Sigma X_i$의 관측값), 기각역 $C_2 = \{z | z > z_\alpha\}$(단, $P(Z > z_\alpha) = \alpha$, Z는 표준정규분포를 하는 확률변수)이다. 이 방법은 근사적으로 최강력검정법이다. 그러나 근삿값이 정확하지 않은 경우, 즉 p의 참값이 1에 가까운 값일 때 검정력은 최강력검정법의 그것과는 차이가 클 수 있다. 그리고 검정력함수는

$$\pi_{C_2}(p) = 1 - \Phi\left(\sqrt{\frac{p_0(1-p_0)}{p(1-p)}}\, z_\alpha - \frac{n(p-p_0)}{\sqrt{np(1-p)}}\right),$$

$$(\text{단, } \Phi(z) = P(Z \leq z) = \int_{-\infty}^{z} \frac{1}{\sqrt{2\pi}} e^{-\frac{t^2}{2}} dt)$$

이다. 따라서 이 검정법의 크기는 $\pi_{C_2}(p_0) = 1 - \Phi(z_\alpha) = \alpha$이다.

2A. $H_0; p \geq p_0$, $H_1; p < p_0$에 대한 유의수준 α인 가설검정법

① n이 크지 않은 경우: 검정통계량 $X = \Sigma X_i$, 기각역 $C_1 = \{x | x \leq x_0\}$이다. 단, x_0는 모수가 n, p_0인 이항분포에서 $P(X \leq x_0) \leq \alpha$이고 동시에 $P(X \leq x_0 + 1) > \alpha$를 만족한다. 이 방법은 최강력검정법이다. 검정력함수는 $\pi_{C_1}(p) = \sum_{i=0}^{x_0} {}_nC_i p^i (1-p)^{n-i}$(단, $0 < p < 1$)이다.

② n이 큰 경우: 검정통계량 $z = \dfrac{x - np_0}{\sqrt{np_0(1-p_0)}}$(단, x는 $X = \Sigma X_i$의 관측값), 기각역 $C_2 = \{z | z \leq -z_\alpha\}$(단, $P(Z > z_\alpha) = \alpha$, Z는 표준정규분포를 하는 확률변수)이다. 이 방법은 근사적으로 최강력검정법이다. 그러나 근삿값이 정확하지 않은 경우, 즉 p의 참값이 0에 가까운 값일 때 검정력은 최강력검정법의 그것과는 차이가 클 수 있다. 그리고 검정력함수는

$$\pi_{C_2}(p) = 1 - \Phi\left(-\sqrt{\frac{p_0(1-p_0)}{p(1-p)}}\, z_\alpha - \frac{n(p-p_0)}{\sqrt{np(1-p)}}\right),$$

$$(\text{단, } \Phi(z) = P(Z \leq z) = \int_{-\infty}^{z} \frac{1}{\sqrt{2\pi}} e^{-\frac{t^2}{2}} dt)$$

이다. 따라서 이 검정법의 크기는 $\pi_{C_2}(p_0) = \Phi(-z_\alpha) = \alpha$이다.

3A. $H_0; p = p_0$, $H_1; p \neq p_0$에 대한 유의수준 α인 가설검정법

① n이 크지 않은 경우: 최강력검정법은 없고, 정확한 가능도 비 검정법에서 검정통계량은 $X = \Sigma X_i$인데, 기각역은 $C_1 = \{x \mid {}_nC_x p_0^x(1-p_0)^{n-x} \le k\} = \{x \mid x \le x_{1;k}, x \ge x_{2;k}\}$이다. 단, 모수가 n, p_0인 이항분포에서 $P(X \le x_{1;k}) + P(X \ge x_{2;k}) \le \alpha$이고 동시에 $P(X \ge x_{1;k}+1) + P(X \ge x_{2;k}) > \alpha$와 $P(X \le x_{1;k}) + P(X \ge x_{2;k}-1) > \alpha$를 만족해야 한다. 그러나 이 조건들을 모두 만족하는 $x_{1;k}, x_{2;k}$를 계산적으로 구하는 것은 불가능한데 컴퓨터를 이용하면 구할 수는 있겠으나 최강력검정법도 아닌 것을 위해 그렇게 할 만한 가치가 있는지 의문이 생긴다. 따라서 기각역 C_1의 부등식을 포기하고 $P(X \le x_{1;k}) \le \frac{\alpha}{2}$와 $P(X \ge x_{2;k}) \le \frac{\alpha}{2}$(단, $P(X \le x_{1;k}+1) > \frac{\alpha}{2}$, $P(X \ge x_{2;k}-1) > \frac{\alpha}{2}$)를 만족하는 $x_{1;k}, x_{2;k}$를 구하는 것이 일반적이다. 이 경우에는 $x_{1;k}$와 $x_{2;k}$를 모수가 n, p_0인 이항분포표에서 찾아 쉽게 구할 수 있기 때문이다. 따라서 이 방법은 실용적으로 변형된 가능도 비 검정법이다. 어느 방법을 적용했든지 검정력함수는 $\pi_{C_1}(p) = 1 - \sum_{i=x_{1;k}+1}^{x_{2;k}-1} {}_nC_i p^i(1-p)^{n-i}$(단, $0 < p < 1$)이다.

② n이 큰 경우: 검정통계량은 $z = \dfrac{x - np_0}{\sqrt{np_0(1-p_0)}}$(단, x는 $X = \Sigma X_i$의 관측값), 기각역은 $C_2 = \{z \mid |z| > z_{\frac{\alpha}{2}}\}$(단, $P(Z > z_\alpha) = \alpha$, Z는 표준정규분포를 하는 확률변수)이다. 이 방법은 근사적으로 가능도 비 검정법이다. 그러나 근삿값이 정확하지 않은 경우, 즉 p의 참값이 0이나 1에 가까운 값일 때 검정력은 가능도 비 검정법의 그것과 차이가 클 수 있다. 그리고 검정력함수는

$$\pi_{C_2}(p) = 1 - \Phi\left(\sqrt{\frac{p_0(1-p_0)}{p(1-p)}}\, z_{\frac{\alpha}{2}} - \frac{n(p-p_0)}{\sqrt{np(1-p)}}\right) + \Phi\left(-\sqrt{\frac{p_0(1-p_0)}{p(1-p)}}\, z_{\frac{\alpha}{2}} - \frac{n(p-p_0)}{\sqrt{np(1-p)}}\right),$$

$$(\text{단, } \Phi(z) = P(Z \le z) = \int_{-\infty}^{z} \frac{1}{\sqrt{2\pi}} e^{-\frac{t^2}{2}} dt)$$

이다. 따라서 이 검정법의 크기는 $\pi_{C_2}(p_0) = 1 - \Phi(z_{\frac{\alpha}{2}}) + \Phi(-z_{\frac{\alpha}{2}}) = \alpha$이다.

8.3.2 모평균에 관한 t-검정법

모평균에 관한 가설검정에서 모분산을 아는 경우에는 이미 검정력함수까지 상세하게 설명한 바 있다. 모집단의 분산값을 알지 못하는 경우에는 t-분포표를 이용한 t-검정을 한다. 이 방법들은 어느 정도 내성 있는 검정법으로 알려져 있는데, 모두 가능도 비 검정법이다. 이 검정법들의 검정력함수는 비중심적 t-분포라는 무한급수의 형식으로 표현하는 함수를 사용해 표현해야 한다. 따라서 여기서는 각 검정법의 검정력함수는 적지 않기로 한다. 그 대신 이 경우에 가설검정의 절차를 통해 모평균 μ에 관한 t-검정법을 얻게 된 원리를 설명하고, 이 절차와 본질적으로 동일한 t-검정법을 소개하고자 한다.

모집단의 분포가 평균이 μ인 정규분포인 경우 이 모집단에서 얻은 임의표본 $(X_1, X_2, \cdots, X_n)$의 표본평균 $\overline{X} = \dfrac{\Sigma X_i}{n}$와 표본분산 $S^2 = \dfrac{\sum_{i=1}^{n}(X_i - \overline{X})^2}{n-1}$에 대해, $T_{n-1} = \dfrac{\overline{X} - \mu}{S / \sqrt{n}}$의 표집분포는 자유도 $n-1$인 t-분포라는 것을 이미 증명한 바 있다. 그리고 수리통계학의 결과에 따르면 아래의 세 가설검정의 경우에 모집단이 정규분포를 한다면, 가능도 비 검정법은 T_{n-1}에 의존한다는 것, 즉 검정통계량이 T_{n-1}임이 밝혀졌다. 따라서 아래의 각 가설검정의 절차에서 극단표본은 검정통계량의 값과 관련된 것으로 적을 수 있음이 수리통계학적으로 보장되었다고 할 수 있다.

1. $H_0; \mu \le \mu_0$ vs $H_1; \mu > \mu_0$에 관한 유의수준 α인 가설검정 절차

크기 n인 표본 $X_1, X_2, \cdots, X_n$에서 직관적 검정통계량은 표본평균 $\overline{X}$이다. 그리고 극단표본은 표본평균 $\overline{X}$의 관측값이 $\overline{x}$일 때 $E = \left\{(x_1, x_2, \cdots, x_n) \middle| \dfrac{\Sigma x_i}{n} \ge \overline{x}\right\}$이다. 희귀도의 최댓값은 $\mu = \mu_0$일 때 $P[(X_1, X_2, \cdots, X_n) \in E] = P(\overline{X} \ge \overline{x})$이고, 이 값이 α보다 작으면 귀무가설을 기각한다.

그런데 희귀도를 계산하는 방법이 문제이다. $P(\overline{X} \geq \overline{x})$에서 확률 기호 안의 부등식을 변형해 $P\left(\frac{\overline{X}-\mu_0}{\sigma/\sqrt{n}} \geq \frac{\overline{x}-\mu_0}{\sigma/\sqrt{n}}\right)$를 생각하면, 부등호의 좌편 확률변수는 앞에서 증명한 표본평균의 표집분포가 정규분포라는 것에 근거해 표준정규분포임을 알 수 있으므로 $P\left(Z \geq \frac{\overline{x}-\mu_0}{\sigma/\sqrt{n}}\right)$와 같이 적을 수 있지만, 부등호의 우측에서 숫자인 $\overline{x}, \mu_0, n$ 등을 대입해 숫자로 정해져야만 표준정규분포표를 찾아 이 확률을 구할 수 있는데 σ의 값을 모르기 때문에 숫자로 정할 수가 없다. 결국 이 방법으로는 확률을 구할 수가 없다.

한편 수리통계학에서 이 경우에 가능도 비 검정법의 검정통계량이 $T_{n-1} = \frac{\overline{X}-\mu}{S/\sqrt{n}}$임을 고려할 때, $P(\overline{X} \geq \overline{x})$에서 확률 기호 안의 부등식을 변형해 $P\left(\frac{\overline{X}-\mu_0}{S/\sqrt{n}} \geq \frac{\overline{x}-\mu_0}{s/\sqrt{n}}\right)$를 생각할 수 있다. 따라서

$$P\left(\frac{\overline{X}-\mu_0}{S/\sqrt{n}} \geq \frac{\overline{x}-\mu_0}{s/\sqrt{n}}\right) = P\left(T_{n-1} \geq \frac{\overline{x}-\mu_0}{s/\sqrt{n}}\right)$$

이고, 이 값을 구하기 위해 자유도 $n-1$인 t-분포표를 이용할 수 있다. 왜냐하면 이 경우에는 부등호 오른편의 $\frac{\overline{x}-\mu_0}{s/\sqrt{n}}$이 숫자로 정해질 것이므로 이 값을 t-분포표에서 찾아 읽으면 된다. 가령 $\overline{x} = 72.5$, $\mu_0 = 68$, $s = 10$, $n = 16$일 때 $\frac{\overline{x}-\mu_0}{s/\sqrt{n}} = 2$이다. 이 값 2를 부록 3의 자유도 15인 t-분포표에서 찾아 확률 $P(T_{15} \geq 2)$를 구하면 된다. 그런데 이 과정에서 작은 문제가 발생한다. 그 문제란 t-분포표에 자유도 15인 부분에서 2라는 값을 찾을 수 없다는 것이다.

자유도 15인 t-분포표는 〈표 8.3〉에서 알 수 있듯이 $P(T_{15} \geq 2)$에서 $t = 2$인 값을 자유도 $\nu = 15$인 줄에서 찾으면 없고, 다만 $1.75305 < 2 < 2.13145$임을 알 수 있을 뿐이다. 결국 $P(T_{15} \geq 1.75305) = 0.05$, $P(T_{15} \geq 2.13145) = 0.025$이므로, $0.025 < P(T_{15} \geq 2) < 0.05$임을 알 수 있을 뿐이다.

그리고 유의수준 5%의 가설검정이라면, $P(T_{15} \geq 2) < 0.05$이므로 귀무가설을 기각할 수 있을 것이다. 이렇게 가설검정의 절차는 잘 마무리될 수는 있지만 과정상 다소 복잡

표 8.3

자유도(ν)	α						
	0.25	0.125	0.1	0.05	0.025	0.01	0.005
1	1.00000	2.41421	3.07768	6.31375	12.70620	31.82052	63.65674
(중략)	(중략)	(중략)	(중략)	(중략)	(중략)	(중략)	(중략)
14	0.69242	1.20014	1.34503	1.76131	2.14479	2.62449	2.97684
15	0.69120	1.19669	1.34061	1.75305	2.13145	2.60248	2.94671
(하략)	(하략)	(하략)	(하략)	(하략)	(하략)	(하략)	(하략)

해 보이는 느낌이 든다. 사실 $P(T_{15} > 1.75305) = 0.95$이므로 $2 > 1.75305$이라는 것만 확인되면, $P(T_{15} \geq 2) < 0.05$임을 곧 알 수 있다. 즉 $0.025 < P(T_{15} \geq 2) < 0.05$임을 알 필요는 없었던 것이다. 그래서 1.753이 임계값이 되고 기각역은 $C = \left\{(x_1, x_2, \cdots, x_n) \middle| \frac{\overline{x} - \mu_0}{s/\sqrt{n}} > 1.753\right\}$이 된다. 앞의 가설검정의 절차를 가설검정법으로 고쳐 적으면 아래 〈1A〉와 같다.

1A. $H_0; \mu \leq \mu_0$ vs $H_1; \mu > \mu_0$에 관한 유의수준 α인 가설검정법

검정통계량: $\frac{\overline{x} - \mu_0}{s/\sqrt{n}}$

기각역: $C = \left\{(x_1, x_2, \cdots, x_n) \middle| \frac{\overline{x} - \mu_0}{s/\sqrt{n}} > t_{\alpha, n-1}\right\}$

위에서 생각해본 바와 같은 과정으로 아래의 가설들에 대한 가설검정 절차를 생각해보면 다음과 같은 가설검정법을 얻을 수 있다.

2. $H_0; \mu \geq \mu_0$ vs $H_1; \mu < \mu_0$에 관한 유의수준 α인 가설검정 절차

표본평균이 $\overline{x}$일 때,

극단표본: $E = \left\{(x_1, x_2, \cdots, x_n) \middle| \frac{\Sigma x_i}{n} < \overline{x}\right\}$

희귀도: 모평균이 μ_0일 때 $P\left(T_{n-1} < \frac{\overline{x} - \mu_0}{s/\sqrt{n}}\right)$

2A. $H_0; \mu \geq \mu_0$ vs $H_1; \mu < \mu_0$에 관한 유의수준 α인 가설검정법

검정통계량: $\dfrac{\overline{x}-\mu_0}{s/\sqrt{n}}$

기각역: $C = \left\{(x_1, x_2, \cdots, x_n) \middle| \dfrac{\overline{x}-\mu_0}{s/\sqrt{n}} < -t_{\alpha, n-1}\right\}$

3. $H_0; \mu = \mu_0$ vs $H_1; \mu \neq \mu_0$에 관한 유의수준 α인 가설검정 절차

표본평균이 $\overline{x}$일 때,

극단표본: $E = \left\{(x_1, x_2, \cdots, x_n) \middle| \left|\dfrac{\Sigma x_i}{n}\right| > |\overline{x}|\right\}$

희귀도: 모평균이 μ_0일 때 $2 \times P\left(T_{n-1} > \left|\dfrac{\overline{x}-\mu_0}{s/\sqrt{n}}\right|\right)$

3A. $H_0; \mu = \mu_0$ vs $H_1; \mu \neq \mu_0$에 관한 유의수준 α인 가설검정법

검정통계량: $\dfrac{\overline{x}-\mu_0}{s/\sqrt{n}}$

기각역: $C = \left\{(x_1, x_2, \cdots, x_n) \middle| \left|\dfrac{\overline{x}-\mu_0}{s/\sqrt{n}}\right| > t_{\frac{\alpha}{2}, n-1}\right\}$

8.3.3 독립성의 검정법

앞서 4.3.3에서 우리는 2×2 형식의 분할표(상관표)에서 사건의 독립성은 조건부 분포의 불변성과 같다는 것을 생각한 바 있다. 여기서는 이 표를 $r \times c$ 형식의 분할표로 확장해 생각해보기로 한다.

A라는 변인(예: 머리카락 색깔)과 관련된 사건이 r 종류의 속성 $A_1, A_2, \cdots, A_r$(예: 노란색, 갈색)이 있고, B라는 변인(예: 눈동자 색깔)과 관련된 사건이 c 종류의 속성 $B_1, B_2, \cdots, B_c$(예: 파란색, 갈색)가 있다고 하자. 통계집단의 각 개체에 대해 변인 A와 B의 속성을 측정해 (노란색, 파란색), (갈색, 갈색), …과 같이 순서쌍 형식으로 모집단을 적을 때 각각의 비율을 $p_{ij}(i = 1, 2, \cdots, r,\ j = 1, 2, \cdots, c)$라고 하면 p_{ij}는 전체 중에 속성이 (A_i, B_j)인 개체의 비율을 나타낸다(〈표 8.4〉 참

고). 이때 각각의 $i=1, 2, \cdots, r$에 대한 $(p_{i1}, p_{i2}, \cdots, p_{ic})$의 비율벡터가 i의 값이 변해도 그 상대적인 비에 변함이 없으면, 속성 A와 속성 B는 서로 독립적이라고 한다.

예를 들어 머리카락 색깔이 노란색일 때도 눈동자 색깔이 파란색과 갈색인 사람의 비율이 $(p_{11}, p_{12})=(0.1, 0.15)$이고 머리카락 색깔이 갈색일 때도 눈동자 색깔이 파란색과 갈색인 사람의 비율이 $(p_{21}, p_{22})=(0.3, 0.45)$라면 $p_{11} : p_{12} = p_{21} : p_{22} =$ 2:3으로 같다. 이 경우에 머리카락 색깔과 눈동자 색깔은 서로 독립적이라고 한다. 그렇지 않으면 문제의 두 변인은 "서로 종속적이다"(통계학 등에서 주로 쓰는 표현) 또는 "상관이 있다"(교육학 등에서 주로 쓰는 표현)라고 한다. 한 예를 더 든다면 변인 A의 속성 A_1, A_2, A_3와 변인 B의 속성 B_1, B_2, B_3, B_4에 대해 $(p_{11}, p_{12}, p_{13}, p_{14})=(p_{31}, p_{32}, p_{33}, p_{34})=(0.02, 0.15, 0.05, 0.03)$, $(p_{21}, p_{22}, p_{23}, p_{24})=(0.04, 0.3, 0.1, 0.06)$이라면 $p_{11}; p_{12}; p_{13}; p_{14} = p_{21}; p_{22}; p_{23}; p_{24} = p_{31}; p_{32}; p_{33}; p_{34} =2:15:5:3$이 성립한다. 따라서 변인 A와 B는 서로 독립적이라고 할 수 있다. 이 개념은 사실상 조건부 분포의 불변성을 다르게 표현한 것에 불과하다.

표 8.4

A \ B		B					합계
		B_1	$\cdots$	B_j	$\cdots$	B_c	
A	A_1	p_{11}	$\cdots$	p_{1j}	$\cdots$	p_{1c}	p_{1*}
	$\vdots$	$\vdots$	$\cdots$	$\vdots$	$\cdots$	$\vdots$	$\vdots$
	A_i	p_{i1}	$\cdots$	p_{ij}	$\cdots$	p_{ic}	p_{i*}
	$\vdots$	$\vdots$	$\cdots$	$\vdots$	$\cdots$	$\vdots$	$\vdots$
	A_r	p_{r1}	$\cdots$	p_{rj}	$\cdots$	p_{rc}	p_{r*}
합계		p_{*1}	$\cdots$	p_{*j}	$\cdots$	p_{*c}	p_{**}

그런데 실제 현실에서 모집단의 비율인 p_{ij}의 값을 알 수 없는 경우가 대부분이다. 그래서 n개의 개체를 표본조사한 결과가 이런 성격을 가진 자료인지 검토해 비교적 그렇다고(표본 자료는 표본을 얻을 때마다 변하는 무작위성이 있으므로 정확히 그렇기를 기대하지는 않는다) 생각되면 서로 독립적인 것이라고 판단하고, 이런 성격을 가진 것이라고 판단하기에는 너무나 동떨어진 표본이라

고 생각되면 종속적이라고 판단하려는 것이다. $\sum_{j=1}^{c} p_{ij} = p_{i*}, \sum_{i=1}^{r} p_{ij} = p_{*j}$라고 할 때 위에서 요구한 비율벡터 $(p_{i1}, p_{i2}, \cdots, p_{ic})$의 비의 i에 대한 불변성은 결국 $p_{ij} = p_{i*} \cdot p_{*j} (i = 1, 2, \cdots, r,\ j = 1, 2, \cdots, c)$가 항상 성립하는 것과 동치임을 수학적으로 증명할 수 있다.

따라서 표본에서 조사된 n 개체에 대해 속성 (A_i, B_j)를 가진 개체의 수 n_{ij}(〈표 8.5〉 참고)는 만약 모집단이 독립성이 있는 것이었다면 $e_{ij} = n \cdot p_{i*} \cdot p_{*j}$와 모든 i와 j에서 비슷한 값일 것이라고 기대할 수 있다. 즉 $n_{ij} \approx e_{ij}$ for all i, j를 기대한다는 뜻이다. (단, $n = \sum_{i=1}^{r} \sum_{j=1}^{c} n_{ij} = n_{**}$)

표 8.5

A \ B		B					합계
		B_1	$\cdots$	B_j	$\cdots$	B_c	
A	A_1	n_{11}	$\cdots$	n_{1j}	$\cdots$	n_{1c}	n_{1*}
	$\vdots$	$\vdots$	$\cdots$	$\vdots$	$\cdots$	$\vdots$	$\vdots$
	A_i	n_{i1}	$\cdots$	n_{ij}	$\cdots$	n_{ic}	n_{i*}
	$\vdots$	$\vdots$	$\cdots$	$\vdots$	$\cdots$	$\vdots$	$\vdots$
	A_r	n_{r1}	$\cdots$	n_{rj}	$\cdots$	n_{rc}	n_{r*}
합계		n_{*1}	$\cdots$	n_{*j}	$\cdots$	n_{*c}	n_{**}

이런 생각을 토대로 $n_{i*} = \sum_{j=1}^{c} n_{ij}, n_{*j} = \sum_{i=1}^{r} n_{ij}$라 할 때, 표본에 근거한 p_{i*}와 p_{*j}의 추정값을 $\hat{p}_{i*} = \frac{n_{i*}}{n}, \hat{p}_{*j} = \frac{n_{*j}}{n}$로 하여 $\hat{e}_{ij} = n \cdot \hat{p}_{i*} \cdot \hat{p}_{*j} = \frac{n_{i*} \cdot n_{*j}}{n}$을 구하고, 수리통계학적인 결과를 빌려 $\chi^2_{(r-1)(c-1)} = \sum_{i=1}^{r} \sum_{j=1}^{c} \frac{(n_{ij} - \hat{e}_{ij})^2}{\hat{e}_{ij}} = \left\{ \sum_{i=1}^{r} \sum_{j=1}^{c} \frac{n_{ij}^2}{\hat{e}_{ij}} \right\} - n$을 검정통계량으로 사용한다.

모든 $\hat{e}_{ij}$의 값들이 5보다 클 경우에, $\chi^2_{(r-1)(c-1)}$이 너무 크면 두 변인이 서로 독립적이라는 귀무가설을 기각한다. 즉 이 검정법의 기각역은

$$C = \left\{ ((x_1, y_1), (x_2, y_2), \cdots, (x_n, y_n)) \middle| \chi^2_{(r-1)(c-1)} > \chi^2_{\alpha,(r-1)(c-1)} \right\}$$

이다. 이때 $\chi^2_{\alpha,(r-1)(c-1)}$은 부록 4의 카이제곱분포표에서 얻은 임계값이다.

카이제곱분포는 앞서 소개한 대로 감마분포의 일종으로서 $\beta = 2$인 감마분포이

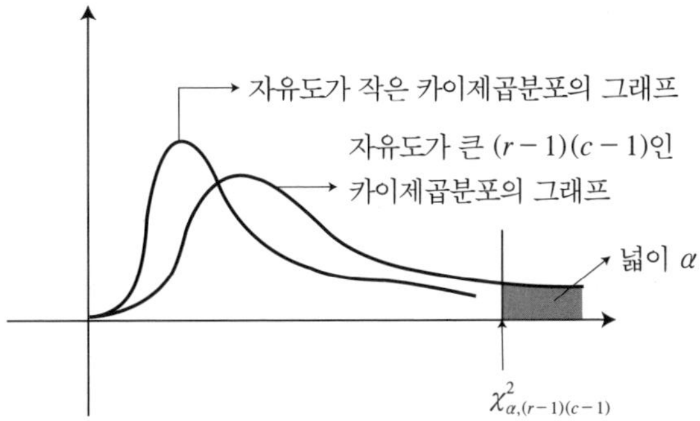

그림 8.3

고 자유도는 2α이다. 그 그래프는 〈그림 8.3〉과 같고, 자유도가 $(r-1)\times(c-1)$인 그래프의 오른쪽 끝 부분의 곡선 아래 넓이가 α인 x-축 상의 점을 $\chi^2_{\alpha,(r-1)(c-1)}$로 적는다.

카이제곱분포표는 $\chi^2_{\alpha,\nu}$의 값들로서 부록 4의 카이제곱분포표(우측)에서 가령 $\chi^2_{0.05,12}$의 값은 자유도가 12인 줄 14.8454, 17.70333, 18.54935, 21.02607, ⋯, 28.29952에서 $P(X \le x)$의 값이 $0.95 = 1 - 0.05$인 열의 21.02607을 읽는다. 즉 $\chi^2_{0.05,12} = 21.02607$이다(〈표 8.6〉 참고).

표 8.6

r	$P(X \le x)$					
	0.75	0.875	⋯	0.950	⋯	0.995
1						
2						
⋮						
12	14.8454	17.70333	⋯	21.02607	⋯	28.29952
⋮						

연습문제

1. 어떤 모집단은 평균이 μ이고 분산이 σ^2인 정규분포를 한다고 한다. L씨는 $H_0; \mu \leq 160$인지 $H_1; \mu > 160$인지 가설검정하기 위해 표본을 사용하지 않고 공평한 동전 던지기의 결과에 따라 앞면이 나오면 대립가설이 옳다고 하고, 뒷면이 나오면 귀무가설이 옳다고 하기로 했다. 이 이상한 가설검정법의 검정력함수 $\pi(\mu) = P$(귀무가설 기각$|\mu$)를 다양한 μ의 값에 따라 생각해보고 그 그래프를 수평축을 μ축으로 해서 그려보라. 또 이 검정법의 크기를 구하고, 각각의 대립공간의 값인 μ들에 대해 검정력을 적어보라.

2. 위 문제 1에서 사용한 동전이 공평한 동전이 아니고 앞면이 나올 확률이 0.05인 동전이었다고 하면 이 검정법은 유의수준 5%를 만족하는 검정법인가? 또 그때 검정력은 어떻게 변하는지 설명하라. 그리고 종합적으로 판단할 때 이 검정법을 타당한 것으로 인정할 수 없는 이유를 말해보라.

3. 위 문제 1에서 $\sigma^2 = 25$임을 안다고 가정하자. K씨는 $H_0; \mu \leq 160$인지 $H_1; \mu > 160$인지 가설검정하기 위해 크기 100인 무작위표본 $X_1, X_2, X_3, \cdots, X_{100}$을 위 문제 1의 모집단에서 구해 표본평균을 계산하기로 했다. 그리고 이렇게 구한 표본평균 $\overline{X}$가 161보다 크면 대립가설이 옳다고 하고, 161 이하이면 귀무가설이 옳다고 하기로 했다. 즉 이 검정법의 기각역은 $D = \{\overline{x} \,|\, \overline{x} > 161\}$이다. 이 검정법의 크기와 검정력함수 $\pi_D(\mu)$를 구하라. 그리고 이 검정법이 유의수준 5%인 것인지 답하라. 또 이 검정법 D와 문제 2의 검정법을 비교해 설명하라.

4. 학생의 성별과 선호 교과목 사이에 상관이 있는지 알기 위해 남녀 학생 200명씩을 무작위로 추출해 선호 과목을 조사했더니 오른쪽 표와 같은 결과를 얻었다. 선호 과목은 성별에 따라 차이가 있는지 설명하라.

	국어	수학	영어	합계
남자	76	69	42	200
여자	89	39	85	200
합계	165	108	127	400

제9장

통계 윤리

통계의 윤리성 문제를 논의하기 위해서는 통계를 하는 행위를 윤리적 관점에서 분석해보아야 하고, 따라서 '통계를 한다'는 행위는 어떤 것인지를 먼저 살펴보아야 한다. 통계적 행위는 자신의 주장에 대해 자료 등의 경험적 근거를 토대로 그 정당성을 확보하려는 일련의 행위를 말한다. 자신의 주장의 정당성 확보를 목적으로 하는 행위이며, 이 행위가 윤리적으로 타당한가의 문제가 통계의 목적론적 윤리성 문제라고 할 수 있다. 즉 정당성 확보의 과정에서 속임수 같은 윤리적으로 정당성이 없는 방법에 의한 것이 있다면 목적론적으로 문제가 있는 것이다. 예를 들면 상관관계가 없어 보이는데 그래프를 묘하게 그려서 상관관계가 있는 것 같은 느낌이 들도록 한다면 이는 윤리적으로 정당성이 없는 비윤리적 행위이다. 그리고 통계 윤리라고 하면 대개 이 윤리성 문제를 생각한다.

목적론적 윤리성 문제와는 달리 파생적 윤리성 문제가 있다. 이 문제는 통계적 행위가 정당성의 확보라는 목적과는 무관하게 윤리적 문제를 지닌 경우를 생각하는 것이다. 자료 수집이 사생활을 침해한다거나, 통계적 결과를 대부분의 사람들이 오해해 성차별과 같은 비윤리적 행위를 유발하는 것 등이 여기에 해당한다. 통계적 윤리성 문제에서 중심적인 주제가 아닌 경우가 많지만 실제에 있어서는 정상적이고 목적론적으로 타당한 통계적 행위가 파생적인 윤리 문제와 충돌하는 경우가 많아서 매우 난해한 문제로서 다루어지는 경우가 많다. 통계적으로 의미 있는 결과를 얻을 만한 자료를 확보하기 위해 더 많은 환자를 위험한 상황에 빠뜨려야 하는 임상 실험이 대표적인 예라고 할 수 있다.

목적론적 윤리성 문제를 먼저 생각해보자. 통계는 대표적인 정당화 방법의 하나인 논리적 측면에서 보면 주장에 대한 정당화의 강도가 연역적 증명처럼 강하지 못하다. 즉 논리적으로 앞뒤가 맞지 않는 이야기는 이성에 의해 쉽게 거부될 수 있지만, 통계는 귀납적으로 경험에 근거해 정당성을 옹호할 수밖에 없으므로 주장의 개별성이 인정되어야 한다. 물론 개별적 결과에 대한 일반화를 시도하는 주장이기 때문에 일반화 오류를 논할 수 있지만 주장에 대한 예외가 인정될 수밖에 없고, 예외 인정의 한계가 모호함으로 인해서 이성에 의해 정당화되는 연역적 증명처럼 이분법적으로 쉽게 확정되어질 수 없는 것이다. 즉 통계는 통계가 추구하는 목적을 달성함에 있어서 윤리적인 문제와 독립적으로 정당성을 확보할 수 없다는 약점을 지닌다. 2 + 3 = 5라는 사실은 윤리적 고려 없이 충분히 정당화되는 것이지만 통계적 방법의 윤리적 정당성은 그렇게 이성의 힘만으로 획득될 수 없다는 뜻이다.

더욱이 이성에 의한 판단은 즉시 확인이 가능하지만 경험의 일반화 논리는 그 경험을 자신이 직접 실험을 통해 확인해보아야만 알 수 있기 때문에 시간이 걸리고, 그런 이유로 인해 확인되지 않은 결과를 일반화하는 오류를 일시적으로라도 범할 수 있다. 복제 양 '둘리'에 관한 논쟁은 이 문제를 잘 설명해준다. 동일한 실험을 통해 정말 복제 양이 반복적으로 만들어져야 하는데, 그런 처음의 주장이 확인되지 않은 이유에 대해 스스로의 후속 실험에서 실패한 사람은 처음의 주장이 거짓이라는 주장을 할 수 있고, 처음의 주장을 옹호하는 사람은 후속 실험 과정상의 오류를 주장할 수 있다.

통계가 자주 사용되는 자연과학과 사회과학의 두 경험과학 중에서도 사회과학 쪽의 통계적 방법의 활용 빈도가 조금 더 높다고 추측된다. 그런데 사회과학은 엄밀한 의미에서 자연과학과 같은 정밀한 수준의 실험이 어려운 경우가 많다. 실험은 원인 기제를 잘 통제해야 하는데, 사회과학의 대상들은 사회적 구성을 갖기 때문에 이를 실험실 수준으로 통제하기가 어렵다. 그 대신 통계적 방법으로 이를 통제하는 경우가 있다(예: 공분산분석법). 그러나 바로 그런 이유 때문에 이 경우에 발생되는 오류는 전혀 예상치 않은 결과를 초래할 수 있다.

어느 방송에서 통계적 결과를 인용하면서 주장한 내용은 전두환 대통령 재임 당시의 과외 금지 기간 중에 학교를 다닌 학생들의 대학 졸업 후 취업률이 가장 좋았다는 것이었다. 이 통계는 여러 가지 문제점을 가지고 있지만 다른 것은 모두 아무 문제가 없다고 간주한다고 해도, 만약 이 통계적 사실의 공표가 과외 금지와 취업률 사이의 인과관계를 암시하려 한 것이라면 이는 사람들로 하여금 잘못된 판단을 하도록 유도하는 것이므로 매우 심각한 문제점을 안고 있다. 통계적 방법을 통해 인과관계를 주장하려면 매우 정교한 실험을 통해서만 가능하며, 실험이 불가능한 이런 상황의 자료로부터 주장할 수 있는 사실이 아님은 자명하다고 할 수 있기 때문이다.

이런 오류가 무지로부터 초래될 수는 있지만, 잘못된 통계에 근거한 판단과 주장은 심각한 사회문제를 야기할 수 있으며, 그런 이유로 인해 필자는 비록 원인이 무지로부터 비롯된 것일지라도 통계적 무지(illiteracy)가 윤리적 문제로부터 자유로워질 수는 없다고 생각한다. 즉 통계적 소양(literacy)의 문제는 통계 윤리 문제와 직결되는 문제로서 통계 윤리 측면에서 함께 다루어져야 한다. 그리고 학교 통계교육에서 가장 강조되어야 할 사항이 바로 이 문제이다. 평균을 구할 줄 모르는 것도 무지이고 통계적 소양의 부족이지만, 컴퓨터가 보편화된 시대에 큰 문제가 되는 소양의 문제는 아닐 수도 있다. 그러나 통계 윤리의 문제는 컴퓨터가 해결해줄 수 없는 문제이며, 이 부분의 무지는 통계를 통해 속이고 속임을 당하는 혼돈의 핵심 위치에 놓인 문제이기 때문에 학교 통계교육이 가장 관심을 기울여야 한다.

통계 윤리는 크게 세 가지 단계로 나누어 이해될 수 있는데, 그 첫 번째 단계는 통계 자료를 수집하는 과정에서 발생되고, 두 번째 단계는 통계를 구성하는 과정에서 발생되며, 끝으로 세 번째 단계는 통계적 결과를 자신의 주장과 연결 짓는 결과 해석 과정에서 발생된다. 세 단계에서 나타나는 통계 윤리 문제는 서로 공통적인 것도 있고 특징적으로 다른 것도 있는데, 각 단계별로 나누어 생각하기 전에 공통적인 것부터 먼저 논의하기로 한다.

윤리 문제에서 가장 중요한 것은 윤리의식, 즉 정직성의 문제이다. 이것은 통계적 주장에 대한 신뢰성을 구성하는 핵심이라고 할 수 있다. 특히 이 문제는 사회 전체의 윤리의식 수준과도 밀접한 관련이 있다. 정직성 수준에서 심한 차이가 있는 두 사회는 통계적 방법의 사용 범위에 있어서도 큰 차이가 있다. 가령 독재 국가, 권위적 관료 국가, 또는 사회적 통제가 심한 국가에서 통계는 독재자의 권위, 통제의 정당화를 위한 수단으로 악용되는 빈도가 높음을 예상할 수 있다. 정부가 많은 예산을 확보해 정책을 집행하는 과정에서, 정부 정책이 정당함을 홍보하기 위해 연구자에게 연구비를 주고 정책의 정당성을 연구를 통해 주장하려 한다고 하자. 이때 연구자는 연구비를 제공한 정부에게 정부가 원하지 않는 다른 결과를 제공하기 어려운 상황이 발생될 수 있다. 이때 통계적 근거가 제시되는 경우가 많은데, 앞서 논의한 여러 가지 이유로 인해 거짓된 통계가 홍보용 주장의 근거로 사용될 수 있는 것이다.

정직성의 문제가 통계 윤리와 관련되어 초래하는 가장 심각한 경우는 허구적 조작이다. 자료를 허구로 조작해 만들고, 사용하는 통계적 방법(근거 구성)을 허구적 방법을 택해 조작하고, 결과를 왜곡 해석해 허구의 사실을 조작하는 것이 가능하다. 따라서 극도로 정직하지 않은 사회에서의 통계는 한낱 독에 불과함을 알 수 있다. 이런 의미에서 선거가 민주주의의 꽃이라면 통계는 민주주의의 힘이라고 할 수 있다. 부도덕한 자에게 통계를 가르치는 것은 어린아이에게 칼을 주는 것과 같다고 할 수 있으며, 학교 통계교육은 수학적 정교함을 과시하기 전에 통계적 방법에 관한 명확한 윤리적 성찰이 요구된다고 할 수 있다.

통계적 주장에 대한 신뢰성에 큰 영향을 줌으로써 통계 윤리 문제를 일으키는 또 하나의 문제가 통계적 무지이다. 무지의 문제를 윤리적 문제라고 파악하려는 이유는, 정직성의 문제가 무지의 탈을 쓰고 작동될 수 있고, 통계적 무지 때문에 사회적으로 큰 문제가 발생되는 상황이 있을 수 있다는 점에서는 두 원인의 결과가 같기 때문이다. 통계는 처음 만들어지던 시기에 영국에서는 정치산술(political arithmetic), 독일에서는 국상학(Statistik = 국가학, 정치학)으로 불렸는데, 그만큼 사회 전체에 영향을 주는 주장이 많을 수밖에 없다. 자료 수집 과정에서 수집 방법상의 관련 지식의 무지, 통계적 자료 처리 방법의 무지, 결과 해석에서 그 제한점 등에 대한 무지는, 모든 단계에서 무지가 통계적 오류의 원인이 되어 윤리 문제를 일으킬 수 있음을 잘 알려준다. 그중에서도 가장 염려스러운 것은 통계가 무엇인가에 대한 극단적 편견이다. 통계는 오류 가능성이 있으니 전혀 믿을 수 없다고 생각하는 것도, 통계를 만병 통치약처럼 생각하는 것도 모두 극단적인 편견이며 통계에 대한 무지의 소치라고 생각할 수 있다.

통계적 사고는 자주 통계적 추론을 형성한다. 이때 추론의 형식은 연역 추론의 형식을 좇는 경우가 많다. 통계적 추론은 개연 추론이기 때문에 연역 추론과 반드시 같다고 할 수는 없다. 가장 대표적인 차이가 통계적 추론에서는 추이적인 추론을 허용하지 않는다는 것이다. a보다 b가 크고, b보다 c가 크면, a보다 c가 크다는 것은 연역적 추이성에 따라 당연해 보이지만, 통계적 추론에서는 그렇게 사실들을 추이적으로 묶는 것이 간단하지 않다. 축구시합에서 A팀보다 B팀이 이길 확률이 더 크고, B팀보다 C팀이 이길 확률이 더 크다고 해서, A팀보다 C팀이 이길 확률이 더 큰지는 알 수 없기 때문이다. 세 사람이 게임을 하는데, 〈그림 9.1〉과 같이 3등분된 원판에 두 사람씩 화살을 쏘아 더 큰 숫자를 맞힌 사람이 이기는 것이라고 가정해보자. 이길 확률을 구해보면 A와 B의 게임에서는 $A = \frac{2}{3} > \frac{1}{3} = B$, B와 C의 게임에서는 $B = \frac{2}{3} > \frac{1}{3} = C$이지만 A와 C의 게임에서는 $A = \frac{4}{9} < \frac{5}{9} = C$임

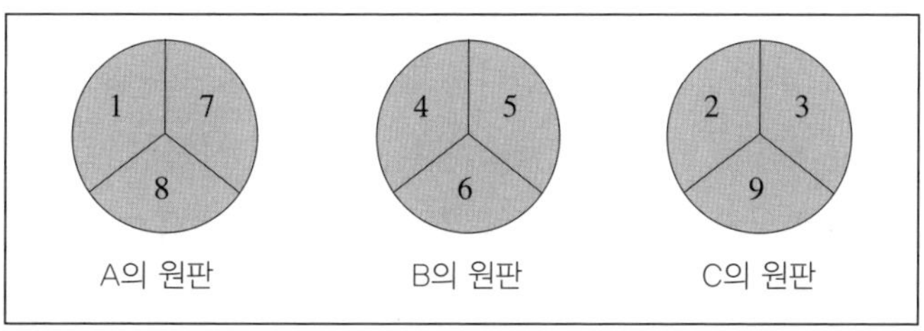

그림 9.1

을 알 수 있다.

통계적 분석 결과 해석의 통계적 추론에서 이런 오류가 있으리라는 것은 비교적 쉽게 추측할 수 있겠지만, 통계 구성 과정에서도 이런 오류는 충분히 범할 가능성이 있다. 예를 들어 세 가지 훈련 방법 중에서 가장 효과적인 것을 찾는데, 둘씩 비교해서 더 좋은 것을 찾아 가장 좋은 것을 찾는 방법이 옳지 않으므로 한꺼번에 비교하는 방법을 구해야 한다고 하면 이해하기 어려울 수 있지만, 바로 그런 점이 통계에 대한 무지로부터 발생된다는 우려를 필자는 표명하고 있는 것이다. 통계학에서 분산분석(analysis of variance)의 중다비교(multiple comparison)와 관련지어 동시적 검정(simultaneous inference)에 관한 논의의 초점이 바로 이 문제이기 때문이다.

지금까지 통계 윤리의 핵심적 문제로서 통계적 주장을 구성해가는 과정에서의 목적론적 윤리성 문제에 대해 언급했다. 주장과는 관계없는 통계적으로 쓸모없는 자료를 얻거나, 알게 모르게 타당성 없는 통계적 분석법을 사용하는 일, 결과를 왜곡 해석하는 일 등은 모두 궁극적으로는 주장하려는 사실에 정당성을 부여하기 위한, 즉 바른 통계적 주장을 구성하기 위한 노력들에 대한 윤리적 위험을 드러내려는 것이었다.

한편, 이 장의 첫 부분에서 언급했던 것처럼 연역 추론과는 달리 (목적론적) 통계 윤리가 통계 자체의 정당성의 핵심으로 부상함에 따라, 통계적 정당성을 주장하는 논리는 그 주장을 둘러싼 여러 정황의 윤리성, 즉 파생적 윤리성 문제에 민감할 수밖에 없는 특징이 있다. 다시 말해 해당 사회의 보편적 윤리 기준에 부합되는 통계적 주장만이 인정받을 수 있다는 한계를 지닌다는 것이다. 이에 대한 예로서 대표적인 경우를 적는다면, 자료를 얻을 때 자료를 얻는 방법이 사회의 보편적 윤리 기준에 부합되는 것이어야 한다는 점, 또 통계적으로 알게 되는 사실, 즉 통계적 결과가 초래하는 인간의 행동에 미치는 영향이 사회의 보편적 윤리 기준에 부합되는 것이어야 한다는 점 등이다. 특히 통계는 일반적으로 표본 자료의 변량의 개수가 많을수록 더 정확한 결과를 얻는 경우가 많으므로 윤리적으로 문제있는 행위를 더 많이 할수록 통계적으로 더 유익하다는 심각한 갈등 상황이 발생될 수도 있기 때문이다. 병원의 임상 실험에서 부작용이 확인되지 않은 약물을 더 많은 환자에게 복용하게 해야 보다 정확한 결과를 얻을 수 있다. 또 더 많은 난자를 실험에 이용해야 보다 정확한 결과를 얻을 수 있는 경우도 있다. 즉 통계 윤리는 그 자체로 윤리 일반의 모든 문제를 포함한다고 할 수 있다.

이 장의 앞부분에서 언급한 통계적 방법의 정당성 문제, 즉 목적론적 윤리성 문제와는 달리 방금 지적한 파생적 윤리성 문제는 통계적 행위 자체의 윤리적 정당성 문제를 지적하는 것인데, 이 문제는 생명 윤리, 환경 윤리 등 사회가 지닌 다양한 윤리적 기준과의 조화를 언급하는 것이다. 따라서 다음으로는 목적론적 윤리성 문제와 파생적 윤리성 문제로 나누어 생각해보기로 한다.

9.1 자료 수집 단계에서의 윤리성 문제

통계적 방법은 자료의 수집, 정리와 분석, 그리고 결과에 대한 해석의 3단계로 이루어진다. 이 중에서 자료 수집 단계에서의 윤리성 문제는 가장 중요한 의미를 지닌다고 할 수 있다. 그 이유는 잘못 수집된 자료는 쓰레기 이상의 아무것도 아니기 때문이다. 잘못 수집된 자료로부터 타당한 통계적 결과를 얻을 수 있는 방법은 존재하지 않는다. 자료 수집이 잘못되었다는 것을 아는 순간 통계적 논의는 종료되어버린다.

자료 수집 단계에서의 윤리성의 문제는 크게 두 종류가 있다. 첫째는 파생적 윤리성 문제이고, 다른 하나는 수집 방법의 정당성과 관련된 목적론적 윤리성 문제이다. 파생적 윤리성 문제는 거의 모든 종류의 윤리 문제를 다 포함한다. 자료를 수집한다는 것 자체가 사생활 침해이기 때문에 부도덕하다거나, 통계적 신뢰성을 높이기 위해 더 많은 자료를 얻으려 하는 것 자체가 더 많은 사람들의 생명을 위험에 빠뜨릴 수도 있는 일이기 때문에 비윤리적일 수 있다. 환경 파괴가 불가피할 수 있고, 인간의 존엄성을 훼손할 수 있으며, 무리한 자료 수집이 정치적으로 분란을 조성해 국가 간에 전쟁을 촉발시킬 수도 있다. 이와 같이 생명 윤리, 정치 윤리, 환경 윤리, 사회 윤리, 기업 윤리, 종교 윤리, 인간관계 등 다양한 윤리성의 항목들과 충돌이 불가피할 수 있다는 점을 인식할 필요가 있다. 통계적 방법 역시 문제 해결의 한 방법일 뿐이며, 불가피하게 이들 중요한 윤리 문제와 충돌되는 상황에서 간혹은 통계적 방법이 문제 해결의 수단이 될 수 없기도 하다는 것을 인지할 필요가 있다. 즉 간혹은 통계적 방법 이외의 다른 해결책을 모색할 수밖에 없음을 아는 것은 중요한 일이다.

자료 수집 중 야기될 수 있는 목적론적 윤리성 문제로서 가장 극단적인 상황은 자료 자체가 없는데, 가령 자료 수집 대상 개체가 실험 중에 모두 죽어 자료 수집이 불가능해졌음에도 자료를 조작해 생성하는 경우이다. 생물체를 대상으로 하는 독성 실험이나 생명에 위험을 초래하는 실험의 경우 실험 대상인 생물이 죽어 자료 수집이 중단되는 경우가 있다. 몇 개에 불과하면 결측치(missing value) 처리 방법에 따라 해결할 수도 있지만 모두가 다 죽어버릴 수도 있다. 실험 결과에 대한 기대가 클수록 포기하기 어렵게 되고 결국 윤리적 문제를 야기하게 된다. 역사적으로 많은 허구적 연구 결과들이 모두 이와 유사한 것이었음을 간과해서는 안 된다. 통계적 윤리성의 문제는 역설적으로 이처럼 유혹이 매우 강하고, 파급 효과를 감안할 때 범죄성이 크며, 따라서 그만큼 더 탄탄한 윤리의식 위에서 진행되어야 함은 아무리 강조해도 지나치지 않다.

목적론적 윤리성 문제는, 앞서의 파생적 윤리성 문제와는 달리 자료 수집의 방법을 바꾸면 해소될 수 있는 종류의 윤리성 문제를 뜻한다. 그런 맥락에서 볼 때, 파생적 윤리성 문제처럼 보이는 것들 중에 만약 수집 방법을 바꿈으로써 해소할 방법을 찾았다면, 그 문제는 목적론적 윤리성 문제라고 할 수도 있다. 가령 수집 방법을 바꾸어 환경 파괴를 피할 수 있는 방법을 찾았다면, 그 경우의 문제는 애초부터 파생적 문제가 아니라 목적론적 문제였다고 할 수 있다.

자료 수집은 조사와 실험의 두 가지가 있다. 선거에서의 출구 조사와 같이 자료를 얻기 위해 통계집단의 개체를 단순히 관찰하거나 개체에게 질문을 해 범주 관련 응답을 얻는 경우는 조사라고 할 수 있고, 통계집단의 개체에 대해 미리 정한 방법으로 일정한 실험적 처치나 조작을 가한 후 그 결과를 관찰하거나 특별한 측정 기구를 사용해 조사하는 경우를 실험이라고 한다. 즉 측정 또는 실험적 조작이나 처치의 유무에 따라 조사와 실험은 구분된다.

조사의 경우는 무작위표본을 얻는 것이 가장 중요하다. 그런데 무작위표본을 얻는 방법은 추출의 용이성을 위해 층별추출법(stratified sampling), 군집추출법(cluster sampling) 등 다양한 방법이 있고 그 외에 고급 통계적 분석법을 고려한다면 더 복잡한 자료 수집 등이 가능하다. 그러나 가장 중요한 것은 무작위표본을 얻을 때 표본을 얻으려 하는 추출모집단(sampled population)과 판단, 비교 등과 같이 통계적 추론 대상의 실제 범위가 되는 목적모집단(target population) 사이에 차이를 없애는 일이다. 전체 유권자를 목적모집단으로 하고 표본은 전화 조사를 통해 한다면 전화 없는 유권자는 추출모집단에서 제외된다. 또, 목적모집단 내의 각 개체에 대해 추출될 확률이 모두 동일하도록 하는 것이 무작위표본 추출의 핵심이다. 자료 수집의 기술적인 세부 사항은 경험자나 전문가의 도움을 받는 것이 유용할 것이다.

파생적 윤리성 문제는 상황마다 고유한 윤리 문제를 제기하는 경우가 많아서 매우 복잡하므로 각각의 경우에 맞게 대처하는 지혜가 필요하다. 특히 개인 정보보호 등의 문제로 인해 개인적인 정보를 얻기는 쉬운 일이 아니다. 청소년 흡연율을 조사하려는 경우 발생될 문제를 생각해보라. 여러 잡지의 실제 구독률을 알기 위해, 모아둔 헌 잡지를 구매하는 편이 더 좋을 수 있다. 소위 고상한 정치경제 잡지의 구독률이 음란 잡지의 구독률보다, 단순히 세간의 평가만을 이유로, 사실과 다르게 높은 것처럼 허위로 얻어지는 것을 막기 위해서이다.

개인 정보 보호 등의 문제는 얻어진 자료의 정확성과도 관련된 문제이지만, 윤리적 문제는 그 자체로 사회적 문제를 야기하기도 한다. 통계 조사를 위해 어느 단체의 회원 명부를 필요로 할 때, 회원들이 자신이 이 단체의 회원임을 알리고 싶지 않은 상황에서의 자료 수집은 그 자체로 심각한 갈등을 초래할 수 있다. 같은 자료 수집에 있어서 조사의 주체가 누구인지가 심각한 차이를 유발하기도 한다. 조사 주체가 언론기관인 경우는 괜찮으나 검찰이나 국가정보원인 것은 싫을 수도 있다.

목적론적 윤리성 측면에서 조사의 신뢰성 문제도 신중히 검토되어야 할 중요한 사항이다. 고의적으로 혹은 실수에 의해 조사 참여자들의 응답 태도가 무성의하거나 무응답이 너무 많은 경우 조사는 신뢰성이 없으며, 이에 근거한 어떤 통계적 추론도 통계 윤리 문제로부터 자유로울 수가 없다. 조사 자료에서 무응답자의 비율이 지나치게 높거나, 그렇지는 않더라도 응답자와 무응답자 간에 조사와 관련된 조직적인 특징적 차이가 있을 것이 예상, 염려된다면 이 문제에 대해 심각하고도 신중한 고려를 한 후에 자료에 대한 분석을 시작해야 한다. 가령 독재국가에서 투표한 사람에 대한 출구 조사의 결과를 믿을 수 없는 이유가 무엇일지 생각해보자. 잘못된 자료로부터 얻은 통계적 추론은 필연적으로 매우 위험스러운 추론으로 이어지기 때문에 주의해야 한다.

조사의 신뢰성 문제에서 무응답이나 잘못된 응답과 관련해 가장 조심할 것은 잘못된 질문이다. 설문 조사의 경우 질문의 내용이 모호해 응답자가 무슨 의미인지 모르거나 잘못 이해할 수 있다. 이 경우에 응답은 무응답이거나 혹은 오해로 인해 잘못 응답한 것일 수도 있다. 이런 자료의 분석 결과는 어떤 통계적 방법을 쓴다고 해도 허위이며 윤리적 문제가 발생될 수밖에 없다. 또한 어떤 문항에 '예'라고 답한 사람만 다음 답을 하도록 되어 있으나 피험자가 무조건 응답하는 경우처럼, 설문 조사에서 응답의 순서에 논리적 흐름이 있는 경우 시각적으로 쉽게 따라갈 수 있는 문항 배열이 필요한데 그런 논리적 응답의 흐름을 놓치기 쉽게 설문지를 만든 경우도 조사의 신뢰성을 약화시킨다. 이런 문제는 목적론적인 윤리성 문제와 관련된 조사의 신뢰성 문제이지만 파생적 윤리성 문제가 조사의 신뢰성 문제와 연관된 경우도 있다.

종교의 유무에 따라 사형제도에 대한 의견이 어떻게 다른지 조사하는 경우 사형제도에 찬성하는 종교인은 종교가 없는 같은 의견을 가진 사람들에 비해 더 응답하기 싫을 수가 있다. 또 독재 국가에서 정부에 비우호적인 사람은 우호적인 사람에 비해 응답하기 싫어할 수 있다. 이런 경우에 무응답은 사실상 정부에 반대하는 의견을 가진 것으로 볼 수 있지만 통계적 근거 자료 없이 그렇게 판단할 수도 없고, 그렇다고 단순히 무응답자로 처리하는 것도 옳지 않기 때문에 목적론적 윤리성 문제가 발생된다. 이런 이유로 인해 전문가의 도움을 받기로 한다면 물론 전문 통계학자의 도움도 필요하겠지만, 이와 함께 해당 분야의 경험 많은 통계 전문가의 도움도 필수적이라고 할 수 있다. 대개 교육통계, 경제통계, 심리통계, 사회통계, 생물통계, 의학통계, 약학통계, 체육통계, 임상통계 등의 분야에서 다양한 전문가로 불리는 이런 사람들을 전문 응용통계학자로 함께 분류하기도 한다.

실험 자료의 수집 단계에서 윤리성 문제와 관련지어 중요한 것은 다양한 실험계획법(experimental design)이다. 자료 수집 전에 윤리성 문제를 고려해 정밀한 실험 설계가 이루어져야 하며, 이때 파생적 윤리성 문제가 없고 목적론적으로도 문제가 없다고 판단되어, 그에 맞추어 진행된 실험에서 얻은 자료이어야만 윤리성 문제를 피할 수 있다. 앞서 통계적 추론의 한계로 지적한 인과관계 추론 불가 문제나 추이적 추론 불가 문제 등을 해소하기 위해, 정교하게 설계된 실험을 통해서 이런 목적이 제한적으로 이루어질 수 있다. 가령 인과관계 추론을 위해 설계된 실험은 여러 가지 고려되는 효과들을 자료 수집 단계에서 합리적으로 통제할 필요가 있다. 이것을 합리적으로 통제하지 못하면 여러 가지 원치 않는 효과들이 혼합(confounding)되어 인과 추론이 불가능하게 될 수 있다. 그럼에도 불구하고 이를 무시한 결과 해석을 한다면 이것은 결과 해석의 윤리성 문제라기보다는 자료 수집상의 윤리성 문제가 결과 해석의 윤리성 문제로 이어진 경우라고 보아야 할 것이다.

예를 들어 피타고라스 정리에 관한 수업의 도입 부분에서 컴퓨터를 이용한 수업 효과를 알고자 한다고 하자. 실제로 그런 경우는 없겠지만 극단적 오류의 예로서 피타고라스 정리에 관한 첫 수업 전에 미리 정해진 시험 문제로 시험을 보아 능력을 평가하고, 수업 후에 같은 시험 문제로 다시 평가해 두 시험 성적의 평균을 비교하는 t-검정을 실시하고, 사후 성적이 우수하므로 이 컴퓨터 수업은 효과적이라고 한다면 잘못된 주장이 된다. 왜냐하면 이 실험은 잘못된 설계를 가지고 한 것이며 따라서 얻은 자료는 전혀 가치가 없다. 이 실험을 통해서는 어떤 인과 추론도 할 수 없다. 그 이유는 사전과 사후의 시험 문제가 같아 사전 성적과 사후 성적 사이에 적어도 기억 효과(memory effect)가 피타고라스 정리 수업의 효과와 혼합되는 일이 발생했으므로, 사후 성적이 사전 성적보다 높은 이유가 수업 효과인지 기억 효과인지 분리해 설명할 수 없고, 따라서 수업 효과가 원인이라는 인과 추론을 할 수 없기 때문이다.

이 경우에 기억 효과를 제거하려면 실험 설계를 통제집단(control group)[1]과 실험집단(experimental group)을 만들어 하는 방법이 있다. 즉, 위와 똑같은 실험을 실험집단에서 하되, 통제집단에서는 사전과 사후에 동일한 시험 문제로 시험을 보는 일만 한다. 이때 사후 점수와 사전 점수의 차이가 실험집단에서는 더 크고 통제집단에서는 더 적다면 그 차이들의 차이가 유의적인지를 검정해본다. 이 차이가 유의적이라면 이 경우에 기억 효과는 통제집단이나 실험집단 모두에게 있었다고 볼 수 있으므로, 그리고 그 값이 같을 것이라고 추측한다면 이 차이의 차이에는 기억 효과는 제거되고 남아 있지 않다고 할 수 있을 것이다. 즉 이 경우에는 수업의 효과만이 바르게 측정된다고 할 수 있다. 만약 단순한 수업이 아니라 전통적 수업 방식에 대해서 컴퓨터 수업이 가지는 효과를 주장하고 싶었다면 통제집단에서 시험만 보게 하는 대신 전통적 수업 방식으로 수업을 한 후 실험집단과 같은 방식의 시험을 보게 해 차이의 차이가 유의적으로 큰지를 본다면, 이 경우는 전통적 방식의 피타고라스 정리에 관한 수업에 컴퓨터를 이용한 방식의 수업 효과를 알아보는 셈이 되고, 그런 인과 추론이 가능해지는 것이다.

그런데 기억 효과나, 전통적 수업 대비 컴퓨터 수업의 효과 외에도 다른 효과들을 염려할 수 있다. 실험집단 선생님은 원래 잘 가르치는 선생님일 수 있고, 실험집단에 수학을 잘하는 아이들이 더 많을 수도 있다. 또한 실험집단은 여름철 오전 늦은 시간에만 수업을 받았지만, 통제집단은 여름철 가장 졸리는 시간에 수업을 받았을 수 있다. 이들 모두가 염려할 만한 원치 않는 효과들이며 이러한 효과들이 컴퓨터 수업 효과에 혼합되지 않도록 조심스러운 실험을 해서 자료를 수집해야 한다. 반을 구성할 때 평소의 수학 성적을 고려하거나, 같은 선생님이 수업을 하게 하거나, 같은 선생님이 같은 내용을 두 반에서 가르칠 때에 항상 통제집단에서

1 비교집단이라고도 한다.

먼저 수업하게 해서는 안 된다거나, 수업시간이 서로 비슷하도록 조정하거나, 어느 한 반의 학생 수가 유난히 더 많지 않도록 하는 등의 고려가 필요하다.

이렇게 하는 것을 '원인 이외의 모든 효과를 동일하게 통제한다'라고 표현한다. 그렇다면 정말 원인 이외의 모든 효과를 동일하게 통제할 수 있을까? 이는 사실상 불가능하다. 다만 이 표현은 '우리가 합리적으로 의심할 만한 모든 원인 이외의 다른 효과들을 통제한다'라는 뜻으로 이해해야 한다. 가령 실험집단 아이들은 통제집단 아이들보다 키가 더 클 수 있다. 그런데 키 효과가 이 연구 문제에 영향이 있는 효과일 것이라고 생각되지 않는다면 그런 효과는 무시할 수 있고, 실제로 연구 문제에 영향을 주는 효과만을 원인 이외의 효과에 대해 통제한다는 뜻이다. 이렇게 해서 쓸모 있는 자료를 수집할 수 있도록 실험을 설계하는 것을 실험 설계라고 한다. 실험 설계가 잘못되면 그것이 정직성의 문제이거나 무지의 문제이거나 둘 중 어느 것이라고 해도 윤리성 문제를 피할 길은 없다.

실험의 핵심 주장과 무관하다고 판단되는 효과는 부득이한 경우에 무시하는 것이 불가피하다고 했지만, 이 문제는 간혹 우리를 난감하게 할 수도 있기 때문에 경험이 중요하고 항상 신중한 대응이 필요하다. 대표적인 예로 임상 실험에서의 가짜 약(placebo)을 들 수 있다. 새로 개발된 약의 약효를 입증하기 위해 실험집단의 환자들에게 신약을 투여할 때, 이 집단과 비교하려는 통제집단에는 약을 투여할 필요가 없음에도 불구하고 '약을 먹었다거나 먹지 않았다'라는 사실만으로 발생되는 심리적 효과의 차이를 없애기 위해 두 집단 모두에게 약을 주되 통제집단에게는 밀가루로 된 가짜 약을 투여하는 것이다. 즉 심리적 효과가 치료에 영향을 미친다는 점을 고려한 신중한 실험 설계라고 할 수 있다. 이 문제는 우리가 통계적 실험 설계를 할 때 얼마나 조심스러운 작업을 하는지를 인식하는 계기가 되어야 한다. 의도적이지 않은 효과로 인해서 잘못된 결과를 얻었을 때 그 이유에 관계없이 윤리적 문제는 발생되기 때문이다.

또 실험 설계의 신뢰성 문제는 간혹 무성의한 실험 처치로 인해 자료 자체에 대한 신뢰성이 의심되는 경우를 생각해볼 수 있다. 실험집단에게는 의욕적으로 실험적 처치를 하고 통제집단에게는 무성의한 처치를 한 경우는 신뢰성 문제라기보다는 정직성의 문제이다. 두 집단 모두에게 무성의한 실험적 조작이나 처치를 한 경우에 얻어진 자료는 신뢰할 수 없게 된다. 물론 조사의 신뢰성 문제에서처럼 실험에 참가한 응답자가 무성의하게 참여한 경우(수업 중에 계속 자는 경우, 사후 검사 응답지에 모두 무응답으로 답하는 경우 등)도 신뢰성 문제를 야기한다. 실제 이 문제는 조사나 실험의 비용과 관련된 경우도 많다. 부족한 예산으로 실험을 하려 하면 참가 개체 수를 줄이거나, 개별 조사 단가를 낮추는 방법을 생각해야 하지만 어느 것도 좋은 자료를 얻는 데는 좋지 않은 선택이다.

실험 설계의 일부라고 생각되지만, 자체만으로 연구해야 할 문제가 너무 많고 복잡해서 별도로 '측정론'이라고 부르는 영역이 있다. 실험에서의 자료 수집은 대개 측정(measurement)이라는 수단을 거친다. 그런데 교육적인 문제에서 측정은 보통 검사를 통해 이루어지는 경우가 많다. 교육적인 문제의 대부분이 행동과 관련된 뇌 속의 변화를 측정하는 것이어서 뇌의 상태를 '간접적'으로 측정하는 '검사(test)'라는 방법을 사용하기 때문이다. 검사를 통해 뇌 속의 상태를 알아보는 측정을 할 때, 정확한 측정이 자료 수집에서의 핵심적 윤리성 문제이다. 특히 수행 평가, 면담 등 여러 가지 측정 방법들 중에서도 검사지를 이용한 지필식 검사의 경우 적절하지 않은 검사 문항의 문제가 실험 설계 문제와 연합해 매우 복잡한 윤리성 문제를 일으키는 경우가 발생한다.

가령 창의성 계발 프로그램을 목적으로 연구가 이루어지고 그 프로그램이 효과적인지를 알고자 할 때, 실험집단 수업 중에만 다루었던(통제집단은 전통적 수업을 하는 반이므로 이런 문제들을 다룰 수 없었다고 하자) 다수의 새로운 창의성 평가 문항들을 사후 검사에 이용할 경우 심각한 실험 설계 오류가 될 수 있다. 실험집단만 예습을 시키고 시험을 본 실험 형태가 되기 때문이다. 이런 경우 윤리성 문제를 피하려면 실험집단 수업에서 다루는 문항들은 후에 사용될 창의성 검사 문항들과는 전혀 다른 것이어야 한다. 창의력의 구성 요소를 추출해내고, 같은 창의성 구성 요소별로 평가할 수 있는 검증된 문항들을 둘로 나누어 일부만 수업 중에 사용하고 나머지는 검사 문항으로만 사용해야 한다. 즉, 예습 효과가 프로그램 효과와 혼합되지 않고 분리되도록 설계할 필요가 있다.

그런데 이 과정에서 수업 중 사용하는 문항들이 사후 검사에 사용하는 문항들과 문제 해결의 방법 도출 관점에서는 전혀 다르면서도 난이도 면에서는 같으며, 창의성과 같은 능력을 측정하는 문항임을 입증하는 것이 쉽지 않을 수 있다. 이런 경우 실험 설계는 매우 난감한 상황에 봉착할 수 있는데, 이 점이 실험 설계의 가장 어려운 점이다. 실험 설계의 어려움으로 인해 뇌과학의 발달이 지연되는 것은 바로 파생적 윤리성 문제, 방법적 가능성의 문제 등과 연결되어 실험 설계의 큰 과제이다. 일반 항목인 정직성과 관련된 문제로서 이 경우에 해당하는 것은, 의도된 결론이 얻어지도록 고의적으로 자료를 편향되게 수집하는 경우 등이 있다. 또 무지로 인해 편향된 줄 모르고 편향된 자료를 수집하는 경우도 있을 수 있다. 그러나 상황이 매우 복잡한 탓으로 인해서, 정직성이나 무지의 문제가 아니더라도 잘못된 자료를 수집하게 되는 경우가 너무 다양하므로 유사 실험의 다수 경험자 또는 통계 전문가의 도움을 받는 것이 필요할 수 있으며, 사전 자료 수집(pilot study)을 통해서 스스로의 자료 수집 경험을 통한 보완책을 찾아 시행하는 것이 효과적이다.

9.2 통계적 구성 단계에서의 윤리성 문제

통계적 추론은 자료의 정리와 통계적 분석 단계 등에서 장차 결과 해석을 위한 여러 가지 통계 이론적 근거들을 구성해간다. 그런데 이 과정에서 고의에 의해 의도된 것이든 무지로 인한 실수이든 간에, 어떤 이유에 의해서 정확하지 않은 결과 해석이 초래될 수밖에 없도록 통계가 구성되면 윤리성의 문제가 발생한다.

적지 않은 시간과 돈을 들여서 자신의 주장의 근거를 통계적 방법에 의존하려 할 때, 그 결과에 대해 누구나 자신의 주장이 옳음을 입증할 만한 대가를 기대한다. 우리 회사 제품이 가장 좋다고 광고할 때 통계를 인용하면 더욱 신뢰감이 생긴다는 점을 이용하기 위해, 그 상황에서 사용할 수 있는 여러 통계적 방법 중에서 특정 방법을 사용하고 원치 않는 결과를 제시하는 통계분석 결과들은 감추는 비윤리적 문제가 있을 수 있다. 대개 같은 자료로부터 여러 가지 통계적 방법을 사용한다고 해도 대개는 유사한 결론을 얻는 경우가 많지만 항상 그런 것은 아니기 때문이다.

통계적 추론의 근거 구성 단계에 있어서의 윤리성 문제는 목적론적 윤리성 문제인 경우가 대부분이라고 해도 무방할 것이다. 통계 자료를 분석하는 단계나 자료를 정리할 때 그 행위 자체가 사회적으로 용인되기 어려운 가치 혼란을 초래할 만한 것은 거의 없기 때문이다. 구성 단계에서의 윤리성 문제는 자료 분석 방법 선택에서의 윤리성 문제, 자료에 의해 유도된 분석의 윤리성 문제, 통계분석 결과 제시의 시각 효과에 의한 윤리성 문제 등을 생각할 수 있다. 우선 자료 분석 방법 선택에서의 윤리성 문제를 생각해보자.

통계적 자료 분석의 방법은 대개 전통적인 모수적 방법(classical parametric method)과 비교적 새로운 비모수적 방법(distribution-free method)이 있다. 모수적 방법은 대개 모집단의 분포를 정규분포로 가정하는 경우가 많으나 비모수적 방법은 그렇지 않은 경우도 많다. 가설검정의 경우에 비모수적인 방법은 전통적인 방법에 비해, 항상 그렇다고 할 수는 없으나 검정력이 약한 경우가 많다. 즉 제2종 오류의 확률이 더 커진다고 할 수 있다. 따라서 두 방법이 모두 같은 결론을 지지하는 경우에는 갈등이 없으나 비모수적 방법에 의해 귀무가설을 채택하거나 그와 유사한 결론을 내리게 되는 경우, 그럼에도 전통적 방법에서는 귀무가설을 기각하는 경우에는 문제가 복잡해진다. 귀무가설을 채택하기에는 비모수적 방법의 제2종 오류의 확률이 더 크므로 신뢰가 가지 않고, 귀무가설을 기각하기에는 비모수적 방법이 확인해주지 않는 상황, 즉 전통적 방법에서 전제하고 있는 모집단의 분포 등에 관한 수학적 가정의 타당성 여부가 염려스러운 상황이 되는 것이다.

일반적으로 전통적 방법은 모집단의 분포가 정규분포라고 가정하는 것 외에도, 여러 관련 모집단(두 개 이상의 독립적 모집단, 여러 조건부 모집단 등)의 분산이 같음(등분산성)을 가정하거나 모평균이 같음을 가정하는 경우가 많다. 대개 이 가정의 확실성은 확인하지 않거나 간단한 확인만으로 넘어가는 경우가 많은데, 비록 관련 통계적 방법들이 보통 이 가정들에 대해 내성 있는(robust) 경우가 많기 때문이라 해도 비모수적 방법과 전통적 방법의 결론이 서로 충돌하는 상황에서는, 단순히 쉽게 판단하기는 어려움이 따르는 것이다. 여기에 윤리성 문제는 타당한 방법의 선택을 결정함에 있어서 자신의 선호에 따라 쉽게 흔들릴 충분한 유혹으로 작용할 수 있다.

컴퓨터 프로그램에 의존하는 분석에서 대개 분석자의 선택(option)에 따라 여러 가지 다양한 분석 결과들이 동시에 제공되는 경우가 많으며, 그로 인해 간혹 분석 결과 일부의 결론은 기대했던 것이지만 일부는 그 반대인 경우도 있을 수 있다. 여기서의 선택에 윤리성 문제가 있을 수 있음을 지적하는 것이다. 예를 들어 사원들의 평균 임금으로 평균을 구할 수도 있고 중앙값을 구할 수도 있을 때 구해진 값을 보고 임금 협상의 당사자인 회사 측과 노조 측의 입장이 서로 다를 수 있으며, 또한 학술적으로는 목적론적 윤리성을 논하지만 실제는 금전적 이익에 얽힌 선호의 차이 문제로 변질될 수 있음을 언급한 것이다. 두 정당의 선거 공약의 실현 가능성에 대한 통계 조사의 결과를 두고 목적론적 타당성을 논할 수도 있지만, 실제는 두 정당에 대한 선호 차이에 따라 유권자들의 판단은 달라질 수 있다는 것도 마찬가지 문제라고 할 수 있다.

통계적 방법 선택의 차이로 인한 이런 혼란은 연역적 방법이 이성에 호소해 판단을 요구하는 경우와는 매우 다름을 인지하게 하는 것 자체가 통계교육에서 간과할 수 없는 중요한 부분이라고 할 수 있다. 그리고 이런 맥락의 윤리성 문제는 목적론적 윤리성 문제가 파생적 윤리성 문제와 묘하게 뒤섞이는 상황을 생각해보게 만들기도 한다.

통계적 추론의 근거 구성 단계에 있어서의 두 번째 윤리성 문제로는 자료에 의해 유도된 분석(data oriented analysis)의 오류를 들 수 있다. 이 분석은 통계적 추론의 비추이성(non-transitivity), 중다비교에 관련된 동시적 가설검정(simultaneous inference) 등과 함께 문제를 일으키는 경우가 많다. 그런데 유도된 분석의 윤리성 문제는 7.2.1, 8.1.2 등에서 충분히 논의했으므로 여기서는 다시 상세히 설명하지 않기로 한다.

다만 이 문제를 한마디로 설명한다면, 자료를 부분적으로 분석해보고 그 결과로 미루어볼 때 가설검정의 결과가 이미 예측되기 때문에 그에 맞춘 가설을 설정해 가설검정을 하면 그 결과는 이미 예상되는 것이었으며, 이 경우 제1종 오류의 확률은 설정된 유의수준보다 훨씬 크게 되므로 그런 방법을 쓰면 안 된다는 것이다. 즉 가설검정하려는 문제의 가설은 자료를 얻기 전에 미리 설정되어야 하며, 자료의 결과에 따라 바뀌어서는 안 된다는 것이다.

예를 들면, 5가지 방법으로 5개 반에서 실험 수업을 한 결과 예상치 않게 1반이 평균 성적이 가장 높게 나오고 3반이 가장 낮게 나왔다고 하자. 갑자기 이런 결과를 얻은 것이 당황스러웠지만 다시 곰곰이 생각해보니 짐작이 가는 그럴듯한 이유가 있어 보이기도 하므로 그에 대해 가설검정을 한다고 하자. 즉, "1반과 3반의 성적에는 유의적인 차이가 있는가?"를 묻는 것이다. 이 경우 가설검정의 결과는 거의 확실하다. 두 반의 성적은 유의적인 차이가 있을 것이며 그런 결과를 얻은 이유는 앞서 짐작으로 추측했던 이유를 말하면 된다. 그러나 이런 방식은 실제 정직한 가설검정이 아니며, 그 결과 제1종 오류의 확률은 설정된 값보다 훨씬 커지게 된다. 그런데 만약 앞의 경우와 모든 것이 같고, 다만 만들어진 가설이 자료의 평균을 보고 만들어진 것이 아니라 자료를 얻기 전부터 어떤 추측에 의해 미리 설정된 것이었다면, 이 가설검정은 정직한 것이 된다. 즉 가설검정에서 전제한 이론적 근거가 타당하기만 하면, 설정된 유의수준과 실제 유의수준의 차이가 없다고 할 수 있게 된다.

세 번째 문제는 시각 효과에 의해 초래되는 윤리성 문제이다. 통계는 그 결과를 한눈에 알아볼 수 있게 하기 위해 그림이나 표 등으로 만들어 제시되는 경우가 많다. 그런데 마술 등에서 자주 경험하듯이 감각 정보는 간혹 오류를 일으킨다. 특히 시각적인 착시현상을 이용해 전혀 다른 느낌을 일으키는 그림이나 그래프를 제시할 수 있다. 표 역시 가로나 세로의 변량의 선택 등에서 제시되는 방법에 따라 매우 다른 생각을 갖게 할 수 있다.

그래프에서 가로축과 세로축의 단위 선택은 매우 중요하다. 왜냐하면 가로축의 변화에 따른 세로축의 값의 변화가 거의 없다고 느끼게 할 수도, 매우 변화가 심하다고 느끼게 할 수도 있기 때문이다. 가령 분포의 그래프는 아니지만, 시간의 변화에 따라 온도 변화를 기록하는데, 매일매일의 평균 기온을 나타낸 꺾은선그래프와 어느 중환자의 체온을 매시간 기록한 꺾은선그래프를 생각해보자. 평균 기온의 그래프에서는 세로축에 온도를 나타낼 때 그 지역의 평균 기온을 감안해 최저 기온 이하의 값에서 최고 기온 이상의 어느 값까지를 정확히 표시해 그래프를 그려야만 옳은 그래프가 된다. 음수값을 나타내지 않으면 바른 그래프를 그리지 못할 수도 있다. 이때, 세로축 한 칸의 높이를 1도가 되게 그린 그래프와 같은 크기의 한 칸을 5도로 그린 그래프가 주는 시각적 느낌은 큰 차이가 있다. 5도로 해서 그린 그래프에서는 매일매일의 온도 변화가 크지 않다고 느낄 수 있지만 1도로 해서 그린 그래프에서는 그 변화가 매우 크다고 느낄 수 있다.

또 평균 기온과는 너무 다른 범위의 값들을 포함시켜 그리는 것도 타당하지 않다고 볼 수 있다. 중환자실 환자의 체온을 꺾은선그래프로 그릴 때, 가로축에 시간을 적고 세로축에 온도를 적는데, 0도에서 50도 사이의 범위에 체온을 나타낸다고 하자. 이 그래프는 타당한 그래프라고 할 수 없다. 왜냐하면 시체가 아니라면 0도 근방, 나아가 30도 미만의 체온도 나타낼 필요가 없기 때문이다. 결국 중환자에 대한 체온의 의미 있는 기록은 30도에서 50도 사이의 범위일 것이므로 그 범위에서 기록하면 된다.

그런데 이런 이유 때문에 자의적으로 선택한 범위의 값으로 그래프를 그리는 경우 사실과 다른 문맥을 거짓 표현할 수 있다. 환자의 체온을 지난 일주일을 기준으로 보아 37도에서 39도까지로 해서 그래프로 그렸다면, 그 그래프는 환자의 체온이 과장되게 급변하는 느낌을 줄 수 있다. 이와 같이 옳지 않은 통계적 절차나 표현 방법을 이용해 사실을 과장하거나 은폐하는 것은 목적론적 윤리성 문제를 지닌다. 그리고 이런 문제를 일으키지 않으려면 항상 상식 범위의 표현이나 절차를 사용하는 것이 타당하다고 할 수 있을 것이다. 이런 문제를 극복하기 위해서 적절한 수치 표현이 동반되면 도움이 된다. 가령 중등학교에서 소개된 상관도(scatter plot)를 통해 두 변량 간의 상관관계의 강도를 알고자 하는 경우, 직선 근방에 점들이 모여 있는 정도로 판단한다고 하지만 그리는 방법에 따라 직선 근방에 더 밀집해 보이게 하거나 그렇지 않아 보이게 할 수 있다. 이때 상관계수를 함께 적어줌으로써 그림에 의한 시각적 효과를 더 정확히 알도록 할 수 있다.

그러나 많은 경우 이런 수치화된 값이 없기 때문에 시각 효과에 의한 오해가 불가피한 측면이 있다는 점을 인식할 필요가 있다. 즉 시각적으로 정리된 통계 자료는 이런 점을 잘 인식하고 조심스럽게 받아들여야 한다.

9.3 결과 해석 단계에서의 윤리성 문제와 인본주의

결과 해석 단계에서도 목적론적 윤리성 문제와 파생적 윤리성 문제 모두가 검토되어야 한다. 그런데 결과 해석은 통계적 분석의 최종적인 단계이기 때문에 자신이 주장하려는 내용과의 일치성 여부가 분명히 드러나는 부분이다. 따라서 결과 해석 단계는 통계적 분석 결과에 대한 자신의 선호와 밀접한 관련을 가질 수밖에 없으며, 자신의 주장에 맞추어진 왜곡된 해석으로 인해 윤리성 문제가 발생할 가능성이 가장 높은 부분이라고 할 수 있다. 그렇기 때문에 연구자 자신이 객관적 서술을 하는지 모르고 지나칠 수 있으며, 윤리적 태도 측면에서 매우 신중한 접근이 요구된다.

결과 해석 단계에서의 목적론적 윤리성 문제는 통계적 결과와 자신의 주장에 대한 정확한 일치성 여부의 문제이다. 이것은 다시 용어의 일관성과 추론의 타당성 문제로 나누어볼 수 있다.

용어의 일관성 문제는 연구자가 주장하려는 상황에 대한 표현에서의 용어의 뜻과 연구자가 실험에서 사용한 용어의 뜻이 서로 차이가 있거나 정확히 일치하는지에 대한 확신이 없을 때 발생되는 비약적 주장의 문제이다. 가령 '취업률'이나 '1인당 1일 평균 물 사용량' 같은 것은 수학적으로 명확한 의미를 갖고 있다고 흔히들 생각한다. 그러나 자료 수집과 관련된 불편함이 있는 경우 실험에서의 의미는 다소 차이가 생길 수 있으며, 이는 작은 차이 같지만 큰 차이일 수도 있다. 예를 들면 물 사용량을 말하면서 수도요금 고지서에 부과된 물 사용량을 기준으로 하는 경우, 취업률이라고 하면서 다양한 취업의 의미를 갖고 각각 다르게 생각하는 경우 등이다. 두 대상의 물건값 비교라고 하면서 '물건값'의 정의가 가격 할인 등의 이유로 명확하지 않을 수 있다. 용어의 문제는 정리해보면, 실험에서 사용하는 용어는 실제에 있어서 주장하려는 사실과 관련된 핵심적 용어를 포함하는데 이 용어들이 생각만큼 그 의미가 명확하지 않다는 데 문제가 있는 것이다. 따라서 용어와 관련된 윤리성 문제가 없도록 하기 위해서는 주장하려는 문장에서와 실험에서의 의미가 정확히 일치하는 용어를 사용하고 있는지 스스로 감시하고 항상 비판적인 사고를 해야 한다.

결과 해석상의 추론의 타당성 문제와 관련된 통계적 추론의 비추이성(259쪽), 잘못된 인과관계 추론(158쪽) 등에 대해서는 이미 설명한 바 있다. 이 문제들과 관련지어 여기서 다시 한 번 언급할 것은 언어 표현의 마술적 효과 문제이다. 마치 영화의 한 장면을 연상시키는 것 같은 이러한 마술 효과는 인간의 연상 작용에 의한 것이다. 하늘로 날아오르는 새를 보여주고 이어서 수면 위를 날며 물고기를 낚아채는 새를 보여주면 영화에서 이 두 장면은 서로 이어져 날아오른 새가 먹잇감을 구하는 장면이 된다.

어느 지역의 경찰관 수가 대폭 증가되기 이전의 범죄 발생률이, 경찰관 수가 증가된 후에 비해 훨씬 낮았다는 통계 자료는 경찰관 수의 증가가 범죄 발생의 원인일 수 있다는 이상한 추측을 불러일으키게 한다. 이 문제는 '범죄 발생률'이라는 용어의 문제일 수도 있겠지만 원인과 결과를 바꾸어 생각한 탓일 수도 있다. 그러나 실제 더욱 자주 발생되는 상황은 어떤 변인이 어떤 다른 변인의 원인인지 잘 모르는 경우가 많다는 것인데, 그럼에도 불구하고 자신의 주장을 위해 언어 표현을 교묘히 해서 마술 효과를 얻으려는 비윤리적 추론을 자주 발견할 수 있다. 이런 착각에 의한 마술 효과가 의도된 것이거나 아니거나 관계없이 오해와 비윤리성을 초래한다는 점에 있어서는 차이가 없다. 따라서 통계적 결과 해석을 읽고 듣는 독자는 이런 문제에 대해 깨어 있어야 한다.

잘못된 통계적 추론에 의한 윤리적 문제 발생의 대표적인 예가 집단과 개인에 대한 구분의 모호함에서 비롯되는 경우이다. 어떤 한 집단에 대한 통계적 결과 해석을 그 집단에 속한 특정 개인에게 잘못 적용함으로써 개인에게 마음의 상처를 주거나 불이익을 초래할 수 있다. 원인이 잘못된 추론 때문이 아니라 집단에 대한 통계적 설명을 들은 한 개인의 오해에서 비롯되는 경우도 많기 때문에, 통계적 결과 해석은 집단에 대한 것일 뿐 특정 개인과는 관계없는 것임을 충분히 밝혀 진술할 필요가 있다.

예를 들어 어느 특정 지역의 교통 사고율이 높다고 하면 보험회사는 그 지역 모든 가입자들의 자동차 보험료를 타 지역에 비해 일정 비율만큼 할증해서 더 높게 책정할 수 있다. 그러나 지역의 높은 교통 사고율만으로 이 지역에 사는 K씨가 타 지역의 '모든' 운전자보다 더 높은 보험료를 내야 할 근거가 되어서는 안 된다. 다시 말해 지역 내의 다른 운전자들과 동일하게 보험료가 할증되겠지만, K씨 개인에 대한 여러 운전 관련 정보에 따라서 타 지역 사람보다 훨씬 적은 보험료를 낼 수도 있다. 통계적 결과에 대한 해석은 집단 전체에 관한 것이며 개인과는 분명히 구분지어 해석되어야 한다. 이 점에서 많은 오해가 생기고 그 결과는 대개 윤리적 문제로 이어진다. 통계적 결과 해석에 있어서 제기되는 파생적 윤리성 문제는 통계적 결과 해석에 거의 항상 내재된 문제라고 해도 과언이 아니다. 인간의 행동과 규범을 다루는 거의 모든 통계적 접근에 있어서 파생적으로 관련된 인본주의적 가치의 문제는 매우 조심스러운 과제이다.

통계적 방법은 방법의 특성상 개인보다는 전체를 조망하는 방법이기 때문에 스스로 인본주의적 한계를 지니고 있다고 할 수도 있다. 집단에 대한 통계적 판단의 결과가 인종적 차이, 성별의 차이, 나이의 차이, 특정 집단의 차이 등 많은 차별적 결과 또는 역차별적 결과로 이어질 수 있다. 그리고 이 문제는 사회적 갈등의 원인이 되며 전통적 가치와의 충돌을 야기하기도 한다. 더욱이 이렇게 가치 판단의 문제와 연계된 파생적 윤리성 문제는 특정 주장에 대한 선호의 영향을 크게 받는다고 할 수 있다. 같은 통계적 결과에 대한 해석을 달리해 어떤 주장을 지지하는 해석을 하거나 반대로 주장을 비판하는 해석을 할 수 있기 때문이다.

그중에서도 특히 선호에 의해 정해진 주장을 하기 위해서 이미 예상된 통계 결과를 마술 효과와 결합시키는 비윤리적 방법이 있다. 그러한 주장의 대표적인 경우가 특정 집단의 구성비에 관한 마술 효과적 주장이다. 이것은 어느 특정 집단의 구성이 구성 방법상 이미 그렇게 될 수밖에 없음을 예상하면서도 이에 관한 내용은 언급하지 않고, 그 집단의 구성이 무작위적인 것처럼 위장해서 '무작위적 구성이어야 함에도 불구하고 그렇게 구성된 것'인 듯 왜곡해서 주장하는 경우이다.

대통령 선거에서 자기 지역 출신 후보에 대한 지지율을 생각해보자. 선거 결과 A 지역에서는 자기 지역 출신 후보인 K씨에 대한 지지율이 80%이고, B 지역에서는 자기 지역 출신 후보인 L씨에 대한 지지율이 95%였다고 하자. 이 결과만으로는 B 지역의 자기 지역 출신에 대한 선호가 A 지역보다 훨씬 강하다고 주장할 수 있다. 그런데 A 지역은 투표인 중에서 외지인의 비율이 30%이고 B 지역은 3%라고 하자. 이 경우 자기 지역 출신자에 대한 지지율에 관해 정확한 논의를 하기 위해서는 외지인을 제외한 투표자의 경향을 조사해야 하는데, 비밀투표의 속성상 이를 알 길이 없다는 이유로 잘못된 피상적인 결과 해석을 하면 윤리적으로 문제가 되는 것이다.

어느 유명 대학의 입시에서 특목고 출신의 합격률은 52%인데 일반고 출신의 합격률은 16%에 불과하다고 하자. 아무 해석 없이 이 결과만 제시해도 특목고 출신에 대한 특혜가 있었던 것처럼 암시(마술 효과)가 된다. 그러나 특목고 출신들은 고등학교 진학 시에 학업 성적에 의해 일차적으로 선발된 집단이고 대학 입시에서도 고입 때와 유사한 성격의 능력에 대한 시험을 거쳐 선발하는 것이라면, 이와 같은 결과는 이미 예상할 만한 것이었다고 할 수 있다. 그러나 이런 고려 없이 단순한 결과 제시만으로 암시적인 마술 효과를 유발하게 하는 것도 윤리적으로 문제가 있는 결과 해석이다.

파생적 윤리성 문제는 결과 해석이 기존의 윤리적 가치와 명백히 대립되는 경우에도 발생할 수는 있으나, 그런 경우보다는 기존의 어떤 가치 추구에는 적절하지만 다른 가치 측면에서는 부작용으로 작용하는 경우에 더 쉽게 발생된다. 소득 수준이 상위 1% 안에 드는 사람들의 지난 일 년 동안의 소득 총액이 하위 25%에 속하는 사람들의 연간 소득 총액의 몇 배라는 결과는 소득 분배에서의 평등이 절실함을 보여주는 데에는 적절하지만 계층 간의 갈등이 조장될 우려가 있다.

최근에 주요 암 사망률에 대한 대학병원별 비교 결과를 공개하겠다는 정부 발표가 있었다. 병원 선택과 관련된 환자의 알 권리, 대학병원 간의 경쟁을 유도해 암 치료의 수준을 높이겠다는 의도로 해석되지만, 동시에 과도한 경쟁을 유발해 대학병원들이 말기 암 환자는 가급적 치료를 기피할 수 있다는 점도 함께 고려해야 한다. 통계적 결과 해석에는 이렇게 예기치 않은 문제가 발생될 수 있기 때문에 매우 신중한 태도로 임하는 것이 중요하다.

필자는 현재로서는 이 책을 통해 통계의 윤리성 문제를 제기하고 경각심을 갖게 하는 수준에서 만족할 수밖에 없으나, 장차 이 부분에 대한 연구가 크게 활성화될 필요가 있다. 그리하여 여러 윤리적으로 위험한 상황에서 적절한 문제 해결의 방법이 소개되고 모색되기를 기대한다.

연습문제

1. 통계적 결과 구성 단계에서의 윤리적 문제는 대개 목적론적 윤리성 문제가 많다. 그러나 자료 분석을 위해 컴퓨터의 사용 문제나 분석에 종사하는 사람들의 인권 문제 등과 관련해 파생적 윤리성 문제가 대두될 가능성도 있어 보인다. 이와 관련된 자신의 경험 또는 예상을 적고 논의해보라.

2. 통계적 결과의 해석에서 '용어' 문제로 인해 목적론적 윤리성 문제가 발생되는 경우를 예로 들어서 설명하고, 학교 통계교육을 통한 해결 방안을 설명해보라.

3. 사회과학에서는 조사, 자연과학에서는 실험을 통해 얻게 되는 자료가 많다. 그렇게 되는 이유를 두 경험과학의 특성을 비교해 설명하고, 각각 조사와 실험에서 윤리성을 유지하기 위해 어떤 점들을 노력해야 할지 생각해 적어보라.

부록

여러 가지 분포표

1. 표준정규분포표
2. 누적이항분포표
3. t-분포표
4. 카이제곱분포표
5. F-분포표

부록 1

표준정규분포표(1/3)

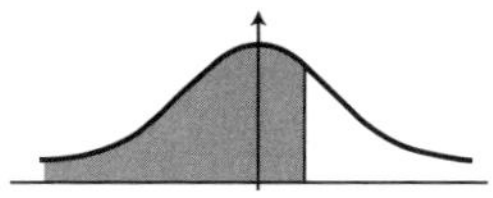

z	$P(z)$	z	$P(z)$	z	$P(z)$	z	$P(z)$
0	0.500000	0.3	0.617911	0.6	0.725747	0.9	0.815940
0.01	0.503989	0.31	0.621720	0.61	0.729069	0.91	0.818589
0.02	0.507978	0.32	0.625516	0.62	0.732371	0.92	0.821214
0.03	0.511966	0.33	0.629300	0.63	0.735653	0.93	0.823814
0.04	0.515953	0.34	0.633072	0.64	0.738914	0.94	0.826391
0.05	0.519939	0.35	0.636831	0.65	0.742154	0.95	0.828944
0.06	0.523922	0.36	0.640576	0.66	0.745373	0.96	0.831472
0.07	0.527903	0.37	0.644309	0.67	0.748571	0.97	0.833977
0.08	0.531881	0.38	0.648027	0.68	0.751748	0.98	0.836457
0.09	0.535856	0.39	0.651732	0.69	0.754903	0.99	0.838913
0.1	0.539828	0.4	0.655422	0.7	0.758036	1	0.841345
0.11	0.543795	0.41	0.659097	0.71	0.761148	1.01	0.843752
0.12	0.547758	0.42	0.662757	0.72	0.764238	1.02	0.846136
0.13	0.551717	0.43	0.666402	0.73	0.767305	1.03	0.848495
0.14	0.555670	0.44	0.670031	0.74	0.770350	1.04	0.850830
0.15	0.559618	0.45	0.673645	0.75	0.773373	1.05	0.853141
0.16	0.563559	0.46	0.677242	0.76	0.776373	1.06	0.855428
0.17	0.567495	0.47	0.680822	0.77	0.779350	1.07	0.857690
0.18	0.571424	0.48	0.684386	0.78	0.782305	1.08	0.859929
0.19	0.575345	0.49	0.687933	0.79	0.785236	1.09	0.862143
0.2	0.579260	0.5	0.691462	0.8	0.788145	1.1	0.864334
0.21	0.583166	0.51	0.694974	0.81	0.791030	1.11	0.866500
0.22	0.587064	0.52	0.698468	0.82	0.793892	1.12	0.868643
0.23	0.590954	0.53	0.701944	0.83	0.796731	1.13	0.870762
0.24	0.594835	0.54	0.705401	0.84	0.799546	1.14	0.872857
0.25	0.598706	0.55	0.708840	0.85	0.802337	1.15	0.874928
0.26	0.602568	0.56	0.712260	0.86	0.805105	1.16	0.876976
0.27	0.606420	0.57	0.715661	0.87	0.807850	1.17	0.879000
0.28	0.610261	0.58	0.719043	0.88	0.810570	1.18	0.881000
0.29	0.614092	0.59	0.722405	0.89	0.813267	1.19	0.882977

표준정규분포표(2/3)

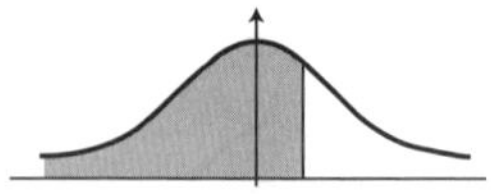

z	$P(z)$	z	$P(z)$	z	$P(z)$	z	$P(z)$
1.2	0.884930	1.5	0.933193	1.8	0.964070	2.1	0.982136
1.21	0.886861	1.51	0.934478	1.81	0.964852	2.11	0.982571
1.22	0.888768	1.52	0.935745	1.82	0.965620	2.12	0.982997
1.23	0.890651	1.53	0.936992	1.83	0.966375	2.13	0.983414
1.24	0.892512	1.54	0.938220	1.84	0.967116	2.14	0.983823
1.25	0.894350	1.55	0.939429	1.85	0.967843	2.15	0.984222
1.26	0.896165	1.56	0.940620	1.86	0.968557	2.16	0.984614
1.27	0.897958	1.57	0.941792	1.87	0.969258	2.17	0.984997
1.28	0.899727	1.58	0.942947	1.88	0.969946	2.18	0.985371
1.29	0.901475	1.59	0.944083	1.89	0.970621	2.19	0.985738
1.3	0.903200	1.6	0.945201	1.9	0.971283	2.2	0.986097
1.31	0.904902	1.61	0.946301	1.91	0.971933	2.21	0.986447
1.32	0.906582	1.62	0.947384	1.92	0.972571	2.22	0.986791
1.33	0.908241	1.63	0.948449	1.93	0.973197	2.23	0.987126
1.34	0.909877	1.64	0.949497	1.94	0.973810	2.24	0.987455
1.35	0.911492	1.65	0.950529	1.95	0.974412	2.25	0.987776
1.36	0.913085	1.66	0.951543	1.96	0.975002	2.26	0.988089
1.37	0.914657	1.67	0.952540	1.97	0.975581	2.27	0.988396
1.38	0.916207	1.68	0.953521	1.98	0.976148	2.28	0.988696
1.39	0.917736	1.69	0.954486	1.99	0.976705	2.29	0.988989
1.4	0.919243	1.7	0.955435	2	0.977250	2.3	0.989276
1.41	0.920730	1.71	0.956367	2.01	0.977784	2.31	0.989556
1.42	0.922196	1.72	0.957284	2.02	0.978308	2.32	0.989830
1.43	0.923641	1.73	0.958185	2.03	0.978822	2.33	0.990097
1.44	0.925066	1.74	0.959070	2.04	0.979325	2.34	0.990358
1.45	0.926471	1.75	0.959941	2.05	0.979818	2.35	0.990613
1.46	0.927855	1.76	0.960796	2.06	0.980301	2.36	0.990863
1.47	0.929219	1.77	0.961636	2.07	0.980774	2.37	0.991106
1.48	0.930563	1.78	0.962462	2.08	0.981237	2.38	0.991344
1.49	0.931888	1.79	0.963273	2.09	0.981691	2.39	0.991576

표준정규분포표(3/3)

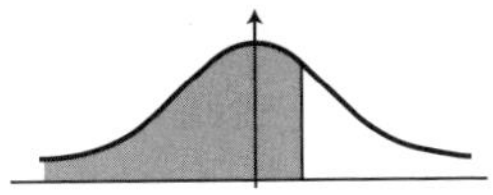

z	$P(z)$	z	$P(z)$	z	$P(z)$	z	$P(z)$
2.4	0.991802	2.7	0.996533	3	0.998650	3.3	0.999517
2.41	0.992024	2.71	0.996636	3.01	0.998694	3.31	0.999534
2.42	0.992240	2.72	0.996736	3.02	0.998736	3.32	0.999550
2.43	0.992451	2.73	0.996833	3.03	0.998777	3.33	0.999566
2.44	0.992656	2.74	0.996928	3.04	0.998817	3.34	0.999581
2.45	0.992857	2.75	0.997020	3.05	0.998856	3.35	0.999596
2.46	0.993053	2.76	0.997110	3.06	0.998893	3.36	0.999610
2.47	0.993244	2.77	0.997197	3.07	0.998930	3.37	0.999624
2.48	0.993431	2.78	0.997282	3.08	0.998965	3.38	0.999638
2.49	0.993613	2.79	0.997365	3.09	0.998999	3.39	0.999651
2.5	0.993790	2.8	0.997445	3.1	0.999032	3.4	0.999663
2.51	0.993963	2.81	0.997523	3.11	0.999065	3.41	0.999675
2.52	0.994132	2.82	0.997599	3.12	0.999096	3.42	0.999687
2.53	0.994297	2.83	0.997673	3.13	0.999126	3.43	0.999698
2.54	0.994457	2.84	0.997744	3.14	0.999155	3.44	0.999709
2.55	0.994614	2.85	0.997814	3.15	0.999184	3.45	0.999720
2.56	0.994766	2.86	0.997882	3.16	0.999211	3.46	0.999730
2.57	0.994915	2.87	0.997948	3.17	0.999238	3.47	0.999740
2.58	0.995060	2.88	0.998012	3.18	0.999264	3.48	0.999749
2.59	0.995201	2.89	0.998074	3.19	0.999289	3.49	0.999758
2.6	0.995339	2.9	0.998134	3.2	0.999313	3.5	0.999767
2.61	0.995473	2.91	0.998193	3.21	0.999336	3.51	0.999776
2.62	0.995604	2.92	0.998250	3.22	0.999359	3.52	0.999784
2.63	0.995731	2.93	0.998305	3.23	0.999381	3.53	0.999792
2.64	0.995855	2.94	0.998359	3.24	0.999402	3.54	0.999800
2.65	0.995975	2.95	0.998411	3.25	0.999423	3.55	0.999807
2.66	0.996093	2.96	0.998462	3.26	0.999443	3.56	0.999815
2.67	0.996207	2.97	0.998511	3.27	0.999462	3.57	0.999822
2.68	0.996319	2.98	0.998559	3.28	0.999481	3.58	0.999828
2.69	0.996427	2.99	0.998605	3.29	0.999499	3.59	0.999835

부록 2

누적이항분포표(1/12)

$P(X \le k \mid p = 0.1$부터 0.9까지$)$

$n=10$

k	0.1	0.2	0.3	0.4	0.5	0.6	0.7	0.8	0.9
0	0.349	0.107	0.028	0.006	0.001	0.000	0.000	0.000	0.000
1	0.736	0.376	0.149	0.046	0.011	0.002	0.000	0.000	0.000
2	0.930	0.678	0.383	0.167	0.055	0.012	0.002	0.000	0.000
3	0.987	0.879	0.650	0.382	0.172	0.055	0.011	0.001	0.000
4	0.998	0.967	0.850	0.633	0.377	0.166	0.047	0.006	0.000
5	1.000	0.994	0.953	0.834	0.623	0.367	0.150	0.033	0.002
6	1.000	0.999	0.989	0.945	0.828	0.618	0.350	0.121	0.013
7	1.000	1.000	0.998	0.988	0.945	0.833	0.617	0.322	0.070
8	1.000	1.000	1.000	0.998	0.989	0.954	0.851	0.624	0.264
9	1.000	1.000	1.000	1.000	0.999	0.994	0.972	0.893	0.651

$n=11$

k	0.1	0.2	0.3	0.4	0.5	0.6	0.7	0.8	0.9
0	0.314	0.086	0.020	0.004	0.000	0.000	0.000	0.000	0.000
1	0.697	0.322	0.113	0.030	0.006	0.001	0.000	0.000	0.000
2	0.910	0.617	0.313	0.119	0.033	0.006	0.001	0.000	0.000
3	0.981	0.839	0.570	0.296	0.113	0.029	0.004	0.000	0.000
4	0.997	0.950	0.790	0.533	0.274	0.099	0.022	0.002	0.000
5	1.000	0.988	0.922	0.753	0.500	0.247	0.078	0.012	0.000
6	1.000	0.998	0.978	0.901	0.726	0.467	0.210	0.050	0.003
7	1.000	1.000	0.996	0.971	0.887	0.704	0.430	0.161	0.019
8	1.000	1.000	0.999	0.994	0.967	0.881	0.687	0.383	0.090
9	1.000	1.000	1.000	0.999	0.994	0.970	0.887	0.678	0.303
10	1.000	1.000	1.000	1.000	1.000	0.996	0.980	0.914	0.686

누적이항분포표(2/12)

$P(X \le k \mid p = 0.1$부터 0.9까지$)$

$n=12$

k	0.1	0.2	0.3	0.4	0.5	0.6	0.7	0.8	0.9
0	0.282	0.069	0.014	0.002	0.000	0.000	0.000	0.000	0.000
1	0.659	0.275	0.085	0.020	0.003	0.000	0.000	0.000	0.000
2	0.889	0.558	0.253	0.083	0.019	0.003	0.000	0.000	0.000
3	0.974	0.795	0.493	0.225	0.073	0.015	0.002	0.000	0.000
4	0.996	0.927	0.724	0.438	0.194	0.057	0.009	0.001	0.000
5	0.999	0.981	0.882	0.665	0.387	0.158	0.039	0.004	0.000
6	1.000	0.996	0.961	0.842	0.613	0.335	0.118	0.019	0.001
7	1.000	0.999	0.991	0.943	0.806	0.562	0.276	0.073	0.004
8	1.000	1.000	0.998	0.985	0.927	0.775	0.507	0.205	0.026
9	1.000	1.000	1.000	0.997	0.981	0.917	0.747	0.442	0.111
10	1.000	1.000	1.000	1.000	0.997	0.980	0.915	0.725	0.341
11	1.000	1.000	1.000	1.000	1.000	0.998	0.986	0.931	0.718

$n=13$

k	0.1	0.2	0.3	0.4	0.5	0.6	0.7	0.8	0.9
0	0.254	0.055	0.010	0.001	0.000	0.000	0.000	0.000	0.000
1	0.621	0.234	0.064	0.013	0.002	0.000	0.000	0.000	0.000
2	0.866	0.502	0.202	0.058	0.011	0.001	0.000	0.000	0.000
3	0.966	0.747	0.421	0.169	0.046	0.008	0.001	0.000	0.000
4	0.994	0.901	0.654	0.353	0.133	0.032	0.004	0.000	0.000
5	0.999	0.970	0.835	0.574	0.291	0.098	0.018	0.001	0.000
6	1.000	0.993	0.938	0.771	0.500	0.229	0.062	0.007	0.000
7	1.000	0.999	0.982	0.902	0.709	0.426	0.165	0.030	0.001
8	1.000	1.000	0.996	0.968	0.867	0.647	0.346	0.099	0.006
9	1.000	1.000	0.999	0.992	0.954	0.831	0.579	0.253	0.034
10	1.000	1.000	1.000	0.999	0.989	0.942	0.798	0.498	0.134
11	1.000	1.000	1.000	1.000	0.998	0.987	0.936	0.766	0.379
12	1.000	1.000	1.000	1.000	1.000	0.999	0.990	0.945	0.746

누적이항분포표(3/12)

$P(X \leq k \mid p =$ 0.1부터 0.9까지$)$

	k	0.1	0.2	0.3	0.4	0.5	0.6	0.7	0.8	0.9
$n=14$	0	0.229	0.044	0.007	0.001	0.000	0.000	0.000	0.000	0.000
	1	0.585	0.198	0.047	0.008	0.001	0.000	0.000	0.000	0.000
	2	0.842	0.448	0.161	0.040	0.006	0.001	0.000	0.000	0.000
	3	0.956	0.698	0.355	0.124	0.029	0.004	0.000	0.000	0.000
	4	0.991	0.870	0.584	0.279	0.090	0.018	0.002	0.000	0.000
	5	0.999	0.956	0.781	0.486	0.212	0.058	0.008	0.000	0.000
	6	1.000	0.988	0.907	0.692	0.395	0.150	0.031	0.002	0.000
	7	1.000	0.998	0.969	0.850	0.605	0.308	0.093	0.012	0.000
	8	1.000	1.000	0.992	0.942	0.788	0.514	0.219	0.044	0.001
	9	1.000	1.000	0.998	0.982	0.910	0.721	0.416	0.130	0.009
	10	1.000	1.000	1.000	0.996	0.971	0.876	0.645	0.302	0.044
	11	1.000	1.000	1.000	0.999	0.994	0.960	0.839	0.552	0.158
	12	1.000	1.000	1.000	1.000	0.999	0.992	0.953	0.802	0.415
	13	1.000	1.000	1.000	1.000	1.000	0.999	0.993	0.956	0.771

	k	0.1	0.2	0.3	0.4	0.5	0.6	0.7	0.8	0.9
$n=15$	0	0.206	0.035	0.005	0.000	0.000	0.000	0.000	0.000	0.000
	1	0.549	0.167	0.035	0.005	0.000	0.000	0.000	0.000	0.000
	2	0.816	0.398	0.127	0.027	0.004	0.000	0.000	0.000	0.000
	3	0.944	0.648	0.297	0.091	0.018	0.002	0.000	0.000	0.000
	4	0.987	0.836	0.515	0.217	0.059	0.009	0.001	0.000	0.000
	5	0.998	0.939	0.722	0.403	0.151	0.034	0.004	0.000	0.000
	6	1.000	0.982	0.869	0.610	0.304	0.095	0.015	0.001	0.000
	7	1.000	0.996	0.950	0.787	0.500	0.213	0.050	0.004	0.000
	8	1.000	0.999	0.985	0.905	0.696	0.390	0.131	0.018	0.000
	9	1.000	1.000	0.996	0.966	0.849	0.597	0.278	0.061	0.002
	10	1.000	1.000	0.999	0.991	0.941	0.783	0.485	0.164	0.013
	11	1.000	1.000	1.000	0.998	0.982	0.909	0.703	0.352	0.056
	12	1.000	1.000	1.000	1.000	0.996	0.973	0.873	0.602	0.184
	13	1.000	1.000	1.000	1.000	1.000	0.995	0.965	0.833	0.451
	14	1.000	1.000	1.000	1.000	1.000	1.000	0.995	0.965	0.794

누적이항분포표(4/12)

$P(X \leq k \mid p = 0.1$부터 0.9까지$)$

$n=16$

k	0.1	0.2	0.3	0.4	0.5	0.6	0.7	0.8	0.9
0	0.185	0.028	0.003	0.000	0.000	0.000	0.000	0.000	0.000
1	0.515	0.141	0.026	0.003	0.000	0.000	0.000	0.000	0.000
2	0.789	0.352	0.099	0.018	0.002	0.000	0.000	0.000	0.000
3	0.932	0.598	0.246	0.065	0.011	0.001	0.000	0.000	0.000
4	0.983	0.798	0.450	0.167	0.038	0.005	0.000	0.000	0.000
5	0.997	0.918	0.660	0.329	0.105	0.019	0.002	0.000	0.000
6	0.999	0.973	0.825	0.527	0.227	0.058	0.007	0.000	0.000
7	1.000	0.993	0.926	0.716	0.402	0.142	0.026	0.001	0.000
8	1.000	0.999	0.974	0.858	0.598	0.284	0.074	0.007	0.000
9	1.000	1.000	0.993	0.942	0.773	0.473	0.175	0.027	0.001
10	1.000	1.000	0.998	0.981	0.895	0.671	0.340	0.082	0.003
11	1.000	1.000	1.000	0.995	0.962	0.833	0.550	0.202	0.017
12	1.000	1.000	1.000	0.999	0.989	0.935	0.754	0.402	0.068
13	1.000	1.000	1.000	1.000	0.998	0.982	0.901	0.648	0.211
14	1.000	1.000	1.000	1.000	1.000	0.997	0.974	0.859	0.485
15	1.000	1.000	1.000	1.000	1.000	1.000	0.997	0.972	0.815

$n=17$

k	0.1	0.2	0.3	0.4	0.5	0.6	0.7	0.8	0.9
0	0.167	0.023	0.002	0.000	0.000	0.000	0.000	0.000	0.000
1	0.482	0.118	0.019	0.002	0.000	0.000	0.000	0.000	0.000
2	0.762	0.310	0.077	0.012	0.001	0.000	0.000	0.000	0.000
3	0.917	0.549	0.202	0.046	0.006	0.000	0.000	0.000	0.000
4	0.978	0.758	0.389	0.126	0.025	0.003	0.000	0.000	0.000
5	0.995	0.894	0.597	0.264	0.072	0.011	0.001	0.000	0.000
6	0.999	0.962	0.775	0.448	0.166	0.035	0.003	0.000	0.000
7	1.000	0.989	0.895	0.641	0.315	0.092	0.013	0.000	0.000
8	1.000	0.997	0.960	0.801	0.500	0.199	0.040	0.003	0.000
9	1.000	1.000	0.987	0.908	0.685	0.359	0.105	0.011	0.000
10	1.000	1.000	0.997	0.965	0.834	0.552	0.225	0.038	0.001
11	1.000	1.000	0.999	0.989	0.928	0.736	0.403	0.106	0.005
12	1.000	1.000	1.000	0.997	0.975	0.874	0.611	0.242	0.022
13	1.000	1.000	1.000	1.000	0.994	0.954	0.798	0.451	0.083
14	1.000	1.000	1.000	1.000	0.999	0.988	0.923	0.690	0.238
15	1.000	1.000	1.000	1.000	1.000	0.998	0.981	0.882	0.518
16	1.000	1.000	1.000	1.000	1.000	1.000	0.998	0.977	0.833

누적이항분포표(5/12)

$P(X \leq k \mid p = 0.1$부터 0.9까지)

	k	0.1	0.2	0.3	0.4	0.5	0.6	0.7	0.8	0.9
$n=18$	0	0.150	0.018	0.002	0.000	0.000	0.000	0.000	0.000	0.000
	1	0.450	0.099	0.014	0.001	0.000	0.000	0.000	0.000	0.000
	2	0.734	0.271	0.060	0.008	0.001	0.000	0.000	0.000	0.000
	3	0.902	0.501	0.165	0.033	0.004	0.000	0.000	0.000	0.000
	4	0.972	0.716	0.333	0.094	0.015	0.001	0.000	0.000	0.000
	5	0.994	0.867	0.534	0.209	0.048	0.006	0.000	0.000	0.000
	6	0.999	0.949	0.722	0.374	0.119	0.020	0.001	0.000	0.000
	7	1.000	0.984	0.859	0.563	0.240	0.058	0.006	0.000	0.000
	8	1.000	0.996	0.940	0.737	0.407	0.135	0.021	0.001	0.000
	9	1.000	0.999	0.979	0.865	0.593	0.263	0.060	0.004	0.000
	10	1.000	1.000	0.994	0.942	0.760	0.437	0.141	0.016	0.000
	11	1.000	1.000	0.999	0.980	0.881	0.626	0.278	0.051	0.001
	12	1.000	1.000	1.000	0.994	0.952	0.791	0.466	0.133	0.006
	13	1.000	1.000	1.000	0.999	0.985	0.906	0.667	0.284	0.028
	14	1.000	1.000	1.000	1.000	0.996	0.967	0.835	0.499	0.098
	15	1.000	1.000	1.000	1.000	0.999	0.992	0.940	0.729	0.266
	16	1.000	1.000	1.000	1.000	1.000	0.999	0.986	0.901	0.550
	17	1.000	1.000	1.000	1.000	1.000	1.000	0.998	0.982	0.850

누적이항분포표(6/12)

$P(X \leq k \mid p =$ 0.1부터 0.9까지$)$

	k	0.1	0.2	0.3	0.4	0.5	0.6	0.7	0.8	0.9
	0	0.135	0.014	0.001	0.000	0.000	0.000	0.000	0.000	0.000
	1	0.420	0.083	0.010	0.001	0.000	0.000	0.000	0.000	0.000
	2	0.705	0.237	0.046	0.005	0.000	0.000	0.000	0.000	0.000
	3	0.885	0.455	0.133	0.023	0.002	0.000	0.000	0.000	0.000
	4	0.965	0.673	0.282	0.070	0.010	0.001	0.000	0.000	0.000
	5	0.991	0.837	0.474	0.163	0.032	0.003	0.000	0.000	0.000
	6	0.998	0.932	0.666	0.308	0.084	0.012	0.001	0.000	0.000
	7	1.000	0.977	0.818	0.488	0.180	0.035	0.003	0.000	0.000
	8	1.000	0.993	0.916	0.667	0.324	0.088	0.011	0.000	0.000
$n=19$	9	1.000	0.998	0.967	0.814	0.500	0.186	0.033	0.002	0.000
	10	1.000	1.000	0.989	0.912	0.676	0.333	0.084	0.007	0.000
	11	1.000	1.000	0.997	0.965	0.820	0.512	0.182	0.023	0.000
	12	1.000	1.000	0.999	0.988	0.916	0.692	0.334	0.068	0.002
	13	1.000	1.000	1.000	0.997	0.968	0.837	0.526	0.163	0.009
	14	1.000	1.000	1.000	0.999	0.990	0.930	0.718	0.327	0.035
	15	1.000	1.000	1.000	1.000	0.998	0.977	0.867	0.545	0.115
	16	1.000	1.000	1.000	1.000	1.000	0.995	0.954	0.763	0.295
	17	1.000	1.000	1.000	1.000	1.000	0.999	0.990	0.917	0.580
	18	1.000	1.000	1.000	1.000	1.000	1.000	0.999	0.986	0.865

누적이항분포표(7/12)

$P(X \leq k \mid p = 0.1$부터 0.9까지$)$

	k	0.1	0.2	0.3	0.4	0.5	0.6	0.7	0.8	0.9
	0	0.122	0.012	0.001	0.000	0.000	0.000	0.000	0.000	0.000
	1	0.392	0.069	0.008	0.001	0.000	0.000	0.000	0.000	0.000
	2	0.677	0.206	0.035	0.004	0.000	0.000	0.000	0.000	0.000
	3	0.867	0.411	0.107	0.016	0.001	0.000	0.000	0.000	0.000
	4	0.957	0.630	0.238	0.051	0.006	0.000	0.000	0.000	0.000
	5	0.989	0.804	0.416	0.126	0.021	0.002	0.000	0.000	0.000
	6	0.998	0.913	0.608	0.250	0.058	0.006	0.000	0.000	0.000
	7	1.000	0.968	0.772	0.416	0.132	0.021	0.001	0.000	0.000
	8	1.000	0.990	0.887	0.596	0.252	0.057	0.005	0.000	0.000
	9	1.000	0.997	0.952	0.755	0.412	0.128	0.017	0.001	0.000
$n=20$	10	1.000	0.999	0.983	0.872	0.588	0.245	0.048	0.003	0.000
	11	1.000	1.000	0.995	0.943	0.748	0.404	0.113	0.010	0.000
	12	1.000	1.000	0.999	0.979	0.868	0.584	0.228	0.032	0.000
	13	1.000	1.000	1.000	0.994	0.942	0.750	0.392	0.087	0.002
	14	1.000	1.000	1.000	0.998	0.979	0.874	0.584	0.196	0.011
	15	1.000	1.000	1.000	1.000	0.994	0.949	0.762	0.370	0.043
	16	1.000	1.000	1.000	1.000	0.999	0.984	0.893	0.589	0.133
	17	1.000	1.000	1.000	1.000	1.000	0.996	0.965	0.794	0.323
	18	1.000	1.000	1.000	1.000	1.000	0.999	0.992	0.931	0.608
	19	1.000	1.000	1.000	1.000	1.000	1.000	0.999	0.988	0.878

누적이항분포표(8/12)

$P(X \leq k \mid p =$ 0.1부터 0.9까지$)$

	k	0.1	0.2	0.3	0.4	0.5	0.6	0.7	0.8	0.9
$n=21$	0	0.109	0.009	0.001	0.000	0.000	0.000	0.000	0.000	0.000
	1	0.365	0.058	0.006	0.000	0.000	0.000	0.000	0.000	0.000
	2	0.648	0.179	0.027	0.002	0.000	0.000	0.000	0.000	0.000
	3	0.848	0.370	0.086	0.011	0.001	0.000	0.000	0.000	0.000
	4	0.948	0.586	0.198	0.037	0.004	0.000	0.000	0.000	0.000
	5	0.986	0.769	0.363	0.096	0.013	0.001	0.000	0.000	0.000
	6	0.997	0.891	0.551	0.200	0.039	0.004	0.000	0.000	0.000
	7	0.999	0.957	0.723	0.350	0.095	0.012	0.001	0.000	0.000
	8	1.000	0.986	0.852	0.524	0.192	0.035	0.002	0.000	0.000
	9	1.000	0.996	0.932	0.691	0.332	0.085	0.009	0.000	0.000
	10	1.000	0.999	0.974	0.826	0.500	0.174	0.026	0.001	0.000
	11	1.000	1.000	0.991	0.915	0.668	0.309	0.068	0.004	0.000
	12	1.000	1.000	0.998	0.965	0.808	0.476	0.148	0.014	0.000
	13	1.000	1.000	0.999	0.988	0.905	0.650	0.277	0.043	0.001
	14	1.000	1.000	1.000	0.996	0.961	0.800	0.449	0.109	0.003
	15	1.000	1.000	1.000	0.999	0.987	0.904	0.637	0.231	0.014
	16	1.000	1.000	1.000	1.000	0.996	0.963	0.802	0.414	0.052
	17	1.000	1.000	1.000	1.000	0.999	0.989	0.914	0.630	0.152
	18	1.000	1.000	1.000	1.000	1.000	0.998	0.973	0.821	0.352
	19	1.000	1.000	1.000	1.000	1.000	1.000	0.994	0.942	0.635
	20	1.000	1.000	1.000	1.000	1.000	1.000	0.999	0.991	0.891

누적이항분포표(9/12)

$P(X \leq k \mid p =$ 0.1부터 0.9까지)

	k	0.1	0.2	0.3	0.4	0.5	0.6	0.7	0.8	0.9
$n=22$	0	0.098	0.007	0.000	0.000	0.000	0.000	0.000	0.000	0.000
	1	0.339	0.048	0.004	0.000	0.000	0.000	0.000	0.000	0.000
	2	0.620	0.154	0.021	0.002	0.000	0.000	0.000	0.000	0.000
	3	0.828	0.332	0.068	0.008	0.000	0.000	0.000	0.000	0.000
	4	0.938	0.543	0.165	0.027	0.002	0.000	0.000	0.000	0.000
	5	0.982	0.733	0.313	0.072	0.008	0.000	0.000	0.000	0.000
	6	0.996	0.867	0.494	0.158	0.026	0.002	0.000	0.000	0.000
	7	0.999	0.944	0.671	0.290	0.067	0.007	0.000	0.000	0.000
	8	1.000	0.980	0.814	0.454	0.143	0.021	0.001	0.000	0.000
	9	1.000	0.994	0.908	0.624	0.262	0.055	0.004	0.000	0.000
	10	1.000	0.998	0.961	0.772	0.416	0.121	0.014	0.000	0.000
	11	1.000	1.000	0.986	0.879	0.584	0.228	0.039	0.002	0.000
	12	1.000	1.000	0.996	0.945	0.738	0.376	0.092	0.006	0.000
	13	1.000	1.000	0.999	0.979	0.857	0.546	0.186	0.020	0.000
	14	1.000	1.000	1.000	0.993	0.933	0.710	0.329	0.056	0.001
	15	1.000	1.000	1.000	0.998	0.974	0.842	0.506	0.133	0.004
	16	1.000	1.000	1.000	1.000	0.992	0.928	0.687	0.267	0.018
	17	1.000	1.000	1.000	1.000	0.998	0.973	0.835	0.457	0.062
	18	1.000	1.000	1.000	1.000	1.000	0.992	0.932	0.668	0.172
	19	1.000	1.000	1.000	1.000	1.000	0.998	0.979	0.846	0.380
	20	1.000	1.000	1.000	1.000	1.000	1.000	0.996	0.952	0.661
	21	1.000	1.000	1.000	1.000	1.000	1.000	1.000	0.993	0.902

누적이항분포표(10/12)

$P(X \leq k \mid p = 0.1$부터 0.9까지$)$

$n=23$

k	0.1	0.2	0.3	0.4	0.5	0.6	0.7	0.8	0.9
0	0.089	0.006	0.000	0.000	0.000	0.000	0.000	0.000	0.000
1	0.315	0.040	0.003	0.000	0.000	0.000	0.000	0.000	0.000
2	0.592	0.133	0.016	0.001	0.000	0.000	0.000	0.000	0.000
3	0.807	0.297	0.054	0.005	0.000	0.000	0.000	0.000	0.000
4	0.927	0.501	0.136	0.019	0.001	0.000	0.000	0.000	0.000
5	0.977	0.695	0.269	0.054	0.005	0.000	0.000	0.000	0.000
6	0.994	0.840	0.440	0.124	0.017	0.001	0.000	0.000	0.000
7	0.999	0.928	0.618	0.237	0.047	0.004	0.000	0.000	0.000
8	1.000	0.973	0.771	0.388	0.105	0.013	0.001	0.000	0.000
9	1.000	0.991	0.880	0.556	0.202	0.035	0.002	0.000	0.000
10	1.000	0.997	0.945	0.713	0.339	0.081	0.007	0.000	0.000
11	1.000	0.999	0.979	0.836	0.500	0.164	0.021	0.001	0.000
12	1.000	1.000	0.993	0.919	0.661	0.287	0.055	0.003	0.000
13	1.000	1.000	0.998	0.965	0.798	0.444	0.120	0.009	0.000
14	1.000	1.000	0.999	0.987	0.895	0.612	0.229	0.027	0.000
15	1.000	1.000	1.000	0.996	0.953	0.763	0.382	0.072	0.001
16	1.000	1.000	1.000	0.999	0.983	0.876	0.560	0.160	0.006
17	1.000	1.000	1.000	1.000	0.995	0.946	0.731	0.305	0.023
18	1.000	1.000	1.000	1.000	0.999	0.981	0.864	0.499	0.073
19	1.000	1.000	1.000	1.000	1.000	0.995	0.946	0.703	0.193
20	1.000	1.000	1.000	1.000	1.000	0.999	0.984	0.867	0.408
21	1.000	1.000	1.000	1.000	1.000	1.000	0.997	0.960	0.685
22	1.000	1.000	1.000	1.000	1.000	1.000	1.000	0.994	0.911

누적이항분포표(11/12)

$P(X \leq k \mid p =$ 0.1부터 0.9까지$)$

	k	0.1	0.2	0.3	0.4	0.5	0.6	0.7	0.8	0.9
$n=24$	0	0.080	0.005	0.000	0.000	0.000	0.000	0.000	0.000	0.000
	1	0.292	0.033	0.002	0.000	0.000	0.000	0.000	0.000	0.000
	2	0.564	0.115	0.012	0.001	0.000	0.000	0.000	0.000	0.000
	3	0.786	0.264	0.042	0.004	0.000	0.000	0.000	0.000	0.000
	4	0.915	0.460	0.111	0.013	0.001	0.000	0.000	0.000	0.000
	5	0.972	0.656	0.229	0.040	0.003	0.000	0.000	0.000	0.000
	6	0.993	0.811	0.389	0.096	0.011	0.001	0.000	0.000	0.000
	7	0.998	0.911	0.565	0.192	0.032	0.002	0.000	0.000	0.000
	8	1.000	0.964	0.725	0.328	0.076	0.008	0.000	0.000	0.000
	9	1.000	0.987	0.847	0.489	0.154	0.022	0.001	0.000	0.000
	10	1.000	0.996	0.926	0.650	0.271	0.053	0.004	0.000	0.000
	11	1.000	0.999	0.969	0.787	0.419	0.114	0.012	0.000	0.000
	12	1.000	1.000	0.988	0.886	0.581	0.213	0.031	0.001	0.000
	13	1.000	1.000	0.996	0.947	0.729	0.350	0.074	0.004	0.000
	14	1.000	1.000	0.999	0.978	0.846	0.511	0.153	0.013	0.000
	15	1.000	1.000	1.000	0.992	0.924	0.672	0.275	0.036	0.000
	16	1.000	1.000	1.000	0.998	0.968	0.808	0.435	0.089	0.002
	17	1.000	1.000	1.000	0.999	0.989	0.904	0.611	0.189	0.007
	18	1.000	1.000	1.000	1.000	0.997	0.960	0.771	0.344	0.028
	19	1.000	1.000	1.000	1.000	0.999	0.987	0.889	0.540	0.085
	20	1.000	1.000	1.000	1.000	1.000	0.996	0.958	0.736	0.214
	21	1.000	1.000	1.000	1.000	1.000	0.999	0.988	0.885	0.436
	22	1.000	1.000	1.000	1.000	1.000	1.000	0.998	0.967	0.708
	23	1.000	1.000	1.000	1.000	1.000	1.000	1.000	0.995	0.920

누적이항분포표(12/12)

$P(X \leq k \mid p = 0.1$부터 0.9까지$)$

	k	0.1	0.2	0.3	0.4	0.5	0.6	0.7	0.8	0.9
	0	0.072	0.004	0.000	0.000	0.000	0.000	0.000	0.000	0.000
	1	0.271	0.027	0.002	0.000	0.000	0.000	0.000	0.000	0.000
	2	0.537	0.098	0.009	0.000	0.000	0.000	0.000	0.000	0.000
	3	0.764	0.234	0.033	0.002	0.000	0.000	0.000	0.000	0.000
	4	0.902	0.421	0.090	0.009	0.000	0.000	0.000	0.000	0.000
	5	0.967	0.617	0.193	0.029	0.002	0.000	0.000	0.000	0.000
	6	0.991	0.780	0.341	0.074	0.007	0.000	0.000	0.000	0.000
	7	0.998	0.891	0.512	0.154	0.022	0.001	0.000	0.000	0.000
	8	1.000	0.953	0.677	0.274	0.054	0.004	0.000	0.000	0.000
	9	1.000	0.983	0.811	0.425	0.115	0.013	0.000	0.000	0.000
	10	1.000	0.994	0.902	0.586	0.212	0.034	0.002	0.000	0.000
	11	1.000	0.998	0.956	0.732	0.345	0.078	0.006	0.000	0.000
$n=25$	12	1.000	1.000	0.983	0.846	0.500	0.154	0.017	0.000	0.000
	13	1.000	1.000	0.994	0.922	0.655	0.268	0.044	0.002	0.000
	14	1.000	1.000	0.998	0.966	0.788	0.414	0.098	0.006	0.000
	15	1.000	1.000	1.000	0.987	0.885	0.575	0.189	0.017	0.000
	16	1.000	1.000	1.000	0.996	0.946	0.726	0.323	0.047	0.000
	17	1.000	1.000	1.000	0.999	0.978	0.846	0.488	0.109	0.002
	18	1.000	1.000	1.000	1.000	0.993	0.926	0.659	0.220	0.009
	19	1.000	1.000	1.000	1.000	0.998	0.971	0.807	0.383	0.033
	20	1.000	1.000	1.000	1.000	1.000	0.991	0.910	0.579	0.098
	21	1.000	1.000	1.000	1.000	1.000	0.998	0.967	0.766	0.236
	22	1.000	1.000	1.000	1.000	1.000	1.000	0.991	0.902	0.463
	23	1.000	1.000	1.000	1.000	1.000	1.000	0.998	0.973	0.729
	24	1.000	1.000	1.000	1.000	1.000	1.000	1.000	0.996	0.928

부록 3

t-분포표

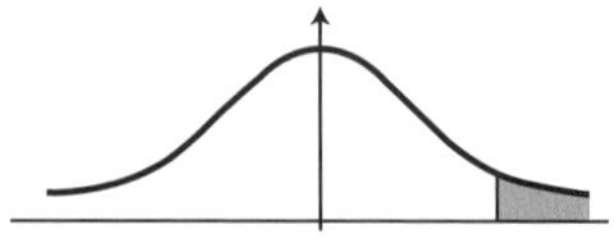

ν	α						
	0.25	0.125	0.1	0.05	0.025	0.01	0.005
1	1.00000	2.41421	3.07768	6.31375	12.70620	31.82052	63.65674
2	0.81650	1.60357	1.88562	2.91999	4.30265	6.96456	9.92484
3	0.76489	1.42263	1.63774	2.35336	3.18245	4.54070	5.84091
4	0.74070	1.34440	1.53321	2.13185	2.77645	3.74695	4.60409
5	0.72669	1.30095	1.47588	2.01505	2.57058	3.36493	4.03214
6	0.71756	1.27335	1.43976	1.94318	2.44691	3.14267	3.70743
7	0.71114	1.25428	1.41492	1.89458	2.36462	2.99795	3.49948
8	0.70639	1.24032	1.39682	1.85955	2.30600	2.89646	3.35539
9	0.70272	1.22966	1.38303	1.83311	2.26216	2.82144	3.24984
10	0.69981	1.22126	1.37218	1.81246	2.22814	2.76377	3.16927
11	0.69745	1.21446	1.36343	1.79588	2.20099	2.71808	3.10581
12	0.69548	1.20885	1.35622	1.78229	2.17881	2.68100	3.05454
13	0.69383	1.20415	1.35017	1.77093	2.16037	2.65031	3.01228
14	0.69242	1.20014	1.34503	1.76131	2.14479	2.62449	2.97684
15	0.69120	1.19669	1.34061	1.75305	2.13145	2.60248	2.94671
16	0.69013	1.19369	1.33676	1.74588	2.11991	2.58349	2.92078
17	0.68920	1.19105	1.33338	1.73961	2.10982	2.56693	2.89823
18	0.68836	1.18871	1.33039	1.73406	2.10092	2.55238	2.87844
19	0.68762	1.18663	1.32773	1.72913	2.09302	2.53948	2.86093
20	0.68695	1.18476	1.32534	1.72472	2.08596	2.52798	2.84534
21	0.68635	1.18308	1.32319	1.72074	2.07961	2.51765	2.83136
22	0.68581	1.18155	1.32124	1.71714	2.07387	2.50832	2.81876
23	0.68531	1.18016	1.31946	1.71387	2.06866	2.49987	2.80734
24	0.68485	1.17888	1.31784	1.71088	2.06390	2.49216	2.79694
25	0.68443	1.17772	1.31635	1.70814	2.05954	2.48511	2.78744
26	0.68404	1.17664	1.31497	1.70562	2.05553	2.47863	2.77871
27	0.68368	1.17564	1.31370	1.70329	2.05183	2.47266	2.77068
28	0.68335	1.17472	1.31253	1.70113	2.04841	2.46714	2.76326
29	0.68304	1.17386	1.31143	1.69913	2.04523	2.46202	2.75639
30	0.68276	1.17306	1.31042	1.69726	2.04227	2.45726	2.75000
40	0.68067	1.16730	1.30308	1.68385	2.02108	2.42326	2.70446
50	0.67943	1.16387	1.29871	1.67591	2.00856	2.40327	2.67779
60	0.67860	1.16160	1.29582	1.67065	2.00030	2.39012	2.66028
70	0.67801	1.15998	1.29376	1.66691	1.99444	2.38081	2.64790
80	0.67757	1.15876	1.29222	1.66412	1.99006	2.37387	2.63869
90	0.67723	1.15782	1.29103	1.66196	1.98667	2.36850	2.63157
100	0.67695	1.15707	1.29007	1.66023	1.98397	2.36422	2.62589
∞	0.67449	1.15035	1.28155	1.64485	1.95996	2.32635	2.57583

부록 4

카이제곱분포표(좌측)

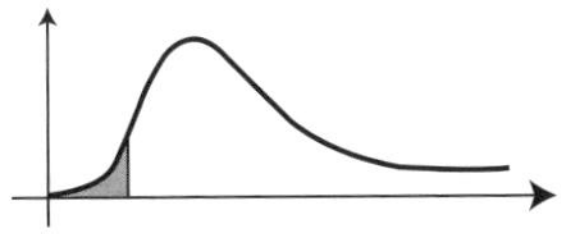

r	$P(X \le x)$						
	0.005	0.01	0.025	0.05	0.1	0.125	0.25
1	3.92704E-05	0.000157	0.000982	0.003932	0.015791	0.024747	0.101531
2	0.010025084	0.020101	0.050636	0.102587	0.210721	0.267063	0.575364
3	0.071721775	0.114832	0.215795	0.351846	0.584374	0.692358	1.212533
4	0.206989093	0.297109	0.484419	0.710723	1.063623	1.218762	1.922558
5	0.411741904	0.554298	0.831212	1.145476	1.610308	1.808172	2.674603
6	0.675726777	0.87209	1.237344	1.635383	2.204131	2.441104	3.454599
7	0.989255683	1.239042	1.689869	2.16735	2.833107	3.106274	4.254852
8	1.344413087	1.646497	2.179731	2.732637	3.489539	3.796515	5.07064
9	1.734932905	2.087901	2.700389	3.325113	4.168159	4.506956	5.898826
10	2.155856481	2.558212	3.246973	3.940299	4.865182	5.234117	6.737201
11	2.603221891	3.053484	3.815748	4.574813	5.577785	5.975409	7.584143
12	3.073823638	3.570569	4.403789	5.226029	6.303796	6.728847	8.438419
13	3.56503458	4.106915	5.008751	5.891864	7.041505	7.492872	9.299066
14	4.074674957	4.660425	5.628726	6.570631	7.789534	8.266228	10.16531
15	4.600915572	5.229349	6.262138	7.260944	8.546756	9.047893	11.03654
16	5.142205443	5.812212	6.907664	7.961646	9.312236	9.837015	11.91222
17	5.697217101	6.40776	7.564186	8.67176	10.08519	10.63288	12.79193
18	6.264804685	7.014911	8.230746	9.390455	10.86494	11.43488	13.67529
19	6.843971445	7.63273	8.906516	10.11701	11.65091	12.24249	14.562
20	7.433844263	8.260398	9.590777	10.85081	12.44261	13.05527	15.45177
21	8.03365342	8.897198	10.2829	11.59131	13.2396	13.87282	16.34438
22	8.642716401	9.542492	10.98232	12.33801	14.04149	14.69478	17.23962
23	9.260424776	10.19572	11.68855	13.09051	14.84796	15.52087	18.1373
24	9.886233502	10.85636	12.40115	13.84843	15.65868	16.35079	19.03725
25	10.51965211	11.52398	13.11972	14.61141	16.47341	17.18432	19.93934
26	11.16023741	12.19815	13.8439	15.37916	17.29188	18.02122	20.84343
27	11.80758735	12.8785	14.57338	16.1514	18.1139	18.86131	21.7494
28	12.46133595	13.56471	15.30786	16.92788	18.93924	19.7044	22.65716
29	13.12114889	14.25645	16.04707	17.70837	19.76774	20.55032	23.56659
30	13.78671986	14.95346	16.79077	18.49266	20.59923	21.39894	24.47761
40	20.70653532	22.16426	24.43304	26.5093	29.05052	30.00785	33.66029
50	27.99074887	29.70668	32.35736	34.76425	37.68865	38.78478	42.94208
60	35.53449108	37.48485	40.48175	43.18796	46.45889	47.68047	52.29382
70	43.27517955	45.44172	48.75756	51.73928	55.32894	56.66587	61.69833
80	51.17193189	53.54008	57.15317	60.39148	64.27784	65.72211	71.14451
90	59.19630418	61.75408	65.64662	69.12603	73.29109	74.83616	80.62466
100	67.32756331	70.06489	74.22193	77.92947	82.35814	83.99853	90.13322

카이제곱분포표(우측)

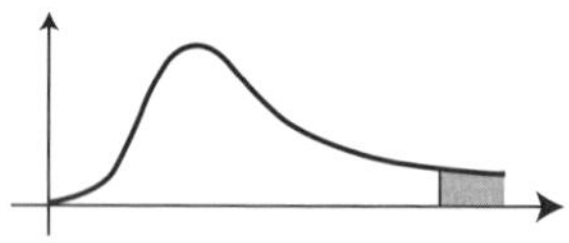

r	$P(X \leq x)$						
	0.25	0.125	0.1	0.05	0.025	0.01	0.005
1	1.323304	2.353526	2.705543	3.841459	5.023886	6.634897	7.879439
2	2.772589	4.158883	4.60517	5.991465	7.377759	9.21034	10.59663
3	4.108345	5.739413	6.251389	7.814728	9.348404	11.34487	12.83816
4	5.385269	7.214047	7.77944	9.487729	11.14329	13.2767	14.86026
5	6.62568	8.624765	9.236357	11.0705	12.8325	15.08627	16.7496
6	7.840804	9.991747	10.64464	12.59159	14.44938	16.81189	18.54758
7	9.037148	11.32644	12.01704	14.06714	16.01276	18.47531	20.27774
8	10.21885	12.63607	13.36157	15.50731	17.53455	20.09024	21.95495
9	11.38875	13.9255	14.68366	16.91898	19.02277	21.66599	23.58935
10	12.54886	15.19823	15.98718	18.30704	20.48318	23.20925	25.18818
11	13.70069	16.45685	17.27501	19.67514	21.92005	24.72497	26.75685
12	14.8454	17.70333	18.54935	21.02607	23.33666	26.21697	28.29952
13	15.98391	18.93923	19.81193	22.36203	24.7356	27.68825	29.81947
14	17.11693	20.16581	21.06414	23.68479	26.11895	29.14124	31.31935
15	18.24509	21.38408	22.30713	24.99579	27.48839	30.57791	32.80132
16	19.36886	22.59491	23.54183	26.29623	28.84535	31.99993	34.26719
17	20.48868	23.799	24.76904	27.58711	30.19101	33.40866	35.71847
18	21.60489	24.99696	25.98942	28.8693	31.52638	34.80531	37.15645
19	22.71781	26.18931	27.20357	30.14353	32.85233	36.19087	38.58226
20	23.82769	27.3765	28.41198	31.41043	34.16961	37.56623	39.99685
21	24.93478	28.55892	29.61509	32.67057	35.47888	38.93217	41.40106
22	26.03927	29.73692	30.81328	33.92444	36.78071	40.28936	42.79565
23	27.14134	30.91081	32.0069	35.17246	38.07563	41.6384	44.18128
24	28.24115	32.08086	33.19624	36.41503	39.36408	42.97982	45.55851
25	29.33885	33.24732	34.38159	37.65248	40.64647	44.3141	46.92789
26	30.43457	34.41039	35.56317	38.88514	41.92317	45.64168	48.28988
27	31.52841	35.57029	36.74122	40.11327	43.19451	46.96294	49.64492
28	32.62049	36.72718	37.91592	41.33714	44.46079	48.27824	50.99338
29	33.71091	37.88124	39.08747	42.55697	45.72229	49.58788	52.33562
30	34.79974	39.0326	40.25602	43.77297	46.97924	50.89218	53.67196
40	45.61601	50.42358	51.80506	55.75848	59.34171	63.69074	66.76596
50	56.3336	61.64658	63.16712	67.50481	71.4202	76.15389	79.48998
60	66.98146	72.75084	74.39701	79.08194	83.29767	88.37942	91.9517
70	77.57666	83.76541	85.52704	90.53123	95.02318	100.4252	104.2149
80	88.13026	94.70914	96.5782	101.8795	106.6286	112.3288	116.3211
90	98.64993	105.5951	107.565	113.1453	118.1359	124.1163	128.2989
100	109.1412	116.4327	118.498	124.3421	129.5612	135.8067	140.1695

부록 5

F–분포표($\alpha = 0.05$)

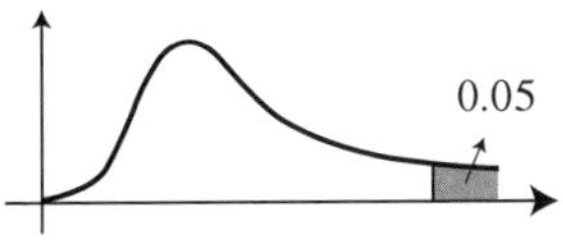

분모 자유도	분자 자유도									
	1	2	3	4	5	6	7	8	9	10
4	7.709	6.944	6.591	6.388	6.256	6.163	6.094	6.041	5.999	5.964
5	6.608	5.786	5.409	5.192	5.05	4.95	4.876	4.818	4.772	4.735
6	5.987	5.143	4.757	4.534	4.387	4.284	4.207	4.147	4.099	4.06
7	5.591	4.737	4.347	4.12	3.972	3.866	3.787	3.726	3.677	3.637
8	5.318	4.459	4.066	3.838	3.687	3.581	3.5	3.438	3.388	3.347
9	5.117	4.256	3.863	3.633	3.482	3.374	3.293	3.23	3.179	3.137
10	4.965	4.103	3.708	3.478	3.326	3.217	3.135	3.072	3.02	2.978
11	4.844	3.982	3.587	3.357	3.204	3.095	3.012	2.948	2.896	2.854
12	4.747	3.885	3.49	3.259	3.106	2.996	2.913	2.849	2.796	2.753
13	4.667	3.806	3.411	3.179	3.025	2.915	2.832	2.767	2.714	2.671
14	4.6	3.739	3.344	3.112	2.958	2.848	2.764	2.699	2.646	2.602
15	4.543	3.682	3.287	3.056	2.901	2.79	2.707	2.641	2.588	2.544
16	4.494	3.634	3.239	3.007	2.852	2.741	2.657	2.591	2.538	2.494
17	4.451	3.592	3.197	2.965	2.81	2.699	2.614	2.548	2.494	2.45
18	4.414	3.555	3.16	2.928	2.773	2.661	2.577	2.51	2.456	2.412
19	4.381	3.522	3.127	2.895	2.74	2.628	2.544	2.477	2.423	2.378
20	4.351	3.493	3.098	2.866	2.711	2.599	2.514	2.447	2.393	2.348
21	4.325	3.467	3.072	2.84	2.685	2.573	2.488	2.42	2.366	2.321
22	4.301	3.443	3.049	2.817	2.661	2.549	2.464	2.397	2.342	2.297
23	4.279	3.422	3.028	2.796	2.64	2.528	2.442	2.375	2.32	2.275
24	4.26	3.403	3.009	2.776	2.621	2.508	2.423	2.355	2.3	2.255
25	4.242	3.385	2.991	2.759	2.603	2.49	2.405	2.337	2.282	2.236
26	4.225	3.369	2.975	2.743	2.587	2.474	2.388	2.321	2.265	2.22
27	4.21	3.354	2.96	2.728	2.572	2.459	2.373	2.305	2.25	2.204
28	4.196	3.34	2.947	2.714	2.558	2.445	2.359	2.291	2.236	2.19
29	4.183	3.328	2.934	2.701	2.545	2.432	2.346	2.278	2.223	2.177
30	4.171	3.316	2.922	2.69	2.534	2.421	2.334	2.266	2.211	2.165
40	4.085	3.232	2.839	2.606	2.449	2.336	2.249	2.18	2.124	2.077
50	4.034	3.183	2.79	2.557	2.4	2.286	2.199	2.13	2.073	2.026
60	4.001	3.15	2.758	2.525	2.368	2.254	2.167	2.097	2.04	1.993
70	3.978	3.128	2.736	2.503	2.346	2.231	2.143	2.074	2.017	1.969
80	3.96	3.111	2.719	2.486	2.329	2.214	2.126	2.056	1.999	1.951
90	3.947	3.098	2.706	2.473	2.316	2.201	2.113	2.043	1.986	1.938
100	3.936	3.087	2.696	2.463	2.305	2.191	2.103	2.032	1.975	1.927
110	3.927	3.079	2.687	2.454	2.297	2.182	2.094	2.024	1.966	1.918
120	3.92	3.072	2.68	2.447	2.29	2.175	2.087	2.016	1.959	1.91

F−분포표($\alpha = 0.05$)

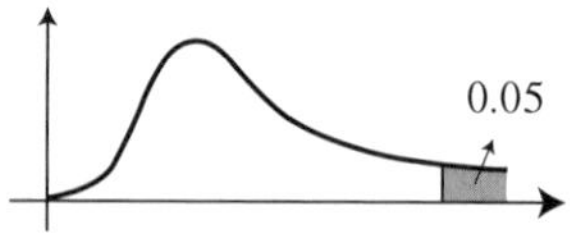

분모 자유도	분자 자유도									
	11	12	13	14	15	16	17	18	19	20
4	5.936	5.912	5.891	5.873	5.858	5.844	5.832	5.821	5.811	5.803
5	4.704	4.678	4.655	4.636	4.619	4.604	4.59	4.579	4.568	4.558
6	4.027	4	3.976	3.956	3.938	3.922	3.908	3.896	3.884	3.874
7	3.603	3.575	3.55	3.529	3.511	3.494	3.48	3.467	3.455	3.445
8	3.313	3.284	3.259	3.237	3.218	3.202	3.187	3.173	3.161	3.15
9	3.102	3.073	3.048	3.025	3.006	2.989	2.974	2.96	2.948	2.936
10	2.943	2.913	2.887	2.865	2.845	2.828	2.812	2.798	2.785	2.774
11	2.818	2.788	2.761	2.739	2.719	2.701	2.685	2.671	2.658	2.646
12	2.717	2.687	2.66	2.637	2.617	2.599	2.583	2.568	2.555	2.544
13	2.635	2.604	2.577	2.554	2.533	2.515	2.499	2.484	2.471	2.459
14	2.565	2.534	2.507	2.484	2.463	2.445	2.428	2.413	2.4	2.388
15	2.507	2.475	2.448	2.424	2.403	2.385	2.368	2.353	2.34	2.328
16	2.456	2.425	2.397	2.373	2.352	2.333	2.317	2.302	2.288	2.276
17	2.413	2.381	2.353	2.329	2.308	2.289	2.272	2.257	2.243	2.23
18	2.374	2.342	2.314	2.29	2.269	2.25	2.233	2.217	2.203	2.191
19	2.34	2.308	2.28	2.256	2.234	2.215	2.198	2.182	2.168	2.155
20	2.31	2.278	2.25	2.225	2.203	2.184	2.167	2.151	2.137	2.124
21	2.283	2.25	2.222	2.197	2.176	2.156	2.139	2.123	2.109	2.096
22	2.259	2.226	2.198	2.173	2.151	2.131	2.114	2.098	2.084	2.071
23	2.236	2.204	2.175	2.15	2.128	2.109	2.091	2.075	2.061	2.048
24	2.216	2.183	2.155	2.13	2.108	2.088	2.07	2.054	2.04	2.027
25	2.198	2.165	2.136	2.111	2.089	2.069	2.051	2.035	2.021	2.007
26	2.181	2.148	2.119	2.094	2.072	2.052	2.034	2.018	2.003	1.99
27	2.166	2.132	2.103	2.078	2.056	2.036	2.018	2.002	1.987	1.974
28	2.151	2.118	2.089	2.064	2.041	2.021	2.003	1.987	1.972	1.959
29	2.138	2.104	2.075	2.05	2.027	2.007	1.989	1.973	1.958	1.945
30	2.126	2.092	2.063	2.037	2.015	1.995	1.976	1.96	1.945	1.932
40	2.038	2.003	1.974	1.948	1.924	1.904	1.885	1.868	1.853	1.839
50	1.986	1.952	1.921	1.895	1.871	1.85	1.831	1.814	1.798	1.784
60	1.952	1.917	1.887	1.86	1.836	1.815	1.796	1.778	1.763	1.748
70	1.928	1.893	1.863	1.836	1.812	1.79	1.771	1.753	1.737	1.722
80	1.91	1.875	1.845	1.817	1.793	1.772	1.752	1.734	1.718	1.703
90	1.897	1.861	1.83	1.803	1.779	1.757	1.737	1.72	1.703	1.688
100	1.886	1.85	1.819	1.792	1.768	1.746	1.726	1.708	1.691	1.676
110	1.877	1.841	1.81	1.783	1.758	1.736	1.716	1.698	1.682	1.667
120	1.869	1.834	1.803	1.775	1.75	1.728	1.709	1.69	1.674	1.659

F−분포표($\alpha = 0.05$)

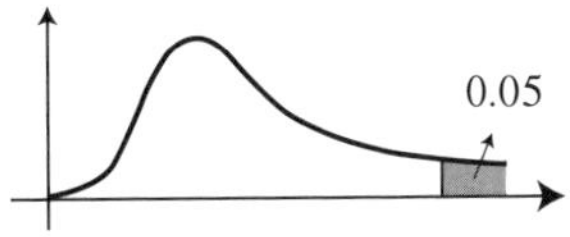

분모 자유도	분자 자유도									
	21	22	23	24	25	26	27	28	29	30
4	5.795	5.787	5.781	5.774	5.769	5.763	5.759	5.754	5.75	5.746
5	4.549	4.541	4.534	4.527	4.521	4.515	4.51	4.505	4.5	4.496
6	3.865	3.856	3.849	3.841	3.835	3.829	3.823	3.818	3.813	3.808
7	3.435	3.426	3.418	3.41	3.404	3.397	3.391	3.386	3.381	3.376
8	3.14	3.131	3.123	3.115	3.108	3.102	3.095	3.09	3.084	3.079
9	2.926	2.917	2.908	2.9	2.893	2.886	2.88	2.874	2.869	2.864
10	2.764	2.754	2.745	2.737	2.73	2.723	2.716	2.71	2.705	2.7
11	2.636	2.626	2.617	2.609	2.601	2.594	2.588	2.582	2.576	2.57
12	2.533	2.523	2.514	2.505	2.498	2.491	2.484	2.478	2.472	2.466
13	2.448	2.438	2.429	2.42	2.412	2.405	2.398	2.392	2.386	2.38
14	2.377	2.367	2.357	2.349	2.341	2.333	2.326	2.32	2.314	2.308
15	2.316	2.306	2.297	2.288	2.28	2.272	2.265	2.259	2.253	2.247
16	2.264	2.254	2.244	2.235	2.227	2.22	2.212	2.206	2.2	2.194
17	2.219	2.208	2.199	2.19	2.181	2.174	2.167	2.16	2.154	2.148
18	2.179	2.168	2.159	2.15	2.141	2.134	2.126	2.119	2.113	2.107
19	2.144	2.133	2.123	2.114	2.106	2.098	2.09	2.084	2.077	2.071
20	2.112	2.102	2.092	2.082	2.074	2.066	2.059	2.052	2.045	2.039
21	2.084	2.073	2.063	2.054	2.045	2.037	2.03	2.023	2.016	2.01
22	2.059	2.048	2.038	2.028	2.02	2.012	2.004	1.997	1.99	1.984
23	2.036	2.025	2.014	2.005	1.996	1.988	1.981	1.973	1.967	1.961
24	2.015	2.003	1.993	1.984	1.975	1.967	1.959	1.952	1.945	1.939
25	1.995	1.984	1.974	1.964	1.955	1.947	1.939	1.932	1.926	1.919
26	1.978	1.966	1.956	1.946	1.938	1.929	1.921	1.914	1.907	1.901
27	1.961	1.95	1.94	1.93	1.921	1.913	1.905	1.898	1.891	1.884
28	1.946	1.935	1.924	1.915	1.906	1.897	1.889	1.882	1.875	1.869
29	1.932	1.921	1.91	1.901	1.891	1.883	1.875	1.868	1.861	1.854
30	1.919	1.908	1.897	1.887	1.878	1.87	1.862	1.854	1.847	1.841
40	1.826	1.814	1.803	1.793	1.783	1.775	1.766	1.759	1.751	1.744
50	1.771	1.759	1.748	1.737	1.727	1.718	1.71	1.702	1.694	1.687
60	1.735	1.722	1.711	1.7	1.69	1.681	1.672	1.664	1.656	1.649
70	1.709	1.696	1.685	1.674	1.664	1.654	1.646	1.637	1.629	1.622
80	1.689	1.677	1.665	1.654	1.644	1.634	1.626	1.617	1.609	1.602
90	1.675	1.662	1.65	1.639	1.629	1.619	1.61	1.601	1.593	1.586
100	1.663	1.65	1.638	1.627	1.616	1.607	1.598	1.589	1.581	1.573
110	1.653	1.64	1.628	1.617	1.606	1.597	1.587	1.579	1.571	1.563
120	1.645	1.632	1.62	1.608	1.598	1.588	1.579	1.57	1.562	1.554

F−분포표($\alpha = 0.01$)

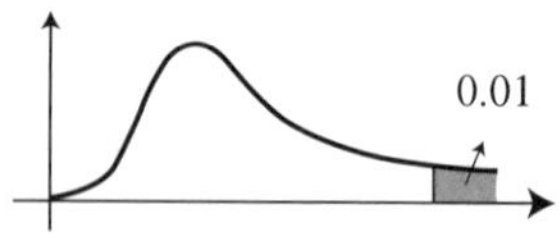

분모 자유도	분자 자유도									
	1	2	3	4	5	6	7	8	9	10
4	21.2	18	16.69	15.98	15.52	15.21	14.98	14.8	14.66	14.55
5	16.26	13.27	12.06	11.39	10.97	10.67	10.46	10.29	10.16	10.05
6	13.75	10.92	9.78	9.148	8.746	8.466	8.26	8.102	7.976	7.874
7	12.25	9.547	8.451	7.847	7.46	7.191	6.993	6.84	6.719	6.62
8	11.26	8.649	7.591	7.006	6.632	6.371	6.178	6.029	5.911	5.814
9	10.56	8.022	6.992	6.422	6.057	5.802	5.613	5.467	5.351	5.257
10	10.04	7.559	6.552	5.994	5.636	5.386	5.2	5.057	4.942	4.849
11	9.646	7.206	6.217	5.668	5.316	5.069	4.886	4.744	4.632	4.539
12	9.33	6.927	5.953	5.412	5.064	4.821	4.64	4.499	4.388	4.296
13	9.074	6.701	5.739	5.205	4.862	4.62	4.441	4.302	4.191	4.1
14	8.862	6.515	5.564	5.035	4.695	4.456	4.278	4.14	4.03	3.939
15	8.683	6.359	5.417	4.893	4.556	4.318	4.142	4.004	3.895	3.805
16	8.531	6.226	5.292	4.773	4.437	4.202	4.026	3.89	3.78	3.691
17	8.4	6.112	5.185	4.669	4.336	4.102	3.927	3.791	3.682	3.593
18	8.285	6.013	5.092	4.579	4.248	4.015	3.841	3.705	3.597	3.508
19	8.185	5.926	5.01	4.5	4.171	3.939	3.765	3.631	3.523	3.434
20	8.096	5.849	4.938	4.431	4.103	3.871	3.699	3.564	3.457	3.368
21	8.017	5.78	4.874	4.369	4.042	3.812	3.64	3.506	3.398	3.31
22	7.945	5.719	4.817	4.313	3.988	3.758	3.587	3.453	3.346	3.258
23	7.881	5.664	4.765	4.264	3.939	3.71	3.539	3.406	3.299	3.211
24	7.823	5.614	4.718	4.218	3.895	3.667	3.496	3.363	3.256	3.168
25	7.77	5.568	4.675	4.177	3.855	3.627	3.457	3.324	3.217	3.129
26	7.721	5.526	4.637	4.14	3.818	3.591	3.421	3.288	3.182	3.094
27	7.677	5.488	4.601	4.106	3.785	3.558	3.388	3.256	3.149	3.062
28	7.636	5.453	4.568	4.074	3.754	3.528	3.358	3.226	3.12	3.032
29	7.598	5.42	4.538	4.045	3.725	3.499	3.33	3.198	3.092	3.005
30	7.562	5.39	4.51	4.018	3.699	3.473	3.304	3.173	3.067	2.979
40	7.314	5.179	4.313	3.828	3.514	3.291	3.124	2.993	2.888	2.801
50	7.171	5.057	4.199	3.72	3.408	3.186	3.02	2.89	2.785	2.698
60	7.077	4.977	4.126	3.649	3.339	3.119	2.953	2.823	2.718	2.632
70	7.011	4.922	4.074	3.6	3.291	3.071	2.906	2.777	2.672	2.585
80	6.963	4.881	4.036	3.563	3.255	3.036	2.871	2.742	2.637	2.551
90	6.925	4.849	4.007	3.535	3.228	3.009	2.845	2.715	2.611	2.524
100	6.895	4.824	3.984	3.513	3.206	2.988	2.823	2.694	2.59	2.503
110	6.871	4.803	3.965	3.495	3.188	2.97	2.806	2.677	2.573	2.486
120	6.851	4.787	3.949	3.48	3.174	2.956	2.792	2.663	2.559	2.472

F−분포표($\alpha = 0.01$)

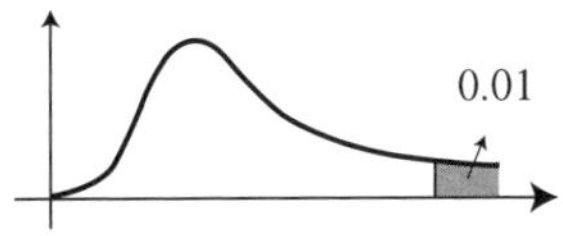

분모 자유도	분자 자유도									
	11	12	13	14	15	16	17	18	19	20
4	14.45	14.37	14.31	14.25	14.2	14.15	14.11	14.08	14.05	14.02
5	9.963	9.888	9.825	9.77	9.722	9.68	9.643	9.61	9.58	9.553
6	7.79	7.718	7.657	7.605	7.559	7.519	7.483	7.451	7.422	7.396
7	6.538	6.469	6.41	6.359	6.314	6.275	6.24	6.209	6.181	6.155
8	5.734	5.667	5.609	5.559	5.515	5.477	5.442	5.412	5.384	5.359
9	5.178	5.111	5.055	5.005	4.962	4.924	4.89	4.86	4.833	4.808
10	4.772	4.706	4.65	4.601	4.558	4.52	4.487	4.457	4.43	4.405
11	4.462	4.397	4.342	4.293	4.251	4.213	4.18	4.15	4.123	4.099
12	4.22	4.155	4.1	4.052	4.01	3.972	3.939	3.909	3.883	3.858
13	4.025	3.96	3.905	3.857	3.815	3.778	3.745	3.716	3.689	3.665
14	3.864	3.8	3.745	3.698	3.656	3.619	3.586	3.556	3.529	3.505
15	3.73	3.666	3.612	3.564	3.522	3.485	3.452	3.423	3.396	3.372
16	3.616	3.553	3.498	3.451	3.409	3.372	3.339	3.31	3.283	3.259
17	3.519	3.455	3.401	3.353	3.312	3.275	3.242	3.212	3.186	3.162
18	3.434	3.371	3.316	3.269	3.227	3.19	3.158	3.128	3.101	3.077
19	3.36	3.297	3.242	3.195	3.153	3.116	3.084	3.054	3.027	3.003
20	3.294	3.231	3.177	3.13	3.088	3.051	3.018	2.989	2.962	2.938
21	3.236	3.173	3.119	3.072	3.03	2.993	2.96	2.931	2.904	2.88
22	3.184	3.121	3.067	3.019	2.978	2.941	2.908	2.879	2.852	2.827
23	3.137	3.074	3.02	2.973	2.931	2.894	2.861	2.832	2.805	2.781
24	3.094	3.032	2.977	2.93	2.889	2.852	2.819	2.789	2.762	2.738
25	3.056	2.993	2.939	2.892	2.85	2.813	2.78	2.751	2.724	2.699
26	3.021	2.958	2.904	2.857	2.815	2.778	2.745	2.715	2.688	2.664
27	2.988	2.926	2.871	2.824	2.783	2.746	2.713	2.683	2.656	2.632
28	2.959	2.896	2.842	2.795	2.753	2.716	2.683	2.653	2.626	2.602
29	2.931	2.868	2.814	2.767	2.726	2.689	2.656	2.626	2.599	2.574
30	2.906	2.843	2.789	2.742	2.7	2.663	2.63	2.6	2.573	2.549
40	2.727	2.665	2.611	2.563	2.522	2.484	2.451	2.421	2.394	2.369
50	2.625	2.562	2.508	2.461	2.419	2.382	2.348	2.318	2.29	2.265
60	2.559	2.496	2.442	2.394	2.352	2.315	2.281	2.251	2.223	2.198
70	2.512	2.45	2.395	2.348	2.306	2.268	2.234	2.204	2.176	2.15
80	2.478	2.415	2.361	2.313	2.271	2.233	2.199	2.169	2.141	2.115
90	2.451	2.389	2.334	2.286	2.244	2.206	2.172	2.142	2.114	2.088
100	2.43	2.368	2.313	2.265	2.223	2.185	2.151	2.12	2.092	2.067
110	2.413	2.35	2.296	2.248	2.206	2.168	2.134	2.103	2.075	2.049
120	2.399	2.336	2.282	2.234	2.192	2.154	2.119	2.089	2.06	2.035

F-분포표($\alpha = 0.01$)

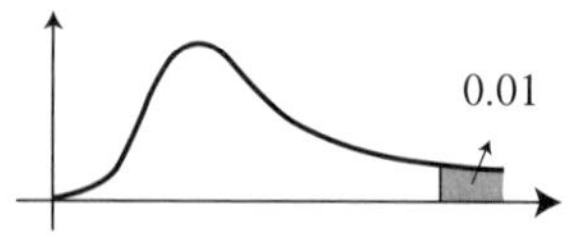

분모 자유도	분자 자유도									
	21	22	23	24	25	26	27	28	29	30
4	13.99	13.97	13.95	13.93	13.91	13.89	13.88	13.86	13.85	13.84
5	9.528	9.506	9.485	9.466	9.449	9.433	9.418	9.404	9.391	9.379
6	7.372	7.351	7.331	7.313	7.296	7.28	7.266	7.253	7.24	7.229
7	6.132	6.111	6.092	6.074	6.058	6.043	6.029	6.016	6.003	5.992
8	5.336	5.316	5.297	5.279	5.263	5.248	5.234	5.221	5.209	5.198
9	4.786	4.765	4.746	4.729	4.713	4.698	4.685	4.672	4.66	4.649
10	4.383	4.363	4.344	4.327	4.311	4.296	4.283	4.27	4.258	4.247
11	4.077	4.057	4.038	4.021	4.005	3.99	3.977	3.964	3.952	3.941
12	3.836	3.816	3.798	3.78	3.765	3.75	3.736	3.724	3.712	3.701
13	3.643	3.622	3.604	3.587	3.571	3.556	3.543	3.53	3.518	3.507
14	3.483	3.463	3.444	3.427	3.412	3.397	3.383	3.371	3.359	3.348
15	3.35	3.33	3.311	3.294	3.278	3.264	3.25	3.237	3.225	3.214
16	3.237	3.216	3.198	3.181	3.165	3.15	3.137	3.124	3.112	3.101
17	3.139	3.119	3.101	3.084	3.068	3.053	3.039	3.026	3.014	3.003
18	3.055	3.035	3.016	2.999	2.983	2.968	2.955	2.942	2.93	2.919
19	2.981	2.961	2.942	2.925	2.909	2.894	2.88	2.868	2.855	2.844
20	2.916	2.895	2.877	2.859	2.843	2.829	2.815	2.802	2.79	2.778
21	2.857	2.837	2.818	2.801	2.785	2.77	2.756	2.743	2.731	2.72
22	2.805	2.785	2.766	2.749	2.733	2.718	2.704	2.691	2.679	2.667
23	2.758	2.738	2.719	2.702	2.686	2.671	2.657	2.644	2.632	2.62
24	2.716	2.695	2.676	2.659	2.643	2.628	2.614	2.601	2.589	2.577
25	2.677	2.657	2.638	2.62	2.604	2.589	2.575	2.562	2.55	2.538
26	2.642	2.621	2.602	2.585	2.569	2.554	2.54	2.526	2.514	2.503
27	2.609	2.589	2.57	2.552	2.536	2.521	2.507	2.494	2.481	2.47
28	2.579	2.559	2.54	2.522	2.506	2.491	2.477	2.464	2.451	2.44
29	2.552	2.531	2.512	2.495	2.478	2.463	2.449	2.436	2.423	2.412
30	2.526	2.506	2.487	2.469	2.453	2.437	2.423	2.41	2.398	2.386
40	2.346	2.325	2.306	2.288	2.271	2.256	2.241	2.228	2.215	2.203
50	2.242	2.221	2.202	2.183	2.167	2.151	2.136	2.123	2.11	2.098
60	2.175	2.153	2.134	2.115	2.098	2.083	2.068	2.054	2.041	2.028
70	2.127	2.106	2.086	2.067	2.05	2.034	2.019	2.005	1.992	1.98
80	2.092	2.07	2.05	2.032	2.015	1.999	1.983	1.969	1.956	1.944
90	2.065	2.043	2.023	2.004	1.987	1.971	1.956	1.942	1.928	1.916
100	2.043	2.021	2.001	1.983	1.965	1.949	1.934	1.919	1.906	1.893
110	2.025	2.004	1.984	1.965	1.947	1.931	1.916	1.901	1.888	1.875
120	2.011	1.989	1.969	1.95	1.932	1.916	1.901	1.886	1.873	1.86

| 참고문헌 |

강옥기(1989). 『수학적 사고력 신장 프로그램 개발을 위한 방안 탐색: 초등학교 산수과를 중심으로』. 한국교육개발원.

강완 · 백석윤(1998). 『초등수학교육론』. 동명사.

고현범(2003). 「헤겔 논리학에 있어서 '우연성' 개념」. 『汎韓哲學』, 29, 337-363.

김민정(2003). 「요약하기를 통한 영어 읽기, 쓰기 능력 향상 방안」. 경상대학교 교육대학원 석사학위 논문.

김영식(1984). 『과학혁명』. 민음사.

김우철 외(1991). 『현대통계학』. 영지문화사.

김위성(1982). 「칸트와 포퍼의 인식론적 문제제기의 유사성」. 『人文論叢』, 22(1), 419-434.

김상룡(2000). 「수학적 사고력 신장을 위한 확률 · 통계 영역의 교수 · 학습 자료개발에 관한 연구」. 『과학수학교육연구』, 23(1), 123-152.

남주현(2007). 「초 · 중등 통계교육을 위한 통계적 방법론에 대한 연구」. 이화여자대학교 박사학위 논문.

남주현 · 이영하(2005). 「상관개념의 발달과 교수학적 중재에 관한 소고」. 『수학교육학연구』, 15(3), 315-334.

류근관(2003). 『통계학』. 법문사.

민세영(2002). 「역사발생적 수학 학습 지도 원리에 관한 연구」. 서울대학교 대학원 교육학 박사학위 논문.

성태제(1995). 『현대 기초통계학의 이해와 적용』. 양서원.

소광희(1985). 『기호논리학』. 경문사.

소흥렬(1979). 『논리와 사고』. 이화여자대학교출판부.

송명자(1995). 『발달심리학』. 학지사.

신현정(2000). 『개념과 범주화』. 아카넷.

우정호(1998). 『학교수학의 교육적 기초』. 서울대학교출판부.

우정호(2000). 『수학 학습 지도 원리와 방법』. 서울대학교출판부.
윤현진 외(2009). 『수학과 교육내용 개선 방안 연구: '이산수학', '확률과 통계' 영역을 중심으로』. 한국교육과정평가원.
이경화(1996). 「확률 개념의 교수학적 변환에 관한 연구」. 서울대학교 박사학위 논문.
이경화 · 지은정(2005). 「표본 개념의 교육적 의의와 인식 특성 연구」. 『수학교육학연구』, 15(2), 177-196.
이성태(2007). 『아동발달이론』. 학현사.
이영하 · 남주현(2005). 「통계적 개념 발달에 관한 인식론적 고찰」. 『수학교육』, 44(3), 57-475.
이외숙 외(2002). 『통계학 입문』 (2판). 경문사.
이정모(1988). 「실험의 논리」. 『실험심리 연구법 총론: 가설설정, 설계, 실험 및 분석』. 한국심리학회 편. 성원사.
이종희(2002). 「수학적 개념의 역사적 발달과 인식론적 장애」. 『교과교육학연구』, 6(2), 23-36.
이종희 · 김선희(2002). 「학교 현장에서 수학적 추론에 대한 실태조사: 수학적 추론유형 중심으로」. 『수학교육』, 41(3), 273-289.
이초식 외(2000). 『귀납논리와 과학철학』. 철학과 현실사.
전영삼(1992). 「우도(가능도)개념의 논리적 분석: 카르납의 귀납 논리를 기반으로」. 고려대학교 박사학위 논문.
정옥분(2007). 『전 생애 인간발달의 이론』. 학지사.
정한영(1995). 『통계학사개론』. 한림대학교출판부.
조재근(2003). 「통계학의 역사에 관한 연구」. 『한국통계학회논문집』, 10(3), 805-823.
조재근(2004). 「통계학 역사의 시대구분」. 『한국통계학회논문집』, 11(1), 31-47.
조재근(2005). 「통계학의 역사: 근대적인 경험과학 방법론이 만들어지기까지」. 『통계학의 역사』. 조재근 역. 한길사.
片桐重男(1988). 『수학적인 생각의 구체화』. 이용률 · 성현경 · 정동권 · 박영배 역. 경문사.
片桐重男(1995). 『문제해결 과정과 발문분석』. 이용률 · 성현경 · 정동권 · 박영배 역. 경문사.
허명회(1988). 「R. A. Fisher와 가능도 원리」. 『R. A. Fisher 연구』. 허명회 편. 자유아카데미.
허명회(1991). 『통계학사 콜로키움』. 자유아카데미.
현미숙(2009). 「중학교 1학년 통계단원에서 분포개념의 내용연계성과 행동중심적 목표를 강조한 수학수업의 효과」. 이화여자대학교 교육대학원 석사학위 논문.

Ainley, J., & Pratt, D. (2001). Introducing a special issue on constructing meanings from data. *Educational Studies in Mathematics, 45*, 1-8.
Allan, L. G., & Jenkins, H. M. (1983). The effect of representations of binary variables on judgment of influence. *Learning and Motivation, 14,* 381-405.

Alloy, L. B., & Tabachnik, M. (1984). Assessment of covariation by humans and animals: The joint influence of prior expectations and current situational information. *Psychological Review, 91,* 112-149.

Arh, P. R., & Youniss, J. (1970). Reasons for failure on the class inclusion problem. *Child Development, 41,* 131-143.

Arkes, H. R., & Harkness, A. R. (1983). Estimates of contingency between two dichotomous variables. *Journal of Experimental Psychology: General, 112(1),* 117-135.

Bailar, B. (1988). Statistical practice and research: The essential interactions. *Journal of the Statistical Association, 83,* 1-8.

Bakker, A. (2004). *Design research in statistics education: On symbolizing and computer tools.* Dissertation, Utrecht University, The Netherlands.

Barnard, G. A., Jenkins, G. M., & Winsten, C. B. (1962). Likelihood inference and time series. *Journal of the Royal Statistical Society, series A, 125(3),* 321-372.

Batanero, C., Estepa, A., Godino, J., & Green, D. R. (1996). Intuitive strategies and preconceptions about association in contingency tables. *Journal of the Research in Mathematics Education, 27(2),* 151-169.

Batanero, C., Godino, J. D., Vallecillos, A., Green, D. R., & Holmes, P. (1994). Errors and difficulties in understanding elementary statistical concepts. *International Journal of Mathematics Education in Science and Technology, 25(4),* 527-547.

Baumrind, D. (1991). The influence of parenting style on adolescent competence and substance. *Journal of Early Adolescence, 11,* 56-95.

Beniger, J. R., & Robyn, D. L. (1978). Quantitative graphics in Statistics: A brief history. *The American Statistician, 32,* 1-11.

Ben-Zvi, D. (2004). Reasoning about variability in comparing distributions. *Statistics Education Research Journal, 3(2),* 42-63.

Ben-Zvi, D., & Arcavi, A. (2001). Junior high school students' construction of global views of data and data representations. *Educational Studies in Mathematics, 45,* 35-65.

Ben-Zvi, D., & Garfield, J. B. (Eds.). (2004). *The challenge of developing statistical literacy, reasoning, and thinking.* Springer.

Berk, L. E. (2000). *Child development.* Allyn and Bacon.

Berns, R. M. (1994). *Topical child development.* Thompson Delmar Learning.

Birnbaum, A. (1962). On the foundations of statistical inference. *Journal American Statistics Association, 57(298),* 269 - 326.

Boden, M. (1979). *Piaget.* Harvester Press.

Borovcnik, M. (2005). Probabilistic and statistical thinking. In *Proceedings of the fourth congress of the European Society for Research in Mathematics Education,* 485-506.

Box, E. P., Hunter, W. G., & Hunter, V. S., (1978). *Statistics for experiments: An introduction to design, data analysis and model building*. John Wiley & Sons.

Brainerd, C. J. (1978). *Piaget's theory of intelligence*. Prentice Hall.

Britz, G., Emerling, D., Hare, L., Hoerl, R., & Shade, J. (1997). How to teach others to apply statistical thinking. *Quality Progress, 30(6)*, 67–79.

Brown, N. R. (1995). Estimation strategies and the judgement of event frequency. *Journal of Experimental Psychology: Learning, Memory, and Cognition, 21*, 1539–1553.

Case, R. (1985). *Intellecual development: A systematic reinterpretation*. Academic Press.

Case. R. (1992). *The mind's staircase: Exploring the conceptual underpinnings of children's thought and knowledge*. Psychology Press.

Casella, G., & Berger, R. L. (1990). *Statistical inference*. Wadsworth & Brooks/Cole.

Chall, J. S. (1996). *Learning to read: The great debate*. McGraw-Hill.

Chalmers, A. F. (1982). *What is this thing called science?* University of Queensland Press.

Chapman, L. J., & Chapman, J. P. (1969). Illusory correlation as an obstacle to the use of valid psychodiagnostic signs. *Journal of Abnormal Psychology, 74*, 271–280.

Cleveland, W. S., Diaconis, P., & McGill, R. (1982). Variables on scatterplots look more highly correlated when the scales are increased. *Science, 216*, 1138–41.

Cobb, G. W. (1992). Teaching statistics. In L. Steen (Ed.), *Heeding the Call for Change*, MAA Notes, No. 22, 3–34. Mathematical Association of America.

Cobb, G. W., & Moore, D. S. (1997). Mathematics, statistics, and teaching. *American Mathematical Monthly, 104*, 801–823.

Cobb, P. (1999). Individual and collective mathematical development: The case of statistical data analysis. *Mathematical Thinking and Learning, 1*, 5–44.

Curcio, F. R. (1987). Comprehension of mathematical relationships expressed in graphs. *Journal for Research in Mathematics Education, 18*, 382–393.

Davenport, E. C. (1992). Creating data to explain statistical concepts: Seeing is believing. In *Proceedings of the Section on Statistical Education of the American Statistical Association*, 389–394.

David, H. A. (1998). Early sample measures of variability. *Statistical Science, 13*, 368–377.

delMas, R. (2002). Statistical literacy, reasoning, and learning: A commentary. *Journal of Statistics Education, 10(3)*.

delMas, R., Garfield, J., & Chance, B. L. (1999). A model of classroom research in action: Developing simulation activities to improve students' statistical reasoning. *Journal of Statistics Education, 7(3)*.

delMas, R., Garfield, J., & Chance, B. L. (2004). *Using assessment to study the development of students' reasoning about sampling distributions*. Paper presented at the annual meeting of the American Educational Research Association.

de Moivre, A. (1718). *The doctrine of chances: A method of calculating the probability of events in play.* W. Pearson.

Dougherty, M. R. P., Gettys, C. F., & Ogden, E. E. (1999). MINERVA-DM: A memory process model for judgments of likelihood. *Psychological Review, 106,* 180-209.

Edwards, A. W. F. (1972). *Likelihood.* Cambridge University Press.

Edwards, A. W. F. (1974). The history of likelihood. *International Statistical Review, 42,* 9-15.

Elkind, D. (1961). Children's discovery of the conservation of mass, weight, and volume: Piaget replications study II. *Journal of Genetic Psychology, 98,* 219-227.

Evans, J. St. B. T., Newstead, S. E., & Byrne, R. M. J. (1993). *Human reasoning: The psychology of deduction.* Lawrence Erlbaum.

Falk, R. (1981). The perception of randomness. In *Proceedings of the fifth conference of the international group for the Psychology of Mathematics Education,* 64-66.

Falk, R., & Well, A. D. (1997). The many faces of the correlation coefficient. *Journal of Statistics Education, 5(3),* 1-18.

Ferretti, R. P., Butterfield, E. C., Cahn, A., & Kerkman, D. (1985). The classification of children's knowledge: Development on the balance-scale and inclined-plane tasks. *Journal of Experimental Child Psychology, 39,* 131-160.

Feyerabend, P. (1975). *Against method: Outline of an anarchistic theory of knowledge.* Verso.

Fischbein, E. (1975). *The intuitive source of probabilistic thinking in children.* D. Reidel.

Fischer, K. W. (1980). A theory of cognitive development: The control and construction of hierarchies of skills. *Psychological Review, 87,* 477-531.

Fischer, K. W., & Bidell, T. R. (1991). Constraining nativist inferences about cognitive capacities. In S. Carey & R. Gelman (Eds.), *The epigenesis of mind: Essays on biology and cognition,* 199-235. Lawrence Erlbaum.

Fisher, R. A. (1918). The correlation between relatives on the supposition of Mendelian inheritance. *Transactions of the Royal Society of Edinburgh, 52*, 399-433.

Fisher, R. A. (1921). On the probable error of a coefficient of correlation deduced from a small sample. *Metron, 1(4),* 3-32.

Fisher, R. A. (1922). On the mathematical foundations of theoretical Statistics. *Philosophical Transactions of the Royal Society, series A,* 222-326.

Fisher, R. A. (1925). *Statistical methods for research workers.* Oliver & Boyd.

Fisher, R. A. (1956). *Statistical methods and scientific inference.* Oliver & Boyd.

Flavell, J. H. (1982). On cognitive development. *Child Development, 53,* 1-10.

Forer, B. R. (1949). The fallacy of personal validation: A classroom demonstration of gullibility. *Journal of Abnormal Psychology, 44,* 118-121.

Foucault, M. (1993). *The archaeology of knowledge.* Tavistock.

Frank, R. (2004). *Memory processes in frequency judgment: The impact of pre-experimental frequencies and co-occurrences on frequency estimates.* Doctoral dissertation, Technical University of Chemnitz, Freistaat Sachsen.

Freedman, D., Pisani, R., Purves, R., & Adhikari, A. (1991). *Statistics*. Norton.

Freudenthal, H. (1972). The empirical law of large numbers, or the stability of frequencies. *Educational Studies in Mathematics, 4*, 484-490.

Friel, S. N. (2005). The research frontier: Where technology interacts with the teaching and learning of data analysis and Statistics. In M. K. Heid & G. W. Blume (Eds.), *Research on technology and the teaching and learning of mathematics: Synthesis and perspectives, 1,* 279-331. Information Age Publishing.

Friel, S. N., & Bright, G. W. (1996). *Building a theory of graphicacy: How do students read graphs?* Paper presented at the annual meeting of the American Educational Research Association.

Friel, S. N., Curcio, F., & Bright, G. W. (2001). Making sense of graphs: Critical factors influencing comprehension and instructional implications. *Journal for Research in Mathematics Education, 32(2),* 124-158.

Friendly, M., & Denis, D. (2000). The roots and branches of statistical graphics. *Journal de la Société Française de Statistique, 141(4),* 51-60.

Gal, I., & Garfield, J. B. (Eds.). (1997). *The assessment challenge in Statistics Education.* IOS Press and International Statistical Institute.

Gal, I., Rothschild, K., & Wagner, D. A. (1989). *Which group is better? The development of statistical reasoning in elementary school children.* Paper presented at the annual meeting of the Society for Research in Child Development.

Gal, I., Rothschild, K., & Wagner, D. A. (1990). *Statistical concepts and statistical reasoning in school children: Convergence or divergence?* Paper presented at the annual meeting of the American Educational Research Association.

Galton, F. (1869). *Hereditary genius: An inquiry into its laws and consequences*. Macmillan.

Galton, F. (1877). Typical Laws of Heredity. *Nature, 15,* 492-495, 512-514, 532-533.

Galton, F. (1885). Section H. Anthropology. *Nature, 32,* 507-510.

Galton, F. (1888). Co-relations and their measurement. *Proceedings of the Royal Society of London, 45,* 135-145.

Galton, F. (1889). *Natural inheritance*. Macmillan.

Garfield, J. B. (2002). The challenge of developing statistical reasoning. *Journal of Statistics*

Education, 10(3).

Garfield, J. B. (2003). Assessing statistical reasoning. *Statistics Education Research Journal, 2(1)*, 22-38.

Garfield, J. B., & Ahlgren, A. (1988). Difficulties in learning basic concepts in statistics: Implications for research. *Journal for Research in Mathematics Education, 19*, 44-63.

Garfield, J. B., & Burril, G. (Eds.). (1997). *Research on the role of technology in teaching and learning statistics: Proceedings of the 1996 International Association for Statistics Education*. International Statistical Institute.

Garfield, J. B., & Gal, I. (1999). Teaching and assessing statistical reasoning. In L. Stiff (Ed.), *Developing Mathematical Reasoning in Grades K-12: National Council Teachers of Mathematics 1999 Yearbook*, 207-219. NCTM.

Gillund, G., & Shiffrin, R. M. (1984). A retrieval model for both recognition and recall. *Psychological Review, 91*, 1-67.

Glencross, M. J. (1988). A practical approach to the Central Limit Theorem. In R. Davidson & J. Swift (Eds.), *Proceedings of the second international conference on Teaching Statistics*, 91-95. Victoria, B.C.: University of Victoria.

Greene, R. L. (1989). On the relationship between categorical frequency estimation and cued recall. *Memory and Cognition, 17*, 235-239.

Hacking, I. (1965). *Logic of statistical inference*. Cambridge University Press.

Hacking, I. (1975). *The emergence of probability: A philosophical study of early ideas about probability, induction and statistical inference*. Cambridge University Press.

Hacking, I. (1987). Was there a probabilistic revolution 1800-1930? In L. Kruger, L. J. Daston, & M. Heidelberger (Eds.), *The Probabilistic Revolution, Vol. 1: Ideas in History*, 45-55. MIT Press.

Hald, A. (1998). *A history of mathematical statistics from 1750 to 1930*. Wiley.

Halford, G. S. (1982). *The development of thought*. Lawrence Erlbaum.

Halford, G. S. (1993). *Children's understanding: The development of mental models*. Lawrence Erlbaum.

Hancock, C., Kaput, J. J., & Goldsmith, L. T. (1992). Authentic inquiry with data: Critical barriers to classroom implementation. *Educational Psychologist, 27(3)*, 337-364.

Hanson, N. R. (1958). *Patterns of discovery: An inquiry into the conceptual foundation of science*. Cambridge University Press.

Hawkins, A. S., & Kapadia, R. (1984). Children's conception of probability: A psychological and pedagogical review. *Educational Studies in Mathematics, 15*, 349-377.

Hawkins, A., Jolliffe, F., & Glickman, L. (1992). *Teaching statistical concepts*. Longman Publishers.

Henderson, P. B., Baldwin, D., et al. (2001). Striving for mathematical thinking. *ITiCSE 2000 Working Group Report, SIGCSE Bulletin–Inroads, 33(4),* 114-124.

Hidi, S., & Anderson, V. (1986). Producing written summaries: Task demands, cognitive operations, and implications for instruction. *Review of Educational Research, 56(4),* 473-493.

Hilts, V. L. (1975). A guide to Francis Galton's English men of science. *Transactions of the American Philosophical Society, 65(5),* 1-85.

Hintzman, D. L. (1988). Judgments of frequency and recognition memory in a multiple-trace memory model. *Psychological Review, 95*, 528-551.

Hogben, L. (1970). The contemporary crisis or the uncertainties of uncertain inference. In D. E. Morrison & R. E. Henkel (Eds.), *The significance test controversy: A reader*. Butterworths.

Hooper, F. H., Toniolo, T., & Sipple, T. (1978). A longitudinal analysis of logical reasoning relationships: Conservation and transitive inference. *Developmental Psychology, 14*, 674-682.

Huff, D. (1954). *How to lie with statistics*. W. W. Norton.

Inhelder, B., & Piaget, J. (1958). *The growth of logical thinking from childhood to adolescence.* Routledge & Kegan Paul.

Jacobs, V. R. (1997). *Children's understanding of sampling in surveys.* Paper presented at the annual meeting of the American Educational Research Association.

Janvier, C. (1981). Use of situations in mathematics education. *Educational Studies in Mathematics, 12*, 113-122.

Jenkins, H. M., & Ward, W. C. (1965). Judgement of contingency between responses and outcomes. *Psychological Monographs: General and Applied, 79(1),* 1-17.

Johnson, N. (1983). What do you do if you can't tell the whole story? The development of summarization skills. In K. E. Nelson (Ed.), *Children's language*. Lawrence Erlbaum.

Jones, G. A., Langrall, C. W., Thornton, C. A., Mooney, E. S., Wares, A. S., Jones, M. R., Perry, B., Putt, I. J., & Nisbet, S. (2001). Using students' statistical thinking to inform instruction. *Journal of Mathematical Behavior, 20*, 109-144.

Jones, G. A., Thornton, C. A., Langrall, C. W., Mooney, E. S., Perry, B., & Putt, I. J. (2000). A framework for characterizing children's statistical thinking. *Mathematical Thinking and Learning, 2*, 269-307.

Kahneman, D., Slovic, P., & Tversky, A. (1982). *Judgment under uncertainty: Heuristics and biases*. Cambridge University Press.

Kahneman, D., & Tversky, A. (1972). Subjective probability: A judgement of representativeness. *Cognitive Psychology, 3*, 430-454.

Kapadia, R., & Borovcnik, M. (Eds.). (1991). *Chance encounters: Probability in education*. Kluwer Academic Publishers.

Katz, H., & Beilin, H. (1976). A test of Bryant's claims concerning the young child's understanding of quantitative invariance. *Child Development, 47,* 877–880.

Kendall, M. G. (1968). Certainty about uncertainty. *Statistica Neerlandica, 22(1),* 1–12.

Kempthorne, O. (1980). The teaching of Statistics: Content versus form. *The American Statistician, 34(1),* 17–21.

Kirkland, M. R., & Saunders, M. A. P. (1991). Maximizing student performance in summary writing: Managing cognitive load. *TESOL Quarterly, 25(1),* 105–121.

Konold, C. (1989). Informal conceptions of probability. *Cognition and Instruction, 6(1),* 59–98.

Konold, C., & Higgins, T. (2002). Highlights of related research. In S. J. Russell, D. Schifter, & V. Bastable (Eds.), *Developing mathematical ideas: Working with data,* 165–201. Dale Seymour Publications.

Krantz, M. (1994). *Child development: Risk and opportunity.* Wadsworth Publishing.

Kuhn, T. S. (1962). *The structure of scientific revolutions*. University of Chicago Press.

Kunda, Z., & Nisbett, R. E. (1986). Prediction and the partial understanding of the law of large numbers. *Journal of Experimental Social Psychology, 22*, 339–354.

Lajoie, S. P. (Ed.). (1998). *Reflections on Statistics: Learning, teaching, and assessment in Grade K–12.* Lawrence Erlbaum.

Laplace, P. S. (1812). Théorie analytique des probabilités. Courcier.

Laplace, P. S. (1814). Essai philosophique sur les probabilities. Courcier.

Laplace, P. S. (1820). Théorie analytique des probabilités. Courcier.

Lenhard, J. (2006). Models and statistical inference: The controversy between Fisher and Neyman–Pearson. *The British Journal for the Philosophy of Science, 57(1),* 69–91.

Levin, I., Wilkening, F., & Dembo, Y. (1984). Development of time quantification: Integration and non–integration of beginnings and endings in comparing durations. *Child Development, 55,* 2160–2172.

Lovett, M. (2001). A collaborative convergence on studying reasoning processes: A case study in statistics. In S. M. Carver & D. Klahr (Eds.), *Cognition and Instruction: Twenty–Five Years of Progress*, 347–384. Lawrence Erlbaum.

Maher, C., Goldin, G., & Davis, B. (Eds.). (1989). *Proceedings of the eleventh annual meeting of the North American Chapter of the international group for the Psychology of Mathematics Education.* Rutgers University Press.

Mallows, C. (1998). The zeroth problem. *The American Statistician, 52(1),* 1–9.

Markman, E. M. (1973). The facilitation of part whole comparisons by use of the collective noun "Family". *Child Development, 44,* 837-840.

McClave, J. T., & Dietrich, F. H. (1979). *Statistics.* Dellen Publishing.

McKenzie, D. L., & Padilla, M. J. (1981). *Patterns of reasoning: Correlational thinking.* Paper presented at the 54th annual meeting of the National Association for Research in Science Teaching.

Mendenhall, W., Wackerly, D. D., & Scheaffer, R. L. (1990). *Mathematical statistics with applications.* PWS-KENT Publishing Company.

Miller, P. H. (1993). *Theories of developmental psychology.* Freeman.

Miller, S. A. (1976). Nonverbal assessment of conservation of number. *Child Development, 47,* 722-728.

Minium, E. W., King, B. M., & Bear, G. (1993). *Statistical reasoning in psychology and education*. John Wiley & Sons.

Mokros, J., & Russell, S. J. (1992). Children's concepts of average and representativeness. *Working Paper,* 4-92. TERC.

Mokros, J., & Russell, S. J. (1995). Children's concepts of average and representativeness. *Journal for Research in Mathematics Education, 26(1),* 20-39.

Mood, A. M., Graybill, F. A., & Boes, D. C. (1974). *Introduction to the theory of statistics.* McGraw-Hill.

Mooney, E. S. (2002). A framework for characterizing middle school students' statistical thinking. *Mathematical Thinking and Learning, 4*, 23-63.

Moore, D. S. (1990). Uncertainty. In L. S. Steen (Ed.), *On the shoulders of giants: New approaches to numeracy,* 95-137. National Academy Press.

Moore, D. S. (1992). *Statistics: Decisions through data*. COMAP.

Moore, D. S. (1998). Statistics among the liberal arts. *Journal of the American Statistical Association, 93(444),* 1253-1259.

Murdock, B. (1993). TODAM2: A model for the storage and retrieval of item, associative, and serial-order information. *Psychological Review, 100*, 183-203.

Nemirovsky, R., & Tierney, C. (2001). Children inventing ways to represent changing situations: Toward the development of homogeneous spaces. *Educational studies in mathematics, 45*, 67-102. Kluwer Academic Publishers.

Nisbett, R. E. (1993). *Rules for reasoning*. Lawrence Erlbaum.

Nisbett, R. E., Krantz, D. H., Jepson, D., & Kunda, Z. (1983). The use of statistical heuristics in everyday reasoning. *Psychological Review, 90*, 339-363.

Orr, D. B. (1995). *Fundamentals of applied statistics and surveys.* Chapman & Hall.

Pereira-Mendoza, L., & Mellor, J. (1991). Students' concepts of bar graphs—Some preliminary findings. In D. Vere-Jones (Ed.), *Proceedings of the third international conference on Teaching Statistics, 1,* 150-157. International Statistical Institute.

Pfannkuch, M., & Wild, C. (2000). Statistical thinking and statistical practice: Themes gleaned from interviews with professional statisticians. *Statistical Science, 15*, 132-152.

Piaget, J., & Garcia, R. (1989). *Psychogenesis and the history of science.* Columbia University Press.

Piaget, J., & Inhelder, B. (1975). *The origin of the idea of chance in children.* W. W. Norton.

Polya, G. (1957). *How to solve it.* Prentice-Hall University Press.

Polya, G. (1973). *Mathematics and plausible reasoning, Vol. 2: Patterns of plausible inference.* Princeton University Press.

Popper, K. (1934). *The logic of scientific discovery*. Routledge.

Porter, T. M. (1986). *The rise of statistical thinking 1820—1900*. Princeton University Press.

Rao, C. R. (1997). *Statistics and truth: Putting chance to work*. World Scientific.

Reading, C., & Shaughnessy, J. M. (2000). Student perceptions of variation in a sampling situation. In T. Hakahar & M. Koyama (Eds.), *Proceedings of the 24th conference of the international group for the Psychology of Mathematics Education, 4,* 89 -96.

Reyna, V. R., & Brainerd, C. J. (1994). The origins of probability judgment: A review of data and theories. In G. Wright & P. Ayton (Eds.), *Subjective probability,* 239-272. Wiley.

Ross, J. A., & Cousins, J. B. (1993). Patterns of student growth in reasoning about correlational problems. *Journal of Educational Psychology, 85(1),* 49-65.

Rovine, M. J., & Anderson, D. R. (2004). Peirce and Bowditch: An American contribution to correlation and regression. *American Statistician, 59(3),* 232-236.

Rowe, H. A. H. (1991). *Intelligence: Reconceptualization and measurement*. Lawrence Erlbaum.

Royall, R. M. (1997). *Statistical evidence: A likelihood paradigm*. Chapman & Hall.

Rubin, A., & Bruce, B. (1991). Using computers to support students' understanding of statistical inference. *New England Mathematics Journal, 13(2),* 82-98.

Rubin, A., Bruce, B., & Tenney, Y. (1990). *Learning about sampling: Trouble at the core of Statistics.* Paper presented at the annual meeting of the American Educational Research Association.

Rubin, E. (1971). Quantitative commentary on Thucydides. *The American Statistician, 25(5),* 52-54.

Saldanha, L., & Thompson, P. W. (2002). Conceptions of sample and their relationship to statistical inference. *Educational Studies in Mathematics, 51(3),* 257-270.

Santrock, J. W. (1994). *Child development.* Brown & Benchmark Publishers.

Schifter, D., & Fosnot, C. T. (1993). *Reconstructing mathematics education: Stories of teachers and children meeting the challenge of reform*. Teachers College Press.

Schrage, G. (1983). Interpretation of stochastic models. In R. Scholz (Ed.), *Decision making under uncertainty,* 351-361. North-Holland Publishing.

Sedlmeier, P. (1999). *Improving statistical reasoning: Theoretical models and practical implications*. Lawrence Erlbaum.

Sedlmeier, P., & Gigerenzer, G. (1997). Intuitions about sample size: The empirical law of large numbers. *Journal of Behavioral Decision Making, 10*, 33-51.

Sedlmeier, P., Hertwig, R, & Gigerenzer, G. (1998). Are judgments of the positional frequencies of letters systematically biased due to availability? *Journal of Experimental Psychology: Learning, Memory, and Cognition, 24*, 754-770.

Seifert, K. L., & Hoffnung, R. J. (2000). *Child and adolescent development*. Houghton Mifflin Company.

Shaklee, H., & Mims, M. (1982). Sources of error in judging event covariations: Effects of memory demands. *Journal of Experimental Psychology: Learning, Memory and Cognition, 8,* 208-224.

Shaughnessy, J. M. (1992). Research in probability and statistics: Reflections and directions. In D. Grouws (Ed.), *Handbook of research on mathematics teaching and learning,* 465-494. Macmillan.

Shaughnessy, J. M. (1997). Missed opportunities in research on the teaching and learning of data and chance. In F. Biddulph & K. Carr (Eds.), *People in mathematics education, 1,* 6-22. Mathematics Education Research Group of Australia.

Shaughnessy, J. M., Ciancetta, M., Best, K., & Canada, D. (2004). *Students' attention to variability when comparing distribution.* Paper presented at the research pre-session of the 82nd annual meeting of the National Council of Teachers of Mathematics.

Shaughnessy, J. M., Garfield, J., & Greer, B. (1996). Data handling. In A. J. Bishop, K. Clements, C. Keitel, J. Kilpatrick, & C. Laborde (Eds.), *International Handbook of Mathematics Education, 1,* 205-237. Kluwer Academic Publishers.

Shaughnessy, J. M., Watson, J., Moritz, J., & Reading, C. (1999). *School mathematics students' acknowledgment of statistical variation.* Paper presented at the NCTM Research Presession Symposium: There's more to life than centers, 77th Annual NCTM Conference.

Siegler, R. S., & Alibali, M. W. (2005). *Children's thinking.* Pearson Education.

Sierpinska, A. (1994). *Understanding in Mathematics.* Falmer Press.

Simon, J. L. (1994). What some puzzling problems teach about the theory of simulation and the use of resampling. *American Statistician, 48(4),* 290-293.

Smith, C. L. (1979). Children's understanding of natural language hierarchies. *Journal of Experimental Child Psychology, 27,* 437-458.

Snee, R. D. (1990). Discussion: Development and use of statistical thinking: A new era. *International Statistical Review, 67(3),* 255-258.

Snee, R. D. (1993). What's missing in statistical education? *The American Statistician, 47,* 149-154.

Spanos, A. (2006). Where do statistical models come from? Revisiting the problem of specification. *Institute of Mathematical Statistics Lecture Notes–Monograph Series 2nd Lehmann Symposium–Optimality, 49,* 98-119.

Stanton, J. M. (2001). Galton, Pearson, and the Peas: A brief history of linear regression for statistics instructors. *Journal of Statistics Education, 9(3).*

Stigler, S. M. (1986). *The history of statistics: The measurement of uncertainty before 1900.* The Belknap Press of Harvard University Press.

Strahan, R. F., & Hansen, C. J. (1978). Underestimating correlation from scatterplots. *Applied Psychological Measurement, 2*, 543-594.

Strauss, S. (1982). *U–shaped behavioral growth.* Academic Press.

Strauss, S., & Bichler, E. (1988). The development of children's concepts of the arithmetic average. *Journal for Research in Mathematics Education, 19*, 64-80.

Thomas, R. M. (2000). *Comparing theories of child development.* Wadsworth Thomson Learning.

Torok, R., & Watson, J. M. (2000). Development of the concept of statistical variation: An exploratory study. *Mathematics Education Research Journal, 12*, 147-169.

Tukey, J. W. (1977). *Exploratory data analysis*. Addison-Wesley.

Tversky, A., & Kahneman, D. (1973). Availability: A heuristic for judging frequency and probability. *Cognitive Psychology, 5*, 207-232.

Vygotsky, L. S. (1978). *Mind in society: The development of higher psychological processes.* Harvard University Press.

Wainer, H. (1992). Understanding graphs and tables. *Educational Researcher, 21(1),* 14-23.

Watkins, M. J., & LeCompte, D. (1991). Inadequacy of recall as a basis for frequency knowledge. *Journal of Experimental Psychology: Learning, Memory, and Cognition, 17,* 1161-1176.

Watson, J., Kelly, B., & Izard, J. (2006). A longitudinal study of student understanding of chance and data. *Mathematics Education Research Journal, 18(2),* 40-55.

Watson, J. M., & Moritz, B. (1999). The development of the concept of average. *Focus on Learning Problems in Mathematics, 21(4),* 15-39.

Watson, J. M., & Moritz, B. (1999). The beginning of statistical inference: Comparing two data sets. *Educational Studies in Mathematics, 37*, 145-168.

Watson, J. M., & Moritz, B. (2000). The longitudinal development of understanding of average. *Mathematical Thinking and Learning, 2,* 11-50.

Watson, J. M., & Moritz, B. (2000). Developing concepts of sampling. *Journal for Research in Mathematics Education, 31(1),* 44-70.

Well, A. D., Pollatsek, A., & Boyce, S. J. (1990). Understanding the effects of sample size on the variability of the mean. *Organizational Behavior and Human Decision Processes, 47*, 289-312.

Wild, C., & Pfannkuch, M. (1999). Statistical thinking in empirical enquiry. *International Statistical Review, 67,* 223-266.

Wordsworth, B. J. (1989). *Piaget's theory of cognitive and affective development.* Longman Pub Group.

Wright, J. C., & Murphy, G. L. (1984). The utility of theories in intuitive statistics: The robustness of theory-based judgments. *Journal of Experimental Psychology: General, 113,* 301-322.

Yates, J. F. (1990). *Judgment and decision-making*. Prentice-Hall.

Yule, G. U. (1897). On the theory of correlation. *Journal of the Royal Statistical Society, 60,* 812-854.

| 찾아보기 |

인문학으로 풀어 쓴 **통계교육 원론**

펴낸날 초판 1쇄 2014년 12월 30일
지은이 이영하
펴낸이 김훈순
펴낸곳 이화여자대학교출판부
주소 서울특별시 서대문구 이화여대길 52(우120-750)
등록 1954년 7월 6일 제9-61호
전화 02) 3277-2965(편집), 02) 362-6076(마케팅)
팩스 02) 312-4312
전자우편 press@ewha.ac.kr
홈페이지 www.ewhapress.com
책임편집 김미정
디자인 신성기획
찍은곳 네오프린텍

ISBN 979-11-85909-19-6 93410
값 25,000원